Peter Faulstich (Hg.)
Lerndebatten

Theorie Bilden | Band 34

Editorial

Die Universität ist traditionell der hervorragende Ort für Theoriebildung. Ohne diese können weder Forschung noch Lehre ihre Funktionen und die in sie gesetzten gesellschaftlichen Erwartungen erfüllen. Zwischen Theorie, wissenschaftlicher Forschung und universitärer Bildung besteht ein unlösbares Band. Auf diesen Zusammenhang soll die Schriftenreihe **Theorie Bilden** wieder aufmerksam machen in einer Zeit, in der Effizienz- und Verwertungsimperative wissenschaftliche Bildung auf ein Bescheidwissen zu reduzieren drohen und in der theoretisch ausgerichtete Erkenntnis- und Forschungsinteressen durch praktische oder technische Nützlichkeitsforderungen zunehmend delegitimiert werden. Der Zusammenhang von Theorie und Bildung ist in besonderem Maße für die Erziehungswissenschaft von Bedeutung, da Bildung nicht nur einer ihrer zentralen theoretischen Gegenstände, sondern zugleich auch eine ihrer praktischen Aufgaben ist. In ihr verbindet sich daher die Bildung von Theorien mit der Aufgabe, die Studierenden zur Theoriebildung zu befähigen.

Die Reihe **Theorie Bilden** ist ein Forum für theoretisch ausgerichtete Ergebnisse aus Forschung und Lehre, die das Profil des Faches Erziehungswissenschaft, seine bildungstheoretische Besonderheit im Schnittfeld zu den Fachdidaktiken, aber auch transdisziplinäre Ansätze dokumentieren.

Die Reihe wird herausgegeben von Hannelore Faulstich-Wieland, Hans-Christoph Koller, Karl-Josef Pazzini und Michael Wimmer, im Auftrag der erziehungswissenschaftlichen Fachbereiche der Universität Hamburg.

Peter Faulstich (Hg.)
Lerndebatten
Phänomenologische, pragmatistische und kritische Lerntheorien in der Diskussion

[transcript]

Bibliografische Information der Deutschen Nationalbibliothek
Die Deutsche Nationalbibliothek verzeichnet diese Publikation in der Deutschen Nationalbibliografie; detaillierte bibliografische Daten sind im Internet über http://dnb.d-nb.de abrufbar.

© 2014 transcript Verlag, Bielefeld

Die Verwertung der Texte und Bilder ist ohne Zustimmung des Verlages urheberrechtswidrig und strafbar. Das gilt auch für Vervielfältigungen, Übersetzungen, Mikroverfilmungen und für die Verarbeitung mit elektronischen Systemen.

Umschlagkonzept: Kordula Röckenhaus, Bielefeld
Satz: Kirsten Vittali, Hamburg
Druck: Majuskel Medienproduktion GmbH, Wetzlar
Print-ISBN 978-3-8376-2789-3
PDF-ISBN 978-3-8394-2789-7

Gedruckt auf alterungsbeständigem Papier mit chlorfrei gebleichtem Zellstoff.
Besuchen Sie uns im Internet: *http://www.transcript-verlag.de*
Bitte fordern Sie unser Gesamtverzeichnis und andere Broschüren an unter: *info@transcript-verlag.de*

Inhalt

Vorwort
Peter Faulstich | 7

Lerndebatten
Peter Faulstich | 11

Lernen: Erfahrung – Wahrnehmen und Handeln
Peter Faulstich | 35

Lernen ästhetisch begreifen
Rosa Bracker/Susanne Umbach | 61

„Transformative Learning" als theoretischer Rahmen der Erwachsenenbildung und seine forschungspraktischen Implikationen
Christine Zeuner | 99

**Szenografie des Lernens:
Eine pädagogische Lektüre der „Geschichte meines Lebens" von Hellen Keller**
Michael Göhlich/Jörg Zirfas | 133

Lernorientierungen: Empirische Analyse und grundlagentheoretische Reflexion
Arnd-Michael Nohl | 155

Subjektwissenschaftliche Lerntheorie und empirische Bildungsprozessforschung
Joachim Ludwig | 181

**Lernen vom Subjektstandpunkt?
Eine kritische Auseinandersetzung mit der subjektwissenschaftlichen Lerntheorie Holzkamps**
Tobias Künkler | 203

Neo-subjektwissenschaftliche Lesart einer scheinbar vertrauten Lerntheorie
Anke Grotlüschen | 225

Bedingtheiten, Formen und Reichweiten des Lernens
Jürgen Wittpoth | 259

Autorinnen und Autoren | 283

Vorwort

Wir legen aus unterschiedlichen Perspektiven Beiträge zur Diskussion des Problems „Lernen" vor. Lange wurde die wissenschaftliche Debatte über Lernen dominiert von der Traditionslinie Behaviorismus – Kognitivismus – Konstruktivismus und entsprechend von der Tradition der „pädagogischen Psychologie" okkupiert. Demgegenüber breitet sich eine Kritik an reduktionistischen Lerntheorien in der Erziehungs- und Bildungswissenschaft immer weiter aus, je deutlicher wird, dass naturwissenschaftlich inspirierte Konzepte und ihre unterstellten Kausalitätsannahmen und Herstellungsillusionen der Komplexität menschlichen Lernens nicht gerecht werden. Das meint nicht, dass behavioristische, kognitivistische oder konstruktivistische Ansätze schlicht falsch wären. Geprüft werden muss jedoch ihr Geltungsanspruch bzw. ihre Begrenztheit (zu einigen der folgenden Grundüberlegungen vgl. Faulstich 2013).

Demgegenüber kann die Reichweite philosophischen Denkens über Lernen weiter zurückverfolgt werden bis zu den Vorsokratikern und den – wenn auch marginalen – Äußerungen bei Kant, Fichte, Hegel oder Marx. Außerdem ist eine hermeneutisch-phänomenologische Denkrichtung seit Dilthey und bei Husserl belegbar. Die Traditionslinien sind spätestens seit der Ebbinghaus-Dilthey-Kontroverse auseinander gedriftet. Zudem ist im Anschluss an Dewey eine pragmatistische Konzeption entstanden. Wir untersuchen, ob es eine übergreifende Diskussion dieser Konzepte untereinander überhaupt noch geben kann.

Lernen kann verstanden werden als Akt der Erkenntnis, als ein Zur-Kenntnis-Nehmen eingespannt in das Verhältnis von Erfahren und Begreifen. Bezüge zum Handeln werden in den verschiedenen Theorien deutlich unterschiedlich gefasst. Einen Rahmen dafür könnte z.B. eine Theorie der Tätigkeit bieten, welche den Zusammenhang von Wahrnehmen, Denken und Handeln modelliert. Es geht beim Lernen darum, durch Erfahrung interne, in sich drehende Kreisläufe des Denkens zu öffnen und das Neue zuzulassen. In den Routinen menschlicher Aktivitäten brechen Lücken auf, aus denen Widerfahrnisse auftauchen, Widerstände herausgefordert werden und Widersprüche hervordrängen. Lernen wird angestoßen durch Probleme, Irritationen, Diskrepanzen oder Krisen, welche die Reflexion dieser Erfahrungen provozieren und das Denken verändern. Neue Felder öffnen sich. Lernen erhält einen Eigensinn; es kann Lust machen. Dadurch erhält auch das Handeln neue Gründe und einen veränderten Sinn. Aber: Sind diese Gründe nur subjektive Motive oder stehen dahinter – wie im Begriff Interesse angelegt – zugleich objektive Strukturen?

Lernen ist keineswegs nur ein kognitiver Prozess. Impulse zu Lernen implizieren gleichzeitig eine Emotionalität der Intentionen. Lernen als kognitiv-emotional-motorische Einheit beruht – terminologisch unterschiedlich gefasst – auf Interessen, Bedürfnisse zu befriedigen, auf Motivationen, Probleme zu lösen, auf Anstößen, mehr zu wissen, auf Wünschen, mehr zu können, immer auf anderes und andere gerichtete Gefühle. Interessen sind Prozess und Resultat gesellschaftlich gerahmter Ich-Welt-Verhältnisse. Sie sind nicht gegeben, sondern entstehen. Sie sind historisch und kulturell vergänglich.

Dies gilt deshalb, weil wir nicht nur Geistwesen sind, sondern als Körper anwesend, formelhaft: Wir sind nicht Geister, die einen Körper haben, wir sind Leiber. Es folgt daraus eine Leiblichkeit allen Lernens.

Mit dem Hinweis auf „Lebenslanges Lernen" wird Lernen explizit zum Problem der gesamten Lebensspanne. Es geht nicht mehr schwerpunktmäßig um Kinder und Jugendliche, sondern gerade auch um Erwachsene. Können die in der Erwachsenenbildung entwickelten Lerntheorien fruchtbar gemacht werden auf das Verständnis des Lernens insgesamt?

Das Erfahren unseres Leibes sammelt sich über den gesamten Lebenslauf. Wobei die offiziellen Zeitdaten nur Rahmen abgeben für unsere Geschichten. Wir erzählen uns selbst. Dies erst macht unsere Biographie aus mit ihren Ereignissen, ihrem Trauern und Hoffen. Die Biografizität des Lernens entfaltet sich als Art und Weise, den eigenen Lebenslauf in der Biografie selbst zu gestalten.

Wir lernen in bedingter Freiheit. Wir verfügen über Spielräume gegenüber kausalen Determinanten und instrumentellen Techniken. Unverfügbarkeit und Freiheitsspielräume bedeuten jedoch nicht, dass wir losgelöst, völlig „selbstbestimmt" lernen. Das Selbst, das lernt, lebt immer schon in Gesellschaft. Aber es ist nicht vollständig außengeleitet. Freiheit des Handelns und Lernens meint nicht Willkür oder umgekehrt Bedingtheit; bedingte Freiheit entsteht durch Spielräume in veränderbarem Rahmen. Lernen wird angestoßen durch Interaktionen in Zweier- oder Gruppenbeziehungen. Damit bricht die individualistische Schräglage der Lerntheorie auf. Die Subjekte sind immer schon institutionell und strukturell gerahmt in gesellschaftlichen Konstellationen.

Die Aktionen der Subjekte bewegen sich innerhalb konkreter ökonomischer, politischer und sozialer Strukturen. Lernen ist demgemäß einbezogen in Strategien sinnvoller, handelnder Gestaltung des eigenen Lebens. Und umgekehrt werden Lebensverhältnisse – Lebenswelten – zu Lernvoraussetzungen. Menschliche Individuen begreifen sich in Lernräumen und Lernzeiten. Sie nehmen Platz ein, während ihre Zeit vergeht. Damit sind sie in Raum und Zeit einbezogen, Lernen hat immer lokale und temporale Aspekte. Es ist niemals ortlos oder zeitlos. Wie kann eine Lerntheorie den auf Leiblichkeit bezogenen raum-zeitlichen Kontext aufnehmen, ohne ihre Spezifität zu verlieren?

Ungeklärt ist, welche Art wissenschaftlicher Empirie dem hohen Anspruch reflexiver Lerntheorie standhält. Selbstverständlich kann einem reflexiven Verständnis von „Lernen" ein reduzierter Begriff analytisch verfahrender Empirie nicht gerecht werden. Aber sollte man deshalb auf den Versuch, Empirie – umfassend verstanden als Erfahrungsbezug – als Ansatz zur Begründung wissenschaftlicher Erkenntnis zu verstehen, verzichten? Ist es nicht angemessener, ein expansives Konzept von Empirie zu formulieren? Würde man sich sonst nicht dem – dann berechtigten – Vorwurf scholastischer Exegese aussetzen?

Die in unserem Durchgang re-interpretierten und auf Erfahrungsoffenheit geprüften phänomenologischen, pragmatistischen und kritischen Theorien des Lernens können daran gemessen werden, inwieweit sie Identität der Subjekte stützen können oder aufzulösen drohen. Sie schließen damit an die alte Idee von Bildung an, in der Ich und Welt in Beziehung treten und sich auf einen Fluchtpunkt hin verbinden. Oder aber behindert die Formalität des Begriffs Lernen eher eine angemessene Bildungstheorie? Dem wollen wir nachgehen.

Prof. Dr. Peter Faulstich

Lerndebatten

PETER FAULSTICH

Der wissenschaftliche Diskurs über Lernen ist zersplittert in Detailtheorien und aufgespalten in partialisierte scientific-communities. Im Bild: Jede Kirche läutet nur für ihren eigenen Sprengel. Für einen ‚ökumenischen Dialog zwischen den Konfessionen' müssten jedoch die strittigen Fragen und Wege hin zu möglichen Antworten ausgelotet werden. Übertragen auf Wissenschaft geht es darum, Glaubensbekenntnisse durch erfahrungsbegründete Aussagen zu prüfen, zu klären und zu ersetzen. Daraufhin werden wir phänomenologische, pragmatistische und kritische Stimmen abhören.

Um allerdings Diskussion, Kooperation und Austausch zwischen verschiedenen Denkrichtungen anzustoßen, stellt sich die Frage, inwieweit die divergierenden Positionen zu einem gemeinsamen Diskurs tatsächlich in der Lage sind: Wo finden sich Gemeinsamkeiten? Wo liegen Unterschiede? Wie können Möglichkeiten zur Zusammenarbeit entstehen? In der Diskursarena können Bündnisse gestiftet werden, um geteilte Positionen gemeinsam zu stärken. Vorausgesetzt ist dafür, dass es Themen gibt, die von verschiedenen Standpunkten aus auf solche Art und Weise erörtert werden können , dass Untersuchung und wechselseitige Klärung gemeinsamer Probleme nicht von vornherein ausgeschlossen werden müssen. Dabei gehen die gemeinsamen Perspektiven selbstverständlich immer von der je eigenen Position aus (für mich vorläufig zusammenfassend: Faulstich 2013).

Allerdings scheinen zunächst auch Grenzen des Diskurses deutlich. Angesichts der noch ansteigenden Hegemonie einer ‚empirischen Bildungsforschung', die den Begriff Empirie auf Messbarkeit reduziert und die mit ‚Bildung' eigentlich gar nichts anfangen kann, wachsen zugleich die Widerstände ausgehend von phänomenologischen, pragmatistischen und kritischen Ansätzen. Diskurs ist auch Machtkampf um die Legitimation zur Interpretation der Phänomene. Vorausgesetzt ist dafür zu zeigen, dass empirische, d. h. erfahrungsbasierte, kategorial gefasste und kritisch reflektierte, wissenschaftliche Forschung weit mehr bedeutet als die modischen, dominanten und exkludierenden Konzepte neurophysiologischer oder empirischer ‚Bildungsforschung', deren Theoriekonjunkturen möglicherweise ihren Scheitelpunkt schon überschritten haben. Es geht um historische und hermeneutische Erweiterung der ‚Empirie'. Erst so kann vermieden werden, dass sich ein scheinbar neutraler Begriff des Lernens durchsetzt, der Anpassung meint und Unterwerfung fördert.

Allerdings müssen sich dazu die Beiträge aus den verschiedenen Positionen aufeinander beziehen; gemeinsame Forschungsfragen können entwickelt, und gemeinsame Arbeit zur Klärung angestoßen werden. In dem hier unterstellten, schwierigen Dreiecksverhältnis von Phänomenologie, Pragmatismus und Kritischer Theorie geht um das ‚Abklopfen' von Begriffen und darum, sich untereinander zu verstehen; weitere eher implizite Fragestellungen kommen in die Diskussion: Es geht darum, auszuloten, inwieweit wir zumindest verwandte Paradigmen vertreten, oder ob man von einer Inkommensurabilität bis in die Grundannahmen und Begrifflichkeiten ausgehen muss. Ist die Gemeinsamkeit über die Gegenposition, nämlich einer ‚reduktionistischen' Herangehensweise, stark genug, dass sie das weitere Gespräch tragen kann? Vorausgesetzt ist dafür eine Abkehr von Herstellungsillusionen, aber auch die Einsicht, dass immerhin Bedingungsgefüge auszeigen können, die gelingendes Lernen behindern oder verhindern, und dass wir Ermöglichungsräume gestalten können, um erfolgreiches Lernen zu vermitteln. Vorausgesetzt ist dafür, sich zu öffnen und ins Gespräch zu kommen.

1. SCHWIERIGKEITEN DES DISKURSES

Ein Aspekt der ‚Familienähnlichkeit' der Lerntheorien, die sich von dominanten variablenanalytischen Modellen absetzen, ist der Verweis auf komplexe Kontextualität: An die Stelle reduktionistischer Konzepte tritt relationales Denken. Aber auch hier gibt es immer schon Divergenzen. Wie alle Dreiecksverhältnisse ist die Beziehung schwierig. Es können aber auch scheinbar geklärte Kategorien in Bewegung kommen, Perspektiven aufbrechen und Horizonte sich öffnen.

Der Grundton einer kontroversen Debatte zwischen Phänomenologie, Pragmatismus und Kritischer Theorie hat selbst schon eine eigene historische Tradition und wurde vorgegeben durch Max Horkheimer in der Unterscheidung zwischen traditioneller und Kritischer Theorie (Horkheimer 1937) und in „Zur Kritik der instrumentellen Vernunft" (Horkheimer 1967). Er hat, um die Besonderheit Kritischer Theorie zu betonen, vor allem deren Differenz sowohl gegenüber Phänomenologie als auch zum Pragmatismus hervorgehoben. Er warnt einerseits vor einer Wirklichkeitsverdopplung und anderseits vor einer Reduktion allen Wissens auf zweckrationales Handeln, dessen Zielsetzung nicht mehr hinterfragt wird. Besonders scharf geht er mit dem Pragmatismus um und rechnet mit James, Dewey und Peirce gleichzeitig ab:

„Kern dieser Philosophie ist die Meinung, daß eine Idee, ein Begriff oder eine Theorie nichts als ein Schema oder Plan um Handeln ist, und deshalb Wahrheit nichts als der Erfolg der Idee." (Ebd. 69)

Deren Fehlschluss liegt für Horkheimer darin, dass die Methode der Naturwissenschaften allein aus Gründen des Erfolgs dieser Wissenschaften auf die gesamte Philosophie übertragen werde. Horkheimer stellt außerdem eine Verbindung zwischen nutzenorientiertem Pragmatismus und kapitalistisch-profitzentrierter Wirtschaftsweise her. In diesem Sinne interpretiert er den Pragmatismus als Ausdruck für das Interesse der US-amerikanischen Kapitalisten.

Damit übergeht er allerdings die zunächst ausdrücklich anti-kapitalistische Position Deweys aufgrund dessen Erfahrungen in Chicago. Auch stand dieser schon während seines Studiums in der Tradition Hegels. Als er 1928 die Sowjetunion bereiste, war er sehr angetan von den sozialen Fortschritten, reagierte aber enttäuscht, als die weltweit unter seinem Namen propagierte Projektmethode offiziell als ungeeignet für die Erfüllung des sowjetischen Fünf-Jahresplans erklärt wurde. Sidney Hook, Promovend bei Dewey an der Columbia University und einer der Sprecher der IV. Internationale, gewann Dewey 1937 für die „Chairmanship of the Commission of Inquiry into the Charges Made Against Leon Trotzky" in Mexiko City. Dies führte zu einer Kampagne ausgehend von der von Stalin beherrschten Sowjetunion, die Dewey als Verteidiger des Kapitalismus und der imperialistischen Reaktion hinstellte. Die Erfahrungen der Moskauer Prozesse führten Dewey dann zu einer antistalinistischen Grundposition, welche vor allem in der Ablehnung jeder Gewalt wurzelte.

Demokratie gehört zu den Grundlagen seines Wissenschaftsverständnisses. Dewey folgt erstens der Auffassung, wonach der beste Weg, der von den Menschen gefunden wurde, um ihre Überzeugungen zu klären, in den Praktiken der Gemeinschaft kompetenter Forschender bestehe. Zweitens dehnt er die Argumentation auf moralische Urteile aus und drittens unterstellt er, dass die Praxis der Forschung demokratisch verfasst sein solle, weil diese anderen Kooperationsstrukturen überlegen seien. Deweys berühmte Begriffsbestimmung für Demokratie stammt schon von 1916 und lautet: „Die Demokratie ist mehr als eine

Regierungsform; sie ist in erster Linie eine Form des Zusammenlebens, der gemeinsamen und miteinander geteilten Erfahrung" (dt.: Dewey 1993, 121).

In der nächsten Generation „Kritischer Theorie" knüpft Jürgen Habermas an Horkheimer an, lässt sich aber viel näher auf die Diskussion mit Husserl, wie auch mit Peirce und vor allem mit Dewey ein. Schon in seiner Antrittsvorlesung an der Universität Frankfurt am 28.6.1965 bezieht er sich auf den Aufsatz von Edmund Husserl über „Die Krisis der europäischen Wissenschaften und die transzendentale Phänomenologie" und unterstreicht dessen Kritik „in unserer Lebensnot hat diese Wissenschaft uns nichts zu sagen" (zit.: Habermas 1968, 147). Husserl wird zum Exponenten des Erkenntnisinteresses historisch-hermeneutischer Wissenschaften stilisiert (ebd. 155, 157-158).

Noch weiter geht Habermas später auf Dewey ein. In seiner Besprechung der „Suche nach Gewißheit" schreibt er zustimmend, Dewey habe

„die kognitiven Wurzeln seiner lebensweltlichen Praxis freigelegt, die darauf eingerichtet ist, mit dem Zufall und dem Scheitern an einer überraschenden Realität zurechtzukommen. Die Suche nach Gewißheit ist die Kehrseite eines Risikobewußtseins, dem gegenwärtig ist, daß sich nur über eine produktive Verarbeitung von Enttäuschungen und die fortgesetzte Bewältigung von Problemen „passende" Handlungsgewohnheiten herausbilden und verstetigen. Was den Menschen als handelndes Wesen auszeichnet, ist dieses problemlösende Verhalten – zu wissen, wie man eine problematisch gewordene Situation klärt, und zu wissen, daß man sich dabei auf keine andere Autorität verlassen kann als die eigene intelligente Anstrengung." (Die Zeit 31/1998)

Als diskursstrategischen Coup kann man verzeichnen, dass es Habermas gelang, in seiner „Theorie kommunikativen Handelns" (1981) Traditionen der amerikanischen pragmatistischen Philosophie, besonders Meads, mit Impulsen der kritischen Theorie zu verbinden.

In den 1960er und 1970er Jahren gab es weitere Debattenanlässe. Die ausführlichste Auseinandersetzung zwischen Marxismus und Phänomenologie fand beginnend im Frühjahr 1975 im Internationalen Zentrum Dubrovnik statt und ist dokumentiert in vier von Waldenfels, Broekmann und Pazanin herausgegebenen Bänden. Das Gesprächsfeld ist – Vorsicht ‚name-dropping'! – abgesteckt durch die Bezugnahme auf Adorno, Horkheimer und Habermas, Sartre, Merleau-Ponty und Hyppolite und durch den großen Einfluss von Alexandre Kojeve begründet auf Hegel, Marx, Husserl und Heidegger: An dessen Vorlesungen über die „Phänomenologie des Geistes" haben Raymond Queneau, Georges Bataille, Jacques Lacan, Pierre Klossowski, Jean Hyppolite, Maurice Merleau-Ponty, Jean-Paul Sartre, Raymond Aron und Hannah Arendt mit Günther Anders – also die bis heute weiterwirkenden Mandarine der 1950er und 1960er Jahre – teilgenommen. Jenseits aller wissenschaftspolitischen Kontexte trug das gemeinsame Interesse an einem Marxismus, der die alltäglichen Lebensverhältnisse aufnimmt und an einer Phänomenologie, welche ihrer sozialen Kontexte gewahr wird. Dadurch wurde ein Gesprächsraum geöffnet, der eine gemeinsame thematische und methodische Reflexion von Konvergenzen und Divergenzen anregt. Dies ist nur dann möglich, wenn weder Marxismus noch Phänomenologie als fertige Doktrin und als Glaubensbekenntnis vorausgesetzt wird und die eigenen, meist nicht artikulierten, aber jeweils durchaus gespürten Defizite zugegeben werden. Das Gespräch wird dann getragen durch offene Fragen, nicht durch fertige Antworten. In der Folge sind diese Annäherungsversuche aber wieder aufgesogen worden in einem wissenschaftlichen und politischen Umfeld, das instrumentelle Engführungen in einem falsch verstandenen Modell der Naturwissenschaften dominant werden ließ. Über die unterschiedlichen Positionen hinaus trägt der Versuch zu einer Philosophie der Praxis zu gelangen, welche einen veränderten, erweiterten, erneuerten Bezug zur Theorie eröffnet.

Eine einzelwissenschaftlich orientierte Debatte ist dann erst auf dem Marburger Kongress „Subjektivität als Problem psychologischer Methodik" 1984 zwischen Carl Friedrich Graumann, damals einflussreichster Vertreter phänomenologischer Psychologie, und Klaus Holzkamp, als Gründungsvater der ‚Kritischen Psychologie' erneut aufgenommen worden. Holzkamp schließt seinen Einführungsvortrag mit dem Hinweis auf Parallel-Anstrengungen eine Alternative zum variablenanalytischen „Holzweg" zu finden, so Handlungsforschung, Ethnomethodologie, kritische Hermeneutik und Phänomenologie (Holzkamp 1984, 36). Graumann artikuliert allerdings gleich eingangs seines Statements eine „Skepsis, die jeden, der phänomenologische Analytik ernst nimmt, immer dann befällt, wenn andere von Phänomenologie reden" (in: Braun/Holzkamp 1985, 38). Er verwahrt sich dagegen, phänomenologische Analytik gleichzusetzen mit Introspektion als Innerlichkeit, mit Subjektivität als Privatheit, mit fehlender Objektivität also Unwissenschaftlichkeit. Er betont die „Kernannahme der durchgängigen Intentionalität subjektiver Existenz" (ebd. 41) – das Gerichtetsein menschlichen Erlebens auf etwas. Deshalb sieht er auch die Möglichkeit einer „Vermittlung" zwischen Positionen, die „zulassen, die vom Subjekt ausgehende Interpretation der Situation [...] zu rekonstruieren" (ebd. 57). Dies bezieht zustimmend Holzkamp auf jeweils ‚mich' als ‚Intentionalitätszentrum' (Holzkamp 1984, 8). Er sieht phänomenanalytische Strukturaussagen als ‚conditio sine qua non' weitergehender Bestimmungen, welche beim Aufweis der Strukturen der Erfahrung nicht ‚hintergehbar' seien, aber auch ‚überschritten' werden müssen (ebd. 48). Damit wird auch eine Differenz betont; gleichzeitig erweist sich die

Debatte als fruchtbar. Ironisierend konstatiert Holzkamp am vorläufigen Ende der Debatte:

„Holzkamp (Schlußwort): Ich habe also an der Diskussion relativ viel Spaß gehabt, am Ende wurde es dann ein bißchen brisanter. Die volle Friedfertigkeit zwischen allen Beteiligten wieder zu rekonstruieren, würde vielleicht noch zehn Minuten in Anspruch nehmen, aber das brauchen wir wohl nicht. (Graumann: I wo)." (Ebd. 17)

Schon gar nicht nach zehn Minuten und auch nicht nach drei Jahrzehnten, die mittlerweile vergangen sind, hat sich die Diskussion erledigt.

In seiner Aufarbeitung der Debatte (Holzkamp 1984) unterscheidet Holzkamp deutlich zwischen Phänomenanalytik und Kategorialanalyse, konzediert aber zugleich eine Unausgeführtheit der Vermittlung zwischen gesellschaftlichem Prozess und individueller Subjektivität (ebd. 20). Erfahrungen beinhalten immer ‚phänomenale' Eigenständigkeit (ebd. 22). Insofern gelangt die phänomenologische Analyse aus seiner Sicht in Absehung von der besonderen Inhaltlichkeit zu Aussagen über die unhintergehbare Struktur der Lebenswelt als Mensch-Welt-Zusammenhang (ebd. 7).

Die Diskussion wurde allerdings nicht fortgesetzt, weil beide Gesprächsteilnehmer sich in ihre heimischen Gefilde zurückgezogen haben; Graumann sich vor allem mit ökologischer Psychologie und Holzkamp sich hauptsächlich mit der Ausarbeitung seiner Lerntheorie beschäftigt haben.

Vorerst zuletzt hat sich ausgehend von dem Vortrag von Käte Meyer-Drawe auf der Jahrestagung der Sektion Erwachsenenbildung der „Deutschen Gesellschaft für Erziehungswissenschaft" 2011 in Hamburg ein durchaus schwieriges Gespräch entsponnen, das die hier vorliegenden Beiträge hervorgebracht hat. Meyer-Drawe lässt sich ausgehend von ihrer eigenen – phänomenologischen – Position sehr weit auf Klaus Holzkamp ein. Sie konstatiert eine wichtige

„Nähe zwischen Kritischer Psychologie, deren Lernkonzept in der Erwachsenenbildung kontinuierlich Beachtung findet, und Phänomenologie …, welche in allgemeinpädagogischer Perspektive für die Bestimmung des Lernens relevant ist. Beide wenden sich gegen die bloße Instrumentalisierung des Lernens. Beide betrachten lernen nicht lediglich als Verhalten oder Anpassungsleistung, sondern als schöpferische Handlung, welche dem Betroffenen wortwörtlich ‚am Herzen liegt'. Beide sind deshalb auch mit dem Problem konfrontiert, wie man einen solchen Willen zum Lernen ermöglichen kann." (Meyer-Drawe 2012, 9)

Die Gemeinsamkeiten setzten sich sogar noch fort: „Sowohl der subjektwissenschaftlichen als auch der phänomenologischen Konzeption ist am Lernen als einer eminenten kreativen Handlung gelegen, […]. Deshalb spielt in beiden Ansätzen die Erfahrung eine entscheidende Rolle" (ebd. 15). Deshalb ist Arbeit an den Bedeutungen des Lerngegenstandes eine wichtige Seite beider Lerntheorien. „Die Sache muss in den Mittelpunkt rücken. Neugierde muss entfacht werden" (ebd.). Genau hier sieht Meyer-Drawe aber auch die Unterschiede, wenn nämlich das Entfachen genauer betrachtet wird.

„Bei Holzkamp steht gleichsam eine Selbstentfachung im Vordergrund. Im Rahmen phänomenologischer Bemühungen wird hier dagegen den Versagungen des resoluten Subjekts besondere Aufmerksamkeit geschenkt." (Ebd. 27)

Meyer-Drawe vermutet bei Holzkamp ein ‚starkes' Subjekt, das auf gesteigerte Verfügungsmacht abzielt (ebd. 19). Deshalb warnt sie vor dem Vorschlag einer vorschnellen komplementären Verknüpfung beider Theorien und davor, dass vielleicht notwendige Reibungen zu schnell überspielt werden könnten (vgl. ebd. 19).

2. Positionen im Diskurs

Um die Positionen dennoch untereinander im Diskurs zu halten, brauchen wir eine wissenschaftliche Grundhaltung, die sich von Modell-Purismus verabschiedet und die an der phänomenonalen und kategorialen Präzision des eigenen Konzepts weiterarbeitet. Gemeinsam ist die Einsicht, dass Wissenschaft immer mehr offene Fragen als fertige Antworten hat, ja, dass es fixe Resultate sowieso nicht geben kann. Gemeinsam ist uns als Minimalprämisse die Einsicht in den Erfahrungsbezug und die Gerichtetheit menschlichen Lernens sowie die vorausgesetzte Möglichkeit des Handelns in bedingter Freiheit. Eine markante Differenz gegenüber anderen Positionen im Theoriespektrum besteht darin, dass wir Reflexion auf unsere eigenen Konzepte immer grenzbewusst mitlaufen lassen.

Erfahrungsbezug – erstens – kann zweifellos noch vieles bedeuten: Das Spektrum der Herangehensweisen reicht von der Hermeneutik der Fälle bis zu quantitativen Analysen, die allerdings jeweils in ihrer Begrenztheit reflektiert werden. Abgegrenzt werden müssen sinnvolle Lerntheorien jedoch von geschichts- und begriffslosen Konzepten, welche meist auch noch einen naiven Kausalismus befördern. Davor sind auch qualitative Methoden keineswegs gefeit.

Ebenfalls ist – zweitens – die Gerichtetheit menschlichen Lernens nicht eindeutig gefasst. Es gilt höchstens die allgemeine Aussage: Gründe, die Lernen anstoßen, sind keine Ursachen, die Kugeln ins Rollen bringen. Um von Intentionalität des Lernens zu reden, muss dieses auch nicht bewusst und absichtsvoll sein – begründet; wichtig ist seine Sinnhaftigkeit – auch als Sinnlichkeit. Sonst besteht die Gefahr eines kognitiven und instrumentellen Bias. Die Diskrepanz zwischen Wollen und Können bricht in einem bestimmten Bedeutungshorizont auf. ‚Ich kann etwas nicht, was ich gerne möchte', daraus begründet sich eine ‚Lernschleife'. Das ist mehr und zugleich weniger als mir ein Ziel zu setzen und nach den Mitteln zu suchen, es zu erreichen. Intentionalität kennt ihre Prämissen und Konsequenzen nur unbestimmt. Jedes Lernen ist ein Handeln in einer durch unvollständige Information gekennzeichneten Situation. Jedes Lernen setzt eine Antizipation voraus; ich antizipiere, dass ich etwas besser kann, wenn ich vorher gelernt habe; es gibt keinen Erfahrungshorizont als Hintergrund einer Entfaltungsperspektive ohne eine Antizipation des Möglichen. Wenn Handlungspraktiken in eine Krise geraten, wird die Diskrepanz zwischen Wirklichkeit und Möglichkeit nicht zwangsläufig gelöst, sondern es wird auch zu beiläufigen Handlungen gesprungen, welche weiterhelfen könnten.

Auch ‚bedingte Freiheit' ist – drittens – nur ein Rahmenbedingungen-Spielraum-Modell. Wie groß der Spielraum ist und wie eng der Rahmen greift, ist jeweils abhängig von der Situation, in der das Subjekt lernt. Es gilt aber weder pure Willkür, noch totale Determination. Jedoch kann auch der Begriff der ‚Habitustransformation' noch verschiedene Reichweite von Flexibilität im Spektrum von Festgelegtheit und Offenheit erhalten.

3. AUSGANGSFRAGEN

Im Hintergrund unserer Debatte in der phänomenologische, pragmatistische und Subjektwissenschaftliche Positionen – z. T. auch überschneidend – vertreten sind, laufen zahlreiche, sowohl methodologische als auch thematische Probleme mit. Vorläufig können wir die auftauchenden Fragen in fünf Diskussionsstränge ordnen:

3.1 Diskussionsstrang: Konfrontation von begrifflicher Klärung und erlebter Erfahrung

Gemeinsam sind wir auf der Suche, wie wir erfahrungsbegründet – das ist hier mit „empirisch" gemeint – über Lernen forschen können und welche Theorie hierbei angemessen ist. Es geht um das Verhältnis von empirischer Forschung und Theorieentwicklung: Wie kann man von den unterschiedlichen Positionen her empirische Untersuchung betreiben? Wie muss man Empirie fassen, um zu einer angemessenen Begrifflichkeit zu kommen? Wie beziehen sich Theorie und Empirie auf die Praxis des Lernens? Was sind dem Problem Lernen adäquate empirische Methoden? Welche Rolle spielen die Lernenden im Forschungsprozess?

3.2 Diskussionsstrang: Beschreiben, Erklären, Verstehen – Rekonstruieren

Die Reichweite wissenschaftlicher Erkenntnisabsichten ist unterschiedlich: Positivistische (im Gegensatz zu kritischen) Konzepte versuchen die Welt zu beschreiben und wiederholen sie dabei, bestätigen das Bestehende, ohne das Mögliche zu entwerfen. Das gilt auch noch für kausalistische Positionen, welche die Welt so wie sie ist (zu sein scheint) aus dem Bestehenden heraus zu erklären versuchen. Sie trennen Erkenntnis ab von ihrer Geschichtlichkeit, in welche sie immer schon auch selbst eingebettet sind. Die Phänomenologie kritisiert diesen objektivistischen Schein, der an sich gesetzmäßig strukturierten Tatsachen vorspiegelt. Auch der Pragmatismus setzt sich gegen eine Wahrheit der Abbilder ab und die Kritische Theorie verweist hartnäckig auf die Kategorie des Möglichen. Wie aber können sich solche Positionen gegen einen radikalen Skeptizismus schützen, der Vernunft und Wahrheit in den Mülleimer des Überholten wirft? Hilft hier ein reflektierter, sozusagen sekundärer Realismus? Oder macht es Sinn, den Begriff der Wahrheit ganz aufzugeben? Wie kann man dann noch wissenschaftliches Erkennen begründen? Ist eine rekonstruktive Methodologie ein angemessenes Verfahren, um Lernen zu untersuchen?

3.3 Diskussionsstrang: Verhältnis von Bildung und Lernen

Das thematische Problem der Aneignung von Handlungsfähigkeit wird von konkurrierenden Theoriekonzepten besetzt. Einerseits gibt es die spezifisch in Deutschland entwickelte Bildungstheorie mit ihren expliziten wie impliziten Rückbezügen auf neuhumanistische Ansätze. Die Hermeneutik der Texte füllt

Bibliotheken. Anderseits ist der Lernbegriff okkupiert von einer „pädagogischen Psychologie", deren Wurzeln immer noch bis in den Behaviorismus zurückreichen. Können wir dieses Schisma überwinden? Ist es angebracht, auf den Begriff Bildung zu verzichten? Kann ein reflektierter Lernbegriff diesen ersetzen?

3.4 Diskussionsstrang: Verhältnis von Intentionalität und Interesse

Neben die Frage, wer denn da lernt, tritt sofort das Problem nach der Gerichtetheit menschlicher Existenz und Aktion, also auch des Lernhandelns. Konzepte der Antriebsregulation werden sehr unterschiedlich gefasst: als physische Mängellagen, als Triebe, als psychische Motive, als gesellschaftlich begründete Interessen an Themen. Wir wollen immer etwas lernen. Was also stößt Lernen an? Was sind Intentionen und Thematiken des Lernens? Wann beginnt Lernen? Wodurch entsteht und verschiebt sich Interesse? Was heißt Problem, Diskrepanz, Widerfahrnis, Widerstand? Meinen wir damit das Gleiche?

3.5 Diskussionsstrang: Verhältnis von Subjekt und Struktur

Die postmoderne Diskussion hat die Frage nach dem Subjekt geschärft, indem der „Tod des Subjekts" ausgerufen und eine „traditionelle Subjekttheorie" als Gegner entdeckt wurde. Dies gibt Anlass, genauer zu fragen: Was meint eigentlich „Subjekt", von dem man als Aktivitätszentrum ausgehen könnte? Wie kann es im Verhältnis von Körperlichkeit, Leiblichkeit und Geistigkeit gefasst werden? Wie ist der Bezug zu anderen Konzepten wie Akteur, Individuum, Individualität und Person?

Selbstverständlich würden wir uns übernehmen, wenn wir versuchen würden, auf alle diese Fragen auch nur hinreichende Antworten zu finden. Es soll ein Diskursfeld aufgezeigt werden, in dem „Familienähnlichkeiten" sichtbar werden können, allerdings ohne vorab Gemeinsamkeiten zu beschwören. Risse und Widersprüche sollen nicht zugedeckt werden; es soll deutlich werden, wo wir weiterarbeiten können und müssen.

4. Erfahrung und Empirie

Die Frage, wie man zu empirischer Forschung kommen kann, gilt es schärfen: „Empirische Bildungsforschung", wie sie sich als Marke ausgebreitet hat, ist hauptsächlich soziologische oder psychologische Forschung, die einerseits Übergänge, Auslese, oder anderseits Unterrichtsvariablen und deren Effekte auf die lernenden Individuen usw. u. ä. untersucht, aber kaum Bildungs- oder Vermittlungsprozesse. Die Begriffe des Lernens dagegen, wie sie subjektorientierte Theorien verwenden, sind schwierig ‚empirisch' umzusetzen oder gar zu ‚operationalisieren'. Gerade über die Reflexion des Lernbegriffs kann es möglich sein, eine Perspektive für eine gegenüber der reduktionistischen und instrumentalistischen Psycho-Soziometrie alternative Forschung zu öffnen, welche die Horizonte der Empirie öffnet und erweitert.

In der gegenwärtig gegebenen Konstellation, gekennzeichnet durch die Dominanz ‚empirischer Bildungsforschung', besteht eine Engführung sowohl von ‚Bildung' als auch von ‚Empirie'. Mittlerweile hat sich bis in die eigene Disziplin hinein eine Ratlosigkeit breit gemacht, wie der empirische Impetus umgesetzt werden kann. Man muss sich zwar nicht weiter an der überholten Frage nach dem Verhältnis von quantitativer und qualitativer Bildungsforschung abarbeiten, aber trotzdem das Verhältnis von Empirie und Theorie grundsätzlich problematisieren. Die herrschende Form der auf Schule und andere Einrichtungen des Bildungswesens bezogenen Forschung ist wenig theoretisch rückgebunden und oft nur nach Maßgaben der empirischen Designs festgelegt: Es wird nach dem geforscht, was erhoben werden kann. Theorie hat demgegenüber einen eigenen Stellenwert, der bestehen bleibt, auch wenn es sich ‚empirisch' – d. h. an dieser Stelle beobachtbar und messbar – nicht untersuchen lässt. Genauso gilt umgekehrt eine „Dignität der Empirie", wenn man empirische Phänomene entdeckt, die man theoretisch noch nicht fassen kann, die aber eine eigenständige Qualität besitzen. Es geht um das Beziehungsverhältnis zwischen Theorie und Empirie in der Praxis der Forschung. Gegenstandsbezogene Lerntheorien greifen der empirischen Forschung vor. Zugleich kann man theoretische Begriffsbildung erst ergänzen und weiterentwickeln, wenn man die empirische Forschung durchführt. Geklärt werden muss dazu, was denn einen tragfähigen Empirie-Begriff ausmacht.

Was heißt denn dann überhaupt Empirie? Es geht nicht nur um deskriptives Beschreiben und auch nicht nur um kausales Erklären, vielmehr um gegenstandsbezogenes Begreifen und Erfassen: Nicht zufällig haben wir, in dem, was wir empirisch forschen, ansatzweise andere Verfahren versucht, bspw. die Gruppenwerkstatt, Schreibwerkstatt, „forschende Lernwerkstatt". Grund dafür ist, dass es, wenn man von Subjektorientierung redet, eine wesentliche Voraussetzung des Forschens ist, dass man die Subjekte ernst nehmen sollte, dass man also keine „Vampirforschung" machen kann, die im Feld auftaucht, Daten absaugt und dann wieder verschwindet. Es geht darum, die Artikulationsmöglichkeiten der Personen, die im Forschungsprozess beteiligt sind, zu stärken. Dazu ist also eine andere Art von Empirie notwendig. Der zentrale Punkt ist, wie das Verhältnis zwischen Theorie und Empirie gestaltet ist. Wie sind wir vorgegangen? Was haben wir ‚in Erfahrung gebracht'?

5. BEGREIFEN, VERSTEHEN – REKONSTRUIEREN

Wenn wir in diesem Spannungsfeld von Empirie reden, sind empirisch-analytische Methoden und der Begriff der Operationalisierung nicht falsch, aber zu eng. Es geht weit umfassender darum, einen Gegenstand der Untersuchung für Erfahrung zu öffnen und ihn aufzuschließen. Dann braucht man einen erweiterten Begriff von Empirie, der Hermeneutik und Historie einbezieht. Es geht darum zu erfassen, weshalb Menschen so handeln, wie sie es tun. Das schließt auch die Untersuchung des Lernhandelns ein.

Die Reichweite wissenschaftlicher Absicht ist unterschiedlich: Geht es um Beobachten als Sehen von Unterschieden, um Erklären als Zusammenhänge zu begründen, um Verstehen als Sinn wahrzunehmen, um Begreifen als etwas in Sprache zu fassen, oder um Erkennen mit der merkwürdigen Doppelbedeutung von jemandem als Selbst oder etwas in seiner Eigenheit einzuschätzen und geschlechtlich miteinander zu verkehren.

Allerdings ist diese Aufgabe nur schwer einzulösen. Die Frage ist auf der Seite des Empirischen nur schwer greifbar, auch im Rahmen eines qualitativen Rahmensettings. Seit Dilthey wissen wir, dass es ein vollständiges Verstehen nicht gibt, sondern immer nur eine Annäherung in einer hermeneutischen Spirale. Die verschiedenen Ansätze rekonstruktiver Methodologie geben die Richtung an, in der man adäquates empirisches Forschen zum Lernen verorten kann. Sie akzeptieren, dass es Rahmungen und Spielräume des Selbst gibt, innerhalb denen bedingt frei gehandelt wird.

Dies ist keine Frage ‚bewussten' Handelns. Die Frage nach ‚Gründen des Handelns', also auch des Lernens, wie sie Klaus Holzkamp aufwirft, ist noch schwieriger zu beantworten; die Frage nach dem Verstehen vielleicht sogar einfacher zu klären. Gründe sind vernünftig, aber nicht instrumentell rational. ‚Verstehen' umfasst leichter emotionale Aspekte und sogar Empathie. Es geht bei menschlichem Handeln nicht um ‚rational choice' eines ‚general problem solver'.

Gerade deshalb ist es wichtig, eine theoretische Grundlage zu entwickeln, die nicht zu einfach von empirischer Forschung überformbar ist, sondern die Widerstand bieten kann. Gleichzeitig liefern empirische Materialien, die Handeln aufzeigen, Theoriebarrieren, weil ‚Gründe' nicht einfach so in Handeln hineingelegt werden können. Sie setzen Grenzen der Interpretation. Zugleich bewahren sie vor der Illusion eines unmittelbaren, vorurteilsfreien Verstehens. Auch ein Pfadwechsel von einem Bedingungs- zu einem Begründungsdiskurs, wie ihn Holzkamp vorschlägt, führt auf einen schmalen Grat, von dem aus man in die Klippen entweder willkürlicher Begründungsspinnerei oder aber vollständiger Bedingungsfesselung abgleiten kann.

Forschungsstrategisch ist diese Gratwanderung sinnvoll angesichts der Vorherrschaft kausalistisch-deterministischer Denkweisen in der Lernforschung. Die methodologische Kopplung verweist darauf, in welcher Art man den Zugang finden kann, Logiken bzw. Strategien zu rekonstruieren. Wissenschaftliches Forschen mit Menschen aber kommt ohne Empathie – das Hineinversetzen, ein Gefühl für den Anderen – nicht aus. Sie beruht eben nicht nur auf kognitivem, rationalem Begreifen – begrifflich fassen –, sondern zugleich auf emotionalem Zuwenden – Sinn wahrnehmen, weil wir nachvollziehen können, was die Anderen fühlen, wenigstens ansatzweise.

Erkennen bedeutet mehr als Rekonstruieren. Es ist kein Dualismus, sondern eine Binnendifferenzierung. Wenn wir als Forschende zirkulär bzw. eigentlich spiralig arbeiten, nämlich in der Suchbewegung, um die Erfahrungen zu klären, immer wieder in das Feld zurückgehen, dann tauchen Phänomene auf, die nicht vollständig abgehoben sind vom theoretischen Konzept und vom empirischen Material: Es ist immer zirkulär.

Jede Rekonstruktion ist ein Verstehen und ein Begreifen. Es wird dann immer wieder ein Problem der Sprache. Wir kommen unausweichlich in die Region der Wörter, die wir im Alltag verwenden, und deren Bedeutung ist immer mehrdeutig. Auch finden wir Bedeutungen zwischen den Wörtern und Sätzen. Und wir stoßen auf das Unausgesprochene zwischen den Menschen. Der Verstehensbegriff hat immer Doppelseiten: das Manifeste und das Latente; das Verbale und das Nichtsprachliche, das Kognitive und das Emotionale; das ist analytisch zu trennen, auch wenn es im Vollzug eine Einheit darstellt.

Es geht dann darum, dass man auf der Basis von empirischem Material, z.B. von Dokumenten, eine Logik bzw. Strategie zu rekonstruieren versucht, die zu bestimmten Handlungen führt. Das ist ein rekursiver Prozess: Man hat eine Nähe zu der handelnden Person, aber zugleich ist immer eine Fremdheit gegenüber dem Material, z. B. einem Text, herzustellen und zu betonen, um das Besondere, die spezifische Logik zu sehen.

6. Subjekt und Struktur

Diese methodologische Reflexion zwingt dazu, die verwendeten Begriffe selbst wieder zu reflektieren. Der Grundbegriff des Lernens, wie wir ihn empirisch fassen, ist dicht an die theoretischen Konzepte des Subjekts und des Habitus herangerückt. ‚Subjekt' ist einer der schwierigsten und aufgeladensten Kategorien der modernen philosophischen Debatte: offensichtlich kein unschuldiger oder gar natürlicher Begriff – falls es überhaupt so etwas geben kann. ‚Subjekt' hat sich vollgesaugt mit vielfältigen Bedeutungen von Bewusstsein, Ich, Selbst, Autonomie und Reflexion. Der historische Vergleich der Begriffspraxis legt nahe, Subjektivität als institutionalisierte bürgerliche Praxisform zu begreifen.

Wenn richtig ist, dass Begriffen als einzelnen nicht beizukommen ist, sondern nur im Netzwerk der Kategorien, springt uns, wenn wir Subjekt sagen, sofort das Objekt an. Subjekt/Objekt ist unzertrennlich. Wir können uns einbilden, wir seien souveräne Subjekte. Aber wir als Subjekte sind mehr in dem Netz der Strukturen eingefangen, als wir über sie verfügen. Der praktische Umgang mit den Kategorien als Netzknoten ist eine Strategiefrage des Sprechens und Denkens. Der Begriff des Individuums kommt ja aus der Rechtssprache, er steht für das deutsche Wort ‚Eigentümlichkeit'. Dadurch ist das Wort für ein Wesen entstanden, dem man Eigentum zuschreiben kann: gleichzeitig mit der Entstehung der bürgerlichen Eigentumsgesetzgebung.

Historisch ist das nachweisbar in der Bindung des modernen ‚Subjekts' in die Erkenntnistheorie Kants – als erkennendes Wesen, dem das ‚Objekt' als Gegenstand seiner Erkenntnistätigkeit gegenübertritt. International sprachvergleichend werden Kontextualität und Historizität vollends deutlich. Wenn wir im Französischen von ‚sujet' reden, so meint das den Gegenstand, den sezierten Leichnam, den politischen Untertan. Auch im Deutschen gibt es Relikte der feudalen Bedeutung, wenn herablassend von ‚diesem Subjekt da' geredet wird. Die Verdrängung der älteren, feudalen Bedeutung durch die neue bürgerliche trägt aber einen harten Kern weiter in sich: Beherrschbarkeit und Verfügbarkeit. Die unterworfenen Gegenstände sollen sich nach den dominanten Interpreten richten. Die Themen werden in der Intentionalität angeeignet.

Schwierigkeit des Begriffs haben zu einer Reihe kategorialer Ersatz- oder auch Anspruchsstrategien geführt. ‚Individuum' bringt die Vereinzelung als einzelnes Exemplar einer Gattung und zugleich abstrakte Verallgemeinerung auf die Spitze: Alle sind gleich und einmalig. ‚Akteur' scheint neutral: eingebunden in die sozialen Strukturen; ‚Person' dagegen meint eine Qualität des Subjekts: seine Entfaltung durch verfügungserweiternde Aneignung.

Die Schwierigkeit geht sogar noch weiter: Wir haben die Frage zu stellen, ob es das Subjekt, von dem wir ausgehen, überhaupt gibt. Wenn man die Beziehung zwischen Ich und Welt als Subjekt erlebt, wer stellt das her?

Man könnte sich retten, indem man sagt, das Subjekt sei eine zeit- und gesellschaftsgebundene Abstraktion, eine Realabstraktion in gesellschaftlichen Strukturen, das die Warenform der Verhältnisse, die Denkform der Menschen hervorbringt. Die Illusion der Äquivalenz im gerechten Tausch begründet die scheinbare Gleichheit und die Individualität des transzendentalen Subjekts. Insofern ist ‚Subjekt' sicherlich auch Konstruktion, eingebunden in den formationsspezifischen Kontexten der kapitalistischen Gesellschaft. Aber was sind das für Strukturen und Kontexte?

Schon der Begriff der Gesellschaft scheint uns fragwürdig, weil er, so weit gefasst, kaum noch Rahmungen des Handels setzt. Die Begriffe der Welt oder der Lebenswelt bleiben ähnlich unbestimmt. Es macht deshalb die Attraktivität Bourdieus aus, dass er mutig von Klassengesellschaft redet – auch wenn er einen andern Begriff von Klasse unterstellt als Marx, sich sogar nachdrücklich von ihm absetzt. Mit Bourdieus Grundbegriffen von Milieu und Habitus kommen wir der Empirie bezogen auf Handeln und Lernen ein großes Stück näher.

7. Bildung und Lernen

Ohne theoretische Vorgriffe und kategorialen Einbezug kommt empirische Forschung also nicht aus. Wenn es um das Verhältnis zwischen Empirie und Theorie geht, geht es um das Theoretische in der Empirie und um das Empirische in der Theorie; das ist kein Gegensatz; es sind keine Pole. Dieser Gesichtspunkt ist dann wichtig, wenn man Konzeptionen wie z. B. ‚Bildung', die von sich aus empirisch nicht direkt zugänglich sind, trotzdem nicht für irrelevant hält. Gibt es nicht auch Gegenstände, mit denen wir uns wissenschaftlich auseinandersetzen, die wir aber nicht empirisch fassen können? Es besteht ein wechselseitiger Überschuss, genauso andersherum. Das bringt uns aus der fruchtlosen Debatte heraus, dass die Begriffe operationalisierbar sein müssen. Es geht nicht um ein Entweder-oder, sondern es spreizt sich ein Mittelfeld zwischen abstrakter Theorie und unmittelbarer Fallbeschreibung auf – wobei diese ja auch schon immer auf Sprache angewiesen ist. Wir finden die Alltagssprache immer schon vor.

Deshalb muss das Verhältnis zwischen Lernen und Bildung theoretisch herausgearbeitet werden. Das gilt sowohl für grundlagentheoretische als auch für gegenstandsbezogene Überlegungen. Es geht darum, die Verbindung zwischen Bildung und Lernen als Differenz und Synthese offenhalten zu können, aber ohne vorab sagen zu müssen, was genau Lernen sei, das gilt es ja erst zu entdecken. Oft wird nicht mehr unterschieden zwischen Bildung, Lernen und Entwicklung; die Folge ist eine Prädominanz empiristischer Strategien. Um dem etwas dagegensetzen, wäre eine Perspektive, zu zeigen, dass eine gegenstandsbezogene Theorie und eine dem angemessene Empirie bezogen auf Lernen permanent auf beiden Seiten – hinsichtlich einer Schärfung des Lernbegriffs und einer Klärung des Bildungsgedankens – Überschüsse bilden, in die auch Wissenschaft verwickelt ist.

Es wäre nicht einsichtig, den Bildungsbegriff als Idee stehen zu lassen und den Lernbegriff in die empirische Ecke zu schieben. Wenn wir über das Verhältnis nachdenken, scheint es eher so, dass, wenn man einen angemessenen Lernbegriff braucht, der sich dem Bildungsbegriff annähert, gleichzeitig aber auch auf dem Unterschied besteht, der sich in verschiedenen Theorietraditionen ergeben hat. Dies ist nicht einfach dezisionistisch zu überspringen: Begriffsstrategisch bietet sich an, die Differenz nicht zu verschenken, zugleich aber den Lernbegriff nicht einer an der langen Leine des Behaviorismus hängenden „pädagogischen Psychologie" zu überlassen. Die Inhaltlichkeit des Bildungsbegriffs lässt sich nur unter Verlust seiner Einheit analytisch ‚operationalisieren'; wir sollten deshalb die Begriffe in ihren Unterschieden und in ihren Bezügen beibehalten.

In der Bildungstheorie ist der Begriff in seinen kontroversen Varianten unterschiedlich elaboriert ausgearbeitet; der Lernbegriff blieb aber eher skizzenartig, er ist kaum kategorial einbezogen worden. In dem Moment, wo er sich im empirischen Material auch verstärkt um Lernen kümmert, verliert die Differenz zur Bildung ihre Klarheit. Ausgehend von den empirischen Phänomenen kann man theoretisch die Fragen stellen: Was macht Lernen aus, was macht Bildung aus und was unterscheidet beide? Dominante lerntheoretische Ansätze sind imperialistisch in dem Sinne, alles abdecken zu wollen, so dass Bildung nicht mehr vorkommt. Beispiele sind z. B. auch phänomenologische Ansätze wie ‚Leben lernen', was man sonst eher unter Bildung fassen könnte. Die Unterscheidungen bleiben daher wichtig.

Allerdings sollte man auch nicht einer Differenzperspektive aufsitzen. Im Unterscheidungsansatz steckt oft die Annahme, dass Lernen niederklassig ist und erst über Bildung geadelt wird. Das war noch in den 1990ern weit verbreitet und zieht sich immer noch durch. Hier ist aber die Anknüpfung an Klaus Holzkamps Begriff des expansiven Lernens hilfreich: Lernen aufzufassen als Prozess der gesellschaftlichen Teilhabe, als Auseinandersetzung des Subjekts mit seiner sozialen Welt ist anschlussfähig an den Bildungsbegriff. Diejenigen wissenschaftlichen Ansätze, die mit dem Bildungsbegriff gearbeitet haben, konnten den Selbst- und Weltverständigungsprozess selten empirisch einholen. Dagegen steckt im subjektwissenschaftlichen Lernbegriff, wo es genau um die Teilhabe an Welt geht, eine Möglichkeit des empirischen Zugangs von der Seite des sich selbstbildenden Subjekts.

Ein Unterschied, der ins Auge springt, ist die philosophiegeschichtliche Tradition: Der Lernbegriff ist viel älter; der Bildungsbegriff in seiner Fassung als idealistischer „klassischer" Bildungsbegriff ist ganz deutlich ein historischer Begriff, der mit der Moderne, d. h. mit der Herausformung des Kapitalismus, zusammenhängt. Die Unterstellung, dass Bildung die Krönung auf dem Weg der Menschheitsentwicklung sei, ist so einfach unsinnig. Es geht nicht um einen einheitlichen, alles versöhnenden Bildungsbegriff, sondern auch darin stecken die Widersprüche der bestehenden Gesellschaft. Kontrastiv kann man gegen einen harmonisch-integrationistischen Bildungsbegriff eine konflikthafte, interessenbezogene, widerständige Auseinandersetzung zwischen Selbst, Welt und Anderen in ihrer formationsspezifischen Konkretion verschiedener Handlungsfähigkeit setzen.

8. Intentionalität und Interessen

Wenn wir nach dem Anfang des Handelns und somit auch des Lernens fragen, verfangen wir uns in dem Netz, das dadurch gewebt worden ist, dass immer schon gehandelt und gelernt worden ist. Was aber kann begründen, dass weitergehandelt und weitergelernt wird? Es hilft hier nichts, mit anthropologischen Prämissen zu argumentieren. Das „Ensemble gesellschaftlicher Verhältnisse" besteht schon vorab. Aber was folgt aus der Voraussetzung? Die kritische Subjektwissenschaft antwortet hier mit dem Verweis auf das Interesse an Verfügungssicherung bzw. -erweiterung: Als zentrale Punkte werden die Unterscheidungen zwischen restriktiver bzw. erweiterter Handlungsfähigkeit, zwischen expansivem und defensivem Lernen herausgearbeitet. Verfügungserweiterung ist auch materiell gedacht, d.h. Verfügung über Lebensumstände zu erlangen: Gehaltserhöhung, Wohnraum, Konsumsicherung. Der Begriff bekommt so eine gesellschaftliche Schärfe und ein implizites Konfliktpotenzial. Es ist ein Streben, das nicht dem Menschen innewohnt, sondern durch seine Position gegenüber den besitzenden Klassen. Interesse vermittelt zwischen Subjekt und Struktur in ihrer jeweils spezifischen historischen Form.

Verfügungserweiterung ist immer Verfügung von Räumen und Zeiten. Es geht um eine bestimmte Gesellschaftsinterpretation, um grundlegende, erweiterte und restriktive Handlungsfähigkeit in dieser Gesellschaft, Intentionalität bezogen auf Erweiterung der Handlungsfähigkeit, um das lernende Subjekt in dieser Gesellschaft. Dieser Bezug auf Gesellschaftlichkeit ist in anderen Ansätzen nicht so stark.

„Intentionalität" und sein Anschluss an die Geschichte der Phänomenologie sieht das Gesellschaftliche des Intentionalitätszentrums meist nicht. Auch ist das „Sich-auf-etwas-richten" nicht immer begründet, nicht absichtsvoll. Es unterliegt verschiedenen Perspektiven von Aufmerksamkeit. Ebenfalls ist Problemlösungskompetenz, wie sie im Pragmatismus als Intention des Handelns und des zugeordneten Lernens hervorgehoben wird, ungerichtet. Was ein Problem ist, kann beliebig vieles sein: Schnürsenkel binden oder den Kapitalismus überwinden. Umgekehrt ist aber auch der Begriff des Intentionalitätszentrums, wie er in der Subjekttheorie eingeführt wird, wenig gefüllt. Unterhalb der Dimensionen restriktiv vs. erweitert bzw. defensiv vs. expansiv fangen die Fragen nach einem Erfahrungsbezug erst an.

9. SUBJEKT – HABITUS – AKTEUR – INDIVIDUUM UND LERNHANDLUNGEN

Zurück zum Anfang zeigt sich ein spannender Diskussionsbogen: Angefangen beim Begriff der Empirie, dann dem des Verstehens landen wir in unserer kategorialen Spirale wieder bei der Intentionalität der Subjekte. Es geht also letztlich um das Verstehen der Intentionalität des Handelns – also auch des Lernens.

Empirisch – erfahrungsbegründet – geht es darum, Fälle unterschiedlicher Verfügungserweiterung zu untersuchen, die sich differenzieren. Hier können Grenzen und Überschreitungen der Alltags- bzw. Lebenswelt aufgezeigt werden. Bildung umfasst dann Lernprozesse bis zur Veränderung der Orientierung des Lebens. Generationell besteht ein Kontrast zwischen denjenigen, die in Kontexten aufgewachsen sind, in denen keine Irritation durch Neues und Fremdes erfahren wurde, dort also – zum Beispiel im Elternhaus – keine Verfügungserweiterung, sondern ein Weiterbestehen von tradierten Routinen erfahren haben, und denjenigen, die Kontraste auch generationell durchlebt haben.

Der Begriff der Verfügungserweiterung ist auch nicht so einfach, wie er daherkommt; er ist keine empirische Kategorie bzw. er lässt sich empirisch nicht direkt fassen, aber es lassen sich Grenzen – Hemmnisse und Schranken – aufzeigen, die den Subjekten gegenüberstehen und auf die sie mit Handlungs- und

Lernwiderständen antworten. Wie geht die subjektwissenschaftliche Perspektive mit der Begrenzung der Erweiterung von Lernen um? Wann erfährt das Subjekt eine Einschränkung von Verfügungserweiterung? Da kommt man nicht mit Subjektwissenschaft hin, sondern braucht gesellschaftsstrukturelle Modelle. Es bietet sich an, hier auf Bourdieu und sein Konzept des Habitus zurückzugreifen. Sobald man aber den Habitusbegriff einsetzt, hat man Begrenzungen im Theoriekonstrukt.

Den Habitus muss ja jemand haben, aber dann droht wieder eine Reifizierung bzw. Naturalisierung des Trägers. Deshalb sagt Bourdieu „Akteur" und nicht „Subjekt". Bourdieu hat klar gesehen, dass er gerade nicht den Subjektbegriff übernehmen kann. Der Habitus zeigt dem reflexiven Akteur, dass sein Handeln eingebunden ist. Diese Differenz dürfen wir nicht aufgeben, dass da immer noch jemand ist, Mensch, Individuum, sonst würde auch der ‚emancipative drive' kritischer Theoriekonzepte verloren gehen. Der Habitus kann sich transformieren oder restrukturieren, aber das Streben nach Verfügungserweiterung kann ich mit dem Habitusbegriff nicht denken, die Erweiterung je meiner Möglichkeiten ist nur in bedingter Freiheit denkbar; Verfügungserweiterung ist also von den gesellschaftlichen Einbettungen her freier gedacht.

Zur Bedrohungsabwehr werden Strategien entwickelt, wie nicht erweiternd gehandelt, nicht expansiv gelernt wird. Restriktives Handeln und defensives Lernen können auch dazu dienen, den eigenen Habitus zu sichern und gegen Irritationen zu schützen. Dieser Ansatz ist dann auch empirisch nutzbar über ‚Widerstandsforschung': Welche Widerstände treten in der Erwachsenenbildung auf und warum?

Allerdings darf dann die eingeschliffene Gegenüberstellung von normativ und faktisch nicht überbewertet werden. Max Horkheimer unterläuft sie mit der Idee des Möglichen, hin zu einer besseren Gesellschaft als Grundlage kritischer Theorie. Er nimmt dabei Bezug auf Lebenswelt: Erstaunlicherweise gibt es auch von Klaus Holzkamp zwei posthum veröffentlichte Aufsätze über Lebensführung, in denen er sich auf Alltagswelt bezieht, indem nämlich der alltägliche Lebenszusammenhang die Grundlage ist, auf der wir denken. Es geht ihm nicht um Lebenswelt, sondern um Lebensführung, man gestaltet und versucht zu beeinflussen. Auf diesen unverzichtbaren Zusammenhang hat schon Husserl in seinem Krisis-Beitrag verwiesen.

Es macht aber wohl Sinn, eine Unterscheidung von Lebenswelt und Alltagswelt zu treffen: Der bindende Charakter von Alltagswelt stößt auf Kontingenz und Ambivalenz in der Lebenswelt, fraglose Selbstverständlichkeiten werden aufgebrochen und überschritten. Schütz, Berger, Luckmann haben versucht zu zeigen, dass die Alltagswelt Irritation nicht vorzieht, dagegen aber Lebenswelt, wo Brüche und Umordnungen vorkommen; Ambivalenz kommt in der Lebenswelt zum Tragen. Das ist Alltagswelt, in der man nicht mehr dazu lernen will, in der Lebenswelt ist ein Neugierverhalten, Suche von Irritation verankert. Die Alltagswelt muss funktionieren, ohne Irritationen. Wir kommen in der Regel aus der Alltagswelt nicht heraus, aus den Selbstverständlichkeiten.

Die konservative Lebenswelt ist das Gegenteil zur wissenschaftlichen Welt. Alltag gilt es zu bewältigen. Ich lasse Kinder fernsehen, bewältige die Situation anstatt Medien zu diskutieren. Neuinterpretation einer Verfügungserweiterung, Lebenswelt als Gegenwelt zur wissenschaftlichen Welt. In der Lebenswelt sind Relevanzstrukturen relativ stabil und belastbar.

Der Lernbegriff hat dann zu tun mit ‚transformativem Lernen'. Hieße das, die Alltagswelt zu verlassen? Der Alltagsverstand stört und stoppt z. B. das Verständnis von Mathematik. Beim transformativen Lernen führt ein krisenhaftes Erlebnis zu Lernen, kann dann zur Überschreitung von Alltagswelt hin zu Lebenswelt führen, das sind dann Lernprozesse. Das ist nicht notwendig ein Bildungsprozess. Wo kommt man bei einem Wechsel der Lebenswelt an? Es gibt neue psychisch-soziale Konstellationen, aber nicht nur Krisen.

Krise kann als Lernauslöser möglich sein; aber es kann keine Machbarkeitsregel sein, lehrend Lernende in Krisen zu stürzen. Es gibt viele Punkte, die beim Lernen nicht in unserer Verfügung stehen. Die Welt bricht und die Subjekte bemühen sich, Routinen als Selbstverständlichkeiten wieder herzustellen. Krise unterstellt eine brüchige Situation, wo der Habitus nicht mehr trägt. Aber: Muss es so dramatisch sein, warum reicht nicht Diskrepanz? Und wie ist es mit der Lernlust?

Die Krise ist nicht immer auslösendes Moment; man kann sehen, dass im Leben der Personen schon vorher etwas Neues kommt. Dem wird kein besonderer Wert beigemessen, die neue Handlungspraxis wird in der Krise zentral, sie schwenkt um in Praktiken, die vorher beiläufig waren. Die Krise wird damit überwunden, ohne gelöst zu sein. Die Krise als Auslöser ist die Frage nach Krisenbewältigung, wenn vorher noch nichts Neues da war. Stichwort Aufmerksamkeit: Ich kann nur auf das aufmerksam werden, was ich schon bemerkt habe. Es kommt nichts zu Tage, was nicht schon vorher im Dunklen da war. Die Krise ist nicht etwas, das plötzlich aufbricht, sondern ein Riss in der Welt, der sich verbreitert. Daraus wächst der Impuls, Routinen zu verlassen und Neues zu lernen. Wie machen wir unsere Annahmen klar?

Wenn wir diese Probleme – Fragen der Krise, des Problems und der Diskrepanz – diskutieren, sind dem die eingangs genannten Diskursstränge vorgelagert:

1. Die Konfrontation von begrifflicher Klärung und erlebter Erfahrung;
2. das Verhältnis von Beschreiben, Erklären, Verstehen – Rekonstruieren;
3. das Verhältnis von Bildung und Lernen;
4. das Verhältnis von Intentionalität und Interesse;
5. das Verhältnis von Subjekt und Struktur.

Grundlegend ist das Verständnis von „Subjekt". Das Subjekt ist nicht etwas Unproblematisches, wir müssen uns also zu erkennen geben, wie wir uns damit beschäftigen, es darf nicht ausgeblendet werden, sondern es muss gezeigt werden, wie wir es sehen. Muss denn das Subjekt etwas Individuelles sein? Das ist vielleicht der Knackpunkt, der Vorwurf an die quantifizierende Forschung, dass sie immer nur auf Individualdaten aufbaut und dann hochrechnet. Das Milieu ist wichtig, aber das ist nur von Individualdaten hochgerechnet. Mit der Rede vom Subjekt ist immer schon eine Gesellschaftlichkeit enthalten und nicht der Einzelne, nicht als Monade. Da hat man vielleicht noch mal einen neuen Punkt, was man als Subjekt begreift.

Möglich ist es, das Verhältnis von Akteur und Struktur prozessual zu denken. In dem Moment, da sich das Feld verändert, stößt das Individuum auf Grenzen der Strukturen. Es versucht, sie handelnd – auch lernend – wieder zu festigen.

Der große Ertrag der Lerntheorie Holzkamps ist der Versuch, eine Grundlage zu schaffen, von der aus Lernbewegungen in gesellschaftlichem Kontext empirisch zu erfassen sind. Das macht sie besonders attraktiv, gerade in ihrer Offenheit, da nicht festgelegt ist, wie man nun das lernende Subjekt von seiner gesellschaftlichen Seite her fasst – habitustheoretisch, strukturtheoretisch, machttheoretisch, wie auch immer. Es erstaunt jedenfalls zunächst, wieso ausgerechnet Foucault herangezogen wird, um die strukturellen Prämissen des Lernens und die Unterscheidung zwischen expansiv und defensiv zu explizieren.

Mit diesen Hinweisen ist die Plattform unseres Diskurses abgesteckt. Selbstverständlich werden die Positionen je unterschiedlich geschliffen. Dabei umfassen die Beiträge eigene Präzisierungen, kritische Bezugnahmen, zusätzliche Theoriekonzepte und empirische Ansätze.

In knappem Überblick ergibt sich ein Spektrum der Beiträge, die die Vielzahl der aufgeworfenen Fragen nur ausschnitthaft aufgreifen können. Daraus resultieren aber auch schon offene Horizonte für weitere Diskussionen. Ich selbst unternehme es, mich des Erfahrungsbegriffes bezogen auf Lernen zu vergewissern. Wie dies „empirisch" gelingen kann, versuchen die folgenden Beiträge beispielhaft zu klären. Rosa Bracker und Susanne Umbach nehmen Bilder und Geschichten, welche in Lernwerkstätten entstanden sind, als Grundlage; Christine Zeuner interpretiert Interviews im Kontext „transformativen Lernens", Michael

Göhlich und Jörg Zirfas skizzieren eine „Szenografie" des Lernens am Beispiel der Biographie Helen Kellers, die mit 19 Monaten aufgrund einer Hirnentzündung taub-blind wurde. Beispiele der „rekonstruktiven Lernforschung", wie sie Arnd-Michael Nohl zeigt, decken generationsspezifisch unterschiedliche Lernorientierungen auf. Alle diese Beiträge zeigen die Verwobenheit von grundlagentheoretischer Reflexion und empirischem Erfahrungsbezug.

Dies gilt auch für Joachim Ludwig, der sich stärker auf die subjektwissenschaftliche Lerntheorie einlässt und nach einem möglichen Gewinn für die empirische Forschung fragt. In seinem Beitrag werden Grundfragen zur Klärung des Begriffs Subjekt und dem Stellenwert von „Bildung gestellt". Dies ist Anlass für die kritische Auseinandersetzung mit der subjektwissenschaftlichen Lerntheorie, wie sie Tobias Künkler vorlegt. Anke Grotlüschen bezieht sich darauf, indem sie durch eine Neufassung des Begriffs Subjekt einige Angriffspunkte zu unterlaufen versucht. Dass dies aufgrund des Stellenwerts des Begriffs „Verfügungserweiterung" in der Modellkonstruktion Holzkamps zu Schwierigkeiten führt, zeigt Jürgen Wittpoth, der aus der Perspektive der phänomenologischen Wissenssoziologie, den Begriff der „Lebenswelt" in Anschlag bringt und diesen auf Lernen bezieht.

Es zeigt sich also im ersten Anlauf, dass eine gemeinsame Diskussion von verschieden Konzepten her möglich, aber noch lange nicht abgeschlossen ist. Die Debatte erweist sich auf alle Fälle als wissenschaftlich fruchtbar und weiterführend: sowohl für die Entwicklung von Gemeinsamkeiten als auch für die Klärung der unterschiedlichen Positionen. Selbstverständlich handelt es sich hier nur um Zwischenergebnisse. Texte sind Zwischenhaltestellen des Denkens, so wie die Hügel der Maulwürfe, die immer schon weiter sind.

10. LITERATUR

Braun, Karl-Heinz/Holzkamp, Klaus (1985): Subjektivität als Problem psychologischer Methodik. 3. Int. Kongress Kritische Psychologie. Frankfurt am Main.
Dewey, John (1998): Auf der Suche nach Gewißheit. Frankfurt am Main.
Faulstich, Peter (2013): Menschliches Lernen. Bielefeld
Graumann, Carl F: (1985): Phänomenologische Analytik und experimentelle Methodik in der Psychologie. Referat auf dem III. Int. Kongress Kritische Psychologie
Habermas, Jürgen (1968a): Erkenntnis und Interesse. Frankfurt am Main.

Habermas, Jürgen (1968b): Technik und Wissenschaft als „Ideologie". Frankfurt am Main.

Habermas, Jürgen (1981): Theorie kommunikativen Handelns. 2 Bd. Frankfurt am Main.

Holzkamp, Klaus (1984): Kritische Psychologie und phänomenologische Psychologie. In: Forum Kritische Psychologie H.14

Horkheimer, Max (1967): Zur Kritik der instrumentellen Vernunft. Frankfurt am Main.

Meyer-Drawe, Käte (2012): Lernen aus Passion. In: Felden, Heide von/Hof, Christiane/Schmidt-Lauff, Sabine (Hrsg.): Erwachsenenbildung und Lernen. Baltmannsweiler, 9-20

Waldenfels, Bernhard/Broekman, Jan M./Pazanin, Ante (1977-1979): Phänomenologie und Marxismus. Band 1-4. Frankfurt am Main.

Lernen: Erfahrung – Wahrnehmen und Handeln

PETER FAULSTICH

Dass Lernen etwas mit Erfahrung zu tun habe, erscheint heutzutage dem Alltagsbewusstsein selbstverständlich. Wer viel erfahren hat, muss – viel gelernt haben. Gemeint sein kann, wenn wir alltäglich von Erfahrung sprechen, zweierlei: der Prozess – das Erwerben – oder aber das Resultat – das Besitzen von Wissen und Fähigkeiten. Erfahrung erscheint als Suchen und Finden eines Schatzes.

Mittlerweile ist diese Auffassung auf Lexikonniveau abgesunken und kanonisiert worden: Lernen sei „durch Erfahrung entstandene Verhaltensänderungen und -möglichkeiten, die Organismen befähigen, aufgrund früherer und weiterer Erfahrungen situationsangemessen zu reagieren" (Meyers Lexikonverlag 1997, 529). Beim Nachdenken aber stößt man auf viele Probleme: Ein solcher Begriff erweist sich menschlichem Lernen keineswegs adäquat, sondern behavioristisch kontaminiert, weil auf Verhalten ausgerichtet; er ist biologistisch gefasst: auf Organismen bezogen; er ist passiv gedacht: als Reaktion auf vorgegebene Situationen erfolgend.

Sogar in den maßgebenden Lehrbüchern der Psychologie wird jedoch ein solcher – letztlich reduktionistischer – Lernbegriff als geklärt unterstellt und umstandslos mit dem Erfahrungsbegriff verbunden. Nach dem weltweit verbreiteten „Zimbardo" „Psychology and Life" (1971; 2007, 61. ed.) („Lehrbuch der Psychologie" (dt. 2008 in 18. Auflage) kann man einfach und scheinbar klar nachlesen:

„Lernen ist ein Prozess, der in einer relativ konsistenten Änderung des Verhaltens oder des Verhaltenspotentials resultiert und basiert auf Erfahrung." (Zimbardo/Gerrig 2008, 243)

Die als Standardlektüre geltende „Psychologie des Lernens" von Lefrancois definiert:

„Lernen umfaßt alle Verhaltensänderungen, die aufgrund von Erfahrungen zustande kommen. Solche Änderungen schließen nicht nur die Aneignung neuer Informationen ein, sondern auch die Veränderungen des Verhaltens, deren Ursachen unbekannt sind. Andererseits sind in dieser Definition Veränderungen ausgeschlossen, die aufgrund von Reifevorgängen (genetisch vorbestimmten Änderungen), künstlichen chemischen Änderungen wie z. B. Konsequenzen der Einnahme von Drogen, oder vorübergehenden Veränderungen, z. B. durch Ermüdung, entstehen." (Lefrancois 1994; 2006, 3 f.)

Demgemäß scheint zu gelten: Menschliches Lernen (Faulstich 2013) findet statt, wenn Erfahrungen gewonnen werden. Aber der Begriff, der so selbstverständlich auftritt, hat es in sich: Erkenntnistheoretische Grundfragen brechen auf: nach dem Verhältnis von vorhandenen Vorstellungen und Erwartungen (ideas) sowie neuen Erfahrungen (experience), nach der kategorialen Systematik von Wahrnehmen, Erfahren, Erinnern, Denken. Die alte – Schachteln aufstellende – Schulenbildung der abendländischen Philosophie zwischen Rationalismus und Empirismus wird reaktiviert.

1. Ungeklärte „Erfahrung"

Alltagsvertraut wird, wenn von Erfahrung die Rede ist, unterstellt, dass schon klar sei, was darunter zu verstehen ist. Doch das ist keineswegs der Fall. Gerade Begriffe, die leichtfertig daher kommen, sind eben oft die schwierigsten. So steht es auch mit der „Erfahrung", welche scheinbar – in naivem Realismus – auf einem Vorfinden und Aufnehmen einer vorgegebenen Wirklichkeit durch ein widerspiegelndes Bewusstsein beruht.

Das Wort „erfahren" weist auf die Annahme einer Wirklichkeit hin, die auf uns einwirkt, die wir durch „varn" durchstreifen und erkunden. Die Welt wird er-fahren. Entsprechend fasziniert für das menschliche Leben die Metapher der Schifffahrt als ‚Verlassen des Hafens der Sicherheit'. Ausgesetzt den Stürmen des Unbekannten, nur so – scheint es – kann man lernen.

Wenn Erfahrung bloß Perzipieren einer Bestimmtheit der Objekte durch ein aufnehmendes oder abbildendes Subjekt wäre, könnte das Verhältnis von Ich und Welt einfach sein. Aber Welt beruht eben nicht auf vorgegebener Wirklichkeit, und das Ich umfasst mehr als sein Bewusstsein.

Zumindest ist Erfahrung doppelt gefiltert und zweifach hergestellt: als Aneignung eines Wissens durch die äußere oder die innere Wahrnehmung, wissenschaftlich durch Beobachtung und Experiment, oder Selbstbetrachtung und Introspektion usw. Erfahrungsinhalte sind „physische" und „psychische": Äußere und innere Erfahrung fokussieren zwei verschiedene Aufmerksamkeitsrichtungen auf ursprünglich einheitlich gegebene Gegenstände: Äußere Erfahrung abstrahiert vom erlebenden Subjekt und geht einem unterstellten objektivgesetzmäßigen Zusammenhang der Erfahrungsinhalte nach; innere Erfahrung nimmt die Erlebnisse in ihrer unmittelbaren Beziehung auf das Subjekt, das jedoch nicht nur passiv auf Reize reagiert, sondern aktiv sein immer schon vorhandenes Wissen reorganisiert. So genommen, enthält jede Erfahrung schon Vorstellungen. Damit gerät die Reflexion in ein Begriffsdickicht von „Empfinden", „Wahrnehmen", „Erfahren", „Denken", „Wissen" usw. Bereits Hans-Georg Gadamer betont:

„Der Begriff der Erfahrung scheint mir – so paradox der klingt – zu den unaufgeklärtesten Begriffen zu gehören, die wir besitzen." (Gadamer 1960, 352)

2. ERFAHRUNG IM SCHULEN-STREIT

Wir landen, beim Versuch, „Erfahrung" zu bestimmen, – auch wenn wir die „alten Griechen" aus dem Spiel lassen – im Unterholz der alten Streitfragen nach der Basis der Erkenntnis: Rationalismus (Descartes), der dem Denken überempirisches Erkenntnispotenzial zuschreibt, Empirismus (Locke), der Erfahrung als einzige Quelle der Erkenntnis wertet, und Kritizismus (Kant), der die Notwendigkeit des Zusammenwirkens von Erfahrung und Vorstellung betont.

Es geht um die Begründung klaren und sicheren Wissens im Spannungsfeld von Empfinden und Denken. Verbindend ist bei den Diskutanten als Begründung neuzeitlicher Philosophie der Zweifel an vorgegebenen Glaubenssätzen und scheinbaren Selbstverständlichkeiten und die Suche nach unbezweifelbaren Einsichten – und außerdem, dass dieses Problem der kognitiv begründenden Vernunft zuzuordnen sei, weniger einer sinnlich orientierenden Ästhetik. Gemeinsamer Gegner ist die Scholastik: die Exegese von als Autorität anerkannten Texten ohne – sogar gegen – Rückbezug auf Erfahrung. Es gilt, dass nicht sein kann, was nicht sein darf – also auch Verweigerung zu lernen. Der Bezug auf Erfahrung dagegen diente der Befreiung von versteinerter Überlieferung als Hemmnis der Entwicklung. Es stehen die Schriftgelehrten gegen die Experimentatoren.

Nur ganz kurz: Ausgangspunkt des Streits um das Verhältnis von Deutung und Erfahrung, von Denken und Wahrnehmen ist der Rationalismus René Descartes, der dem Denken größere Bedeutung für die Erkenntnis beimisst als der Erfahrung. Für seine von radikalem Zweifel geleitete Reduktion auf das Grundsätzliche bleibt nur „der gesunde Verstand" (bon sens) (Descartes 1637; dt. 1961, 3) des sich selbst denkenden Ichs übrig (Descartes 1641; dt. 1971, 31). Es erhält seinen Gehalt durch die Ideen, die erworben oder erfunden sein können – aber eben auch – das ist der Streitpunkt der weiteren Debatte – angeboren.

Im Gegenzug, im „Essay Concerning Human Understanding" (1690, 2008, 17), stellt John Locke fest, dass „no innate Principles in the mind" zu finden seien und entsprechend, dass alle Erkenntnis und jedes Verstehen (understanding) primär auf Wahrnehmung (perception) beruhe und es kein Wissen a priori gebe (tabula rasa). Locke fragt:

„Let us then suppose the Mind to be, as we say, white Paper, void of all characters, without Ideas: How comes it to be furnished?" Und er antwortet: „To this I answer, in one word, From experience; In that, all our Knowledge is founded, and from that it ultimately derives it self. Our Observations employ'd either about external sensible Objects; or about internal Operations of our Minds, perceived and reflected on by our selves, is that, which supplies our Understandings with all the materials of thinking. These two are the Fountains of Knowledge, from whence all the Ideas we have or can naturally have do spring." (1690, Auflage 2008, II. i., 54)

Dem zufolge beruht Wissen (knowledge) – gerechtfertigte, „wahre" Erkenntnis – zuallererst auf Erfahrung.

Kant verstand seine Transzendentalphilosophie ausdrücklich als eine Vermittlung von Rationalismus und Empirismus. Für seinen Kritizismus gilt, dass der Verstand durch seine grundlegenden Begriffe (Kategorien) selbst Urheber der Erfahrung ist, dass Verstandesgrundsätze als synthetische Erkenntnisse (a priori) Erfahrungsmöglichkeiten (a posteriori) vorgeben. Erfahrung wird in ein Wechselspiel der Vorstellung und der Empfindung, des Apriori und Aposteriori eingefügt. Weiterhin bleibt die Frage gestellt: Inwieweit greifen sinnliche Wahrnehmung und denkende Verarbeitung (Kant 1964, III, Vorrede 25-26)?

Um nicht in dem Schisma von Glaubensbekenntnissen verfangen zu bleiben, ist es angebracht, diejenigen Theoriepositionen aufzugreifen, die schon – zumindest ansatzweise – die Trennung übergreifen oder Brücken bauen: Hermeneutik, Phänomenologie, Pragmatismus, Subjektwissenschaft und Praxeologie. Zu klären ist immer wieder neu: Wie ist Erfahren gebunden an Tätigkeit? – Wie unterscheiden sich Erfahren und Erleben und welchen Stellenwert hat das Vorwissen?

– Und: Wie vermitteln sich individuelle und kulturelle Ebene? Gibt es soziale Erfahrungen und wie werden diese individuell angeeignet?

Dabei geht es auch um das Verhältnis von Neu-Erfahrenem und Vor-Wissen. Diese Problematik findet sich in Varianten wieder in den Positionen von Dilthey, Husserl, Dewey und Holzkamp. Ihre Antworten erhalten in hermeneutischen, phänomenologischen, pragmatistischen, subjektwissenschaftlichen sowie praxeologischen Kontexten spezifische, untereinander verschieden anschlussfähige Ausprägungen. Sie verwenden den Begriff Erfahrung zwar durchaus überschneidend, aber auch unterschiedlich: Wenn Dilthey, Husserl oder gar Merleau-Ponty von Erfahrung sprechen, verweist dies vor allem auf eine Evidenz der Wahrnehmung; wenn Dewey den Begriff gebraucht, steht er in Bezug zur praktischen Handlung. Lernen wird in der Fortsetzung der „Kulturhistorischen Schule" im Anschluss an Wygotski und Leontjew bei Holzkamp eingebunden in den Kontext gesellschaftlicher Tätigkeit, welche die Grundlage gesammelter Erfahrung liefert. Am Beginn der Debatte steht der Versuch Diltheys, „Geisteswissenschaften" gegen die imperialen „Naturwissenschaften" zu behaupten.

2.1 Wilhelm Dilthey: Erleben und verstehen

Denkmuster, deren Ursprünge in den Begrifflichkeiten Leben, Welt und Verstehen liegen, gehen meist auf Wilhelm Dilthey zurück, dessen Denken bis zur heutigen Zeit immer wieder Grundlagendebatten über den Wissenschaftsstatus der Geisteswissenschaften als Dauerthema angestoßen hat. Diltheys Ansatz verbindet Denktraditionen der philosophischen Hermeneutik und der Lebensphilosophie. Seine zentralen Kategorien sind Leben und Verstehen.

Dilthey geht es um nichts weniger als um eine – in Abhebung von Kants „Kritik der reinen Vernunft" formulierte – „Kritik der historischen Vernunft" – also um eine Klärung, wie Erkenntnis geschichtlich-gesellschaftlicher Wirkzusammenhänge möglich sei. Dies geschieht in Absetzung gegen die zu seiner Zeit triumphierenden Naturwissenschaften als auch gegenüber – in purem Historismus mündende – Geschichtswissenschaft.

Ausgangspunkt einer neu zu begründenden Geisteswissenschaft ist das „Leben selbst" (Dilthey 1970, 89).

„Leben ist der Zusammenhang, der unter den Bedingungen der äußeren Welt bestehenden Wechselwirkungen zwischen Personen, aufgefaßt in der Unabhängigkeit von den wechselnden Zeiten und Orten." (Ebd. 281 f.)

„Das Nächstgegebene sind die Erlebnisse" (90). Der erkennende Weltzugang erfolgt als Selbstbesinnung, als „Analysis des ganzen Bestandes und Zusammenhangs der Tatsachen des Bewußtseins" (GS XVIIII, 79). Als ersten fundamentalen Sachverhalt, auf den solche Selbstbestimmung stößt, bezeichnet Dilthey den „Satz der Phänomenalität" (ebd. 58).

„Bewußtseinstatsachen sind das einzige Material, aus welchem die Objekte aufgebaut sind. [...] Daher lebe ich nur scheinbar unter von meinem Bewußtsein unabhängigen Dingen; in Wirklichkeit unterscheidet sich mein Selbst von Tatsachen meines eigenen Bewußtseins, Gebilden, deren Ort in mir selbst ist. Mein Bewußtsein ist der Ort, welcher diese ganze scheinbar so unermeßliche Außenwelt einschließt, der Stoff aus dem alle Objekte, die sich in mir stoßen, gewoben sind." (Ebd. 58-59)

Erkenntnistheoretisch schließt Dilthey an bereits vorliegende Lehren vom Verstehen an. Diese Hermeneutik – von Hermeneus, Dolmetscher oder Herold, der das von den Göttern gemeinte zu den Menschen trägt – genannte Herangehensweise der Interpretation hat eine lange Tradition; Dilthey bezieht sich vor allem auf Friedrich Schleiermacher, über den er eine zweibändige Biographie geschrieben hat. Dieser hatte in der Einleitung zu „Hermeneutik und Kritik" 1838 zunächst ein Verfahren der Textinterpretation beschrieben. Es geht um Auslegung und Verstehen von Bedeutungen. Dabei stößt man zwangsläufig auf den „hermeneutischen Zirkel":

„Auch innerhalb einer einzelnen Schrift kann das Einzelne nur aus dem Ganzen verstanden werden, und es muss deshalb eine kursorische Lesung, um einen Überblick des Ganzen zu erhalten, der genaueren Auslegung vorausgehen. [...] Dies scheint ein Zirkel [...]." (Schleiermacher 1997, 97)

Tatsächlich wird aber eine höhere Ebene der Erkenntnis erreicht. Jeder Interpret geht mit einem Vorverständnis an den Text bzw. den Gegenstand heran. Das Vorverständnis wird irritiert, korrigiert und erweitert durch die Textinterpretation und kann sich dann erneut dem Text zuwenden und ihn genauer verstehen. Der Zirkel öffnet sich – um im Bild zu bleiben – zur Spirale. Es bleibt aber immer eine letzte, unaufhebbare hermeneutische Differenz. Es geht um Verstehen.

„Das Verstehen erst hebt die Beschränkung des Individualerlebnisses auf. [...] Das gegenseitige Verstehen versichert uns der Gemeinsamkeit, die zwischen den Individuen besteht. Die Individuen sind miteinander durch eine Gemeinsamkeit verbunden, in welcher Zusammengehören oder Zusammenhang, Gleichartigkeit oder Verwandtschaft miteinander verknüpft sind. Dieselbe Beziehung von Zusammenhang und Gleichartigkeit geht durch alle Kreise der Menschwelt hindurch. Diese Gemeinsamkeit äußert sich in der Selbigkeit der Vernunft, der Sympathie im Gefühlsleben, der gegenseitigen Bindung in Pflicht und Recht, die vom Bewußtsein des Sollens begleitet ist." (Dilthey 1970, 170 f.)

Bei Dilthey findet sich „Verstehen" in unterschiedlichen Graden.

„Die elementaren Formen des Verstehens. Das Verstehen erwächst zunächst in den Interessen des praktischen Lebens. Hier sind die Personen auf den Verkehr miteinander angewiesen. Sie müssen sich gegenseitig verständlich machen." (Ebd. 255)

„Die höheren Formen des Verstehens. Je weiter die innere Distanz zwischen einer gegebenen Lebensäußerung und dem Verstehenden wird, desto öfter entstehen Unsicherheiten. [...] So entsteht auf verschiedene Weise die Aufgabe, andere Lebensäußerungen heranzuziehen oder auf den ganzen Lebenszusammenhang zurückzugehen, um eine Entscheidung über unseren Zweifel zu erreichen." (Ebd. 258 f.)

Verstehen können wir die Lebenszusammenhänge nur, weil wir selbst daran teilhaben.

„Wir verstehen aber die Individuen vermöge ihrer Verwandtschaft untereinander, der Gemeinsamkeit in ihnen." (Ebd. 262)

„Die Auslegung wäre unmöglich, wenn die Lebensäußerungen gänzlich fremd wären. Sie wäre unnötig, wenn in ihnen nichts fremd wäre." (Ebd. 278)

„Hermeneutik ist also ein sich ständig erneuernder Prozess des Hineinversetzens, Nachbildens und Nacherlebens." (Ebd. 263)

„Kurz, es ist der Vorgang des Verstehens, durch den das Leben über sich selbst in seinen Tiefen aufgeklärt wird, und andererseits verstehen wir uns selber und andere nur, indem wir unser erlebtes Leben hineintragen in jede Art von Ausdruck eigenen und fremden Lebens. So ist überall der Zusammenhang von Erleben, Ausdruck und Verstehen das eigene Verfahren, durch das die Menschheit als geisteswissenschaftlicher Gegenstand für uns da ist. Die Geisteswissenschaften sind so formuliert in diesem Zusammenhang von Leben, Ausdruck und Verstehen." (Ebd. 99)

In vielfältigen Bruchstücken hat Dilthey den Zusammenhang von Erleben und Verstehen variiert.

„Der Inbegriff dessen, was uns im Erleben und Verstehen aufgeht, ist das Leben als an das menschliche Geschlecht umfassender Zusammenhang." (Dilthey 1970, 158)

Es geht Dilthey darum, die Vielfalt der Lebens- und Bildungswirklichkeit mit wissenschaftlichen Mitteln zu verstehen. Weiter geht Otto Friedrich Bollnow der anknüpft an den französischen Existenzialismus und Verstehen als Modus des Daseins des Menschen auslegt (Bollnow 1974). Hans-Georg Gadamer (1960) radikalisiert diese Sichtweise zu einer ontologischen. Ausgangspunkt der Theorie ist die Lebens- bzw. Erziehungswirklichkeit. Diese ist historisch gewachsen und entsprechend zu betrachten. Bildungswirklichkeit ist ein komplexes Geschehen von Wirkzusammenhängen und nicht auf singuläre Faktoren zu reduzieren. Das historisch-hermeneutische Verfahren ist die angemessene Forschungsmethode.

2.2 Edmund Husserl und Maurice Merleau-Ponty: Wahrnehmen der Phänomene

In der transzendentalen Phänomenologie bei Edmund Husserl unterliegt eine der komplexesten Strategien der Verbindung und Öffnung von Vorgemeintem und Neuerfahrenen. In dieser Theorielinie steht der Begriff der Erfahrung im Zentrum der philosophischen Reflexion. Die Frage schiebt sich in den Vordergrund: „Was kann überhaupt erfahren werden?" Und an die Antwort, es seien „Phänomene", anschließend: „Was bedeutet dann Erfahrung?" Für Husserl, der als Mathematiker seine wissenschaftliche Laufbahn begonnen hat, waren diese Probleme lebenslang immer wieder neu ansetzende, sich selbst überholende Thematik von Meditationen.

Husserl versucht Phänomenologie als „Wesensschau des Gegebenen" (Husserl 1913/1992, Bd.5) zu begründen. Diese soll voraussetzungslose Grundlage allen Wissens sein. Alle Akte des Bewusstseins sind durch Intentionalität gerichtet und somit sinnstiftend. Sie erzeugen überhaupt erst ihre Gegenstände. Gegenstände können aber nie „Dinge an sich" sein, sondern immer nur die im Bewusstsein aufscheinenden Phänomene. Husserl unterläuft damit das Erfahrungs-Vorstellungsproblem, indem er es in dem Terminus der „Bewußtseinsempfindung" zusammenzieht. In der „Reduktion" sieht die Phänomenologie ab von den „Dingen" der Welt, die sich einem naiven Realismus als reale Objekte präsentieren, und sie verweigert sich zugleich einem intellektualistischen Idealismus, der ein Primat des Denkens unterstellt. Husserl will sich den „Phänomenen" widmen, so wie sie sich geben und so wie sie aufgefasst und gleichzeitig mit Sinn versehen werden. In den „Cartesianischen Meditationen" findet sich die Zielsetzung, dass „die reine und sozusagen noch stumme Erfahrung [...] zur reinen Aussprache ihres eigenen Sinns zu bringen ist" (Husserl 1992, Bd. 8, 77).

Um den Wesensgehalt eines Phänomens zu erkennen, müssen wir unsere Einstellung zu ihm verändern. Wir müssen uns jeglichen (Vor-)Urteils enthalten. Um sich einem Gegenstand entsprechend zu nähern, muss man von jeglicher Theorie absehen. Erst durch Ausschaltung aller Setzungen erscheint die Welt in ihren tatsächlichen Strukturen. Dieses Sich-ZurückNehmen nannte Husserl „Epoché" (z. B. in: ders. 1992, Bd. 8, 22).

Husserls Denken richtet sich auf Erkenntnis als bleibender Erwerb von Wahrheit (ebd. 11). Zentral wird für ihn der Begriff der Evidenz.

„Evidenz ist in einem allerweitesten Sinne eine Erfahrung von Seiendem und So-Seiendem, eben ein Es-selbst-geistig-zu-Gesicht-Bekommen." (Ebd. 13)

Aber der Versuch, festen Grund zu erreichen, scheitert in den Fangstricken unerreichbarer Unmittelbarkeit. Evidenz entzieht sich dem Zugriff. Allerdings öffnet der Bruch mit der Unmittelbarkeit den Weg zur Neuordnung der Erfahrung und damit zum Lernen. Wahrnehmung als unhintergehbares Innewerden der Evidenz ist für Husserl immer verbunden mit dem Bewusstsein und Denken des Wahrnehmenden. Es wird immer etwas Bestimmtes wahrgenommen, indem es in den Sinnen auftaucht, angenommen wird und erscheint.

Im Argumentationsmuster seiner „Phänomenologie der Wahrnehmung" betont Maurice Merleau-Ponty (1966) eine Argumentationsspirale als Grundlage, Sinn neu zu fassen: Die Beziehung zwischen Wahrnehmen und Wissen wird hergestellt durch Intentionalität. Alle Erfahrung verweist zurück auf Welt, aus der sie ihren Sinn erhält. Das Ich hat seinen Boden für alles Seiende in der Welt. Das Denken ist gerichtet. Erweiterte Welthabe setzt sinnvolle Weltnahme voraus. Gegen die Unterbestimmtheit des Empirismus und gegen die Überbestimmtheit des Rationalismus entwirft Merleau-Ponty eine Zwischenwelt des Sinns.

„In einem Falle ist das Bewußtsein zu arm, im zweiten zu reich, um begreiflich zu machen, daß ein Phänomen vermöchte, es zu erregen. Der Empirismus sieht nicht, daß wir nichts suchten, wüßten wir nicht, was wir suchen; der Intellektualismus hingegen sieht nicht, daß wir gleichfalls nichts suchten, wüßten wir, was wir suchen." (Merleau-Ponty 1966, 49)

Der Mensch handelt immer schon in einer bedeutsam strukturierten Welt. Merleau-Ponty geht zurück auf Lebenswelt als Fundament der Sinne und als „Aufhellung und Auslegung des vorwissenschaftlichen Bewußtseinslebens" (ebd. 82). Im Zentrum der Welterfahrung steht für ihn der raum-zeitlich verortete Leib (ebd. Dritter Teil: Für sich sein und zur Welt sein).

Allerdings bricht sich die Selbstverständlichkeit, mit der das Sein – in phänomenologischer Perspektive – immer schon hingenommen wird, im Fortbestehen des Zweifels. Sprache wirkt hier als Beschwörungsformel. Der Bruch mit dem Selbstverständlichen bleibt allen Letztbegründungsversuchen zum Trotz unaufhebbar und im Denken unlösbar. Impulse zu Lernen kommen aus den Brüchen und Rissen der Routine.

Seit Beginn der 1980er Jahre verbreitet sich in der wissenschaftlichen Debatte eine Renaissance phänomenologischer Lerntheorien (Buck 1967; Koch 1988, 1991; Meyer-Drawe 1982; Göhlich/Zirfas 2007), die sich explizit gegen verhaltenswissenschaftliche Konzepte der „pädagogischen Psychologie" absetzen. Diese Ansätze sind wesentlich angeregt worden durch phänomenologisches Denken. In „Lernen und Erfahrung" (Buck 1969) hat Günther Buck die beiden Begriffe verschränkt:

„Von nun an ist die Frage nach dem Wesen des Lernens immer zugleich eine Frage nach der Geschehensstruktur der Erfahrung." (Ebd. 8)

„Das Wort „Erfahrung" [...] hat eine doppelte Bedeutung. Es meint einmal die einzelnen Erfahrungen von etwas. Die einzelnen Erfahrungen sind das Erste, mit dem unser Wissen anfängt; mit ihnen hebt, wie Kant sagt, unsere Erkenntnis an: [...] Das Wort „Erfahrung" weist zweitens auf eine Struktur hin, die wir die innere Rückbezüglichkeit der Erfahrung nennen wollen. Diese Rückbezüglichkeit bestimmt schon den Zuwachscharakter der Erfahrung. An jeder Erfahrung machen wir nämlich eine Erfahrung über diese Erfahrung." (Ebd. 8 f.)

Demgemäß soll der Prozess des Lernens als der Prozess der Erfahrung verstanden werden (ebd. 9). Damit verschwindet m. E. eine wichtige Differenz: Lernen ist immer gekennzeichnet durch einen starken Außenbezug. Zwar betont Buck, dass es um die Erfahrung von etwas geht, betrachtet dies aber im Innenverhältnis – als „Aneignung von Neuem" (ebd. 14). Erfahrung hat hier einen passiven bias. Das Außen bricht in das Innen ein.

„Unstimmigkeiten, Irritationen, Auswegslosigkeit, Staunen, Wundern, Stutzen, Ratlosigkeit, Verwirrung unterbrechen den Fluss der Selbstverständlichkeite und drängen auf Verständnis." (Meyer-Drawe 2010, 13)

Zentraler Begriff der phänomenologischen Theorie des Lernens ist „Widerfahrnis" – die Feststellung, dass das Neue jeder Erwartung ins Gesicht schlagen kann (ebd. 8). Wichtige Initiatorin phänomenologischer Denkweise in der Pädagogik ist Käte Meyer-Drawe (1982), die in dem Werk „Diskurse des Lernens" (2008) eine Zusammenfassung und eine Verortung im Kontext diverser Lerntheorien und deren philosophischer Grundlegung vorgelegt hat. Was man darin findet ist eine grundlagentheoretische Fundierung phänomenologischer Lerntheorie vor allem in der Auseinandersetzung mit neurophysiologischen Modellen. Im Mittelpunkt steht der Begriff der Erfahrung: „Etwas Neues in Erfahrung zu bringen, heißt aber Lernen" (Meyer-Drawe 2008, 14) und nochmals unterstrichen: „Lernen ist in pädagogischer Perspektive und im strengen Sinne eine Erfahrung" (ebd. 15).

Lernen bedeutet, die Welt neu – zumindest anders – zu sehen, zu hören, zu riechen, zu schmecken sowie zu fühlen, sich zu erinnern und anders zu denken und – weitergehend – entsprechend zu handeln. Erfahrung – scheint es – als Grundbegriff der Phänomenologie soll zwischen Wahrnehmung und Bedeutung zuweisenden Erwartungen vermitteln. Kern der Vermittlung ist das Zur-Welt-Sein, die Intentionalität des Leibes. Wahrnehmungen werden dann nur als Erfahrung zugelassen und als Anstöße zum Lernen aufgenommen, wenn sie in die bisherigen Bedeutungen eingearbeitet werden können, sonst entstehen Lernwiderstände. Allerdings bleibt merkwürdig unbestimmt, wie es zu neuen Erfahrungen kommt, wie das Widerfahrnis entsteht. Es fehlt aber der Zusammenhang gesellschaftlich eingebetteter Handlungen.

2.3 John Dewey: Erfahren beim Handeln

Eine Befreiung aus dem Urwald, der aus den Schlingen der Begriffe wächst, verspricht ein Pragmatismus, der die aktive Perspektive betont und Erfahrung in ein übergreifendes Modell des Handelns einbezieht. Er setzt auf Erfahrung als Weg zur Erkenntnis der Welt. Manchmal erscheint „Praxis" wie eine Machete oder – vornehmer – wie das Schwert Alexanders, mit dem er den Gordischen Knoten durchschlägt:

„Ein Gramm Erfahrung ist besser als eine Tonne Theorie, einfach deswegen, weil jede Theorie nur in der Erfahrung lebendige und in der Nachprüfung zugängliche Bedeutung hat. Eine Erfahrung, selbst eine sehr bescheidene, kann Theorie in jedem Umfang erzeugen und tragen, aber eine Theorie ohne Bezugnahme auf irgendwelche Erfahrung kann nicht einmal als Theorie bestimmt und klar erfasst werden." (Dewey 2000, 193)

Im Pragmatismus John Deweys werden die Themenfelder Wahrnehmen, Erfahren sowie Wissen und Können auf Handeln bezogen. Hier geht es um die Frage, wie Wissen generiert wird und welches Wissen Relevanz beanspruchen kann. Entsprechend ist Deweys Explikation des Erfahrens und Lernens eingebunden in das pragmatistische Konzept des Handelns. Er betont die aktive Seite der Erfahrung durch Ausprobieren und Versuch beim Handeln. Es ist die „Auseinanderlegung der Beziehungen zwischen dem, was wir zu tun versuchen, und dem, was sich aus diesem Versuche ergibt" (Dewey 1993, 193), das „Bemühen, zwischen unserem Handeln und seinen Folgen die Beziehungen im Einzelnen aufzudecken, so dass die beiden zu einem Zusammenhange verschmelzen" (ebd. 195).

Vorab allerdings muss auch hier wieder geklärt werden, was unter Erfahrung zu verstehen sei – auch im Unterschied zu der behavioristischen Kategorie des Reizes. *Dewey* verweist darauf, dass der Begriff Erfahrung – und gleichlaufend der wissenschaftliche Versuch – nicht selbsterläuternd sind:

„But experience and experiment are not self-explanatory ideas. Rather, their meaning is part of the problem to be explored." (Dewey 1938, 13; dt. 2002b)

Auch ist für ihn keineswegs jede Erfahrung positiv:

„Each experience may be lively, vivid and 'interesting', and yet their disconnectedness may artificially generate dispersive, disintegrated, centrifugal habits." (ebd. 14)

Erfahrungen sind das Resultat gegenstandsbezogener und sozialer Interaktionen. Dies kennzeichnet auch die Grenzen eines Erfahrungslernens, wenn seine Einordnung in Kontext und Systematik unterlassen wird. Insofern werden individuelle Erfahrungen beim Lernen einbezogen in kollektives Wissen. Dewey unterstreicht den nicht abreißenden Fluss der Erfahrungen. Sie sind – erstens – gekennzeichnet durch ihre Kontinuität: „Moreover, every experience influences in some degree the objective conditions under which further experiences are had" (ebd. 30).

Erfahrungen schließen immer an Vorerfahrungen an. Dewey unterlegt – zweitens – von Anfang an ein soziales, interaktionistisches Konzept von Erfahrung und dann auch von Lernen. Jedes Lernen findet in einem gesellschaftlichen Zusammenhang statt. Er konstatiert, „that all human experience is ultimately social, that it involves contact and communication" (ebd. 32). Neben Kontinuität ist Interaktion jeder Erfahrung implizit: „The word ‚interaction' [...] expresses the second chief principle for interpreting an experience" (ebd. 38).

Leben – Erfahren, Fühlen, Erklären und Verstehen, sowie Handeln – vollzieht sich als temporale Serie in situativen Konstellationen von Interaktionen:

„The statement, that individuals live in a world, means, in the concrete, that they live in a series of situations. [...] It means, once more, that interaction is going on between an individual and objects and other persons. The conceptions of situation and of interaction are inseparable from each other." (ebd. 41)

Erfahrung ist also eingebunden in den sozialen Kontext der Kontinuität von Interaktionen:

„The two principles of continuity and interaction are not separate from each other. They intercept and unite. They are, so to speak, the longitudinal and lateral aspects of experience." (ebd. 42)

Das Verhältnis von Handlung und Erfahrung steht also im Mittelpunkt von Deweys Pragmatismus. Erfahrungen werden bei und durch Handlungen gemacht. Dabei lässt sich kognitive Erfahrung nicht scharf von der ästhetischen trennen (Dewey 1988, 51). Erfahrung verbindet Bewusstheit und Sinnlichkeit.

Die Beschaffenheit der menschlichen „experience" beinhaltet eine fortschreitende Selbstenthüllung der Natur. Deweys „empiricism" bezieht sich auf ein Verständnis, das sich deutlich vom klassischen Erfahrungsbegriff des philosophischen Empirismus etwa bei John Locke unterscheidet. „Experience" meint bei Dewey nicht die bloß subjektive Erfahrung einer objektiv gegebenen und vom Erfahrenden prinzipiell unabhängigen Wirklichkeit; sie ist auch kein in erster Linie passiver Vorgang, z. B. des Wahrnehmens von Sinneseindrücken. Lernen als Aufnehmen und Verarbeiten von Erfahrung bleibt immer bezogen auf Handeln.

2.4 Klaus Holzkamp: Erfahrung von Diskrepanz

Durchaus verwandt – vom Denkmuster aber nicht vom Gegenstandsbezug her – wird „Erfahrung" als Begriff subjektwissenschaftlicher Theorie bei Klaus Holzkamp eingeführt. Bei seiner Modellkonstruktion der Verlaufsformen des Zugangs zum Lerngegenstand steht für Holzkamp die „Erfahrung einer ‚Lerndiskrepanz'" am Ausgangspunkt (Holzkamp 1993, 211). Dabei ist der Lerngegenstand „Aspekt der widerständigen Welt, wie sie dem Subjekt von seinem Standpunkt aus gegeben ist" (ebd. 206). Eingebunden ist die Diskrepanzerfahrung in den Kontext des Vorgelernten und die damit implizierten Erwartungen. Das lernende Subjekt erfährt seine Unzulänglichkeit:

„Das Subjekt muß [...] – da das Vorgelernte zu deren Bewältigung nicht ausreicht – aus einer Handlungsproblematik eine spezifische Lernproblematik ausgliedern. [...] Damit stellt sich aber die Frage, wie das Lernsubjekt erfahren kann, dass und ggf. in welcher Hinsicht es sich dabei um unvollständige, oberflächliche Strukturmerkmale des Lerngegenstandes [...] handelt. Es besteht demnach nicht nur objektiv eine Diskrepanz zwischen dem Stand des Vorgelernten und dem Lerngegenstand, sondern diese Diskrepanz muss mir im Zusammenhang einer Lernproblematik auch erfahrbar werden können, ich muss also bemerken, dass es mit Bezug auf den jeweiligen Gegenstand mehr zu lernen gibt, als mir jetzt schon zugänglich ist." (Ebd. 212)

Die erfahrene Unzulänglichkeit des erreichten Gegenstandsaufschlusses wird also zum Lernanstoß durch die Erwartung des zukünftig Möglichen.

„Die der Lernproblematik zugrunde liegende und den aktuellen Lerngegenstand ausgliedernde Diskrepanzerfahrung muss also als spezifische Erlebnisqualität des primären Handlungszusammenhangs, durch welche sich aus diesem für das Subjekt eine Lernproblematik/ein Lerngegenstand ausgliedert, theoretisch fassbar werden." (Ebd. 214)

Zu klären bleibt die Aneignung systematischen, kulturellen Wissens als Lernanforderungen, die der einzelne Lernende nicht antizipieren kann.

Auf einer andern Ebene – in seiner Auseinandersetzung mit der phänomenologischen Psychologie – stößt Holzkamp auf den Begriff Erfahrung „als Horizont allseitig unabgeschlossener Möglichkeiten" (Holzkamp 1984, 8). Erfahrung bezieht sich auf die mir vorgegebene Welt, wie „sie mir von meinem Standpunkt aus in meiner Perspektive zugänglich ist" (ebd.). Er deckt das zentrale Problem phänomenologischer Analyse auf, inwieweit nämlich solche Bestimmungen „wissenschaftlich verbindlich" zu machen sind (ebd. 10). Deshalb geht er von der „Skizzierung phänomenologischer Strukturanalyse unmittelbarer Erfahrung" weiter zu seinem Konzept „historischer Kategorialanalyse". Er deckt dann ein „widersprüchliches Verhältnis zwischen Unhintergehbarkeit und handelnder Überschreitung der unmittelbaren Erfahrung bei gesamtgesellschaftlicher Vermitteltheit individueller Existenz" (ebd. 46) auf. Es resultiert der

„Aufweis, dass die Strukturen unserer Erfahrung von uns zwar nicht ‚hintergangen' werden können, aber ‚überschritten' werden müssen, weil der Mensch ja nicht nur ‚erfährt', sondern handelnd die Bedingungen schaffen oder kontrollieren muss, unter denen er überhaupt erst einmal leben und sodann erst als Lebender auch Erfahrungen (mit der und der Struktur) machen kann." (Ebd. 48)

Handelndes Überschreiten gesellschaftlicher Bedingtheit macht den kritischen Impetus der Theorie aus. Handlung ist also der Erfahrung vorgeordnet.

So weit, so gut. Was aber ist denn nun eine Erfahrung und was unterscheidet diese vom Erlebnis? Holzkamp setzt seine Argumentation bezogen auf Lernen fort in Richtung Emotionalität und Motivation und legt damit in der Tendenz einen individualistischen Erfahrungsbegriff nahe – auch wenn der Begriff Interesse aufgenommen wird (s. u. Teil 8). Sein Erfahrungsbegriff lässt das Problem zwischen individuell Erlebtem und systematischem Wissen offen – allerdings gilt dies nur bezogen auf den Argumentationskontext zu „Lernen" (1993). Wenn jedoch die „Grundlegung der Psychologie" (1983) mit berücksichtigt wird, wird Holzkamps Rückbindung an gesellschaftskritische, marxistische Positionen deutlich.

Der Bezug auf „Handlung" bzw. „Tätigkeit" als zentrale Kategorie ist pragmatistischen, kritisch-psychologischen und praxeologischen Konzepten – im Unterschied zu phänomenologischen Ansätzen – gemeinsam. Erfahrung ist Impuls für praktische Konsequenzen bzw. auslösende Diskrepanzen bezogen auf mögliche Weltverfügung und in beiden Fällen Anstoß zum Lernen. Erfahrungen öffnen Bedeutungsmuster durch Bedingtheitsimpulse.

3. ERFAHRUNG IM HANDLUNGSZUSAMMENHANG

Nachdem wir den Denkweg in den unterschiedlichen Perspektiven der verschiedenen Theorien, denen gemeinsam ist, dass sie nicht nur auf deskriptives Beschreiben und kausales Erklären, sondern auf Deuten, Verstehen und Begreifen ausgelegt sind, soweit verfolgt haben, sollte eine weitergehende Klärung der Horizonte die Buntheit der Welt nicht mit dunklen Begriffen dämpfen und scheinbar feststehende Ergebnisse in Schachteln verpacken, sondern, den Pfad kategorialer Analyse durch das Begriffsfeld. das sich um Lernen ausbreitet – von Wahrnehmen, Erfahren, Erwarten und Handeln – weiter ausleuchten und fortzusetzen.

Lernen kann begriffen werden als eine Art des Handelns. Lernen findet statt, wenn der Kreislauf des Handelns durch neue Erfahrungen geöffnet wird. Erwartungen brechen auf und Vorstellungen verschieben sich. Die Welt-, Gesellschafts- und Menschenbilder, die wir uns zurechtgelegt haben, werden durcheinandergebracht. Lernen rettet uns vor dem Erstarren.

Bereits bei Dewey (1896) findet sich die Frage nach dem Zusammenhang vollständiger Handlung. In seinem programmatischen Aufsatz über „Das Reflexbogenkonzept in der Psychologie" (dt.: 2003, 230-244) sucht er nach der „Elementareinheit" (ebd. 230).

„Reflexbogen" war das zentrale Erklärungsmuster der Ende des 19. Jahrhunderts im Entstehen begriffenen experimentellen Psychologie. Die Komplexität menschlicher Aktivitäten wird auf einen einfachen Mechanismus von Reiz und Reaktion reduziert, wobei die peripheren Prozesse beobachtbar scheinen, während die interne Verarbeitung ausgeblendet wird. Die Implikationen des Modells sind offensichtlich: Zum einen wird ein primär passiver Organismus unterstellt, der einer äußeren Stimulation unterliegt und darauf zu reagiert. Zum andern fällt „Verhalten" in einerseits sensorische und andererseits motorische Aktivitäten auseinander (ebd. 237). Diese sind für den Beobachter letztlich nur zufällig aneinander gekoppelt. Verhaltenssteuerung läuft über die Variation von Reizen, denen eine Determination von Reaktionen unterstellt wird. Durch die Kontrolle der äußeren Arrangements der Reize scheint menschliches Lernen dann beliebig manipulier- und konditionierbar.

In seinem Reflexbogen-Essay unterstützt Dewey zunächst die von den Empirikern erhobene Forderung nach einem gegenüber Introspektion neuen Prinzip der Forschung; er bezweifelt aber die Tauglichkeit des Modells. Seine Kritik deckt im Dualismus von Reiz und Reaktion das alte Schisma von Sinnesempfindung und Idee und den cartesischen Antagonismus von Körper und Seele auf. Die Trennung von Empfinden, Denken und Handeln wird im Reflexbogen, wie ihn die experimentelle Psychologie modelliert, in Abschnitte zerteilt. Der sensorische Reiz scheint eine Sache, die innere Aktivität eine andere und die motorische Reaktion eine dritte (ebd. 231). Die bloße Aufeinanderfolge von Wahrnehmung, gefolgt von Verarbeitung, gefolgt von Bewegung, kann aber ihr Zusammenwirken nicht erklären. Um diesem Dilemma zu entgehen, stellt dem Dewey sein Konzept des „Organischen Zirkels" entgegen, indem er den Gesamtprozess der Handlungssequenz betont. Diese hebt ab auf die Einheit einer komplexen sensorischen, psychischen und motorischen Koordination von Aktivitäten. Ein „sensorischer Reiz" trifft nicht voraussetzungslos auf einen Organismus. Dieser befindet sich vielmehr immer schon in komplexen Situationen, welche er wahrnimmt, dabei auswählt und den eigenen Zustand bearbeitet. Was als Reiz erfahren wird, sowohl die Empfindung als auch die Bewegung, liegt innerhalb, nicht außerhalb des Handlungszusammenhangs. Dieser wird einbezogen in die Kontinuität von Erfahrung, die entsteht durch Sequenzen von Tätigkeiten. Nur weil neue Erfahrungen in den sich entwickelnden Kreislauf einbezogen werden und in diesem Zusammenhang Bedeutung erhalten, kann man überhaupt etwas lernen. Zu divergierenden Erfahrungen kommt es in Problemsituationen, wenn Konflikte bei der Interpretation von Bedeutungen entstehen. Lernen ist dann die Wiederherstellung der Koordination und Integration von Handlungen.

Deweys Explikation des Lernens ist eingebunden in das pragmatistische Konzept von Erfahren, Denken und Handeln. Nichts Neues kann gelernt werden ohne anregende Erfahrung. Dewey betont die aktive Seite der Erfahrung durch Ausprobieren und Versuch. „Durch Erfahrung lernen heißt das, was wir mit den Dingen tun, und das, was wir von ihnen erleiden, nach rückwärts und vorwärts miteinander in Verbindung bringen" (Dewey 1993, 187). Es geht um ein Orientieren des Handelns, um Probleme zu lösen. Allerdings ist – wenn man überlegt „Wie wir denken" (Dewey 1910, dt.: 2002a) – die Spannbreite des Denkens weit: „zwischen einem sorgfältigen Prüfen der Beweise und einem bloßen Spiel der Gedanken" (Dewey 2002a, 11). Auslöser für Reflexionsprozesse sind „(a) ein Zustand der Beunruhigung, des Zögerns, des Zweifelns und (b) ein Akt des Forschens oder Suchens" (ebd. 13). Im Handeln tauchen Probleme auf, welche Unsicherheit erzeugen, Erstaunen machen und Suchen anspornen. Im Denken wird Bekanntes reorganisiert oder Neues durch Lernen angeeignet. Das Denken nimmt seinen Ausgang von einer Situation, die mehrdeutig ist, Alternativen enthält, ein Dilemma darstellt. Schwierigkeiten und Hindernisse veranlassen anzuhalten:

„Der Wunsch, dem Zustand der Beunruhigung ein Ende zu bereiten, leitet den ganzen Reflexionsprozess. [...] Das Denken nimmt seinen Ausgang von einer Beunruhigung, einem Staunen, einem Zweifel." (Ebd. 14 f.)

Es ist die „Auseinanderlegung der Beziehungen zwischen dem, was wir zu tun versuchen, und dem, was sich aus diesem Versuche ergibt" (Dewey 1993, 193), das „Bemühen, zwischen unserem Handeln und seinen Folgen die Beziehungen im einzelnen aufzudecken, so dass die beiden zu einem Zusammenhange verschmelzen" (ebd. 195).

Daraus erst entsteht die Möglichkeit von Handeln auf der Grundlage intendierten Sinns. Denken entwickelt die Möglichkeit, rein impulsive oder rein gewohnheitsmäßige Aktivitäten zu vermeiden bzw. auszusetzen.

„Ein Wesen, das nicht die Fähigkeit zu Denken besitzt, wird nur von seinen Instinkten und Begierden, von äußeren Verhältnissen und inneren Organzuständen zu Handlungen getrieben. Es handelt gleichsam, als würde es von hinten gestoßen." (Dewey 2002a, 17)

Menschen dagegen können zurücktreten, überlegen, nachdenken, nach Begründungen suchen, verschiedene Möglichkeiten abwägen. „Ein denkendes Wesen kann daher auf der Basis des Nichtgegebenen und des Künftigen handeln" (ebd.).

Vor diesem Hintergrund unternimmt Dewey die Analyse eines vollständigen Denkaktes. Er unterscheidet – in verschiedenen Veröffentlichungen – fünf logische Stufen:

1. Man begegnet einer Schwierigkeit.
2. Sie wird lokalisiert und präzisiert.
3. Der Ansatz einer möglichen Lösung wird entworfen.
4. Die logische Entwicklung der Konsequenzen des Ansatzes wird durchgeführt.
5. Weitere Beobachtung und experimentelles Vorgehen führen zu Annahme oder Ablehnung (z. B. in Dewey 1993 oder 2002 a, 56).

4. Wahrnehmen als logischer Startpunkt

Nochmals: Wegen der Vielfalt der Bezüge ist „Erfahrung" nicht nur einer der wichtigsten, sondern auch einer der schwierigsten Begriffe in einer Theorie des Lernens. Erfahrung ist eingespannt zwischen sinnlicher Wahrnehmung und kognitiver Vorstellung und mentaler Erwartung.

Schon Kant beginnt die „Kritik der reinen Vernunft" mit dem Diktum:

„Daß alle unsere Erkenntnis mit der Erfahrung anfange, daran ist kein Zweifel; denn wodurch sollte das Erkenntnisvermögen sonst zur Ausführung erweckt werden, geschähe es nicht durch Gegenstände, die unsere Sinne rühren. ... Der Zeit nach geht also keine Erkenntnis in uns der Erfahrung vorher, und mit dieser fängt alles an." (Kant 1964, Bd. 3, 45)

Schon Wahrnehmen von Problemen jedoch – als logischer, nicht als genetischer Ausgangspunkt genommen – ist ein aktives, hoch selektives Geschehen, das immer schon auf ein vorhandenes Gedächtnis und darin enthaltene Erwartungen trifft. Sehen z. B. erfolgt schon auf der physischen Ebene nichts als passives Abbilden. Die Erregung der Sinneszellen wird geordnet zu einer Gestalt. Aus dem Rauschen der Welt werden beim Hören Töne und Melodien identifiziert. Deren psychische Auswahl wird teils kognitiv gesteuert, teils emotional reguliert und das ist keineswegs nur eine Funktion des Gehirns. Wir nehmen wahr, denken und lernen mit unserem ganzen Leib, der sich miterinnert und mitfühlt. Es gibt kein reines, vom Kontext abgelöstes Wahrnehmen. Aus dem unauslöschlichen Zusammenhang von Wahrnehmen, Erinnern und Vorstellen folgt der Aufbau der Erfahrung.

Ein angemessener Begriff von Wahrnehmung ist logischer Ausgangspunkt für das Erfassen kritischer – d. h. hier an den unabgegoltenen Möglichkeiten orientierter – Praxis der Menschen in der kapitalistisch-bürgerlichen Gesellschaft. Dies ist kein individualistischer Akt, sondern einbezogen in einen historisch-konkreten sozialen Kontext.

Ihr Anstoß erfolgt durch Wahrnehmen als sinnliches Auswählen und Aufnehmen. Eine rigide, tradiert behavioristische Fassung des Anstoßes als Reiz jedoch kann die Frage nicht beantworten, was überhaupt als relevant akzeptiert und rezipiert wird. Sehen ist keineswegs nur das Aufnehmen von Reizen auf der Netzhaut, sondern schon der physische Prozess wird strukturiert. Die Auswahl wird durch psychische Vorstellungen geregelt. Das in Vorlesungen zur Gestaltpsychologie oft gezeigte Kippbild wird als junges Mädchen oder als alte Frau gesehen. Wobei diese Sichtweisen auch schon auf die patriarchalisch verwurzelte Gesellschaftlichkeit des Sehens hinweisen.

Aber sogar noch die Erfahrung, dass Scheinbares als Wirklichkeit täuschen kann, verweist zwingend darauf, dass sich Wahrnehmen auf die „wahre" Beschaffenheit des Wirklichen richtet (Holzkamp 1973, 23). Wahr-nehmen unterstellt die Wahrheit des Wirklichen und zugleich seine Möglichkeiten. Wirklichkeit wirkt und zugleich stellen wir sie her; und wir verändern und gestalten sie. Die wirkliche Wirklichkeit ist sicher nicht unmittelbar erfahrbar; sie wird in Tätigkeit angeeignet, als Annahme bestätigt – oder widerlegt.

Geöffnet wird das Wahrnehmen der Welt durch die Sinne. Es gibt – schon im behavioristischen Modell – einen Empfindungsimpuls des Wahrnehmungsprozesses – als Aufnehmen von „Reizen". Logisch steht die Empfindung am Anfang, sie ist aber nicht offen, sondern immer schon durch Einstellungen ausgewählt. Gerade die Sinn-lichkeit, diesen Mitklang hat sie schon in der Sprache erhalten, ist nicht unschuldig. Sie enthält Vorstellungen und Deutungen. Sie nimmt eine ästhetische, d.h. sinnlich bewertende Perspektive ein.

Sie bezieht sich auf eine Gestalt und deren Einheit: „Wahrgenommen wird [...] nicht das isolierte Ding, sondern das Ding in einer jeweils bestimmten Wechselwirkungskonstellation mit anderen Dingen" (ebd. 24).

5. Wahrnehmen und Erinnern

Das Aufnehmen von Wahrnehmungen kommt ohne Rückbindung und Weiterverarbeitung im Erinnern und im Denken nicht aus. Wir könnten nicht weiterlernen, ginge das Gelernte sofort wieder verloren. Lernen und Gedächtnis sind im alltäglichen Leben nicht voneinander zu trennen. In der Gedächtnispsychologie (Überblick bei: Markowitsch 2009) lassen sich verschiedene Perspektiven des Erinnerns voneinander unterscheiden. Generell können wir ein Gedächtnis für die Vergangenheit – das reproduktive Gedächtnis – von einem Gedächtnis für die Zukunft – dem prospektiven Gedächtnis – differenzieren.

Mit dem retrospektiven Gedächtnis hat sich die psychologische Forschung schon früh auseinandergesetzt (Thorndike 1930/1970). Bereits die Funktionen des Speicherns aber sind ebenfalls keine passiven Prozesse. Es ist vielmehr z. B. oft so, dass Lernfortschritte bei neuen Tätigkeitsgegenständen anfangs mit großen Schritten vorangehen, die später immer kleiner werden. Prospektiv dient das Gedächtnis, den Fortgang der Tätigkeit zu orientieren.

Aber das Gedächtnis besteht nicht aus harten Kristallen. Nichts Festes ist vorgegeben – sonst könnten wir nicht lernen. Erinnerungen verändern sich, sie werden zurechtgelegt – bis es passt. Sie lassen sich nicht in Schachteln sammeln und in Schubladen ordnen. Sie fließen davon. Das Gedächtnis verbindet, verflechtet und vernetzt unauflöslich die Erfahrungen des Vergangenen mit den Wahrnehmungen des Gegenwärtigen und filtert diese vorab schon durch die Erwartungen des Zukünftigen. Die Identität schützt sich vor überwältigenden Einbrüchen und bewahrt ihre überlebensnotwendige Stabilität durch Vergessen. Das Gedächtnis wird andauernd gereinigt. Auch das verschiebt die Gegenstände der Wahrnehmung und die Inhalte der Erfahrung.

Spätestens hier öffnen sich die Horizonte der Erfahrung über bloße Widerspiegelung oder Abbildung hinaus: Sie beruht immer zugleich auf kognitiven und emotionalen Prozessen, ist einbezogen in das gesamte menschliche Aktivitätsspektrum von Wahrnehmen und Handeln, verankert im Spannungsfeld von Individualität und Sozialität, verortet in Tradition und Biographie. Deshalb erhält der Begriff der Erfahrung differente, z. T. kontroverse Interpretationen, die aufgedeckt werden müssen.

6. Erfahrung und Handlungsfähigkeit

Im Gedächtnis sammeln sich die Vorstellungen und Einstellungen, welche die Planung und Absichten zum Handeln ausrichten. Vorausgesetzt wird eine logische, eine „bedingte Freiheit" (Merleau-Ponty 1966, 514-516; Bieri 2003), dass nämlich Spielräume zu handeln überhaupt bestehen. Klaus Holzkamp verwendet hier den Begriff Handlungsfähigkeit (Holzkamp 1983, bes. 458 ff.).

Angesichts gesellschaftlicher Unterdrückungsverhältnisse kann einerseits eine Reproduktion vorhandener Strukturen durch restriktive, auf die Interessen des Individuums gerichtete Handlungsfähigkeit Handlungsräume beschränken, oder aber eine verallgemeinerte, kollektiv orientierte Handlungsfähigkeit den Verfügungsrahmen erweitern (ebd. 459).

Handlungsmöglichkeiten sind gerahmt durch die positionsspezifischen und formbestimmten Lebensbedingungen – konkret durch bestehende gesellschaftliche Klassenverhältnisse. Schon unsere Erwartungen sind rückbezogen auf die Möglichkeiten, die unsere Hoffnungen auf Veränderung begrenzen oder öffnen. Die gesellschaftliche Vermitteltheit individueller Existenz setzt die Bedingungen, innerhalb derer Bedeutungen von Erfahrungen überhaupt sinnvoll sein können. Sie beinhaltet sowohl Zwangsmomente, als auch Freiheitspotenziale. Zwischen den Käfigstäben bricht die Welt herein und fordert von uns zu handeln. Der Umstand, etwas zu tun, beruht auf Potenzialen individueller Sinngebungen und gesellschaftlicher Bedeutungsgehalte.

„Jedes Individuum, solange es als Mensch am Leben ist, hat also angesichts jeder aktuellen Einschränkung/Bedrohung immer in irgendeinem Grad die ‚Freiheit', seine Bedingungsverfügung zu erweitern oder darauf zu verzichten." (Holzkamp 1983, 370)

Handlungsfähigkeiten entstehen vor dem Hintergrund gedeuteter Welt-, Gesellschafts- und Weltbilder. Diese sind zugleich Entwürfe einer Wirklichkeit, die nicht zwangsläufig und nicht unmittelbar wirkt, sondern erst in der Perspektive der Möglichkeiten eines besseren Lebens: im Spannungsfeld von Unveränderbarkeit und Wandelbarkeit bestehender Machtverhältnisse. Erwartungen sind somit auch Zukunftsentwürfe in riskanten Konstellationen:

„Die Erweiterung der Bedingungsverfügung/Handlungsfähigkeit schließt ja immer das Aufgeben eines (wenn auch als unzulänglich erfahrenen) gegenwärtigen Standes relativer Handlungsfähigkeit und der darin gegebenen ‚erprobten' Weisen der Bewältigung der unmittelbaren Lebenspraxis/Positionsrealisierung ein, wobei die angestrebte Erweiterung der Lebensqualität durch ein höheres Niveau relativer Handlungsfähigkeit immer (mehr oder weniger) mit der existenziellen Verunsicherung darüber verbunden sein muß, ob man tatsächlich das höhere Handlungsniveau erreichen kann oder nicht stattdessen auch noch die Handlungsfähigkeit auf dem gegenwärtigen niedrigeren Stand einbüßen wird." (Ebd. 371)

Damit wird Erfahrung verankert in unmittelbaren Lebenslagen, welche selektiv interpretiert werden. Die biographische Selbsterfahrung liefert die Folie für die erwarteten Handlungsperspektiven innerhalb bestehender Machtverhältnisse. Wirklichkeiten und Möglichkeiten werden konstruiert. Darauf beruht ein konjunktivisches Denken: Nicht nur was ist, sondern was sein kann, ist die Frage.

Holzkamp hat dies in der Alternative „verallgemeinerte" vs. „restriktive" Handlungsfähigkeit kontrastiert (ebd. 370-373): Wenn die Subjekte die Möglichkeit kollektiver Verfügungserweiterung erfahren, erleben sie die riskante Freiheit als gemeinsame Handlungschance; wenn aber übermächtige konfliktäre Partialinteressen durchschlagen, führt Bedrohungserfahrung zu Resignation und individualistischer Vorteilssuche. Erfahrungen aus der Vergangenheit leiten die Handlungen in der Zukunft. Das ist die sowohl individuelle als auch kollektive Funktion des Lernens.

7. Erfahrung als Bedingung des Neuen

Damit stoßen wir auf das Ge-fährliche des Er-fahrens. Noch einmal Hans-Georg Gadamer: „Jede Erfahrung, die ihren Namen verdient, durchkreuzt eine Erwartung" (ebd. 1960, 338).

Dies gilt dann, wenn es nicht nur um Sammeln neuer Informationen, um kumulatives Lernen geht, sondern um Durchbrechen alter Strukturen, um transformatives Lernen. Ein solches Lernen beginnt dann, wenn das Alte nicht mehr gilt: Das, was erfahren wird, ist anders als erwartet. Die Lerntheorien haben diese Grundeinsicht unterschiedlich kategorial gefasst: Mit zunehmender Dramatik: als Erlebnis (Dilthey), als Widerfahrnis (Husserl), als Handlungsproblem (Dewey), als Diskrepanzerfahrung (Holzkamp), als Problem oder gar als Krise. Allerdings müssen damit keineswegs immer schmerzliche Erfahrungen verbunden sein (dagegen Bollnow 1974, 20 f.). Wenn wir von enttäuschten Erwartungen reden, bedeutet das zugleich Auflösung des angenehm Gewohnten, aber auch Aufbrechen festgefahrener Täuschungen. Erlebnis des eigenen Irrtums ist die tiefste Form der Erfahrung. Die tiefgreifendsten und grundlegendsten Erfahrungen, die man macht, sind die wichtigsten, weil sie Lernen anstoßen.

Durch widerständige Erfahrungen kommt das Neue in unsere Weltsicht. Im Lernen erleben wir Offenheit und Freiheit. Wenn Erfahrung nicht möglich wäre, gäbe es keine Entscheidungen und keine bewussten Handlungen, nur vorab festgelegtes Verhalten.

Damit ist der Horizont geöffnet für eine phänomenologisch angeregte, kritisch-pragmatistische Lerntheorie und die Verortung von Erfahrung in ihrem Kontext.

Der Prozess des Lernens ist schon bei Dewey der Logik des Forschens nachgebildet. Beide folgen dem pragmatistischen Grundprinzip der Korrektur einer Idee durch die Erfahrung als „Experiment mit der Welt zum Zwecke ihrer Erkennung" (Dewey 1993, 187).

„Denken heißt nach etwas fragen, etwas suchen, was noch nicht zur Hand ist." (Ebd. 198)

„Alles Denken ist jedoch Forschung, alle Forschung ist eigene Leistung dessen, der sie durchführt, selbst wenn das, wonach er sucht, bereits der ganzen übrigen Welt restlos und zweifelsfrei bekannt ist." (Ebd.)

Demgemäß ist Lernen eingebunden als korrigierende Erfahrung beim aktiven Handeln.

8. Literatur

Bieri, Peter (2003): Das Handwerk der Freiheit – Über die Entdeckung des eigenen Willens. Frankfurt am Main.
Bollnow, Otto Friedrich (1974): Was ist Erfahrung? In: Vente, R.E. (Hrsg.), Stuttgart, 19-29.
Buck, Günther (1969): Lernen und Erfahrung. Stuttgart.
Descartes, René (1637; dt. 1961): Abhandlung über die Methode des richtigen Vernunftgebrauchs und der wissenschaftlichen Wahrheitsforschung. Stuttgart.
Descartes, René (1641; dt. 1971): Meditationen über die Grundlagen der Philosophie. Stuttgart.
Dewey, John (1913): Interest and Effort in Education. Boston.
Dewey, John (1938/1952): Experience and Education. New York, 14.
Dewey, John (1986): Erziehung durch Erfahrung. Stuttgart.
Dewey, John (1988): Kunst als Erfahrung. Frankfurt am Main.
Dewey, John (1989): Die Erneuerung der Philosophie. Hamburg.
Dewey, John (1916/dt. 1993): Demokratie und Erziehung. Weinheim.
Dewey, John (1998): Die Suche nach Gewissheit. Frankfurt am Main.
Dewey, John (2000): Demokratie und Erziehung. Eine Einleitung in die philosophische Pädagogik. Hrsg. von Jürgen Oelkers. Weinheim und Basel.
Dewey, John (1910/dt. 2002a): Wie wir denken. Zürich.
Dewey, John (2002b): Pädagogische Aufsätze und Abhandlungen (1900-1944). Zürich.
Dewey, John (2003): Philosophie und Zivilisation. Frankfurt am Main.
Dewey, John (2004): Erfahrung, Erkenntnis und Wert. Hrsg. Von Martin Suhr. Frankfurt am Main.
Dewey, John (2004b): Die menschliche Natur. Ihr Wesen und ihr Verhalten. Zürich.
Dilthey, Wilhelm (1883/1922): Einleitung in die Geisteswissenschaften. Leipzig.
Dilthey, Wilhelm (1910/1970): Aufbau der geschichtlichen Welt in den Geisteswissenschaften. Frankfurt am Main.
Faulstich, Peter (2013): Menschliches Lernen. Bielefeld.
Gadamer, Hans-Georg (1960): Wahrheit und Methode. Tübingen.
Holzkamp, Klaus (1973): Sinnliche Erkenntnis. Historischer Ursprung und gesellschaftliche Funktion der Wahrnehmung. Frankfurt am Main.
Holzkamp, Klaus (1983): Grundlegung der Psychologie. Frankfurt am Main.
Holzkamp, Klaus (1984): Kritische Psychologie und phänomenologische Psychologie. In Forum Kritische Psychologie H. 14, 5-55.

Holzkamp, Klaus (1993): Lernen. Frankfurt am Main.
Husserl, Edmund (1913): Ideen zu einer reinen Phänomenologie und phänomenologischen Philosophie. Halle. In: Husserl 1992. Bd. 5.
Husserl, Edmund: Cartesianische Meditationen. Die Krisis der europäischen Wissenschaften und die transzendentale Phänomenologie. In. Husserl 1992. Bd. 8.
Husserl, Edmund (1992): Gesammelte Schriften. Bd. 1-8. Hamburg.
Kant, Immanuel (1964): Werke in zwölf Bänden. Bd. III. (Kritik der reinen Vernunft). Frankfurt am Main.
Lefrancoise, Guy R. (2006): Psychologie des Lernens. Heidelberg.
Locke, John (1690/2008): An Essay concerning Human Understanding. Oxford/New York.
Markowitsch, Hans J. (2009): Das Gedächtnis. München.
Merleau-Ponty, Maurice (1945/dt. 1966, 1974): Phänomenologie der Wahrnehmung. Berlin.
Merleau-Ponty, Maurice (2003): Das Primat der Wahrnehmung. Frankfurt/M.
Meyer-Drawe, Käte (2003): Lernen als Erfahrung. In: ZfE. (2003) H.4,505-514.
Meyer-Drawe, Käte (2008): Diskurse des Lernens. München.
Meyer-Drawe, Käte (2010): Zur Erfahrung des Lernens. In: Santalka. Filosophija (2010). Nr.3, 6-17.
Schleiermacher, Friedrich (1997): Hermeneutik und Kritik. Hrsg. und eingeleitet von M. Frank. Frankfurt am Main.
Schleiermacher, Friedrich (2000): Texte zur Pädagogik: Kommentierte Studienausgabe: Band 1 und 2, Frankfurt am Main.
Thorndike, Edward L. (1932): The fundamentals of Learning. New York.
Zimbardo, Philip/Gerrig, Richard J. (2008): Psychologie München. 18. Aufl.

Lernen ästhetisch begreifen

ROSA BRACKER/SUSANNE UMBACH

> Über die allmähliche Verfertigung der Gedanken
> beim Reden,
> beim Schreiben
> und beim Kleben
> FREI NACH HEINRICH VON KLEIST

1. AUSGEHEND VON DISKREPANZEN

Verfolgen wir den Anspruch eines nicht-reduktionistischen Lernbegriffs, resp. einer kontextualen Lerntheorie weiter, so kann die Frage einer angemessenen empirischen Forschung nicht ausgeklammert werden. Hierbei lädt sich der Anspruch bereits ein Problem ein: Empirische Forschung muss Lernen komplex erfassen, indem sie methodisch geeignete Zugriffe entwickelt, welche die Vielfalt des Lerngeschehens ins Licht rücken, diese in die Theorie einbetten und Erfahrungen auf den Begriff bringen kann – also Divergentes umfasst, bündelt, typisiert. Zugleich braucht sie einen Zugriff, der diesen Homogenisierungstendenzen widersteht. Wir bewegen uns im Spannungsfeld von Brüchigkeit und Glättung, Heterogenität und Homogenität, der Gleichzeitigkeit von Typisierung und Ambiguität.

Ausgangspunkt sowohl phänomenologischer als auch subjektwissenschaftlicher Lerntheorie ist vor diesem Hintergrund ein Begriff von Erfahrung (Faulstich in diesem Band), der maßgeblich durch Brüchigkeit des scheinbar Gewussten charakterisiert ist: ein Widerfahrnis in der Phänomenologie und eine Diskrepanzerfahrung in der Subjektwissenschaft. Die Brüchigkeit zeigt sich dabei bereits in der Etymologie von Diskrepanz. So bedeutet das lateinische ‚crepare'

u. a. schallen, bersten, krachen und verweist in ‚krepieren' auf einen schallnachahmenden Ursprung. Die gängige Verwendung nimmt Diskrepanz jedoch gelassener hin als „uneins sein", „sich widersprechen", „verschieden sein". Bei Klaus Holzkamp zeigt sich diese ‚Nichtübereinstimmung' zwischen dem, was man kann und dem, was man noch nicht kann, eher als ein ‚auseinanderschallern' (dis-capere). Zum einen lässt sich diese ‚Nichtübereinstimmung' nicht als ein einfacher ‚Ist-Soll-Vergleich' konzeptualisieren, da das ‚Soll' ja erst entwickelt bzw. vom Subjekt mit Bedeutung versehen werden muss, es also einen Aspekt braucht, um einen ‚Ist-*Will*-Vergleich' entstehen zu lassen (vgl. Holzkamp 1995, 213). Dieser ist zunächst in einem Handlungsvollzug zu suchen, der an die Grenzen gestoßen ist. Zudem ergibt sich hieraus eine emotionale Beteiligung des Subjektes.

„Die Behinderung der Handlungsrealisierung impliziert als [...] Beeinträchtigung der Verfügung/Lebensqualität einen irgendwie gearteten Gefühlszustand des Ungenügens, der ›Frustration‹, der Beunruhigung, Angst o.ä., als emotionale ›Komplexqualität‹ der unaufgeklärten Prämissenlage hinsichtlich der Gründe und der Überwindungsmöglichkeiten der Handlungsbehinderung." (Holzkamp 1995, 214)

Die Diskrepanz zeigt sich also in der Erfahrung. In einer Erfahrung, in der das Fraglose fraglich wird, das Selbstverständlich unverständlich, die Einheit brüchig. So auch in phänomenologischer Perspektive:

„Die Welt muss ihre Verlässlichkeit einbüßen, um uns fraglich und damit für uns zum Gegenstand werden zu können. Bewusstsein von der Welt und Welt selbst bleiben einer vollendeten Synthese beraubt, weil es eines Bruchs mit der Vertrautheit der Welt bedarf, damit ein Bewusstsein von Welt überhaupt entstehen kann." (Meyer-Drawe 2012, 97)

Holzkamp konkretisiert dies weiter, da ein Stocken im Handlungsvollzug nicht zwingend einen lernenden Umweg nach sich ziehen muss.

„Es besteht demnach nicht nur objektiv eine Diskrepanz zwischen dem Stand des Vorgelernten und dem Lerngegenstand, sondern diese Diskrepanz muss mir im Zusammenhang einer Lernproblematik auch erfahrbar werden können, ich muss also bemerken, dass es mit Bezug auf den jeweiligen Gegenstand mehr zu lernen gibt, als mir jetzt schon zugänglich ist [...]." (Holzkamp 1995, 212; Hervorh. i.O.)

In der Diskrepanzerfahrung zeigt sich somit nicht nur ein Bruch, ein Graben, sondern zugleich, wenn auch nur geahnt, das andere Ufer – also weitere Bedeutungsdimensionen des Lerngegenstandes. Diese lassen sich qualifizieren als gesellschaftliche Güter (wobei diese auch symbolischer Natur sein können, vgl. Holzkamp 1995, 217), auf deren Teilhabe das Lernen gerichtet ist.

„Mein Interesse an der Verfügung über die in dieser Bedeutungseinheit vergegenständlichten Handlungs-/Erfahrungsmöglichkeiten spezifiziert sich in seiner Besonderheit aus der geschilderten Diskrepanzerfahrung, in der ich mich angesichts von allgemein zugänglichen, nicht aber mir gegebenen […] Erlebnismöglichkeiten auf mich selbst zurückgeworfen, isoliert, von der Teilhabe an verallgemeinerten gesellschaftlichen Lebenszusammenhängen, wie sie in dem Werk [Lerngegenstand] verdichtet sind, ausgeschlossen erlebe." (Holzkamp 1995, 217)

Lässt sich somit die Erfahrung von Un-Einheitlichkeit als ein relevanter Ausgangspunkt von Lernen verstehen, stellt sich für empirische Forschung die Frage, wie diese erfasst und verstanden werden kann. Wie kann man Lernhandlungen und ihre Bedeutungen rekonstruieren und dabei die Spannung halten zwischen Vereinheitlichung, um neues Wissen zu schaffen, und Zulassen des Disparaten, um Wirklichkeit nicht unangemessen zu reduzieren.

2. ... WENDEN WIR UNS DEM LERNBEGRIFF ZU ...

Um über einen kontextualen Lernbegriff oder eine angemessene Lerntheorie nachdenken zu können, muss zunächst geklärt werden, welche Aspekte des Lernens es sind, die in den eher kognitivistisch ausgerichteten Theorien des Lernens wenig Berücksichtigung finden und denen besondere Aufmerksamkeit geschenkt werden soll (Faulstich 2013).

Eine grundlegende Reduktion, die es zu überwinden gilt, ist die Herauslösung des Individuums aus seinen gesellschaftlichen Kontexten. Der von Klaus Holzkamp entwickelte subjektwissenschaftliche Lernbegriff bietet mit seinem Fokus auf die ‚körperliche', ‚mental-sprachliche' und ‚personale' Situiertheit des Lernsubjekts einen Zugang, der versucht, Lernen als ein komplexes, vieldimensionales Geschehen zu untersuchen.

Die körperliche Situiertheit konkretisiert Holzkamp über demographische Daten, spezifische Lebenswelten und dem hierin verorteten Subjekt, dem "'je mir' von meinem Standort aus und in meiner Perspektive die gesamtgesellschaftlichen Bedeutungszusammenhänge immer nur in begrenzten Aus- und Anschnitten, quasi als ‚Infrastrukturen' meiner spezifischen *Lebenslage/Position*, die meine primäre, unhintergehbare Daseinsrealität ausmachen, zugänglich sind." (Holzkamp 1995, 253; Hervorh. im Original)

Weiter konkretisiert Holzkamp die körperliche Situiertheit mit Bezug auf die Gebundenheit der Situation und der Perspektive an „jeweils meinen *sinnlich-stofflichen* Körper" (Holzkamp 1995, 253; Hervorh. im Original). Körper und Geist stehen hier in einem Zusammenhang, ohne jeweils ineinander aufzugehen. So kann der Körper ‚geistigen' Bewegungen entgegenstehen; in institutionellen Lernkontexten ist vermutlich Müdigkeit die uns allen geläufigste Erfahrung. Aber auch ein abruptes Stehenbleiben mitten auf der Straße beim Erblicken eines Schwarms Zugvögel oder eines dann offensichtlich erfolgreichen Werbeplakates weist darauf hin, dass wir körperlich handeln und der Geist – bildlich gesprochen – nicht vorweg läuft, sondern eher hinterher oder nebenher. Holzkamp weist zudem darauf hin, dass weder mein Kontext und die darin enthaltenen Lerngegenstände, noch mein Körper sich mir vollständig erschließen, sondern sie sich mir in meinen Erfahrungen aspekthaft zeigen und damit auf je eigene ‚Bedingungen' verweisen, die mir bedeutsam werden (können).

Die personale Situiertheit lässt sich als Konkretisierung der körperlichen – nur in eine andere Richtung – verstehen. Während sich die körperliche Situiertheit von demographischen Daten zur lebensweltlichen Verortung bewegt, um dann in Richtung Körper abzubiegen, nimmt die personale Situiertheit den gleichen Weg – biegt aber bei der Lebenswelt in die Biographie ein. Es werden also die „umfassenden gesellschaftlich-sozialen Bedeutungszusammenhänge vom sinnlich-konkreten Subjektstandpunkt in der Art, wie sie je mir als meine Befindlichkeit gegeben sind" (Holzkamp 1995, 263) umfasst. Diese Befindlichkeit wird u. a. charakterisiert als „Erfahrung der eigenen Zeitlichkeit und Geschichtlichkeit [...] durch die Vergangenheits- und Zukunftsperspektive meiner [...] Biographie" (Holzkamp 1995, 263). Diese gewinnt für Lernen v. a. über die Frage der Grenzen von Lernmöglichkeiten – der Fähigkeit zu Lernen – an Bedeutung. Fähigkeiten schreibe ich mir selber zu: Vor dem Hintergrund meiner bisherigen Lebenserfahrung und angesichts der Zukunft meines Lebens, kann ich dieses oder jenes überhaupt lernen wollen? Habe ich keinen Grund zu lernen, so ist es schlicht unmöglich.

Die mental-sprachliche Situiertheit nimmt eine andere Wendung. Hiermit bezeichnet Holzkamp die mentale Hinwendung zum Lerngegenstand und das die Lernhandlung begleitende ‚innere Sprechen', mit dem u. a. „Selbstkommentare,

Selbstaufforderungen, Selbstinstruktionen, Fragen an mich selbst etc." (Holzkamp 1995, 260) gemeint sind. Die Hinwendung kann auch mit Aufmerksamkeit, Beachtung oder in Kombination mit dem inneren Sprechen als ‚Wahrnehmungspräsenz' bezeichnet werden. Sie ist jedem intentionalen Lernen innewohnend und widersetzt sich damit auch auf dieser Ebene der Spaltung von Geist und Körper – ausgedrückt in rein ‚motorischem' oder rein ‚mentalem' Lernen.

Holzkamps Zugang zum Lernsubjekt erweitert die Betrachtung des Lernens also dahingehend, dass das Lernsubjekt als sowohl in gesellschaftliche als auch in personale Kontexte eingebunden zu verstehen ist. Diese Aspekte gilt es in der empirischen Arbeit einzubeziehen.

Eine weitere Reduktion des Lernens durch die Kognitionstheorie ist bedingt durch den häufig anzutreffenden – impliziten oder expliziten, schon vom Ansatz her gegebenen – Fokus auf Lernen als kognitiven Vorgang. Eine Erweiterung dieser Perspektive besteht darin, ästhetische Wahrnehmung, Erfahrung und Erkenntnis als wichtige Teilaspekte von Lernen zu verstehen. Eine Reduktion und Stilisierung des lernendes Subjektes als ein „mit sich identisches, rationales und vernünftiges Wesen" (in diesem Band) sei auch Teil des subjektwissenschaftlichen Lernbegriffs kritisiert Tobias Künkler. Ohne dies hier explizit miteinander zu diskutieren (expliziter Anke Grotlüschen in diesem Band), sehen wir bei Holzkamp Anschlussmöglichkeiten dieser Reduktion zu widerstehen.

Es geht also um die Erweiterung von begrifflich-diskursivem durch ästhetisch-sinnliches Erfassen. Bereits Alexander Gottlieb Baumgarten hat in der Mitte des 18. Jahrhunderts die Grundlage für ein Verständnis gelegt, das in den 1980er Jahren des 20. Jahrhunderts vermehrt wieder aufgegriffen wurde: Ästhetik *und* Logik seien es, die die Kognitionsfähigkeit des Menschen ausmachten und „nicht nur die klare deutliche Erkenntnis, also ein wissenschaftliches, logisches und deduktives Denken, [welches] als eigentliche Vernunft anzusehen ist, sondern dass es daneben auch das auf die ganzheitliche Gestalt bezogene [...] unmittelbar sinnliche Erkennen als *Erkenntnis*form sui generis ihr Recht hat" (Dietrich et al 2012, 16 f.). Als ästhetische *Wahrnehmung* wird eine solche verstanden, in der sinnliche Empfindungen und Tätigkeiten selbst zum Thema werden, in der also z. B. nicht die diskursiven Bedeutungen eines Lautes oder einer Farbe im Vordergrund stehen, sondern die sinnliche Erfahrung selbst in ihrer irritierenden oder lustvollen Qualität. Dewey beschreibt ästhetische *Erfahrung* als die Fähigkeit, sich selbst über ästhetische Wahrnehmungen und ihre Wirkung Rechenschaft abzulegen (vgl. Dietrich et al. 2012, 20). Hier wird deutlich, dass zugleich mit den ästhetischen Wahrnehmungen auch rationale und praktische Erfahrungen wirksam werden. Fühlen und begrifflich-rationales Verstehen stellen Anteile von Erfahrungen dar, die immer in Verbindung auftreten. Lernen, bei

Dewey als Verbindung von Erfahrungen und Handeln gedacht, gründet sich demnach auch auf der Integration ästhetischer Wahrnehmung im eigenen Verhältnis zur Welt.

Zusammenfassend lässt sich sagen, dass sich empirische Forschung, die es sich zur Aufgabe macht, Beiträge zu einer kontextualen Lerntheorie zu leisten, herausgefordert ist, ihre Untersuchungen so zu gestalten, dass einerseits die komplexe Situiertheit des Lernsubjekts und andererseits die sinnlich-ästhetischen Aspekte einer vielschichtigen Rationalität sichtbar werden, das heißt zum Ausdruck kommen können und im Forschungsprozess auch sichtbar bleiben.

Ein Problem, mit dem alle Versuche, Rationalität umfassender zu verstehen, konfrontiert sind, ist das ihres Ausdrucks. Denn das ist es, was in qualitativer Forschung untersucht werden kann: Ausdrücke und Ausdrucksformen von Weltzugängen und -verständnissen. Wird Rationalität nun als etwas verstanden, das auch nicht-sprachliche, emotionale, körperlich-sinnliche Verhältnisse zur Welt umfasst, dann ist zu fragen, welche Ausdrucksformen diese Art von Wissen von der Welt annehmen und wie mit diesen Ausdrucksformen umgegangen werden kann – immer konfrontiert mit dem Problem, dass eine Übersetzung in Schriftsprache zu jedem Forschungsprozess gehört. Susan K. Langer ist dem Problem der Sprachlichkeit und Nicht-Sprachlichkeit begegnet, indem sie beide als Formen des Symbolisierens herausarbeitet. Sowohl Sprache, so Langer, in ihrer logisch-rationalen Form als auch literarische Sprache, Bilder und Musik spiegeln wider, dass geistige Tätigkeit darin besteht, Formen in der Fülle der (Sinnes-)Eindrücke zu entdecken bzw. diese Formen zum Ausdruck zu bringen. Sie unterscheidet zwischen „präsentativem" und „diskursivem Symbolismus" (vgl. Langer 1987, 103) und führt aus:

„[Die] durch die Sprache übertragenen Bedeutungen werden nacheinander verstanden und dann durch den als Diskurs bezeichneten Vorgang zu einem Ganzen zusammengefügt; die Bedeutung aller anderen symbolischen Elemente, die zusammen ein größeres artikuliertes Symbol bilden, werden nur durch die Bedeutung des Ganzen verstanden, durch ihre Beziehungen innerhalb der ganzheitlichen Struktur" (Langer 1987, 103).

Jede Wahrnehmung, jede Sinneserfahrung sei ein Prozess der *Form*ulierung (vgl. Langer 1987, 95), da ein Objekt eine „durch das sensitive und intelligente Organ gedeutete Form" (Langer 1987, 95) ist.

„Dieser unbewusste ‚Sinn für Formen' aber ist die primitive Wurzel aller Abstraktion, die ihrerseits der Schlüssel zur Rationalität ist. […] Das geistige Leben beginnt schon mit unserer physiologischen Konstitution. […] Ein Geist, der in erster Linie mit Bedeutungen arbeitet, muss Organe haben, die ihn in erster Linie mit Formen versorgen." (Langer 1987, 96)

„Die Anerkennung des präsentativen Symbolismus als eines normalen Bedeutungsvehikels von allgemeiner Gültigkeit erweitert unsere Vorstellung von Rationalität weit über die traditionellen Grenzen hinaus und wird doch der Logik im strengsten Sinne niemals untreu. Wo immer ein Symbol wirkt, gibt es Bedeutung; andererseits entsprechen verschiedene Erfahrungstypen, wie Erfahrung durch Verstand, Intuition, Wertschätzung – verschiedenen Typen symbolischer Vermittlung. [...] Eine solche Überlegung verlockt dazu, das ganze Problem der Grenzen der Vernunft, das vieldiskutierte Problem des Gefühlslebens und die großen umstrittenen Themen von Tatsache und Wahrheit, Wissen und Weisheit, Wissenschaft und Kunst aufs neue, und zwar mit gänzlich anderen Erwartungen, in Angriff zu nehmen. Vieles wird dadurch in den Bereich der Vernunft überführt, was die Tradition in den Bereich der Emotionen [...] verwiesen hat." (Langer 1987, 103 f.)

3. ... UND FASSEN EMPIRISCHES MATERIAL ÄSTHETISCH

Die bisherigen Überlegungen sensibilisieren für die Bedeutung von nichtdiskursiven Formen und verweisen zudem einmal mehr darauf, dass die Vermittlung von und nicht das Verharren in (scheinbaren) Dichotomien Erkenntnisse in Bewegung bringt. Die folgenden Darstellungen zweier Forschungsprojekte sollen das konkretisieren: Welche Möglichkeiten der Datenerhebung und Auswertung hat empirische Forschung unter der Vorgabe eines weiten Rationalitäts- und damit Lernbegriffs und wie lässt sich mit dem unumgänglichen Übersetzungsprozess umgehen?

In den im Folgenden vorzustellenden Forschungsprojekten ‚LernBilder' (4.) und ‚Biografizität und Kontextualität des Lernens Erwachsener' (5.) orientiert sich das Erhebungsdesign an dem in Hamburg (vgl. Faulstich/Grell 2005; Grell 2006) entwickelten Konzept der ‚forschenden Lernwerkstatt', welches durch Überlegungen eines im Rahmen einer Habitushermeneutik entwickelten Konzepts der Gruppenwerkstatt (vgl. u. a. Bremer 2004; Bremer/Teiwes-Kügler 2003) ergänzt wird. Das Erhebungs- und Auswertungsverfahren wird als Forschungs- und Lernprozess konzeptioniert. Die Teilnehmenden einer ‚forschenden Lernwerkstatt' reflektieren ihr Lernen, so dass eine erste Auswertungsphase gemeinsam stattfindet, in der ihre Erkenntnisinteressen im Zentrum stehen. Eine weitere Auswertung findet im Anschluss in die Forschungsgruppe mit Fokus auf die Forschungsfrage(n) statt (zu den Auswertungsverfahren s. u.). Die leitenden Prinzipien der ‚forschenden Lernwerkstatt' begründen sich in der kritischpragmatischen Lerntheorie. Die Unverfügbarkeit der lernenden Person spielt hierbei eine ebenso zentrale Rolle wie die Partizipation der Teilnehmenden am Forschungsprozess (vgl. Grell 2006, 14). Ein Forschungsarrangement, in dem unterschiedliche Interessen zur Geltung kommen, bedeutet für die Forschenden, ihre Interessen und Forschungsfragen offen zu legen.

„Voraussetzung einer solchen Partizipation ist, dass die Teilnehmenden ein eigenes Interesse an der gemeinsamen Arbeit mitbringen. Dies lässt sich nicht herstellen, sondern muss durch das zu bearbeitende Thema gegeben sein. Der Untersuchungsgegenstand Lernen und Lernwiderstände hat das Potenzial, von den Beteiligten als bedeutsames Handlungsproblem angesehen zu werden." (Grell 2006, 73)

Partizipation beinhaltet dabei auch einen Abbau an hierarchischer Struktur. Der Werkstattcharakter mit seiner alltagsnahen Gestaltung kann dies ebenso ermöglichen, wie das Arbeiten an einer gemeinsamen Fragestellung, die aus unterschiedlichen Perspektiven relevant ist.

Mehrperspektivität und Methodenpluralität sind zwei weitere Prinzipien der ‚forschenden Lernwerkstatt'. Mehrperspektivität beinhaltet dabei die unterschiedlichen Perspektiven verschiedener Akteure (in der Erwachsenenbildung), aber auch den Blick (der gleichen Personen) aus verschiedenen Perspektiven auf den Gegenstand (vgl. Grell 2006, 76 f.). Methodenpluralität ermöglicht über eine Triangulation – wie auch Mehrperspektivität – nicht nur eine Validierung der Daten, sondern kann Aspekte ins Licht führen, die durch eine einzelne Methode nicht zur Sprache kommen. Insbesondere die Verschränkung von ästhetischen und diskursiven Methoden legen häufig unerwartete Seiten eines Gegenstandes frei.

In der ‚forschenden Lernwerkstatt' und den Gruppenwerkstätten zur Habitushermeneutik wurde als zentraler kreativer Part mit der Erstellung und Auswertung von Collagen gearbeitet (vgl. Grell 2006; Bremer 2004; Umbach 2012; weiterführende Überlegungen zum Umgang mit und der Bedeutung von Collagen finden sich im Abschnitt zum Forschungsprojekt LernBilder in diesem Beitrag). Die Erstellung von Collagen, als „projektive und assoziative Verfahren" (Bremer/Teiwes-Kügler 2003, 211) dienen dazu, „Tiefenschichten des Habitus […] und verdecktere, nur schwer verbalisierbare Haltungen" (Bremer/Teiwes-Kügler 2003, 221) zu erfassen, also Wünsche, Emotionen und Affekte. Petra Grell arbeitet anhand ihrer Werkstätten zum Thema Lernen heraus, dass v. a. problematische Erfahrungen mit Lernen in den Collagen sich ausdrücken, in den Gesprächen jedoch weniger vorkamen, so dass das Bild Aspekte ans Licht bringt, die sprachlich im Dunkeln liegen (vgl. Grell 2008, 191 f.).

Die in den folgenden Abschnitten vorgestellten Forschungszugänge richten, entsprechend der Zielsetzung zu einer Erweiterung des Lernbegriffs zu kommen, den Fokus auf ästhetische Produkte, die in Lernwerkstätten entstanden sind. Entsprechend der Unterschiedlichkeit des Materials unterscheiden sich auch die theoretischen Rahmungen und die sich daraus ergebende Auswertung. Gemeinsam ist beiden Zugängen das Primat des in seinen Ausdrucksformen ernst zu nehmenden Subjekts.

4. LernBilder – Collagen als ästhetischer Zugang der Forschung

Die folgenden Ausführungen haben ihren Ursprung in einem Dissertationsvorhaben zu „Lernbildern" Erwachsener und stellen Überlegungen dar zu Möglichkeiten der Arbeit mit Collagen als Erhebungsinstrument in der Erwachsenenbildungsforschung. Ein wesentlicher Teil der Untersuchung zu ‚Lernbildern', d. h. Alltagsvorstellungen Lernender vom Lernen, ist die Bildproduktion in Form von Collagen, und die folgenden Ausführungen sind der Versuch, eine Lanze zu brechen für die (oft ungenutzten) Potenziale eines ästhetischen Forschungszugangs zum Lernen.

Im Folgenden werden zunächst die spezifischen Qualitäten eines Zugangs zum Lernen eingeführt, der ästhetische Aspekte der Welterschließung in den Mittelpunkt stellt, um anschließend einen Einblick in die Herangehensweise des hier vorgestellten Forschungsprojekts zu geben.

4.1 Den Lernbegriff erweitern: Ästhetik

Als Ahnherr der Ästhetik als nicht nur der Wissenschaft vom Schönen, sondern als einer Wissenschaft, die die Rolle der Sinnlichkeit, der sinnlichen Erfahrung des Menschen für die Erkenntnis ernst nimmt, gilt Alexander Gottlieb Baumgarten (1714-1762). In seinen Schriften zur Ästhetik greift er die jahrhundertealte Auseinandersetzung um die Erkenntnisfähigkeit von sinnlicher Wahrnehmung im Verhältnis zur Vernunft auf. Indem er der Sinneswahrnehmung Erkenntnisfähigkeit zuerkennt und damit eine Wirklichkeitserfassung anerkennt, die auf sinnlicher Erfahrung beruht, erweitert er den Vernunftbegriff (vgl. Thaler, 37). Die klare und deutliche Erkenntnis, ein Denken in wissenschaftlichen, logischen und deduktiven Bahnen, wird um „das auf die ganzheitliche Gestalt bezogene ‚klare und verworrene', unmittelbar sinnliche Erkennen als Erkenntnisform" ergänzt.

„Die Unbestimmtheit des ‚ich weiß nicht was', das aufwühlt und einen Prozess des unwillkürlichen Fragens und Suchens nach einem passenden Ausdruck in Gang setzt, [...] erscheint [...] als Kennzeichen der besonderen Art der Wahrnehmung, der es nicht um ein Wiedererkennen, das Registrieren, das klare Benennen geht, sondern eher um lustvolle Beunruhigung." (Dietrich et al. 2012, 17)

Welche Rolle ästhetische Erfahrung in dieser „Wirklichkeitserfassung" spielt, darüber gehen die Vorstellungen durchaus auseinander. Während Wolfgang Welsch in seinen Ausführungen zum „Ästhetischen Denken" der Wirklichkeit als solcher attestiert, sie erweise sich „immer mehr als nicht ‚realistisch' sondern ‚ästhetisch' konstituiert" (Welsch 1990, 7), weist z. B. Martin Seel dieses Verständnis zurück und betont, dass „das, was wir als Wirklichkeit erschließen, niemals unabhängig von den konstitutionellen und artifiziellen Mitteln, Medien und Möglichkeiten ist, mit denen wir unsere Auseinandersetzung mit der jeweiligen Wirklichkeit bestreiten" (Seel 1993, 567). Wo Welsch der Ästhetik, also die Stellung der eigentlich angemessenen Form der Welterschließung vor allen anderen, zuspricht, versteht Seel sie vielmehr als *eine* Form unter anderen, die „in einer spannungsreichen Auseinandersetzung mit anderen Weltorientierungen befangen [ist]" und „uns die *sinnlich-sinnhafte Seite* der Welt in einer nichtsubstituierbaren Weise zugänglich macht" (Kleimann 2002, 14). Eben dies, so Kleimann, sei die Funktion des ästhetischen Weltverhältnisses: Sich die Welt in ihrer „rein phänomenalen, expressiven und künstlerischen Artikuliertheit" zu erschließen. Die Interaktion dieser Welterschließung mit den theoretischen und praktischen Formen des Weltzugangs sei konstitutiv für die „aktive Auseinandersetzung mit der sinnlichen Welt" (Kleimann 2002, 56). Gunter Otto möchte „das Ästhetische als einen Modus von Rationalität" verstehen, und damit eine Differenzierung der Rationalität befördern, in der auch „die Erkenntnisfähigkeit, die Erkenntnisleistung ästhetischer Prozesse – sei es Produktion, sei es Rezeption" (Otto 1991, 145) Anerkennung als Teilaspekte von Rationalität finden.

Ästhetische Erfahrung, die ihren spezifischen Teil zu einer Erfahrung der Welt beiträgt, wird, ebenso wie andere Erfahrungen, als ein Ergebnis des Umgangs mit Irritationen, Unsicherheiten und infrage gestellten Vorannahmen verstanden (vgl. Kleimann 2002, 14). Basierend auf einer ästhetischen Empfindung, die als Hinwendung zur Empfindung selbst verstanden wird, d. h. ohne die *Bedeutung* des Empfundenen in den Mittelpunkt der Betrachtung zu stellen, wird ein spielerischer Umgang mit potenziellen Bedeutungen denkbar (vgl. Dietrich et al. 2012, 19). Dieses Spiel der Bedeutungen, ermöglicht es, dass die Einordnung der Wahrnehmungen und Empfindungen über das Altbekannte hinausgehen, dass neue Zugänge *zur* und ein neues Verständnis *der* Welt bezogen auf die konkrete Situation und das konkrete Erlebnis entstehen können.

Diese Art der Erfahrung, wie Dewey in seiner Arbeiten über die ästhetische Erfahrung betont, ist eng verknüpft mit unseren bisherigen Erfahrungen und Weltzugängen. „Die Bedeutungen, die Situationen [...] für uns haben, ergeben sich aus dem Zusammenspiel ihrer konkreten Qualität mit dem Zusammenhang aus dem wir sie wahrnehmen" (Dietrich et al. 2012, 56). Denkakte spielen dementsprechend im Hinblick auf ästhetische Erfahrung einen ebensolche Rolle wie Gefühle. „Sinnlichkeit ist keine begriffslose Rezeptivität, sondern eine von Gefühlen und Denkakten nicht abtrennbare, immer auch aktive Auseinandersetzung mit der sinnlichen Welt" (Kleimann 2002, 56). Die „begrifflichen Kodierungen, [die] immer armselige Gestalten sind" (Göhlich/Zirfas in diesem Band), ermöglichen (trotz aller Armseligkeit) einen welterschließenden Zugang zu den ansonsten vollkommen undifferenzierten Sinneswahrnehmungen. Ästhetische Erfahrungen machen heißt also, sich handelnd den Unwägbarkeiten der ästhetischen Welt auszusetzen, um Widerfahrnisse, Überraschungen, unvorhergesehene Umstände wahrscheinlich zu machen. Horst Rumpf spricht von der „Unvertrautheit als kostbare Größe" (Rumpf 1991, 129), die es ermögliche, sich dem scheinbar Vertrauten zu widersetzen, um das Fremde wahrnehmen zu können. Diese Art der Auseinandersetzung schließt auch ein, dass ein sprachlicher Austausch über sinnliche Erfahrungen stattfindet, der überhaupt erst in die Lage versetzt, sich zu den gewonnenen Erfahrungen zu verhalten. Ästhetische Aspekte des Weltzugangs sind entsprechend einerseits Teil individueller Erlebnisse, und zugleich Teil einer Wirklichkeit, deren Basis eine Verständigung über sie ist (vgl. Kleimann 2002).

In der ästhetischen Erfahrung fließen also Aspekte des menschlichen Weltverhältnisses zusammen, die allzu oft getrennt werden. Sinnliche Empfindsamkeit und Empfindung und damit die Körperlichkeit des Menschen *in der Welt* ebenso wie seine Fähigkeit, der Welt Bedeutsamkeit abzuringen, ihr als denkendes Wesen *gegenüber* zu treten. Diese Gleichzeitigkeit von Begrifflichkeit und Sinnlichkeit, von ‚in der Welt sein' und ‚ihr gegenüber stehen' nicht als Dualität, sondern als Kontinuum zu verstehen, scheint uns eines der Anliegen zu sein, das Verfechter/innen eines ästhetischen Weltverhältnisses verfolgen.

Für ein erweitertes Verständnis vom Lernen ist einerseits eine Erweiterung der Vorstellung von Rationalität und Erfahrung im Begriff der Ästhetik zentral. Mit einem Rationalitätsbegriff, der die sinnlich-körperliche Verfasstheit des Menschen über die ästhetische Erfahrung einholt, wird auch menschliches Lernen, der Vorgang der Orientierung und Handlung in der Welt, zu einem komplexen Miteinander sprachlicher und sinnlicher Aspekte von Wahrnehmung, Erfahrung und Erkenntnis ermöglicht. Andererseits wird auch deutlich, dass ein ästhetischer Zugang zur Welt die Ebene der Bedeutung suspendieren und damit in Bewegung bringen kann. Ästhetische Erfahrungen bzw. ästhetische Anteile im Lernprozess können also zu dem führen, was oft als Staunen, Irritation, Überraschung beschrieben und als initiatorischer Moment für Lernen gekennzeichnet wird (vgl. u. a. Meyer-Drawe 2012). Die Arbeit mit ästhetischen Mitteln bietet sich an, um diese Ebene von Erfahrungen zugänglich zu machen und so das pädagogische Verständnis vom Lernen zu erweitern.

4.2 Ästhetischer Ausdruck und ästhetische Medien

Auf den ersten Blick scheint ästhetischer Ausdruck das Gegenstück zu ästhetischer Erfahrung zu bilden. In ihm kommt zum Ausdruck, was sich der diskursiven Form entzieht, diese ergänzt oder über sie hinausgeht. Doch ein genaueres Hinsehen zeigt, dass ästhetischer Ausdruck nicht nur Ausdruck von etwas ist, sondern selbst eine Form hat, die ihrerseits auf eine Art und Weise präsentiert wird, die wiederum die Sinne als Mittel der Erkenntnis in den Mittelpunkt rückt. Die Aspekte von Erfahrungen, die nicht als begrifflich zu fassende Denkvorgänge vorliegen, können im *Medium* des Ästhetischen kommuniziert werden, indem Gegenstände der Erfahrung sichtbar gemacht werden, und zugleich wird dieser Ausdruck selbst zum Gegenstand von Erfahrung. Ähnlich wie Susan K. Langer argumentiert Matthias Vogel dafür, sprachliche und nicht-sprachliche Artikulationen als Medien der Erfahrungskommunikation zu verstehen (vgl. Vogel 2001). Er unternimmt den Versuch, „sprachliche Äußerungen als einen Spezialfall *medialen Handelns* auszuzeichnen und die Sprache als ein (in mancherlei Hinsicht ausgezeichnetes) *Medium* unter *anderen* aufzufassen" (Vogel 2001, 12). Langer würde wohl von diskursiven und präsentativen Medien sprechen.

Ästhetische Medien dienen der Kommunikation von Erfahrung auf eine Weise, die nicht beschreibend ist wie Sprache, sondern Gegenstände der Erfahrung zur Darstellung bringt. Eine besondere Qualität ästhetischer Medien ist dabei, dass das Verarbeiten sinnlicher Eindrücke, das beim Denken und Wirken immer vonstatten geht, in diesem Fall nicht das Ziel hat, diese auf einen Begriff zu bringen, sondern „zu imaginativen Sinnvermutungen[...], zu Wort-, Klang-, Bewegungs- und augenfälligen Sinngestalten [zu] gelangen" (Schulz, zit. n. Zacharias 1991, 18).

4.3 Bilder als eine Form ästhetischen Ausdrucks

Die Erkenntnis von Welt in der Perspektive ihres sinnlichen So-Seins findet unter anderem in der Welt der Bilder, als einer ihrer Ausprägungen, ihren Niederschlag. Bilder, wie andere Ausdrucksformen auch, werden nicht als Abbildungen von Wirklichkeit verstanden, sondern als Artefakte, die aus sich selbst heraus und in der Interaktion mit Rezipierenden bedeutsam werden können. „Bilder sind Verständigungsgesten im situativen und geschichtlichen Zusammenhang menschlicher Praxis" (Sowa/Uhlig 2006, 84). In der Aussage, Bilder seien Produkte der Phantasie und brächten etwas zur Erscheinung, was ohne sie nicht existiere (vgl. Wulf/Zirfas 2005, 21) machen Wulf und Zirfas einen wichtigen Punkt deutlich: Die Bedeutsamkeit von Bildern wird nicht darin gesehen, dass sie innere oder äußere Wirklichkeit abbilden. Ihre Aussagekraft besteht vielmehr darin, dass sie *mögliche Sichten* auf die Welt sichtbar machen. Bilder sind eben nicht Abdrücke von etwas innerlich oder äußerlich Zuhandenem, das einfach nur aus dem Kopf oder der Umgebung auf das Blatt übertragen wird. Sie sind „Objekte ästhetischer Praxis" und damit „sinnreflexive Gebilde", die „Horizonte möglichen Sinns [...] exponieren" (Seel, zit. n. Peez 1997).

Bilder sind demnach sowohl Ausdruck von Selbst- und Weltverständnis wie auch Mittel, um ein ebensolches zu erlangen. Sie sind Vehikel des Sinns, deren Produzent/inn/en sich bedienen, um sich einen eigenen Zugang zur Welt zu erarbeiten, und sind zugleich Ausdruck für eben jenen Zugang, jene Einsicht in die Bedeutsamkeit der Welt. Und sie sind neben diesem Hinweis auf eine Weltsicht eben auch materiale Gegenstände, die (mehr oder weniger unabhängig von ihrer Produktion) in ihrer Materialität wahrgenommen und darin bedeutsam werden können.

„Erst seit William J.T. Mitchell und Gottfried Boehm in den 1990er Jahren eine Wende hin zum Bild vollzogen, diese *pictorial turn* (Mitchell) beziehungsweise *iconic turn* (Boehm) bezeichneten, richtete sich die Aufmerksamkeit darauf, dass ‚Bilder unabhängig von ihrer Möglichkeit, dass sie Referenzen aufbauen können, Systeme sind, die ihrer eigenen Logik genügen, d. h. imstande sind, Bedeutung und Sinn aus ihren Möglichkeiten zu erzeugen Vor allem der iconic turn ebnete den Weg zur Einsicht, dass die Logik der Bilder authentische Wege der Erkenntnis ermöglicht und Bilder Teile einer Verständigung über die Welt sind." (Thaler, 39)

Insofern sind Bilder und Sprache ähnlich. Beide verweisen als etwas auf etwas, das außerhalb ihrer selbst liegt. Sie gelten zugleich *als sie selbst* und *als etwas anderes* und dieses ‚als' kann als der Kern dessen bezeichnet werden, was mit ‚Bedeuten' bezeichnet wird. Sie können als „verschiedene Modi des Bedeutens" (Sowa/Uhlig 2006, 80) verstanden und genutzt werden.

Zugleich stellen Bilder eine besondere Herausforderung dar, da sie, anders als Sprache, eben nicht nacheinander in einzeln verstehbaren Teilen auftreten, die sich dann zu einem Ganzen verdichten, das wiederum verstanden werden kann, sondern von Vornherein als Ganzes vorliegen. Die Möglichkeit des Verstehens bietet sich in diesem Fall über ein Verständnis der Details, die in ihren Relationen das Ganze bilden. (vgl. Langer, 103). Diese Idee des Verstehens aus der Ganzheit heraus, stellt eine Parallele dar zu einem Verständnis von ästhetischer Wahrnehmung und Erfahrung, wie sie z. B. Rudolf Arnheim vertrat, das eben den Aspekt der Wahrnehmung von Ganzheit stark macht und die darin liegende Erkenntnisfähigkeit, die eine andere sei als die der begrifflich-rationalen Sprache.

4.4 Collagen in der Lernwerkstatt

Collagen als Bilder sind eine besondere Art der bildlichen Gestaltung. Sie bieten die Möglichkeit, widersprüchliche Sachverhalte darzustellen und in der Gleichzeitigkeit ihrer Darstellung Spannungen aufzuzeigen, die in der Sprache immer dem Problem des Nacheinander unterworfen sind. Zugleich greifen sie auf Material zurück, das der Alltagswelt mit ihren speziellen Bildern entstammt.

Die Collage als Form der Bildproduktion hat einen ganz praktischen Vorteil, wenn sie als Methode zur Datenerhebung mit ästhetischen Produktionen von nicht explizit künstlerisch vorgebildeten Teilnehmenden genutzt werden soll: Auch Personen, die wenig bis keine Übung in der klassischen Bildproduktion mit Farbe und Pinsel oder ähnlichem haben, können ziemlich schnell und unkompliziert zu einem Ergebnis kommen.

Ein weiterer wichtiger Punkt, der eine Rolle spielt, ist, dass Collagen mitnichten ausschließlich in mehr oder weniger kunstfertig zusammengestellten Bildern zu finden sind. Das *Prinzip Collage*, so betont zum Beispiel Karl-Joseph Pazzini, durchzieht unser Leben – heute vielleicht mehr als jemals zuvor.

„Unsere Umwelt ist voller Collagen, und wir kommen nicht umhin wenn wir ‚realistisch' sein wollen, anzumerken, dass wir auch collage-artig leben. […] [U]nsere Biographie und die mit ihr gewachsene Persönlichkeit weisen Ähnlichkeiten mit Collagen und Montagen auf, wie wir sie bisher nur als ästhetisches Mittel zu kennen glaubten." (Pazzini 1986, 22)

Pazzini geht so weit zu sagen, die Collage sei „ein Verfahren, um Begriffe zu bilden, [...] eine Art zu denken, wahrzunehmen, zu handeln, zu leben" und bezeichnet das Verfahren des Collagierens als „Auseinandersetzung mit Uneinheitlichkeit" (ebd. 20 f.). Das Suchen, Finden, Sammeln, Auswählen und Anordnen bei der Erstellung einer Collage, der Prozess des zufälligen oder absichtlichen Kombinierens, kann neue Erlebnisformen, neue Sinneseindrücke provozieren. (vgl. Eid et al. 2003, 37).

In diesem Sinne sind Collagen, als Bilder besonderer Art, Metaphern vergleichbar: Metaphern als Sprachbilder sollen nicht feststellen oder abbilden, was „ist", sondern sind in der Lage das scheinbar Verbindungslose zu verknüpfen (vgl. Boehm 2006, 16). Metaphern, so Gottfried Boehm, entzaubern „die Illusion von der *einen* Welt" und werden „zum Grund menschlicher Erkenntnistätigkeit." Robert Musils „Möglichkeitssinn" gesellt sich zu dem uns scheinbar so vertrauten Wirklichkeitssinn, dem Sinn für Realität. (ebd. 16) Collagen können auf ähnliche Weise „funktionieren": Sie kontrastieren, bringen durcheinander, verknüpfen neu, versöhnen und irritieren und zwar sowohl auf einer sachlich-logischen als auch auf einer affektiven Ebene. Sie werden damit zu einem Rahmen, in dem ästhetische Erfahrungen wahrscheinlich werden, in denen im Dewey'schen Sinne stimmungshafte Eindrücke mit Denkbestandteilen eng verzahnt sind (vgl. Dietrich 2012 et al., 56).

Das Erstellen einer Collage geschieht im Projekt „LernBilder" im Rahmen einer Lernwerkstatt, wie sie in ihren Grundüberlegungen und Herangehensweisen unter 3. beschrieben wurde. Die Werkstätten, im Rahmen des hier vorgestellten Projekts, fanden in einer Gruppe junger Frauen, die gerade ein freiwilliges soziales Jahr absolvieren, und mit einer Gruppe von Umschüler/innen eines Bildungsträgers statt.

Lernwerkstätten sind so angelegt, dass kreative und assoziative Zugänge zu einer Fragestellung in den Mittelpunkt rücken. Im Falle der Lernwerkstatt zu LernBildern geschieht das dergestalt, dass mit Postkarten unterschiedlicher Herkunft und Thematik (von Kunstpostkarte bis Werbeflyer) eine Phase des freien und lustvollen Assoziierens zur eigenen Person und zu eigenen Lernvorstellungen initiiert wird. Anschließend werden zu der Frage „Was bedeutet Lernen für Dich?" in Kleingruppenarbeit Collagen erstellt. Für diese Arbeit stehen verschiedene Zeitschriften, Schere, Klebstoff, Stifte und große Bögen weißen Papiers zur Verfügung. Die Kleingruppen haben etwa eine Stunde Zeit, sich über die gestellte Frage auszutauschen und eine gemeinsame Collage zu fertigen. Im Anschluss werden die Produktionen in der Großgruppe besprochen, es können Nachfragen gestellt, Überraschendes herausgestellt und Widersprüche artikuliert werden. Etwa zwei bis drei Wochen nach der Lernwerkstatt wird zu jeder Collage ein leitfadengestütztes Interview geführt, das als Anfangsimpuls die Collage nutzt.

Ein besonderer Aspekt dieser Lernwerkstätten besteht darin, dass nicht Einzelne über Lernen nachdenken, sondern dass dieser Prozess in der Gruppe stattfindet. Davon ausgehend, dass Vorstellungen nicht einfach fertig vorliegen, sondern immer wieder und in Abhängigkeit von der jeweiligen Situation aktualisiert und realisiert werden (vgl. Peez 1997), bietet der Austausch in der Gruppe einen Rahmen, in dem diese Aktualisierung in der Kommunikation geschehen kann. Zugleich stehen die individuellen Vorstellungsdarstellungen in der kommunikativen Situation neben anderen Vorstellungen vom Lernen und werden dort unter Umständen zum Gegenstand von Nachfragen, Zustimmung oder Widerspruch, werden irritiert oder lösen Irritationen aus.

4.5 Von einem ästhetischen zu einem erweiterten wissenschaftlichen Zugang

Die Auswertung und Interpretation ästhetischer Ausdrucksformen von Erfahrung steht vor einem zentralen Problem: Wie lässt sich das, was im Laufe z. B. einer Lernwerkstatt entstanden ist, auf eine angemessene Weise „übersetzen"? Wie lassen sich präsentative in diskursive Symbolisierungen überführen? In dem vorliegenden Fall wird diese Problematik ergänzt durch die Besonderheit, dass es sich bei den Bildern nicht um die Produkte von Expert/inn/en des ästhetischen Ausdrucks, sondern um Lai/inn/en, und bei den Collagen um verhältnismäßig spontane, unter zeitlicher Begrenzung entstandene Werke handelt.

Das grundlegende Problem der „Transformation" bildhafter Ausdrucksformen in verbale oder schriftliche Sprache betrachtet Nicole Welter vor der Grundannahme, dass beide Formen des menschlichen Ausdrucks gemeinsame Basis jeder menschlichen Welterschließung seien, dass aber aufgrund der Verschiedenheit der Funktion dieser Ausdrucksformen, der Gegenstände der Erkenntnis und der jeweiligen Kontexte eine Übersetzung immer wieder ein Wagnis – und dennoch unumgänglich – sei. Sie plädiert für eine Interpretationspraxis, die sich der Reduktion von Komplexität im Zuge der Transformation der Simultaneität des Bildes in die Sequenzialität der Sprache bewusst ist, und die Besonderheiten des visuellen Materials und seiner Formen reflektiert. Letztendlich verweist sie jedoch darauf, dass sowohl Bild als auch Sprache sequenzielle *und* simultane Elemente aufweisen und insofern die Problematik bis zu einem gewissen Punkt nur eine scheinbare sei (vgl. Welter 2007). Ähnlich argumentiert Matthias Vogel:

„Weil mediale Artikulationen eine kompositionale Struktur haben, transportieren sie neben ihren sinnlichen Eigenschaften Hinweise zu ihrer Erschließung auf dem Wege eines Nachvollzugs, der sich an der kompositionalen Identität einer medialen Äußerung vor dem Hintergrund eines regelgemäß strukturierten Möglichkeitsraums orientieren kann." (Vogel 2001, 379)

Details des Bildes und ihre Relation zueinander und zum Ganzen spielen bei der Betrachtung und dem Verstehen von Bildern also eine ebensolche Rolle, wie die Wahrnehmung des Bildes in seiner Ganzheit. Struktur und Details, also eine Art sequenziellen Arbeitens, sind daher durchaus angemessen, um sich einer Bedeutung des Bildes anzunähern.

4.6 Interpretative Zugänge

Eine für Fotografien, aber nicht für Collagen, erprobte Herangehensweise der Auswertung visueller Materialien ist die Dokumentarische Methode (für die Dokumentarische Methode in der Bildanalyse vgl. z. B. Bohnsack 2007b und 2009). Mit dem Ziel, „die Bilder zum Sprechen zu bringen", wird unterschieden zwischen dem rein formalen Bildaufbau, den im Bild zu sehenden Motiven und dem „verborgenen" Inhalt des Bildes, der sich in Blickrichtungen, Größenverhältnissen, Gruppierungen u. ä. äußert und als Ausdruck gesellschaftlicher Übereinkünfte und Gepflogenheiten verstanden wird (vgl. Bohnsack 2007b). Für die Arbeit mit Collagen sind vor allem formale Aspekte wie Gruppierungen, Leerflächen und Linien, die sich aus der Komposition ergeben, fruchtbar und lassen sich auf ihre Bedeutung hin befragen, die sie offen oder verborgen enthalten.

Helmut Bremer und Teiwes Kügler, die seit langem in Gruppenwerkstätten mit Collagen zu verschiedenen Aspekten von (Erwachsenen-)Bildung arbeiten, machen für die Auswertung ihrer Collagen ähnliche theoretische Bezüge wie Bohnsack geltend. Zentral ist für ihre Arbeit vor allem die Annahme, dass Bilder als Praktiken verstanden werden, die für ihre Ausformung aus einem gesellschaftlich formierten und nicht beliebigen Fundus an Möglichkeiten (Habitus) schöpfen. Dieser Fundus speist sich aus Bezügen, die einerseits historisch gewachsen sind und andererseits aktuell realisiert werden. Im Kontext der Habitushermeneutik werden über die Inszenierung dieser Bezüge in den Collagen Rückschlüsse darauf gezogen, wie die Produzent/inn/en im sozialen Feld zu verorten sind (vgl. Bremer/Teiwes-Kügler 2007). Für die hier im Mittelpunkt stehende Arbeit sind vor allem der Aspekt einer gesellschaftlichen Vermitteltheit von Bedeutsamkeit und ihren Ausdrucksformen und die damit sich eröffnende

Möglichkeit der Interpretation der Collagen als aktuelle Realisierungen von Sinnstrukturen nutzbar.

Ein weiterer Aspekt, der besonders in den von Peter Faulstich erprobten „Bildergesprächen" stark gemacht wird, ist der Einbezug der Wirkung des Bildes auf die Betrachterin. Ausgehend von diesem ersten Eindruck fragt er in der Folge nach Bildgegenständen, formalen Aspekten, Vermutungen über Bedeutungen und einem Wissen über die Produzent/inn/en (vgl. Faulstich 2012).

Bilder, die auf eine Wahrnehmung von und Erfahrungen mit der Welt verweisen, zu rekonstruieren, bedeutet für Andreas Gruschka, den Fokus nicht allein auf historische Bedeutungsträger zu richten, sondern stattdessen die *aktuellen* Kontexte der Akteure und Akteurinnen im Bildprozess als zentralen Aspekt der Interpretation einzubeziehen. Er kritisiert an den gängigen Verfahren der Bildinterpretation, dass sie ihr Heil allzu oft bei Verfahren der Kunstwissenschaft suchten, was seiner Meinung nach zu unsinnigen Resultaten führe, da die Suche nach traditionellen Bedeutungsträgern in aktuellen „Ausdrucksgestalten" für (pädagogische) Erfahrungen, „gegenstandswidrig" sei. Seine Auslegungspraxis stellt die Betrachtung der Bilder in *Forschungsgruppen* in den Mittelpunkt, sodass in einem Prozess der Argumentation plausible Lesarten entwickelt werden können. Der Weg zu einer möglichen Interpretation führt für Gruschka über die immer wiederkehrende Frage nach dem „Warum so und nicht anders?" der Bildkomposition, die abzielt auf die grundsätzliche Sinnstrukturiertheit der Darstellung (vgl. Gruschka 2005)

Eine Zusammenschau dieser Herangehensweisen führt zu einem Interpretationsleitfaden, der sowohl nach dem formalen Aufbau als auch nach inhaltlichen Merkmalen fragt, die Rezeption als Teil der Bildhandlung einbezieht, und den Kontext, in dem die Collagen entstehen, und die Produzent/inn/en, als Gestalter/innen von Bildwirklichkeit, in den Blick nimmt.

Um die Bilder aus möglichst vielen Perspektiven zu „sehen" und zu „lesen" ist die Auswertung des Materials in Forschungswerkstätten eingebunden, in denen versucht wird, die ausgeführten Aspekte der Collagen möglichst „dicht" zu füllen. Die Herausforderung dieser Arbeit besteht unter anderem darin, die Widersprüchlichkeiten und Brüche als solche sichtbar werden und bleiben zu lassen, auch wenn das einem „glatten" Forschungsergebnis entgegen zu stehen scheint. In dem notwendigen Übersetzungsprozess, der aus Lernerfahrungen zunächst Bilder und in der Folge Texte werden lässt, scheint es wichtig, ein Augenmerk darauf zu haben, dass auf der Suche nach Bedeutung nicht eine Eindimensionalität Einzug hält, die blind macht gegen das Uneindeutige, das Vage, Vieldeutige, das charakteristisch ist für eine Suche. Denn das ist es, was die Teilnehmer/innen der Lernwerkstätten tun: Sie suchen nach ihren Lernvorstellungen einerseits und nach angemessenen Ausdrucksmitteln andererseits. Es gilt das ernst zu nehmen, was die verschiedenen hier zu Wort gekommenen Autor/inn/en auf unterschiedliche Weise deutlich machen: Ästhetische Ausdrucksformen sind nicht dazu angetan, scheinbar klare Sachverhalte auf den Begriff zu bringen. Sie sind vielmehr mit Pfaden zu vergleichen, die bei der Suche nach Sinn und Bedeutung von Lernerfahrungen entstehen. Was die Collagen zeigen können, sind also die Spuren, die Lernerfahrungen bei den Teilnehmenden der Lernwerkstätten hinterlassen haben, und die diese in ihrer Sinn- und Bedeutungshaftigkeit zu rekonstruieren suchen. Im Folgenden wird ein Ausschnitt einer Collage beispielhaft analysiert und interpretiert, der einen Einblick in die Arbeit mit Bildern gibt, wie sie im hier vorgestellten Projekt angestrebt wird:

Abbildung 1: Collage

Die Collage überrascht auf den ersten Blick durch ihre Mitte, die ein Bison-Kopf einnimmt, der im Verhältnis zum Rest der Collage extrem groß ist und seine glänzend-feuchte Nase der Betrachterin/dem Betrachter entgegenstreckt, und durch ihren rechten Rand, an dem das Foto eines goldenen Kopfes oder einer Maske die weiße Collagengrundlage durchbricht/überschreitet. Ansonsten wirkt die Collage sehr dicht und ist eher kleinteilig gefüllt.

Unter formalen Gesichtspunkten ist die Collage eine Mischung aus Textbausteinen und Bildausschnitten, die mehrheitlich ihrer ‚natürlichen' Ausrichtung entsprechend aufgeklebt sind. In wenigen Fällen sind Textausschnitte diagonal von links unten nach rechts oben angeordnet. Im Aufbau der Collage lässt sich eine dreispaltige Anordnung der Bildausschnitte beschreiben, die die gesamte

Collage in drei etwa gleichgroße Teile teilt. Der goldene Kopf rechts bildet eine eigene Einheit, berührt auch keinen der anderen Bild- oder Textausschnitte, während im Rest der Collage die Ausschnitte mehrheitlich mit mindestens einem weiteren Ausschnitt Kontakt haben. Außer Elementen der Collage (Ausschnitte aus Zeitungen und Zeitschriften als Gestaltungsmaterial) haben die Produzent/inn/en auch selbst geschriebene oder gezeichnete Elemente aufgenommen.

In der linken unteren Ecke bilden vier Details eine Gruppe: Das Bild eines schwebenden „Schutzengels"[1], als solcher durch einen Textausschnitt im Bild markiert, mit ausgebreiteten Flügeln und roter und weißer Bekleidung, ist links neben einem Textausschnitt „Der kleine *Teufel* in mir" in roter Schrift angeordnet. Zwischen beiden Ausschnitten findet sich eine von den Collage-Macher/innen selbst gezeichnete Waage mit zwei Waagschalen, die einerseits im Gleichgewicht ist, zugleich aber etwas schräg nach links in Richtung Schutzengel angeordnet ist. Eine handschriftliche Überschrift über dem Engel lautet: „Der ewige Kampf". Diese Gruppe erinnert an biblische Motive des Kampfes zwischen Gut und Böse, Gott und Teufel. Es scheint befremdlich, so ein Motiv in einer Collage zu finden, die dem Thema „Bedeutung von Lernen" gewidmet ist.

Zugleich rufen die Wörter „Engel" und „Teufel" ein Bild hervor, in dem ein kleiner Engel und ein kleiner Teufel rechts und links auf den Schultern einer Person sitzen und dieser unvereinbare Ratschläge ins Ohr flüstern. Üblicherweise ist diese Person in einer Situation, in der sie sich für eine Handlung entscheiden muss, in der sie entweder ihrer spontanen emotionalen Verfasstheit folgt, oder aber andere Menschen in ihre Überlegungen einbezieht und entsprechend handelt. Sie muss zwischen diesen beiden Stimmen abwägen, oder aber einen ganz anderen Weg wählen. Die Waage, deren Waagschalen im Gleichgewicht sind, die selbst aber aus dem Lot ist, deutet darauf hin, dass es um das Erlangen eines Gleichgewichts geht, dass aber das Instrument, das dieses anzeigen kann, dabei nicht unberührt bleibt. „Der kleine Teufel in mir" weist darauf hin, dass es hier um einen Kampf geht, der wenigstens zum Teil innerhalb eines Individuums/eines Subjekts ausgefochten wird. Der Teufel treibt sein Unwesen „in mir", während der „Schutzengel" über den Dingen schwebt, eher ein Wesen des Himmels oder des Äthers ist, und weniger eines des Leibes, des „in mir". Es ist denkbar, die Waage als Symbol für das Subjekt zu lesen, das zwischen diesen beiden Wesenheiten steht und die Aufgabe hat, für ein Gleichgewicht zu sorgen. Unter einem anderen Blickwinkel finden sich hier Hinweise auf die Vermittlungsaufgabe zwischen einem ‚Außen' in Form von gesellschaftlichen Werten

---

1 Anführungsstriche („....") verweisen auf Zitate aus der Collage, während Sternchen (*...*) mögliche Versprachlichungen von Bildern markieren.

und Normen, und einem ‚Innen' in Form von leiblich-emotionalen Bedürfnissen. In der Vermittlung der beiden Extreme entsteht ein Weg, der zwischen der Selbstaufgabe durch vollkommene Anpassung an gesellschaftlich vermittelte Anforderungen und dem Rückzug auf ausschließlichen Selbstbezug entlang führt und als dauernde Aufgabe der Alltagsgestaltung besteht. Der Kampf ist insofern „ewig" als es nicht um eine *Entscheidungsschlacht* zwischen beiden Seiten geht, sondern darum, das Gleichgewicht immer wieder neu herzustellen, immer wieder handlungsfähig zu werden, in einer Situation, in der es keine Wahl gibt zwischen Individuum und Gesellschaft, zwischen Innen und Außen.

Im Hinblick auf die Fragestellung der Collage „Was bedeutet Lernen für Dich?" finden sich in diesem skizzenhaft angedeuteten Auslegungsprozess Hinweise auf verschieden Dimensionen: Zunächst ist Lernen ein Vorgang, der die Person ganz persönlich betrifft. Mindestens eine/r der Protagonist/inn/en des Kampfes findet sich *in* der lernenden Person, so dass diese mit den Folgen der Auseinandersetzung konfrontiert ist und mit ihr umgehen muss. Dieser Umgang besteht darin, zwischen den Kämpfenden ein Gleichgewicht zu schaffen oder zu erhalten. Es scheint möglich, dass das Motiv des *Kampfes* selbst einen Lerngegenstand darstellt, der nicht ohne Folgen für die Lernenden bleibt (die aus dem Lot geratene Waage). Worin dieser Kampf besteht (Kampf um Orte, Zeiten, Gelegenheiten zu lernen oder Auseinandersetzungen mit Lernthemen oder -gegenständen) bleibt unbestimmt. Außerdem lassen sich Hinweise darauf finden, dass der hier ausgefochtene Kampf nicht irgendeiner ist: Es geht ums Ganze, wenn Gut und Böse, Gott und Teufel gegeneinander antreten. Hier scheint eine starke Dichotomie auf, indem Gegensätze gegeneinander gestellt werden, die unvereinbar sind. *Lernen oder nicht Lernen?*, das scheint hier auf dem Spiel zu stehen und wird in der Darstellung zu einer existenziellen Frage. Und dennoch gibt es eine Waage, die ein ausgewogenes Verhältnis zumindest in den Bereich des Möglichen stellt und zugleich darauf hinweist, dass Nicht-Lernen möglicherweise gar keine Option ist. Aus dieser Perspektive steht die Waage auch für den Anspruch, der an die Lernenden gestellt wird, den Kampf mit sich und in sich selbst auszufechten, immer wieder für ein Gleichgewicht zu sorgen und so immer wieder handlungs- und damit lernfähig zu werden. In der Figur des Schutzengels finden sich zudem Hinweise auf ein Eingebunden-Sein des Lernens in gesellschaftliche Zusammenhänge. Es gibt moralische Ansprüche, Normen des Zusammenlebens, die mit den Bedürfnissen des Individuums vermittelt werden müssen. Ob es hier auch um diesen Prozess der fortwährenden Vermittlung als Lernprozess geht, bleibt offen.

Im Gesamtkontext der Collage steht die Gruppe in deutlichem Kontrast zu der Figur des Bisons in Mitte der Collage. Der Bison verkörpert Stärke, Standhaftigkeit und Ruhe und eine Ursprünglichkeit der Natur, die nicht mit den Schwierigkeiten eines in der Gesellschaft verorteten Individuums konfrontiert ist. In der Darstellung der beiden Aspekte in der Collage wird eine Gleichzeitigkeit der Thematiken *existenzieller Kampf eines gesellschaftlichen Individuums* und *Standhaftigkeit und Ruhe ‚natürlicher' Existenz* sichtbar. Möglich werden auch Wechselwirkungen zwischen den Darstellungen: Inwiefern wird der fortwährende Kampf überhaupt erst durch eine zugrundeliegende Ruhe und Stärke möglich? Wird hier eine Hoffnung auf einen Schutz dargestellt – nicht nur durch den Schutzengel, sondern auch durch eine eigene innere Stärke? Das Zentrum der Collage wäre dann zugleich der Ort, an dem das Innere der Einzelnen zum Ausdruck kommt. Weist der Bison auf eine Vorstellung von der ‚Natur' des Individuums hin, die zentral ist für alles, was an der ‚Peripherie' an Lern-Kämpfen stattfindet?

Die Vorstellungen vom Lernen, die in dem hier vorgestellten Detail einer Collage sichtbar gemacht werden können, sind von Kontrasten geprägt: Kampf und Ruhe, Schutzbedürftigkeit und Stärke, Gesellschaft und Individuum stehen nebeneinander, verweisen aufeinander, gehen aber nicht ineinander auf oder verschwinden aufgrund der Existenz des jeweils anderen. Lernen wird sichtbar als eine Aufgabe und existenzielle Herausforderung an die Einzelnen in ihrem Eingebunden-Sein in Gesellschaft. Zugleich finden sich Hinweise auf eine grundlegende Kraft und Widerstandsfähigkeit, die zentralen Charakter hat und dem „Kampf" eine gewisse Gelassenheit entgegenstellt. Zugleich ist der Bison nicht als Gegenpol zum Kampf zu sehen. Er spielt im „Wie" des Kampfes eine Rolle: Lernen ist kein verzweifelter Kampf ohne Aussicht auf Erfolg, denn in der Figur des Bisons werden Widerstandskraft und Ausdauer sichtbar, die quasi „von Natur aus" in den Lernenden angelegt sind.

Bei der Interpretation wird deutlich, dass das Auslegen einer Collage in gewisser Hinsicht dem Versuch ähnelt herauszufinden, welche Geschichten die Details erzählen könnten, welche Bedeutungshöfe entwickelt und in Verbindung zueinander gebracht werden können. Hier wird die oben erläuterte Nähe zur Metapher nachvollziehbar: Es geht darum, Bedeutungs*möglichkeiten* frei zu legen in einer Bewegung, die eher dem Prozess einer auf Erweiterung angelegten Spurensuche ähnelt als dem Versuch einer eindeutigen Ortung. Die Frage danach, welchen Spuren es nachzugehen lohnt und wohin die Spuren führen können, bedarf einer systematischen Gesamtschau verschiedener Collagen.

5. Lerngeschichten – Erzählungen als ästhetischer Zugang der Forschung

5.1 Den Lernbegriff erweitern: Biografizität und Kontextualität

Die im subjektwissenschaftlichen Lernbegriff herausgearbeiteten Situiertheiten gilt es für empirische Forschung fruchtbar zu machen und weiter zu vertiefen. Als Teil einer kategorialen Analyse des Lernsubjektes bedürfen sie weiterer Konkretisierung. Die körperliche Situiertheit erweist sich dabei als anschlussfähig an das Habituskonzept von Pierre Bourdieu, um „demographische Einordnungen wie Alter, Geschlecht, Wohnort, Beruf, sozioökonomischer Status" und auch „die jeweilige Lebenswelt", die die „primäre, unhintergehbare Daseinsrealität" (Holzkamp 1995, 253) ausmacht, zu konzeptualisieren. Die unhintergehbare Daseinsrealität ist umfassend zu verstehen; sie umfasst bewusste und nichtbewusste Aspekte der Lebenswelt. Der Habitusbegriff versucht beides miteinander zu verknüpfen. Er umfasst eine systematische Verbindung von „Gedanken, Wahrnehmungen, Äußerungen, Handlungen" (Bourdieu 1987, 103). Die in dieser Verbindung wirkenden Schemata sind dabei sowohl ‚erzeugt' wie auch ‚erzeugend', d. h., dass die im Laufe des Lebens gelernten Schemata zur Anwendung kommen und hierbei durch die Anwendung und Bewährung in der Praxis wiederum Schemata erzeugt werden.

„Da er ein erworbenes System von Erzeugungsschemata ist, können mit dem Habitus alle Gedanken, Wahrnehmungen und Handlungen, und nur diese, frei hervorgebracht werden, die innerhalb der Grenzen der besonderen Bedingungen seiner eigenen Hervorbringung liegen." (Bourdieu 1987, 102)

Was wir wollen, was wir essen und welchen Berufswunsch wir haben, entwickelt sich im Laufe unserer Biographie in den sozialen Kontexten, in denen wir uns bewegen. Als Verbindung von Gedanken, Wahrnehmungen und Handlungen wendet sich der Habitusbegriff zudem gegen eine Vorstellung von menschlichen Handlungen als rational-strategische Kalküle. Der Habitus umfasst Körper und Geist: Präferenzen und ihre Begründungen. Welche Bücher man mag, wie man mit anderen Menschen redet, welcher Sport einem gefällt, zu welcher Musik man tanzen mag ist eben nicht abhängig von einem im luftleeren Raum schwebenden Individualismus, sondern sehr deutlich bestimmt durch die gesellschaftliche Lage und die dortige Praxis – die wiederum historisch veränderbar ist. Diese Praxis schreibt sich nicht nur in Gedanken ein, sondern ebenso in den Körper. „Was der Leib gelernt hat, das besitzt man nicht wie ein wiederbetrachtbares

Wissen, sondern das ist man" (Bourdieu 1987, 135). Wenn also der Habitus Körper und Geist ebenso umfasst wie er die Spaltung von Individuum und Gesellschaft überwindet, stellt dies Anforderungen an die Erforschung und Kontextualisierung von Lernstrategien, die im Forschungsprojekt „Biographizität und Kontextualität des Lernens Erwachsener" als „begründete Umgangsweisen mit und in Lernsituationen" verstanden und näher untersucht werden. Lernen ist demnach eingebunden in umfassende Wahrnehmungs-, Denk- und Handlungsschemata, so dass diese auch im Nachfragen nach Lernen aufzuspüren und mit Lernhandlungen und -begründungen ins Verhältnis zu setzen sind. Für ein empirisches Forschungsvorgehen heißt dies demnach, auch nicht-explizite Aspekte, wie sie sich zum Beispiel in unterstellten Gewohnheiten zeigen, aufzugreifen.

Auch mit Blick auf die Biografie lassen sich subjektive und objektive Perspektiven differenzieren, denn Biografie kann – ähnlich dem Habitus – als Vermittlung von Struktur und Subjekt gedacht werden. „Das Konzept Biografie verbindet seinem Anspruch nach individuelle und gesellschaftliche Perspektiven. Biografie konzipiert die Aneignung der Gesellschaft und gleichzeitig die Konstitution von Gesellschaft" (Faulstich 2011, 25). Im Rahmen subjektwissenschaftlicher Lerntheorie lässt sich Phänomenal- von Realbiografie unterscheiden (vgl. Holzkamp 1985, 332 ff.). „Demnach ist die phänomenale Biografie im Ganzen als vom Subjekt erfahrener Ausschnitt, Aspekt seiner realen Biografie zu betrachten" (Holzkamp 1985, 337). Die Biografie ließe sich damit als die subjektive Seite des – u. a. an äußeren Daten festzumachenden – Lebenslaufes bestimmen.

Lernen, Lernhandlungen und Lernstrategien entwickeln sich im Laufe des Lebens in sehr unterschiedlichen Settings. Bewährte Lernstrategien können in Krisensituationen ebenfalls in Frage stehen, weil sie nicht zur Behebung einer Diskrepanzerfahrung beitragen. So gerät das Lernen selbst in die Krise, kann verändert werden. Biografie als Lerngeschichte beinhaltet damit auch die Spannung von Stabilität und Flexibilität von (Lern-)Handlungsstrategien.

Die Spannung von autonomer Handlungsfähigkeit und Festlegungen durch Rahmenbedingungen findet sich auch im Selbstverständnis biografischen Handelns. Entgegen aller soziologisch festzustellenden gesellschaftlichen Bestimmtheiten ist „die dominierende Einstellung, die wir gegen unserer eigenen Biographie haben, [...] die des Planens" (Alheit 1995, 294). Im Verhältnis von Gesellschaftlichkeit und Subjektivität geht es in der Biographie um die „komplizierte Relation von Einflüssen, die gerade *unser* Leben ausmachen" (ebd.). Als weitere äußere Rahmungen lassen sich hierfür die strukturellen Begrenzungen der sozialen und ethnischen Herkunft, des Geschlechterverhältnisses und unserer Position hierin und die Zeit bzw. Epoche bestimmen (vgl. Alheit 1995, 298). Ebenso wenig wie Subjektivität in den Strukturen aufgeht, realisiert sich der im Laufe des Lebens produzierte „Sinn" nicht in Gänze. Die Biografie erzeugt Sinnüberschüsse (vgl. Bude 1984, 85), „ungelebtes Leben" (vgl. Alheit 2003, 15). Hierin liegen Möglichkeiten für biografische Bildungs- und Lernprozesse.

„Biographizität bedeutet, dass wir unser Leben in den Kontexten, in denen wir es verbringen (müssen), immer wieder neu auslegen können und dass wir diese Kontexte ihrerseits als ‚bildbar' und gestaltbar erfahren" (Alheit 2003, 16). Biografizität bezeichnet also die Handlungsmöglichkeiten in der Biografie und kann gestaltend auf die Rahmungen des Lebenslaufs Einfluss nehmen. Der Begriff weist damit strukturelle Parallelen zum Habituskonzept auf. So spricht Alheit davon, Biografie als eine Art Grammatik zu verstehen, als ein „charakteristische[s] Prinzip der Hervorbringung von Lebensäußerungen, die ihre Einzigartigkeit durchaus nicht verlieren, aber dennoch eine bestimmte ‚Logik' besitzen" (Alheit 2003, 11). Im Rahmen biografischer Forschung gewinnen Brüche und Glättungen und reflexive Zukunftsentwürfe eine große Bedeutung, da hieran „ungelebtes Leben" aufgedeckt und die eigene Biografie im sozialen Kontext bewusst gestaltbar wird.

Vor dem Hintergrund dieser Erweiterung/Konkretisierung von Situiertheiten des Lernsubjektes soll im Folgenden ein Ansatz möglicher empirischer Forschung vorgestellt werden.

5.2 Geschichten in der Lernwerkstatt

Für gewöhnlich werden biographische Interviews für „umfassende Mentalitäts- und Habitusanalysen" (Bremer/Teiwes-Kügler 2003, 209) herangezogen. Die Arbeit in Gruppenwerkstätten (s. o.) und mit Collagen hat vor allem auch das Ziel, gewisse Fallzahlen von Teilnehmenden zu gewährleisten. Interessant dabei ist, dass in der Begründung der Arbeit mit Collagen v. a. auch deren Nicht-Sprachlichkeit hervorgehoben wird, biographische Interviews jedoch nichts anderes sind als Sprache – und dennoch ebenso (im Einzelfall gar besser) geeignet, unterschiedliche Schichten eines systematischen Bündels von Wahrnehmungs-, Denk- und Handlungsschemata zu erfassen. Überspritzt formuliert wird hier das Bild als Ausdruck von Unbewusstem und Emotionalem gegen die Sprache als Ausdruck von Bewusstem und Rationalem in Stellung gebracht. Die Differenzierung von Präsentativem und Diskursivem als unterschiedliche *Formen* der Symbolisierung und der Verweis auf sinnliche und ästhetische Aspekte von Erfahrungen greifen das Anliegen, unterschiedliche Schichten von Erfahrungen und Lernen in den Forschungsprozess einzubeziehen, auf und können den Blick auch für andere ästhetische Ausdrucksformen frei machen. Da es in diesem Forschungsprojekt um die Verschränkung habitueller und biografischer Begründungen für den Umgang mit Lernen geht, sollte die ästhetische Ausdrucksform auch die Möglichkeit bieten, Verläufe darzustellen. Erzählungen boten sich an, denn Literatur ist eine sprachliche Form künstlerischer (ästhetischer) Darstellung. Sie weist unterschiedliche (präsentative und diskursive) Rationalitäten auf. Narrationen sind dabei in der sozialwissenschaftlichen (vgl. Schütze 1983) und in der erziehungswissenschaftlichen Forschung (vgl. Marotzki 2006, 155) kein unbekanntes Feld, narrative Interviews von der Biografieforschung bis hin zur Mehrebenenanalyse in der Intersektionalität geläufiges Material. Erzählungen legen bestimmte Logiken nahe, bzw. machen Brüche deutlicher sichtbar, da die Geschichte für andere nachvollziehbar sein muss. Erzählungen sind dabei besonders nah an den Erfahrungen (Koller 2008, 611). Selbstgeschriebene Erzählungen – Lerngeschichten – nehmen damit die gleiche Funktion im Forschungsprojekt ein, wie die Collagen in den bisherigen Konzepten zu („forschenden") Gruppen-/Lernwerkstätten. Literarische Elemente von Erzählungen können dabei Aspekte beleuchten, die diskursiv so nicht zur Sprache gekommen wären. Lerngeschichten können somit der Reflexion von Lernstrategien und -begründungen durch die Lernenden dienen, sowie sie eine Auswertung der Forschenden in Bezug auf biografische und gesellschaftliche Aspekte von Lernen und Lernstrategien ermöglichen.

Für die Erfassung des komplexen Geschehens „Lernen" innerhalb der forschenden Lernwerkstatt geht es also darum, verschriftlichte Narrationen in einer „Schreibwerkstatt" zu ermöglichen: Nach einer Vorstellungsrunde (und der Vorstellung des Forschungsprojektes) folgten unterschiedliche kreative Verfahren zur Annäherung an den Schreibprozess und das Thema Lernen. In einer „Bildkartenrunde" werden viele unterschiedliche Postkarten mit der Aufforderung ausgelegt, sich eine auszusuchen, die für die jeweilige Person etwas mit dem Thema ‚Lernen' zu tun hat. In der anschließenden Runde werden die jeweiligen Bedeutungen und Verbindungen zu den Bildern und/oder Textfragmenten der Postkarte vorgestellt. Auf diese Weise wurde die Möglichkeit eröffnet, Lernen nicht allein in institutionellen Settings – und vor allem nicht allein in Bezug auf die schulischen Erfahrungen – zu denken, sondern auch widerständige, abwegige und subjektive Gedankenverknüpfungen zuzulassen bzw. zu provozieren. Die anschließende Phase nähert sich dem Thema bereits schriftlich, jedoch assoziativ. Auf Plakaten sollten Stichworte zu den Fragen „Wie ist Lernen?", „Was macht man beim Lernen?" und „Was verbinde ich mit Lernen?" stumm gesammelt werden. Dies stellte eine Möglichkeit dar, auch disparate Erfahrungen und Bedeutungen von Lernen zu formulieren, ohne sie bereits sinnvoll miteinander zu vermitteln[2] und diente zudem dazu, Worte als Adjektive, Verben und Substantive zum Thema „Lernen" für den sich anschließenden Schreibprozess als Anregung zu geben. Der Schreibphase geht eine ausführliche Einleitung voraus, in der mögliche Fragestellungen (z. B. Wo spielte Lernen in meinem Lebenslauf eine besondere Rolle?, Was war eine typische Lernsituation?), mögliche Satzanfänge (z. B. ‚Es war einmal ...', ‚Huch, dachte er, ...') und Hinweise zur Gestaltung von Erzählungen (z. B. Erzählperspektive: Ich-Erzähler oder auktorialer Erzähler, allwissend oder zuschauend; Tempus: Vergangenheit oder Gegenwart; Rahmung: Ein Anfang und ein Ende) sowie ausreichend Möglichkeit zur Thematisierung von Fragen und Unsicherheiten geboten wird. In der Schreibphase (30-40 Minuten) werden von den Teilnehmenden Lerngeschichten geschrieben, die Lernhandeln in einer spezifischen Situation schildern.

Eine erste Auswertung und Reflexion der Lerngeschichten findet anschließend statt. Die Geschichten werden vorgelesen und ihnen wird im Anschluss gemeinsam eine Überschrift gegeben, deren letztendliche Benennung dem/der Autor/in obliegt. Hierbei zeigt sich bereits, was als Kernbotschaft der Erzählung betrachtet wird. Es hat sich zudem bewährt, im Anschluss an das Vorlesen eine Rückmeldung an den/die Autor/in in Form von kurzen Statements zu der Geschichte zu geben, weil so schon deutlich wird, wo Brüche oder Besonderheiten liegen, die durch die erzählerische Form aufgefallen sind. Nach der expliziten Beschäftigung mit den Geschichten folgt ein Gruppengespräch, in dem übergreifende aber auch noch nicht betrachtete Aspekte von Lernen zur Sprache kommen.

5.3 Von einem ästhetischen zu einem erweiterten wissenschaftlichen Zugang

Für die Verknüpfung diskursiver und ästhetischer Aspekte von Lernen und im Anschluss daran auch dessen Erforschung (Konzeption, Erhebung, Auswertung und ggf. Darstellung) stehen vor allem die Lerngeschichten im Fokus. In der Auswertung muss es also weiter darum gehen, diese Verknüpfung zu explizieren, zu konkretisieren und zu praktizieren.

Die Arbeit mit Geschichten, Narrationen und Erzählungen ist vor allem in der Biografieforschung verbreitet. Biografien werden hier u. a. als Lebensgeschichten betrachtet und ein entsprechendes Forschungsvorgehen entwickelt. In der von Fritz Schütze entwickelten Narrationsanalyse wird davon ausgegangen,

---

2 In einer Schreibwerkstatt wurden beispielsweise positive und negative Aspekte farblich unterschiedlich markiert.

„dass die Erzählenden in einer Stehgreiferzählung in die Dynamik eines Erzählvorgangs eingebunden werden, die nicht mehr gesteuert werden kann von momentanen Absichten einer Selbstdarstellung" (von Felden 2011, 206). Auf diese Weise kommen „die [für die] Identität des Erzählers fundamentaleren Ebenen bereits abgearbeiteter Erfahrung [...] jene Sequenzen, die nicht theoretisch-reflexiv überformt sind" (Bohnsack 2007a, 94) zum Ausdruck. Die Dynamik zeichnet sich vor allem durch die „Zugzwänge" (vgl. Bohnsack 2007a, 93) des Erzählens aus: Gestaltschließung, Detaillierungs- und Kondensierungszwang.

Diese Charakteristika von Erzählungen bringen die Aspekte von Erfahrungen hervor, die zur Erfassung des Habitus notwendig sind – sie unterscheiden sich jedoch deutlich vom überlegten Schreiben von Geschichten in der Schreibwerkstatt. In der erziehungswissenschaftlichen Kindheitsforschung finden sich Ansätze, mit (von Kindern) selbst geschriebenen Geschichten zu forschen. Hierbei werden „realistische" und „phantastische" Geschichten einbezogen (vgl. Röhner 2000), wobei vor allem Themen der Kindheit und der inneren Entwicklung und entsprechende Auswertungsmethoden (u. a. Qualitative Inhaltsanalyse und ein hermeneutisches Vorgehen mit Bezug auf Theorien zur Phantasie bei Kindern) zur Anwendung kommen. Neben einer Hinwendung der Erziehungswissenschaft zur Literatur – in „pädagogische[n] Lektüren zeitgenössischer Romane" (Koller/Rieger-Ladich 2005) – zeigen sich erstaunlicherweise nur vorsichtige Annäherungen an einen literaturwissenschaftlichen Zugang zu Narrationen (z. B. Koller 1993; Baacke 1993). Selbstgeschriebene Geschichten von Erwachsenen stellen in der Forschung also Neuland dar. Der Planungsprozess macht diese Art von Erzählung jedoch nicht „diskursiver". Es gelten die Zugzwänge – als Logiken von Erzählung – in ähnlicher Weise. Wenn wir Erzählungen als Text mit präsentativen Anteilen verstehen, drücken sie „weniger Bewusstes" ebenfalls aus. Beide Formen von Erzählungen beinhalten also Un-Bewusstes in seiner „Rationalität". Zudem lassen sie sich als ein Stück Literatur verstehen und mit erzähltheoretischen Methoden der Literaturwissenschaft (u. a. Genette 2010) untersuchen. Für die Auswertung der Geschichten aus den Schreibwerkstätten wurde deswegen ein Auswertungsverfahren entwickelt, das gezielt unterschiedliche Aspekte bereits vorliegender Verfahren verbindet[3].

Auf die Analyse und Interpretation von Geschichten bezogen bedeutet die Reflexion der Forschenden auf ihren eigenen Standpunkt auf den einen Seite, die

---

3 Zirfas und Göhlich nähern sich mit in Erzählungen gefassten konkreten Szenen einer ähnlichen Textsorte für die sie ihrerseits einen interessanten Zugang als „geistes- bzw. kulturwissenschaftliche Methode der Lernforschung" (in diesem Band) entwickelt haben.

eigenen Reaktionen und Positionen zu explizieren und auf der anderen Seite, die in der Geschichte wirksamen Muster zu rekonstruieren. Ersteres wird auch in den Bildergesprächen von Peter Faulstich und in der Erinnerungsarbeit von Frigga Haug berücksichtigt. Es geht also darum, die Fragen „Was bedeutet die Geschichte für mich?", „Was empfinde ich?" und auch „Was ist die Botschaft der Geschichte?" zu explizieren, um sie als Korrektiv für die Interpretation parat zu haben. Ebenso bedeutet dies, die sich in Analyse und Interpretation zeigenden Themen auf die eigene Biografie und das eigene Weltverständnis zu beziehen, um auf diese Weise einer „Überhöhung" der eigenen Wahrnehmungsschemata entgegen zu wirken. Für die Rekonstruktion der Denk- und Wahrnehmungsschemata geht es darum, explizite und implizite Aussagen als Sinnzusammenhänge zu explizieren und in ihrer Logik aufeinander zu beziehen. In der dokumentarischen Methoden wird dies durch die Unterscheidung von formulierender Interpretation (Was wurde gesagt?) und reflektierender Interpretation, die das ‚Wie' der Diskursorganisation und gedankenexperimentelle Gegenhorizonte zur Explikation des Orientierungsrahmen miteinbezieht (vgl. Schäffer 2012, 288 ff.) unter Rückgriff auf Karl Mannheims Differenzierung von konjunktivem und kommunikativem Wissen (ebd. 275) herausgearbeitet. Ergänzen lässt sich dies durch das sehr feingliedrige Auswertungsverfahren zur Rekonstruktion narrativer Identitäten, wie es von Gabriele Lucius-Hoene und Arnulf Deppermann entwickelt wurde (Lucius-Hoene/Depermann 2002). Für die Rekonstruktion der Sinnzusammenhänge sind hierbei vor allem eine funktionale Betrachtungsweise (Wozu wird das dargestellt und nicht etwas anderes?, Wozu wird es jetzt dargestellt und nicht wann anders?, Wozu wird es so dargestellt und nicht auf andere Weise?) (vgl. Lucius-Hoene/Depermann 2002, 182 ff.) und das Herausarbeiten von unterstellten Annahmen, die für den/die Akteur/in so selbstverständlich sind, dass sie nicht mitgesagt werden müssen, aber Grundlage der Sinnkonstitution sind, hilfreich. Die Analyse von Zeitstrukturen, wie sie in der literaturwissenschaftlichen Erzähltheorie praktiziert werden (vgl. Genette 2010, Kap. 1-3; Martinez/Scheffel 2000, 32 ff.), machen u. a. aufmerksam auf Auslassungen (Ellipsen), Rückblenden (Analepsen) oder die Frequenz von Erzählungen, was Auskunft darüber geben kann, welche Aspekte der Lerngeschichte für welche Aussagen relevant sind. Die Analyse des Modus (Genette 2010, Kap. 4) in Bezug auf die Distanz (narrativisierte oder dramatische Rede) macht nicht nur die Beteiligung der Erzählperson am Erzählgeschehen deutlich, sondern somit auch die Bedeutung der Erzählsequenz für die Gesamterzählung. Eine eher linguistische Analyse lenkt den Blick auf die kleinteilige Gestaltung der Erzählung und auf sprachliche Besonderheiten, die im Blick für Begründungszusammenhänge leicht untergehen könnte. So gibt die Verbstruktur einen Hinweis auf den Aktivitätsgrad der Akteure (z. B. aktiv/passiv, Modalverben, Zeitformwechsel) und die Untersuchung von Zeitworten (immer, manchmal), Verstärkern (unbedingt, kein) und die Frage nach der Gewissheit der Aussage kann Auskunft über die Einordnung einer Sinnkonstruktion im Gesamtzusammenhang geben.

Solche Verfahrenshinweise zeigen einen Weg, methodisch abgestützt Erzählungen empirisch zu begreifen. Die Methoden ermöglichen, auf die Art der Darstellung des Inhalts aufmerksam zu werden. Ziel ist es, über eine Analyse des „Wie" der sprachlichen Besonderheiten, den Inhalt des Textes angemessen aufzuschlüsseln und begründet zu interpretieren bzw. angemessen zu verstehen und Inhalt und Struktur zu kontrastieren. Zur Erfassung des komplexen Geschehens „Lernen" erfolgt in der Interpretation ein Bezug der Analyse auf Lern- und Habitusdimensionen (Faulstich/Zeuner 2006, 28; Bremer/Teiwes-Kügler 2012, 80). Hierbei geht es nicht darum, die herausgearbeiteten Begründungen eindeutig in den Polen der Dimensionen zu verorten und zuzuordnen, sondern vielmehr darum, die Dimensionen als heuristische Folie zu nutzen, um Begründungskonstruktionen in Bezug auf Lernen und personale Situiertheiten hin zu konkretisieren. Um die Verschränkung von Lern- und Habitusdimensionen im Sinne einer Typisierung von Lernstrategien sichtbar zu machen, wird es im weiteren Verlauf des Forschungsprojektes darauf ankommen, die Geschichten und deren Interpretationen miteinander ins Verhältnis zu setzen.

Anhand einer Erzählung und Ausschnitten ihrer Interpretation sollen die Möglichkeiten dieses Ansatzes zum Abschluss verdeutlich und konkretisiert werden.

Der Weg zum „Frage – Mut"

1989
Ich liege im Bett und gehe immer wieder meine unterlagen durch. Morgen – Klausur LK Chemie – 6 Stunden des Grauens. Wie war das nochmal mit den aromatischen Verbindungen. Ich habe keine Ahnung. So geht das schon seit Tagen warum hab ich mich blos für Chemie entscheiden. Ach ya für Physik LK war ich zu blöd. Ich hab nach einem halben Jahr gewechselt und nie den Anschluß gefunden. Woher wissen die anderen, wovon Piggi (?) da vorne spricht. Ist das frustrierend. Hoffentlich werdens wenigstens 5 Punkte und dabei gelte ich als intelligent. Vielleicht sollte ich in die Theater AG?
1993
Ich telephoniere seit 3 stunden mit einer komilitonin. Wir gehen gemeinsam unsere unterlagen durch, erzählen uns immer wieder was uns so durch den Kopf geht. Morgen schreiben wir eine Klausur in angewandter Hydrogeologie. Wir haben im Unterricht immer zusammengearbeitet und uns gegenseitig die Aufga-

ben erklärt. Ich ging immer mit dem Gefühl nach Hause alles verstanden zu haben und so war es auch. Die Klausur wird kein Problem. Warum war es in er Schule nicht schon so? Diese Frage stelle ich mir sehr oft. Ich hätte Fragen können wenn ich etwas nicht verstehe. Oder einfach mal andere Quellen suchen. Vielleicht hätte ichs dann einfacher gehabt.
2012
Buchführung
Was passiert mit dem kalkulatorischen Unternehmerlohn. Ich frage zum 3. Mal nach. Auch wenns die Anderen nervt. Es nützt nichts, wenn so tue als hätte ich es verstanden.

FLW 3, TN 2 | unveränderte Abschrift

Die Erzählung schildert einen Lernprozess, der sich auf das Lernen selbst bezieht. Zentral geht es darum, zu lernen, den Mut zu haben, Fragen zu stellen, die dem eigenen Lernen dienlich sind. Dies ist kein intentionales Lernen, es wird durch den Prozess, nebenbei gelernt. Die konkreten Lernsituationen sind jedoch solche intentionalen Lernens, mit defensiver Ausrichtung. Der Lernprozess zum Fragenstellen ist jedoch expansiver Art. Obwohl das Instrument „Fragen stellen" sich auf institutionelle (Schule, Uni, Weiterbildung) und defensiv ausgerichtete (Klausuren) Lernsettings bezieht, steht vor allem auch durch die emotionale Beteiligung und die Betonung des Mutes zum Fragenstellen (Titel und Fragen trotz erwarteter negativer sozialer Konsequenz) die Handlungsfähigkeit im Zentrum. Diese wird auch durch den Ablauf der drei Stationen deutlich und durch einen sehr ähnlichen Aufbau von Abschnitt eins und zwei noch verstärkt. Während der Abschluss des ersten Abschnitts (1989) die Passivität der Erzählperson auch sprachlich unterstreicht (ich gelte, sollte ich), endet der zweite Abschnitt (1993) mit einer Antwort, derer sich die Erzählperson aber noch nicht sicher ist (Formulierung im Konjunktiv und Ungewissheit). Der letzte Abschnitt endet mit einer sicheren Aussage, die den Konjunktiv des Gegenteils zur Unterstreichung der eigenen Gewissheit über die Richtigkeit der eigenen Lernstrategie ausdrückt („Es nützt nichts, wenn [ich] so tue als hätte ich es verstanden."). Der intentionale Lernprozess ist auf Wissenserwerb (zur Leistungserbringung) orientiert. Auch die fachliche Ausrichtung an Naturwissenschaft und Leistung ist eine klassisch wissensorientierte. Das Gegenbild der Theater-AG erfüllt in seiner scharfen Abgrenzung (Kunst und AG) zur wissenschaftsorientierten Leistung (Chemie/Physik-LK) sowohl den Entwurf eines Gegenbildes und deutlich stärker die Unterstreichung „echten" leistungsorientierten Lernens. Zumal ein naturwissenschaftliches Studium gewählt wird.

Die Wichtigkeit von Wissen und Intelligenz und als Ergebnis des Lernprozesses auch die selbständige Organisation von Lernen spiegeln sich auch in einigen Habitusdimensionen wider: Lernen (und Leben?) wird eher als asketischer, planungsvoller Prozess dargestellt, bei dem funktionale und materielle Aspekte im Vordergrund stehen. Diese Aspekte werden ebenfalls durch das Gegenbild der Theater-AG besonders akzentuiert. Die hierarchisch angeordneten Leistungsanforderungen sind offensichtlich nicht strukturell in Frage zu stellen, die lernenden Sozialbeziehungen eher egalitär strukturiert. Wie in Bezug auf die Lerndimension ausgeführt, vollzieht sich innerhalb des Lernprozesses ein Weg von Unsicherheit zu zunehmender Sicherheit.

Der nicht-intentionale, erst in der Reflexion erkennbare Lernprozess des „Fragenstellens" wird in klassischen Stationen des intentionalen Lernens (Schule, Uni, Weiterbildung) geschildert und lässt sich auch mit diesen parallelisieren. Während in der Kinder- und Schulzeit „noch nicht Können" ein gewöhnlicher Zustand ist, wird im Studium und jungen Erwachsenenalter ein zunehmendes Können (Fach-Peers, Quellen finden) angesprochen, welches in der Umschulungssituation, also im Berufsalter, in ein sicheres Können übergegangen ist. Auffällig ist jedoch, dass der notwendige Bruch zwischen Universität und Umschulung nicht thematisiert wird. Da aber in der gesamten Erzählung keine weiteren biografischen Aspekte benannt werden, könnte daraus geschlossen werden, dass der Bruch auf realbiografischer stattgefunden hat, jedoch für den Lernprozess keine Relevanz entfaltet. Der Lernprozess lässt sich trotz dessen schlüssig erzählen.

6. Abschließende Gedanken – Lernen ästhetisch begreifen

Der eingangs aufgestellte Anspruch an eine Lerntheorie, Lernen nicht auf kognitiv-rationale Vorgänge zu reduzieren, sondern es als Einheit aus körperlich und geistigen Aspekten zu begreifen, lässt sich auf der Basis des hier Dargestellten genauer fassen: Lernen in seiner Situiertheit und Inkorporiertheit umfasst Aspekte, die der diskursiven Sprache nicht oder nur schwer zugänglich sind. Lernen beruht auf Erfahrungen, die stets Anteile des sinnlichen Erlebens mit solchen des rationalen Denkens in sich vereinen. Forschung, die sich dem Lernen in dieser weiten Perspektive nähert, hat demnach die Aufgabe, Forschungszusammenhänge zu schaffen, in denen sinnliche *und* geistige Aspekte Berücksichtigung finden.

Ästhetische Ausdrucksformen als Weg der Datenerhebung stellen eine Möglichkeit dar, Forschung mit dieser Ausrichtung zu konzipieren. Ästhetische Formen des Ausdrucks sind Medien, die die Kommunikation von Erfahrungen in präsentativer Absicht in den Vordergrund stellen. Lernen *als Erfahrung* wird in seinen ästhetisch-sinnlichen und begrifflich-rationalen Qualitäten sichtbar. Die Wahrnehmung sinnlicher Eindrücke und die Herstellung von Bedeutsamkeit im Lernprozess werden in ihrer Irreduzibilität und wechselseitigen Verwobenheit wirksam und lassen den Prozess der ästhetischen Arbeit selbst zu einem Erfahrungs- und Reflexionsprozess werden. Dieser Reflexionsprozess, der mögliche Sinngebungen auslotet, kann auf verschiedene Weisen befragt werden: Zum einen erlaubt er, wie in der Arbeit mit Lerngeschichten, Zugang zu unbewussten, sprachlich schwer zugänglichen Lern*handlungen* und ihren *-begründungen* und ermöglicht es, zugrundeliegende Lern*strategien* zu rekonstruieren. Dieser Zugang nutzt die präsentative Qualität ästhetischer Medien, um die Bedeutungsstruktur, in die Erfahrungen überführt werden, sichtbar zu machen. Zum anderen können, wie in der Arbeit mit Collagen, die (Lern-)Erfahrungen selbst in den Mittelpunkt der Betrachtung gerückt werden. Dies ermöglicht eine Rekonstruktion der Erfahrungsqualitäten und der bedeutsamen Bezüge, die zwischen ihnen hergestellt werden.

Lernen auf der Basis seiner ästhetischen Aspekte zu untersuchen, stärkt den Aspekt der Erfahrung von Lernen und lässt eine Erweiterung von Lernen und Lernforschung um sinnliche Dimensionen als notwendig und möglich aufscheinen.

7. Literatur

Alheit, Peter (2003): ‚Biographizität' als Schlüsselqualifikation. Plädoyer für transitorische Bildungsprozesse. In: Arbeitsgemeinschaft betriebliche Weiterbildungsforschung e.V./Projekt Qualifikations-Entwicklungs-Management (Hg.): Weiterlernen – neu gedacht; QUEM-Report, Heft 78, 2003, 7-21. http://www.abwf.de/content/main/publik/report/2003/Report-78.pdf [12.01.2012]

Alheit, Peter (1995): ‚Bigraphizität' als Lernpotential: Konzeptionelle Überlegungen zum biographischen Ansatz in der Erwachsenenbildung. In: Kürger, Heinz-Hermann/Marotzki, Winfried (Hrsg.): Erziehungswissenschaftliche Biographieforschung. Opladen, 276-307.

Baacke, Dieter (1993): Biographie: Soziale Handlungen, Textstruktur und Geschichten über Identität. In: Baacke, Dieter/Schulze, Theodor (Hrsg.): Aus Geschichten lernen. Zur Einübung pädagogischen Verstehen. Weinheim und München.

Boehm, Gottfried (2006): Die Wiederkehr der Bilder. In: ders. (Hrsg.): Was ist ein Bild? 4. Auflage, München, 11-38.

Bohnsack, Ralf (2009): Qualitative Bild- und Videointerpretation. Die dokumentarische Methode. Farmington Hills, Opladen.

Bohnsack, Ralf (2007a): Rekonstruktive Sozialforschung. Opladen.

Bohnsack, Ralf (2007b): Einleitung: Die dokumentarische Methode und ihre Forschungspraxis. In: ders./Nentwig-Gesemann, Iris/Nohl, Arnd-Michael (Hrsg.): Die dokumentarische Methode und ihre Forschungspraxis. Wiesbaden, 9-28.

Bourdieu, Pierre (1987): Sozialer Sinn. Frankfurt am Main.

Bremer, Helmut (2004): Von der Gruppendiskussion zur Gruppenwerkstatt. Ein Beitrag zur Methodenentwicklung in der typenbildenden Mentalitäts-, Habitus- und Milieuanalyse. Münster.

Bremer, Helmut/Teiwes-Kügler, Christel (2012): Zur Theorie und Praxis der ‚Habitus-Hermeneutik'. In: Brake, Anna/Bremer, Helmut/Lange-Vester, Andrea (Hrsg.): Empirisch arbeiten mit Bourdieu. Weinheim.

Bremer, Helmut/Teiwes-Kügler, Christel (2007): Die Muster des Habitus und ihre Entschlüsselung. Mit Transkripten und Collagen zur vertiefenden Analyse von Habitus und sozialem Milieu. In: Friebertshäuser, Barbara/Felden, Heide von/Schäffer, Burkhard (Hrsg.): Bild und Text. Methoden und Methodologien visueller Sozialforschung in der Erziehungswissenschaft. Opladen und Farmington Hills, 81-104.

Bremer, Helmut/Teiwes-Kügler, Christel (2003): Die Gruppenwerkstatt. Ein mehrstufiges Verfahren zur vertiefenden Exploration von Mentalitäten und Milieus. In: Geiling, Heiko (Hrsg.): Probleme sozialer Integration. Münster, 207-236.

Dietrich, Cornelie/Krinninger, Dominik/Schubert, Volker (Hrsg.) (2012): Einführung in die Ästhetische Bildung. Weinheim und Basel.

Duden (1997): Etymologie. Herkunftswörterbuch der deutschen Sprache. Band 7. Mannheim.

Eid, Klaus/Günter, Silvia/Ruprecht, Hakon (2003): Collage und Collagieren – eine Zusammenfassung. In Kunst und Unterricht 269, 37-40.

Engler, Steffanie (2001): In Einsamkeit und Freiheit? Zur Konstruktion der wissenschaftlichen Persönlichkeit auf dem Weg zur Professur. Konstanz.

Faulstich, Peter (2012): Suche nach dem Selbst im Bild. Selbstbildnisse Philipp Otto Runges – Identitätsprobleme in der Romantik. In: Magazin Erwachsenenbildung 15, 2012. http://erwachsenenbildung.at/magazin/12-15/meb12-15.pdf (letzter Zugriff: 24.04.2013).

Faulstich, Peter (2011): Lernen, Biografie, Identität und Lebensführung. In: Arnold, Rolf (Hrsg.): Lernen im Lebenslauf. Baltmannsweiler, 16-32.

Faulstich, Peter (2013): Menschliches Lernen. Bielefeld.

Faulstich, Peter/Grell, Petra (2005): Widerständig ist nicht unbegründet – Lernwiderstände in der Forschenden Lernwerkstatt. In: Faustich, Peter/Forneck, Hermann/Grell, Petra (Hrsg.): Lernwiderstand – Lernumgebung – Lernberatung. Bielefeld.

Faulstich, Peter/Zeuner, Christine (2006): Erwachsenenbildung: eine handlungsorientierte Einführung in Theorie, Didaktik und Adressaten. Weinheim.

Felden, Heide von (2011): Lernprozesse im Erzählen. Zur Rekonstruktion von Lernprozessen über die Lebenszeit in Texten autobiographischen Erzählens. In: Olaf Hartung, Ivo Steininger und Thorsten Fuchs (Hrsg.): Lernen und Erzählen interdisziplinär. Wiesbaden.

Genette, Gerard (2010): Die Erzählung. 3. durchg. Auflage. Paderborn.

Grell, Petra (2008): Im Bild erinnert – aus der Sprache gefallen? In: Dörr, Margret/Felden, Heide von/Klein, Regina/Macha, Hildegard/Marotzki, Winfried (Hrsg.): Erinnerung – Reflexion – Geschichte. Wiesbaden.

Grell, Petra (2006): Forschende Lernwerkstatt. Eine qualitative Untersuchung zu Lernwiderständen in der Weiterbildung. Münster: Waxmann.

Gruschka, Andreas (2005): Das Bilderprojekt. In: ders. (Hrsg.): Fotografische Erkundungen zur Pädagogik. Wetzlar, 7-25.

Haug, Frigga (1999): Vorlesungen zur Einführung in die Erinnerungsarbeit. Hamburg.

Holzkamp, Klaus (1995): Lernen. Frankfurt am Main.

Holzkamp, Klaus (1985): Grundlegung der Psychologie. Frankfurt am Main.

Kleimann, Bernd (2002): Das ästhetische Weltverhältnis. Eine Untersuchung zu den grundlegenden Dimensionen des Ästhetischen. München.

Koller, Hans-Christoph (2008): Interpretative und partizipative Forschungsmethoden. In Faulstich-Wieland, Hannelore/Faulstich, Peter (Hrsg.): Erziehungswissenschaft. Ein Grundkurs. Reinbek bei Hamburg, 606-621.

Koller, Hans-Christoph/Rieger-Ladich, Markus (Hrsg.) (2005): Grenzgänge. Pädagogische Lektüren zeitgenössischer Romane. Bielefeld.

Koller, Hans-Christoph (1993): Biographie als rhetorisches Konstrukt. In: Bios. Zeitschrift für Biographieforschung und Oral History. 1/1993, 6. Jahrgang, 33-45.

Küsters, Ivonne (2009): Narrative Interviews. Wiesbaden.

Langer, Susanne K.(1987 [1942]): Philosophie auf neuem Wege. Frankfurt am Main.

Lucius-Hoene, Gabriele/Deppermann, Arnulf (2002): Rekonstruktion narrativer Identität. Opladen.

Marotzki, Winfried (2006): Forschungsmethoden und -methodologie der Erziehungswissenschaftlichen Biographieforschung. In: Krüger, Heinz-Hermann/Marotzki, Winfried (Hrsg.): Handbuch erziehungswissenschaftliche Biographieforschung. Wiesbaden, 111-135.

Martinez, Matias/Scheffel, Michael (2000): Einführung in die Erzähltheorie. München.

Meyer-Drawe, Käte (2012): Diskurse des Lernens. München.

Otto, Gunter (1991): Ästhetische Rationalität. In: Zacharias, Wolfgang (Hrsg.): Schöne Aussichten? Ästhetische Bildung in einer technisch-medialen Welt. Essen, 145-161.

Pazzini, Karl-Josef (1986): Collage. Eine Art – wenn nicht die Art – zu leben, zu fühlen, zu denken, wahrzunehmen, zu handeln. In: Kunst und Unterricht 100, 20-24.

Peez, Georg (1997): „Ich verarbeite Erlebtes zu sehr dichten inneren Bildern." In: Gründewald, Dietrich/Legler, Wolfgang/Pazzini, Karl-Josef (Hrsg.): Ästhetische Erfahrung. Perspektiven ästhetischer Rationalität. Seelze/Velber, 49-52.

Röhner, Charlotte (2000): Freie Texte als Selbstzeugnisse des Kinderlebens. In: Heinzel, Friederike (Hrsg.): Methoden der Kindheitsforschung. Weinheim und München, 205-216.

Rumpf, Horst (1991): Erfahrungswiderstand. In: Zacharias, Wolfgang (Hrsg.): Schöne Aussichten? Ästhetische Bildung in einer technisch-medialen Welt. Essen, 129-144.

Schäffer, Burkhard (2012): Dokumentarische Methode. Einordnung, Prinzipien und Arbeitsschritte einer praxeologischen Methodologie. In: Dörner, Olaf/Schäffer, Burkhard (Hrsg.): Handbuch qualitative Erwachsenen- und Weiterbildungsforschung. Opladen, 196-211.

Schütze, Fritz (1983): Biographieforschung und narratives Interview. In: Neue Praxis, 13(3), 283-293. http://www.ssoar.info/ssoar/files/2009/950/schuetze-Biographieforschung_und_narratives_interview.pdf

Seel, Martin (1993): Wider das ästhetische Denken. In: Akzente. Zeitschrift für Literatur. 6/1993, 561-573.

Sowa, Hubert/Uhlig, Bettina (2006): Bildhandlungen und ihr Sinn. Methodenfragen einer kunstpädagogischen Hermeneutik. In: Marotzki, Winfried/Niesyto, Horst (Hrsg): Bildinterpretation und Bildverstehen. Methodische Ansätze aus sozialwissenschaftlicher, kunst- und medienpädagogischer Perspektive. Wiesbaden, 107-119.

Thaler, Alice (2010): Figura probat. Anmerkungen zum Sagen als Zeigen und Zeigen als Sagen. In: Studia philosophica 69/2010, 37-52.

Umbach, Susanne (2012): Lernlust – die Lust am Sinn. In: Faulstich, Peter et al. (Hrsg.): LernLust. Hamburg.

Vogel, Matthias (2001): Medien der Vernunft. Eine Theorie des Geistes und der Rationalität auf der Grundlage einer Theorie der Medien. Frankfurt am Main.

Welsch, Wolfgang (1990): Ästhetisches Denken. Stuttgart.

Welter, Nicole (2007): Zum Verhältnis von Bild und Sprache. Eine Annäherung in erkenntnistheoretischer Perspektive. In: Friebertshäuser, Barbara/Felden, Heide von/Schäffer, Burkhard (Hrsg.): Bild und Text. Methoden und Methodologien visueller Sozialforschung in der Erziehungswissenschaft. Opladen und Farmington Hills, 303-315.

Wulf, Christoph/Zirfas, Jörg (2005): Bild, Wahrnehmung und Phantasie. Performative Zusammenhänge. In: Ikonologie des Performativen. München, 7-32.

Zacharias, Wolfgang (1991): Du siehst etwas, was ich nicht weiß, du weißt etwas, was ich nicht seh... In: ders. (Hrsg.): Schöne Aussichten? Ästhetische Bildung in einer technisch-medialen Welt. Essen, 12-27.

„Transformative Learning" als theoretischer Rahmen der Erwachsenenbildung und seine forschungspraktischen Implikationen

CHRISTINE ZEUNER

Der Beitrag setzt sich mit Implikationen und Entwicklungs- und Anwendungsprozessen der Theorie des „Transformative Learning" auseinander, die Ende der 1970er Jahre von dem amerikanischen Erwachsenenbildner und Soziologen Jack Mezirow (*1927) als theoretische Fundierung der Erwachsenenbildung entwickelt wurde. Der Ansatz verbindet ein lerntheoretisches Konzept mit gesellschaftskritischen Zielsetzungen der Erwachsenenbildung in ihrer Tradition als sozialpolitische Bewegung.

Transformative Learning wurde in der deutschen Erwachsenenbildung, von wenigen Ausnahmen abgesehen, bisher kaum rezipiert (vgl. Zeuner 2012; Nohl/Rosenberg 2012). In der deutschen Erziehungswissenschaft wird jedoch seit den 1990er Jahren, angestoßen durch Marotzki, Bildung als Transformation im Sinne eines theoretischen Erklärungsmodells diskutiert, aber ohne explizit auf die amerikanischen Konzepte einzugehen (vgl. Koller 2012). Zielsetzungen und Reichweite der theoretischen Ansätze zeigen Unterschiede, die sich vor allem auf die Frage der intendierten Wirkungen transformativer Lernprozesse beziehen. Während in der deutschen Erziehungswissenschaft transformative Bildung als Ergebnis von Lernprozessen in jedem Lebensalter gilt, stellt der amerikanische Ansatz explizit einen Bezug zur Erwachsenenbildung her. Mit der „Theorie der Transformation", die sich sowohl mit individuell und als auch mit kollektiv begründeten und mit Bedeutung besetzten Lernprozessen auseinandersetzt, will Mezirow die Erwachsenenbildung wissenschaftstheoretisch untermauern:

„A learning theory, centered on meaning, addressed to educators of adults, could provide a firm foundation for a philosophy of adult education from which appropriate practices of goal setting, needs assessment, instruction, and research could be derived." (Mezirow 1991, S. XII)

Wird transformatives Lernen als theoretische Grundlage und zugleich als Zielsetzung von Erwachsenenbildung verstanden, zeitigt dies Konsequenzen für ihre Praxis. Ausgangspunkt ist die Überlegung, dass transformative Lernprozesse von Lernenden durch ein entsprechendes methodisch-didaktisch gestaltetes Umfeld unterstützt werden sollten. Die Lernprozesse können individuell oder kollektiv stattfinden. Resultat sollte nicht nur die Veränderung des individuellen Bewusstseins sein, Ziel ist vielmehr die Entfaltung erweiterter gesellschaftlicher und politischer Handlungsmöglichkeiten, womit die Veränderung von Verhältnissen (z. B. organisatorisch, politisch, gesellschaftlich) möglich wird.

Ein ähnlicher Ansatz wird in der kritisch-emanzipatorisch begründeten Erwachsenenbildung in Europa traditionell vertreten. Allerdings wird darin in der Regel unterstellt, dass sich die notwendigen Lernprozesse ereignen, ohne ihnen besondere Aufmerksamkeit im Sinne ihrer Inszenierung und Unterstützung zu schenken. Die transformative Lerntheorie kann also als Ergänzung existierender Erwachsenenbildungskonzepte verstanden werden, was Implikationen für Theorie und Praxis hat.

Ziel des nachfolgenden Beitrags ist es, Grundlagen der Theorie des transformativen Lernens zu skizzieren (Kapitel 1), um dann Praxisfelder und Forschungsansätze unter Rückgriff auf amerikanische Literatur dazustellen (Kapitel 2). Im abschließenden Kapitel 3 werden exemplarisch Lernprozesse, die im Rahmen zweier sozialpädagogischer Projekte für Frauen und Familien in sozialen Notlagen erfolgten, vor dem Hintergrund der Theorie des transformativen Lernens re-interpretiert. Die Re-interpretation zielt darauf, die mögliche Implikationen der Anwendung der Theorie für die (sozial-)pädagogische Praxis zu reflektieren, in denen informelle Lernprozesse im Vordergrund stehen.

1. „TRANSFORMATIVE LEARNING" ALS LERN- UND BILDUNGSTHEORIE DER ERWACHSENENBILDUNG

Der Ansatz des „Transformative Learning" stellt eine Erweiterung des Konzepts „Andragogy" von Malcolm Knowles (1913-1997) dar, das ebenfalls aus den 1970er Jahren stammt. Während Knowles selbstorganisierte Lern*prozesse* in den Mittelpunkt seiner Theorie stellt, interessieren Mezirow Lern*ergebnisse*. Dabei geht es ihm weniger um die Aneignung bestimmter Inhalte, sondern um die Frage, auf welche Weise Lernen bei Erwachsenen zur Transformation ihrer bisherigen Einstellungen, (Vor-)Urteile, Meinungen führen kann und damit zu autonomem, kritischem Denken und zur Urteilsfähigkeit sowie zur individuellen und gesellschaftlichen Handlungsfähigkeit.

Ausgangspunkt der Entwicklung dieser Theorie war die Beobachtung von Transformationsprozessen, die Menschen vor dem Hintergrund krisenhafter Erfahrungen, aber auch aufgrund freiwillig veränderter Lebensumstände durchlaufen, etwa bei der Aufnahme eines Studiums. Neue Lebenssituationen, auch im Sinn eines „desorientierenden Dilemmas", das als einschneidendes und subjektiv bedeutsames Erlebnis empfunden wird (Mezirow 2000, 21), führten zu – nicht intendierten – Lernprozessen, die nicht nur zu einer Erweiterung kognitiven Wissens führen, sondern zu einer Transformation der Identität (vgl. Tisdell 2012, 24 f.). Lernende konstruieren und validieren Erfahrungen, die dann vor dem Hintergrund neuer Erfahrungen re-formuliert werden. Das Resultat können Veränderungen von Einstellungen, Meinungen und (Vor-)Urteilen sein, aber auch zu einer grundlegenden Transformation der Persönlichkeit und damit der Identität (Mezirow 2000, 21). Transformationsprozesse können aber auch sukzessive über einen längeren Zeitraum erfolgen, wenn ein Individuum durch veränderte soziale Bezüge, Erlebnisse oder die Aneignung von Wissen für sich selbst neue Themen, Aufgaben oder Interessen entdeckt, die zum kritischen Überdenken bisheriger Lebensentwürfe und zur Entwicklung von Alternativen führen (Mezirow 1991, 158).

1.1 Grundlagen und Grundbegriffe des „Transformative Learning": ein Einblick

Eine Auseinandersetzung Mezirows mit vorherrschenden Lerntheorien der 1960er und 1970er Jahre (v. a. Behaviorismus und Kognitivismus) führte zur Entwicklung der Theorie des transformativen Lernens, da die anderen Lerntheorien nach seinem Eindruck weder die Lernprozesse Erwachsener adäquat zu erklären vermochten, noch Handlungs- und Gestaltungsmöglichkeiten antizipierten, obwohl diese Teil des Lebens Erwachsener ausmachen (Mezirow 1991, XI).

Paulo Freires Ansatz „Pädagogik der Unterdrückten" wies Mezirow auf die Bedeutung individueller und kollektiver Erfahrungen für Lernprozesse hin, ebenso wichtig erschien ihm Freires Analyse gesellschaftlicher Machtverhältnisse und Interessen und ihr Einfluss auf das Lernen. Vor ihrem Hintergrund definierte Mezirow Dimensionen einer Lerntheorie für Erwachsene, die über die Beschreibung der kognitiven Aneignung von Wissen hinausgeht. Im Mittelpunkt stehen Überlegungen zur Re-Interpretation von Erfahrungen, verbunden mit der Formulierung von Erwartungen: „In transformative learning, however, we interpret an old experience (or a new one) from a new set of expectations, thus giving a new meaning and perspective to the old experience" (Mezirow 1991, 11). Lernen ist Zuschreibung von Bedeutung („making of meaning", ebd.), Mezirow definiert Lernen als den Zusammenhang zwischen Erfahrung und ihrer Interpretation:

„Learning may be understood as the process of using prior interpretation to construe a new or a revised interpretation of meaning of one's experience in order to guide for future action. [...] Action here includes making a decision, making an association, revising a point of view, reframing or solving a problem, modifying an attitude or producing a change in behavior. Action in transformation theory is not only behavior, the effect of a cause, but rather ‚praxis', the creative implementation of a purpose." (Mezirow 1991, 12)

Menschen streben einerseits berechtigte, instrumentell begründete, kurzfristige Lernziele an, deren Aneignung die Erwachsenenbildung unterstützt. – Sie gelten als notwendige Ergänzung, teilweise als Voraussetzung für transformatives Lernen (Mezirow 1991, 89). – Andererseits sollte es Aufgabe der Erwachsenenbildung sein, eine Idee des transformativen Lernens zu vermitteln, über das Menschen befähigt werden, autonom zu denken und ihre Umwelt zu gestalten. „The educator's responsibility is to help the learners reach their objectives in such a way that they will function as more autonomous, socially responsible thinkers" (Mezirow 1997, 8). Mit diesem Anspruch formuliert Mezirow zugleich Aufgabe und Rolle von Erwachsenenbildner/inne/n, die in der Tradition sozialer und emanzipativer Bewegungen transformatives Lernen unterstützen. Er entwickelte Vorschläge für andragogisches Handeln, dessen didaktisch-methodische Ansätze auf partizipativen, diskursiven Lernprinzipien beruhen, um die Selbständigkeit der Lernenden zu unterstützen (Mezirow 1991, 196 ff.).

Für die Theorie des transformativen Lernens nach Mezirow sind die Dimensionen Bedeutung („meaning"), Erfahrung („experience"), kritische Reflexion („critical reflection") und rationaler Diskurs („rational discourse") grundlegend, wobei er sich einerseits auf die psychoanalytische Theorie C.G. Jungs und auf die Theorie der „Entwicklungsstufen des Selbst" des amerikanischen Psychologen Robert Kegan (1992; 2000) bezieht (Mezirow 2000). Andererseits integriert er in seinen Ansatz die Theorie kommunikativen Handelns von Jürgen Habermas und damit Elemente der kritischen Theorie. Mezirow definiert transformatives Lernen folgendermaßen:

„Transformative learning refers to the process by which we transform our taken-for-granted frames of reference (meaning perspectives, habits of mind, mind-sets) to make them more inclusive, discriminating, open, emotionally capable of change, and reflective, so that they may generate beliefs and opinions that will prove more true or justified to guide action. Transformative learning involves participation in constructive discourse, to use the experience of others to assess reasons justifying these assumptions, and making an action decision based on the resulting insights." (Mezirow 2000, 7-8).

Elemente der Theorie des transformativen Lernens sind der „frame of reference", „critical reflection" und der „reflective discourse", die im Laufe eines transformativen Lernprozesses vom Individuum verändert werden.

Der „frame of reference" charakterisiert die subjektiven Deutungen und Einstellungen eines Individuums in Bezug auf seine Umwelt:

„It involves cognitive, affective, and conative dimensions. It selectively shapes and delimits perception, cognition, feelings, and disposition by predisposing our intentions, expectations, and purposes." (Mezirow 2000, 16)

Ein Referenzrahmen spiegelt interpretierte subjektive und kollektive Erfahrungen eines Individuums. Während individuelle Erfahrungen zu Einstellungen, Auffassungen und Annahmen führen, die Menschen im Laufe ihres Lebens entwickeln und verfestigen, beziehen sich kollektive Erfahrungen auf kulturelle Paradigmen wie soziale Werte und Normen, Sprache, Ideologien, Bräuche, Philosophie, Religionen, Ästhetik, Psychologie usw. (Mezirow 1997, 7).

Menschen entwickeln „habits of mind" (= Denkgewohnheiten) und „points of view" (= Standpunkte), die zu einer Idee des „Selbst" führen, das auf Stabilität und Kohärenz der Referenzrahmen beruht. Unter diesen Voraussetzungen kann eine individuelle und kollektive Identitätsentwicklung erfolgen, die in der Regel stabil ist. Transformatives Lernen zielt auf die Veränderung der Referenzrahmen, die intendiert oder zufällig erfolgt:

„Transformations in habits of mind may be epochal – a sudden, dramatic reorienting insight – or incremental, involving a progressive series of transformation in related points of view that culminate in a transformation in habit of mind." (Mezirow 2012, 86; Hervorhebungen im Original, C.Z.)

Eine Veränderung der Referenzrahmen setzt ihre *kritische Reflexion* voraus, die sich sowohl auf die Voraussetzungen und die Inhalte von Denkgewohnheiten bezieht, als auch auf den jeweiligen subjektiven Standpunkt. Erst durch kritische (Selbst-)reflexion kann eine Person Denkgewohnheiten und Standpunkte hinterfragen, eigene Annahmen und die von anderen reflektieren und in diesem Prozess verändern.

Kritische Reflexion als notwendiger Teil transformativen Lernens wird abgegrenzt von psychotherapeutischen Ansätzen: Während diese sich auf die Reflexion von Gefühlen und Emotionen im Rahmen interpersonaler Beziehungen konzentrieren, geht es bei kritischer Reflexion in der Erwachsenenbildung um einen weiteren Kontext, der kognitive, affektive und triebhafte (conative) Dimensionen der realen Welt in komplexen institutionellen, interpersonalen und historischen Kontexten mit einschließt (Mezirow 2000, 23-24). Kritische Reflexion kann erstens „objektiv", d. h. bezogen auf die Lebenswelt erfolgen und führt zur Reflexion äußerer Umstände und Ereignisse, die einen Menschen berühren, Folge ist ein „objective reframing". Zweitens kann kritische Selbstreflexion zu einem „subjective reframing" führen, indem bisherige Überzeugungen und Annahmen überprüft und verändert werden. „Subjective reframing commonly involves an intensive and difficult emotional struggle as old perspectives become challenged and transformed" (Mezirow 2012, 87).

Lernen erfolgt immer durch Interaktion, weshalb als dritte notwendige Dimension des transformativen Lernens der reflexive Diskurs eingeführt wird. Mezirow bezieht sich auf die „Theorie des Kommunikativen Handelns" und das Konzept des herrschaftsfreien Diskurses nach Jürgen Habermas und unterstreicht dessen Ziel, zu gegenseitigem Verständnis zu gelangen und dadurch zu Veränderungen subjektiver Auffassungen und Einstellungen.

„Discourse is the process in which we have an active dialogue with others to better understand the meaning of experience. It may include interaction within a group or between two persons […]. Fostering discourse, with a determined effort to free participation from distortions of power and influence, is a long-established priority of adult educators. The generally accepted model of adult education involves a transfer of authority from the educator to the learners; the successful educator works herself out of her job as educator and becomes a collaborative learner." (Mezirow 2012, 81)

Voraussetzungen für einen herrschaftsfreien Diskurs sind Mündigkeit, Bildung, Gesundheit und ökonomische Sicherheit aller Beteiligten, so dass sich Erwachsene, für die diese Bedingungen nicht zutreffen, selten beteiligen. Er zieht daraus den Schluss: „This is one reason why adult educators are dedicated to social justice". (Mezirow 2000, 16)

1.2 Ausdifferenzierung der Theorie des transformativen Lernens

Cranton und Taylor (2012a) nennen den Konstruktivismus, humanistische Theorien und die Kritische Theorie als grundlegend für die Theorie des transformativen Lernens.

Konstruktivismus wird hier nicht im Sinne der deutschen Diskussion primär im Sinne der Selbstreferentialität des Subjekts verstanden, vielmehr wird typisches menschliches Verhalten interpretiert: Durch die Interaktion mit ihrer Umwelt machen Menschen Erfahrungen und nehmen Eindrücke auf, die sie überprüfen, interpretieren und an denen sie ihr Handeln ausrichten. D. h., „we uncritically assimilate perspectives from our social world, community, and culture. Those perspectives include distortions, stereotypes, and prejudices" (Cranton/Taylor 2012, 6). Wenn diese Perspektiven, die Mezirow auch als Standpunkte und Denkgewohnheiten bezeichnet, durch Handlungsinkongruenzen in Frage gestellt werden, können transformative Lernprozessen folgen.

Grundannahmen humanistischer Theorie spiegeln sich ebenfalls in der Theorie des transformativen Lernens: Sie gehen aus von der Freiheit und Autonomie des Menschen, wodurch ihnen – im Rahmen bestimmter persönlicher, politischer und sozialer Grenzen – Wahl- und Entscheidungsmöglichkeiten gegeben sind, die sich in individuellen Entwicklungsmöglichkeiten spiegeln, die als unbegrenzt und unabgeschlossen gelten. Enthalten sind Überlegungen zur Übernahme von Verantwortung für sich selbst und andere, zur Entwicklung eines Selbstkonzepts und zum Willen des Menschen, dieses immer wieder zu bestätigen (Cranton/Taylor 2012, 6).

Bei der Rezeption der Kritischen Theorie bezieht sich Mezirow v.a. auf die Ansätze der Frankfurter Schule, insbesondere auf Max Horkheimer und die Theorie des kommunikativen Handelns von Jürgen Habermas. Im Kern geht es darum zu erkennen, dass auch westliche Demokratien Ungleichheit erzeugen und in vielen gesellschaftlichen Bereichen Diskriminierungen nachweisbar sind, bezogen auf den ökonomischen und sozialen Status, die ethnische Herkunft und Zugehörigkeit und die soziale Herkunft. Die Reproduktion von Ungleichheit wird als ideologisch begründet interpretiert und soll durch kritische Hinterfragung und den reflexiven Diskurs aufgedeckt und verändert werden (Cranton/Taylor 2012, 7).

Während konstruktivistische und humanistische Ansätze eher auf die Transformation des Individuums durch Lernprozesse zielen, stehen bei einem kritisch-theoretischen Ansatz eher die kritische Analyse sozialer Verhältnisse und Strukturen sowie sie bestimmende Macht- und Herrschaftsverhältnisse im Vordergrund:

„It is the content of learning that is different – centered in the world outside of the self and the individual's position in that world rather than on the self, as it is in the previously discussed perspectives." (Taylor/Cranton 2012, 9)

Um transformative Lernprozesse zu beschreiben, wurden verschiedene Dimensionen definiert, die den Bezug und die Reichweite des Lernprozesses darstellen:

- Transformation des individuellen Bewusstseins („transformation of individual consciousness"),
- Transformation des individuellen Verhaltens („transformation of individual behaviour") und
- soziale Transformation („social transformation") (Schugurensky 2002, 61).

Daniel Schugurensky weist darauf hin, dass das Erreichen der ersten Dimension bei einer Person nicht automatisch zu Dimensionen zwei und drei führt. Wenn Menschen subjektive Einstellungen und Haltungen ändern, muss dieses nicht ihr Verhalten oder die Gesellschaft beeinflussen (Schugurensky 2002, 61). Auch Mezirow hat bereits in seinen frühen Schriften betont, dass nicht jedes Lernen zur Transformation führt und nicht jeder Mensch bereit ist, Transformationsprozesse zuzulassen (Mezirow 1991, 152).

1.3 Kritik und Adaptionen der Theorie des transformativen Lernens

Es gibt also nicht *das* oder *ein* Konzept der Theorie des transformativen Lernens. Vielmehr wurde die Theorie Mezirows weiter entwickelt und in Bezug auf ihre Implikationen und Anwendbarkeit in Praxis und Theorie der Erwachsenenbildung sowie die Erforschung transformativer Lernprozesse überprüft und verändert.

Kritik wurde an Mezirows Einschätzung geübt, nach der vor allem kognitive Wissensaneignung und rationale Wissenskonstruktion subjektive Handlungsmöglichkeiten bestimmen, während er den Kontextbedingungen des Lernens nur wenig Aufmerksamkeit schenkt und Machtfragen weitgehend vernachlässigt (Cranton 2011, 321). Kritisiert wurde auch, dass innerpsychische transformative Lernprozesse zu sehr im Vordergrund stehen und der Einfluss auf individuelle Lernprozesse durch politische, ökonomische, soziale und kulturelle Kontexte, Konstellationen und Bedingungen weitgehend ausgeblendet wird. Damit werden dann auch Möglichkeiten der politischen, sozialen und ökonomischen Veränderungen, angestoßen durch kollektive Lernprozesse, Reflektion und Aktion, weitgehend vernachlässigt (Beth-Yoshida u. a. 2009, 5 f.).

Seit den ersten Veröffentlichungen Mezirows hat die Theorie des transformativen Lernens daher Erweiterungen und neue Schwerpunktsetzungen erfahren. Dabei wurde, stärker als bei Mezirow, auf Ansätze kritischer emanzipatorischer Bildung nach Paulo Freire zurückgegriffen, dafür stehen Stephen Brookfield (2005) oder Daniel Schugurensky (2002). In den 1990er Jahren wurden zur Erklärung transformativer Lernprozesse weitergehende sozialwissenschaftliche Theorien und psychologische Ansätze rezipiert:

„[…] adult learning theory began to draw on situated cognition theory, feminist theory, critical social theory, and postmodern theory. Adult learning is now described in relation to embodied learning, the emotion, spirituality, relational learning, arts-based learning, and story-telling. Non-Western perspectives, which reject western dichotomies such as mind-body and emotion-reason, are contributing to an interest in holistic approaches to understanding adult learning." (Cranton/Taylor 2102a, 4 f.)

Resultat ist eine Differenzierung der Zugangs- und Erklärungsweisen transformativen Lernens. Patricia Cranton unterscheidet fünf grundlegende Zugänge, die transformatives Lernen in unterschiedlichen Konstellationen und Reichweiten charakterisiert. Zunächst handelt es sich danach um verbindendes Wissen („connected knowing"). Lernen wird nicht nur als ein kognitiver Prozess eines

Individuums verstanden, sondern als reziproker Prozess, der im Austausch mit anderen stattfindet. In diesem Prozess spielen Emotionen, Empathie und zwischenmenschliche Beziehungen ebenso eine Rolle wie das Bemühen um Verstehen des Gegenübers (Cranton 2011, 324).

Weitere Erklärungen für die transformative Lernprozesse werden im sozialen Wandel gesehen, der Menschen fordert, sich mit ihm reaktiv oder antizipativ auseinander zu setzen (ebd. 325 ff.). Ein neuerer Ansatz transformativen Lernens bezieht sich auf die Entwicklung von Gruppen und Organisationen, wobei hier die Frage kontrovers diskutiert wird, inwiefern Organisationen tatsächlich als Einheit betrachtet werden können, deren mögliche Veränderungen als Lernprozesse zu verstehen sind (ebd. 328; Fisher-Yoshida 2009).

Einen ganzheitlichen Ansatz vertritt der Kanadier Ed O'Sullivan, der die Menschheit als Teil der Welt begreift, deren transformative Lernprozesse ihrem Erhalt für neue Generationen dienen (ebd. 328). Unter Rückgriff auf Ansätze von C.G. Jung wird als fünfter Zugang ein „extrarationaler" charakterisiert, indem Unbewusstes bewusst gemacht werden soll. Transformative Lernprozesse werden als innerpsychisch angesehen, Emotionen, Erfahrungen und die Auseinandersetzung mit dem Selbst führen zur Individuation und Transformation (ebd. 330; Fisher-Yoshida u. a. 2009, 6).

Diese Ansätze stehen zurzeit nebeneinander, ihre Kenntnis ist notwendig, um in Praxis und Forschung Verortungen vornehmen zu können, Zielsetzungen, Reichweite und Möglichkeiten unterstützter transformativer Lernprozesse im Sinne transformativer Bildungsansätze („transformative education") gegenstandbezogen adäquat beschreiben und einschätzen zu können (vgl. auch Taylor/Snyder 2012, 41 ff.).

Die Theorie des transformativen Lernens nach Mezirow und ihre Weiterentwicklungen wurde bisher in Deutschland kaum rezipiert, obwohl sie in vielen Aspekten anschlussfähig ist an hier diskutierte lerntheoretische Konzepte (vgl. Zeuner 2012, 102 f.). Möglichkeiten gegenseitigen Bezugs zeigen sich vor allem im Hinblick auf die subjektwissenschaftliche Lerntheorie Klaus Holzkamps (1995). Sein Ansatz, Lernprozesse ausgehend von individuellen Begründungen und Handlungsdiskrepanzen zu erklären, berücksichtigt einen Aspekt, der in den Varianten des transformativen Lernens nicht vorkommt: Holzkamp stellt in den Mittelpunkt seiner Überlegungen das lernende Subjekt, das bewusste, intentionale Lernprozesse aus je eigenen Gründen eingeht. Lernprozesse können expansiv oder defensiv sein, ein Subjekt kann sich auch begründet gegen die Aufnahme von Lernprozessen entscheiden. Das Phänomen der Entwicklung von Lernwiderständen kann damit ebenfalls erklärt werden, subjektiv begründet wird die Ablehnung bestimmter Lerngegenstände nachvollziehbar (vgl. Faulstich/Beyer 2006).

Die skizzierten Grundlagen der subjektwissenschaftlichen Lerntheorie können die Theorie des transformativen Lernens insofern sinnvoll ergänzen, da in dieser nicht unbedingt von intentionalen Lernanlässen ausgegangen wird. Zwar ist die Idee des „desorientierenden Dilemmas" als auslösendes Moment für Lernprozesse empirisch nachweisbar, damit haftet der Theorie aber auch etwas Zufälliges an. Nimmt man den Anspruch v. a. der kritischen Variante des transformativen Lernens ernst, dass Lernprozesse nicht nur zu individuellen sondern auch kollektiven Transformationen führen sollten, erscheint die Berücksichtigung des subjektwissenschaftlichen Ansatzes nach Holzkamp sinnvoll. Der in seiner Theorie enthaltene Begründungsansatz könnte die Praxis des transformativen Lernens bereichern, indem genauer nachgefragt wird, wie Lernprozesse, die im Rahmen des transformativen Lernen als kollektive, gesellschaftliche verstanden werden, begründet und von allen Beteiligten auch angenommen werden. In der Forderung der transformativen Lerntheorie nach kritischer Reflexion, die zu objektivem und subjektivem „reframing" führen soll, zeigt sich der Unterschied zwischen den Ansätzen: Beim transformativen Lernen wird vom Resultat des Lernens aus gedacht und dieses wird zum Ziel erklärt. Die Lernprozesse werden in einer gewissen Regelhaftigkeit von außen beschrieben und die prinzipielle Lernbereitschaft der Menschen wird unterstellt. Bei Holzkamp stehen die Lernprozesse des Subjekts selbst im Mittelpunkt, gefragt wird nach Anlässen, Begründungen und Strategien, Ablehnung bzw. Scheitern werden als Möglichkeit mitgedacht.

2. TRANSFORMATIVES LERNEN IN PRAXIS UND FORSCHUNG: EINE SKIZZE

Die theoretischen Erweiterungen zum transformativen Lernen führten sowohl in der Praxis des transformativen Lernens als auch in der Forschung zu neuen Anwendungsfeldern und Fragestellungen, die im Folgenden skizziert werden sollen. Mittlerweile wird in Forschung und theoretischen Auseinandersetzungen über transformatives Lernen versucht, trotz der theoretisch unterschiedlichen Verortungen, Gemeinsamkeiten hervorzuheben und nicht ihre Differenz.

Es wird die Gefahr von Beliebigkeit und Fragmentierung der Theorie gesehen, wenn prinzipiell jedes Lernen als Transformation verstanden wird (Cranton/Taylor 2012, 10). Historisch gesehen gab es in vielen Kulturen und Religionen, in der politischen Geschichte Riten, Erweckungen, politische Erfahrungen, die auf geistige Transformation zielten; sie folgten häufig institutionalisierten Abläufen und sollten vorgegebene Ziele erreichen. Dagegen zielt transformatives Lernen auf die Entwicklung unabhängigen Denkens und Urteilsfähigkeit, der Prozess ist ebenso ergebnisoffen wie die Lernsettings:

„We define transformative learning as a change in how a person both effectively experiences and conceptually frames his or her experience of the world when pursuing learning that is personally developmental, socially controversial or requires personal or social healing." (Yorks/Kasl 2006; zitiert in Fisher-Yoshida u. a. 2009, 10)

Einheitliche Grundlagen der Theorie sollen zudem durch die übereinstimmende Definition der Dimensionen *Transformation*, *Transformative Learning* und *Transformative Education* gelegt werden.

Transformation bezeichnet das Resultat eines transformativen Lernprozesses. Sie wird verstanden als eine tiefgehende und langfristige Wandlung, die bei Individuen oder Gruppen auf eine Änderung der Weltsicht hinweist, möglich werden Veränderungen der sozialen oder politischen Bedingungen gesellschaftlichen Zusammenlebens. Transformation wird positiv und mit personalem Wachsen und verändertem Referenzrahmen assoziiert (Fisher-Yoshida u. a. 2009, 7).

Transformative Learning bezeichnet vor allem den innerpsychischen und/oder Prozess der Verhaltensänderung der Lernenden, der durch transformative Erfahrungen eröffnet wird. „Transformative learning as conceptualized in this way can and does occur through life experience itself, as well as through formal and informal educational programs" (ebd.).

Transformative Education bezeichnet geplante Bildungsprogramme, -erfahrungen, -interventionen oder pädagogische Praxis, deren Ziel es ist, Teilnehmenden transformative Lernerfahrungen zu eröffnen. „Transformative education programs could include such diverse practices as personal growth groups, nontraditional graduate education, and popular education for social justice" (ebd.).

Je nach theoretischer Verortung verfolgt transformatives Lernen unterschiedliche Zielsetzungen: kognitive, tiefenpsychologische und strukturanalytische Ansätze konzentrieren sich stärker auf die Unterstützung der psychologischen Transformation von Individuen. Kritisch-theoretische, kulturell-spirituelle Konzepte oder Ansätze für die Aspekte wie Gender oder Ethnien („race-centric") im Vordergrund stehen, sehen transformatives Lernen als einen Prozess an, der individuelle und soziale Transformation integriert (ebd. 8).

2.1 Praxis transformativen Lernens

Mezirows Konzept des transformativen Lernens wurde vor allem von US-amerikanischen und kanadischen Erwachsenenbildner/innen aufgegriffen, diskutiert, kritisiert und theoretisch und inhaltlich weiter entwickelt.

Der Anspruch, transformatives Lernen sowohl als Zielsetzung als auch als didaktisch-methodische Begründung der Erwachsenenbildung zu nutzen, wird in zahlreichen inhaltlichen Bereichen aufgegriffen. Während Mezirow in dem ursprünglichen Konzept vor allen Dingen auf organisierte formale und non-formale Lernarrangements zielte und sich dazu über die Rolle der Lernenden ebenso Gedanken machte wie über die der Lehrenden (Mezirow 1991, 196 ff.), wurden spätestens seit der Jahrtausendwende die Möglichkeiten und Vorteile des transformativen Lernens auch für andere Lernprozesse im Rahmen politischer Bildung, Community Education and Development, Menschenrechtsbildung, Bildung für nachhaltige Entwicklung usw. diskutiert und in die Praxis umgesetzt (vgl. Beispiele in Taylor/Cranton 2012; Fisher-Yoshida u. a. 2009). Es geht jeweils darum, individuelle transformative Lernprozesse in einen Zusammenhang mit politischen und sozialen Veränderungen zu stellen und mit allen Beteiligten, Lehrenden und Lernenden aktiv zu gestalten.

Häufig handelt es sich um Projekte im Sinne der „action research" (Aktions- und Handlungsforschung), die sich nicht nur auf Bereiche erstrecken, die im deutschen Kontext als sozialpädagogische Intervention oder Sozialarbeit verstanden würden. Ansätze sind auch in der betrieblichen Weiterbildung, der Organisationsentwicklung von Betrieben oder in Nicht-Regierungsorganisationen, Vereinen und Stiftungen zu finden (Taylor/Snyder 2012, 40; Fisher-Yoshida 2009).

Transformative Lernprozesse können unterstützt werden, wenn sie von Erwachsenenbildner/innen moderiert und begleitet werden, die ihre Arbeit mit der Theorie des transformativen Lernens begründen (Weimer 2012, 452). Es werden verschiedene didaktisch-methodische Ansätze diskutiert, die transformatives Lernen unterstützen: sog. „learner-centered approaches" (ebd.), dies entspricht weitgehend dem Konzept Teilnehmer/innen/orientierung in der deutschen Erwachsenenbildung und partizipative Ansätze, in denen Lehrende und Lernende gemeinsam auf ein Ziel hin arbeiten. Partizipative Ansätze und transformatives Lernen stehen in einem reziproken Verhältnis: Einerseits kann transformatives Lernen bei Personen zu Verhaltensänderungen und politischer und sozialer Aktivität führen, andererseits begünstigt ein partizipativ gestaltetes Umfeld Möglichkeiten des transformativen Lernens (Schugurensky 2002, 67). Es wird hervorgehoben, dass auch bei der Anwendung teilnehmendenorientierter und partizipativer Methoden transformatives Lernen nicht unbedingt automatisch erfolgt, da dies zudem abhängig ist von den (Lern-)Erfahrungen der Lernenden und Lehrenden, ihrer prinzipiellen Lern- und Veränderungsbereitschaft, möglichen Lernwiderständen gegen die Anforderung, selbständiger zu lernen (Weimer 2012, 450).

2.2 Transformatives Lernen: Forschungsansätze und -ergebnisse

Mittlerweile liegen verschiedene Überblicke zu Forschungsergebnissen zum transformativen Lernen vor. Vor allem der amerikanische Erwachsenenbildner Edward E. Taylor hat sich kontinuierlich mit dem Thema auseinandergesetzt und innerhalb einer Dekade drei größere Beiträge dazu veröffentlicht (Taylor 1998; 2000; 2007; Taylor/Snyder 2012). Auch das „Journal of Transformative Education", Veröffentlichungen, die von Jack Mezirow herausgegeben wurden (1990; 1991; 2000), sowie von O'Sullivan u. a. (2002), Beth Fisher-Yoshida u. a. (2009) und das „Handbook of Transformative Learning" (Cranton/Taylor 2012) geben einen Überblick über die expandierende Forschungstätigkeit.

Die Ergebnisse dieser Metaanalysen können an dieser Stelle nur skizziert werden. Es zeigt sich, dass seit der ersten Erhebung von Taylor (1998) Forschungen zu transformativen Lernprozessen kontinuierlich ausgeweitet wurden. Während Taylor für die Zeit zwischen 1990 und 1998 feststellte, dass das Thema vor allem in erziehungswissenschaftlichen Qualifikationsarbeiten berücksichtigt wurde, hat sich dies in den letzten 15 Jahren deutlich verändert und es werden vermehrt Forschungsarbeiten zu unterschiedlichen praktischen Anwendungsbereichen des transformativen Lernens verfasst.

Taylor und Snyder weisen die thematische und methodische Ausweitung der Studien nach. Thematisch überwiegen zwar noch immer Untersuchungen in formalen Lernsettings, untersucht werden Inhaltsbereiche der Erwachsenenbildung, aber auch Lehre an Hochschulen und Schulunterricht (Taylor/Snyder 2012, 40). Gleichzeitig werden verstärkt transformative Lernprozesse in nonformalen und informellen Lernsettings berücksichtigt wie das Lernen in unterschiedlichen Organisationen, am Arbeitsplatz, bezogen auf besondere berufliche Rollen usw. (ebd. 40). Eine Entwicklung der letzten zehn Jahre ist eine disziplinäre Ausweitung der Forschung: transformatives Lernen wird nicht mehr nur im engeren Bereich von Bildung und Erziehung erforscht, sondern in anderen Disziplinen wie Agrarwissenschaft/Landwirtschaft, Gesundheit, Religion, Spiritualität, Medienliteralität, häufig in Verbindung mit interdisziplinären und interkulturellen Ansätzen (ebd. 39, 43).

Die Idee des transformativen Lernens wurde auch außerhalb der USA und Kanada rezipiert und vor allem afrikanische Forscher haben sich ihr zugewandt, weil mithilfe dieses theoretischen Zugangs informelle Lernprozesse, die für ländliche Gebiete Afrikas typisch sind, untersucht werden können. So eröffnet der kritisch begründete Ansatz Möglichkeiten der politischen und sozialen Entwicklung der Bevölkerung, der Einbezug spiritueller und metaphysischer Zugänge Perspektiven, die für das Verstehen des kulturellen Zusammenlebens in vielen afrikanischen Ethnien grundlegend sind. Ebenfalls an Bedeutung gewonnen hat die Idee des transformativen Lernen bei der Erforschung der Folgen von Migration und den damit verbundenen Lernprozessen, die nur unter Einbezug interkultureller Perspektiven verständlich werden (ebd. 43). Diese unterschiedlichen Zugänge ermöglichen Aussagen darüber, inwiefern bestimmte transformative Lernprozesse als kulturell begründet und damit auf die jeweiligen Rahmenbedingungen bezogen zu interpretieren sind, oder ob sie universelle Geltung beanspruchen können.

Methodisch werden überwiegend qualitative Ansätze verfolgt, mittlerweile gibt es aber auch quantitative Erhebungen, die teilweise als Längsschnittstudien angelegt sind. Die forschungsmethodischen Designs sind in den letzten Jahren differenzierter geworden. Im Mittelpunkt stehen partizipative Ansätze, die die Lernenden im Sinne von Aktions- und Handlungsforschung mit in die Forschungsprozesse einbeziehen. Die Erhebung empirischer Daten erfolgt auf unterschiedlichen Wegen, neben narrativen Methoden werden ethnographische Studien durchgeführt, es werden Quellen der Lernenden genutzt wie Tagebücher, Schriften, Fotos, Portfolios usw. Auch Gruppenmethoden wie kooperative Forschung oder reflektierende Gruppendiskussionen kommen häufiger zur Anwendung (Taylor/Snyder 2012, 39).

Obwohl im letzten Jahrzehnt die Forschungsaktivitäten zum transformativen Lernen intensiviert wurden, benennen Taylor und Snyder einige Punkte, die nach ihrer Einschätzung in Zukunft stärker berücksichtigt werden müssten. So fordern sie, dass die theoretische Verortung der Forschenden in Bezug auf das transformative Lernen deutlicher den gewählten methodischen Ansatz begründen sollte. Gleichzeitig warnen sie vor einer zu engen theoretische Fokussierung: Es bestehe die Gefahr, die Reichweite von Interpretation zu begrenzen, wenn nur innerhalb bestimmter Parameter gedacht wird. In diesem Zusammenhang plädieren sie für eine größere Offenheit bei der inhaltlichen Analyse der Daten (ebd. 42). Ein weiterer Aspekt, der nach ihrem Eindruck bisher zu wenig berücksichtigt wird, sind Einflüsse persönlicher und sozialer Beziehungen auf einen Menschen und seine Lebensumstände insgesamt auf transformative Lernprozesse (ebd. 49). Dies führt auch dazu, dass eher selten versucht wird, aus der Perspektive der Lernenden transformative Lernprozesse und auch ihr Resultat zu beschreiben, was sie als ein besonderes Problem identifizieren:

„It becomes very difficult to assess both the outcome of transformative learning and which practices have contributed to these outcomes. This is particularly important not only when attempting to instruct future educators but also from a research perspective for educators to explore the effectiveness of this teaching approach." (Ebd. 49)

3. „TRANSFORMATIVE LEARNING" ALS THEORETISCHER INTERPRETATIONSRAHMEN EMPIRISCHER BEFUNDE: ZWEI BEISPIELE

Im abschließenden Kapitel dieses Beitrags werde ich beispielhaft die Lernprozesse von Teilnehmerinnen in sozialpädagogischen Projekten auf der Grundlage des theoretischen Rahmens des transformativen Lernens re-interpretieren. Dazu werde ich zunächst die Ziele und den Ablauf der Projekte darstellen (3.1) und die Erhebung der empirischen Daten erläutern (3.2), um abschließend exemplarisch einige ausgewählte Aussagen von Teilnehmerinnen der Projekte zu analysieren (3.3). Ziel ist es, die Tragfähigkeit des Ansatzes in Bezug auf die Aussagekraft subjektiver Lernprozesse zu überprüfen.

3.1 Rahmenbedingungen und Zielsetzungen der Projekte

Die hier exemplarisch interpretierten Daten wurden im Rahmen einer Evaluationsstudie erhoben, die sich mit zwei sozialpädagogischen Interventionsprojekten beschäftigte (vgl. Zeuner/Schmidt 2012; 2012a). Sie wurden von 2009 bis 2012 in einer mittleren Großstadt mit ca. 90.000 Einwohner/innen von der städtischen Beschäftigungsgesellschaft durchgeführt. Finanziert wurden die Projekte aus Mitteln des Jobcenters der Stadt, dem Bundesministerium für Arbeit und Soziales, der Europäischen Union und dem Europäischen Sozialfond.

Das Projekt „Schritte" wandte sich an arbeitslose, alleinerziehende Frauen im Alter von über 26 Jahren mit dem Ziel, sie in den Arbeitsmarkt zu integrieren. Das Projekt fußte auf einem Ansatz des systemischen Integrationsmanagements, in dem die strukturellen Bedingungen der Stadt und des lokalen und regionalen Arbeitsmarktes ebenso berücksichtigt wurden wie die Lebensumstände der Teilnehmerinnen. Sie wurden in der Regel vom Jobcenter der Stadt an das Projekt verwiesen, wenn sie aufgrund familiärer, sozialer oder auch persönlicher Bedingungen nicht direkt in Arbeit vermittelt werden konnten (vgl. Zeuner/Schmidt 2012, 5). Ziel des Projekts war es, die Teilnehmerinnen, die aufgrund fehlender beruflicher Ausbildung, ihrem Status als alleinerziehende Mütter und ihrer als fragil zu bezeichnenden Lebenssituation als benachteiligt eingestuft wurden, eine berufliche Integration in den Arbeitsmarkt zu ermöglichen.

Mit jeder Teilnehmerin wurde ein individueller Hilfeplan auf Grundlage eines ressourcenorientierten Ansatzes erarbeitet, der je nach Bedarf Qualifikationsmaßnahmen und spezielle Coachingangebote beinhaltete. In der Regel wurden drei Schritte vorgesehen, um die Ziele zu erreichen:

1. Entlastung der Frauen durch Unterstützung wie Vermittlung von Kinderbetreuung, psychosoziale Betreuung und Beratung, soziales Lernen, Körpertherapie,
2. Vermittlung von sinnstiftenden Arbeits- und Qualifizierungsmöglichkeiten in gemeinnützigen Projekten und
3. Empowerment der Frauen.

Die Teilnehmerinnen wurden während ihrer Zeit in dem Projekt individuell betreut und in verschiedenen Angelegenheiten unterstützt. Neben der Vermittlung in eine Erwerbstätigkeit stand im Mittelpunkt die Absicht, ihr Selbstwertgefühl und Selbstbewusstsein zu steigern und ihre Selbständigkeit zu fördern (vgl. Zeuner/Schmidt 2012, 24).

In der Projektbeschreibung und auch in den Begründungen für die Annahme des Projekts werden arbeitsmarktbezogene Aspekte stark hervorgehoben, allerdings zeigt die Evaluation, dass diese Aspekte für die Teilnehmenden häufig weniger Relevanz haben als die konkreten Unterstützungsangebote und die Möglichkeiten der persönlichen Entwicklung, die ihnen durch die Teilnahme an dem Projekt eröffnet wurde (Zeuner/Schmidt 2012a, 46, 48).

Das zweite Projekt „Familien leben im Quartier (FliQ)" wandte sich an Familien, die in einem „sozial schwierigen" Stadtteil leben. Hier ging es darum, mit Hilfe eines systemischen Familienmanagementansatzes benachteiligte Familien zu begleiten und zu unterstützen (Zeuner/Schmidt 2012a, 5). Stärker als bei dem Projekt Schritte wurden durch einen integrierten Ansatz gesellschaftliche und individuelle Ziele miteinander verknüpft (Zeuner/Schmidt 2012a, 7). Im Mittelpunkt stand in der Regel die psychosoziale Stabilisierung der Familien.

Die Familien empfingen häufig Sozialhilfe oder waren auf öffentliche Unterstützungs- und Transferleistungen angewiesen, die Arbeitslosenquote der erwachsenen Familienmitglieder war hoch. Aber auch Krankheitsfälle von Eltern oder Kindern, geringe Grundqualifizierung, Verhaltensauffälligkeiten der Kinder, Übergangsproblematiken von Jugendlichen und emotional schwierige Konstellationen prägten viele Familien (Zeuner/Schmidt 2012a, 45). Durch die Beteiligung an Aus- und Weiterbildung und soziales Engagement sollten sie Gelegenheit bekommen, ihre Persönlichkeit weiter zu entwickeln und Eigenverantwortung zu übernehmen, um eine Haltung „erlernter Hilflosigkeit" zu überwinden (Zeuner/Schmidt 2012a, 50).

Beide Projekte zielten auf Lernprozesse der beteiligten Personen. Während bei dem Projekt Schritte die individuelle Entwicklung im Vordergrund stand, sollte mit dem Projekt FliQ die Lebenssituation der Familien verbessert werden, indem neben den Eltern auch Jugendliche und Kinder begleitet wurden. Obwohl weder in den Projektanträgen noch in den Experteninterviews mit den beteiligten Sozialpädagoginnen transformatives Lernen thematisiert wurde, können Zielsetzungen und Konzepte in diesem Sinne interpretiert werden, da es darum ging, die personale Entwicklung der Teilnehmenden zu unterstützen und ihre individuelle und gesellschaftliche Handlungsfähigkeit durch partizipative Ansätze zu erweitern. Im Sinne von Schugurensky standen die Transformation des individuellen Bewusstseins („transformation of individual consciousness") und die Transformation des individuellen Verhaltens („transformation of individual behaviour") im Vordergrund; im Projekt FliQ ging es auch um soziale Transformationen des Stadtteils durch alle Projektbeteiligten.

3.2 Erläuterungen der Datenquellen

Die für die Auswertung genutzten Daten stammen aus ausführlichen leitfadengestützten Interviews, die im Rahmen von Evaluationen mit Teilnehmenden der beiden Projekte und den verantwortlichen Sozialpädagoginnen durchgeführt wurden. Die Evaluationen waren verbindlicher Bestandteil der Projekte und wurden als Fremdevaluationen durchgeführt (Zeuner/Schmidt 2012; 2012a). Sie erstreckten sich über einen Zeitraum von zwei Jahren von Anfang 2010 bis Ende 2012 und die Erhebungen wurden jeweils zu drei unterschiedlichen Zeitpunkten durchgeführt. Ziel war es, die laufenden Projekte im Sinne einer Prozessevaluation zu begleiten und sie mit Input- und summativen Evaluationsansätzen zu ergänzen. Insgesamt wurden im Projekt „Schritte" mit den Teilnehmenden neun leitfadengestützte Interviews durchgeführt und transkribiert, für das Projekt FliQ wurden zwölf Interviews erstellt.

Die für den Beitrag vorgenommene erneute Auswertung einiger Interviews zielt auf eine Rekonstruktion der Lernprozesse der Projekteilnehmenden und fragt, ob diese unter Rückgriff auf die Theorie von Mezirow, unter besonderer Berücksichtigung eines kritisch-theoretischen Ansatzes im Sinne von Brookfield und Schugurensky, als transformativ bezeichnet werden können. Zu bedenken ist, dass die Projekte in erster Linie darauf zielten, durch Begleitung und Unterstützung eine Integration der Teilnehmenden in den Arbeitsmarkt zu ermöglichen. Dass dies Lernprozesse seitens der Teilnehmenden erfordert, wurde unterstellt und durch verschiedene formale Lernangebote gefördert. Gleichzeitig ist anzunehmen, dass Maßnahmen wie Beratung, Begleitung, therapeutische Interventionen oder die partizipativen Ansätze in Selbsthilfegruppen und ehrenamtlichen Tätigkeiten informelles Lernen beförderten.

Die Re-Interpretation der Interviews greift Anregungen von Taylor und Snyder auf, die einerseits auf die relativ geringe Berücksichtigung von informellen Lernprozessen in Bezug auf ihre transformative Wirkungen durch die Forschung festgestellt haben. Andererseits soll, ebenfalls im Sinne von Taylor und Snyder, rekonstruiert werden, welche Ergebnisse der Lernprozesse die Interviewpartner/innen für sich selbst konstatieren und welche Faktoren für ihr Lernen im Rahmen der Projekte eine Rolle spielen. Dabei werden auch, soweit es möglich ist, Dimensionen berücksichtigt, die Mezirow für transformative Lernprozesse definiert hat.

3.3 Transformative Lernprozesse durch informelles Lernen in sozialen Unterstützungsprojekten

Ausgangspunkt für die Beteiligung an beiden Projekten waren in der Regel persönliche, soziale und häufig auch ökonomisch problematische Situationen der Familien oder der alleinstehenden Mütter, die entweder die zuständigen Betreuer/innen in der Arbeitsagentur oder auch in städtischen Beratungsstellen dazu veranlassten, eine Teilnahme vorzuschlagen. Diejenigen, die sich dafür entschieden, blieben meist ein Jahr in dem Projekt. Befragt wurden Personen, die mindestens sechs Monate teilgenommen hatten, einige waren bereits wieder ausgeschieden, aber noch bereit, über ihre Erfahrungen zu berichten. Die Teilnahme an den Projekten war freiwillig, allerdings berichten einige Interviewpartnerinnen, dass ihnen bei Nicht-Teilnahme finanzielle Kürzungen angedroht wurden.

3.4 „Disorienting Dilemma" als Ausgangspunkt transformativer Lernprozesse

Mezirow und andere beschreiben ein desorientierendes Dilemma, dem sich Personen ausgesetzt sehen, als häufigen Auslöser für transformative Lernprozesse. Mezirow hat zudem ein idealtypisches Phasenmodell definiert, nach dem Lernende diese Lernprozesse durchlaufen können. Er charakterisiert sie als auslösendes Moment („disorienting dilemma"), gefolgt von einer Phase der (Selbst-)Hinterfragung; der Erkundung neuer Rollen, Beziehungen und Handlungen; der Aneignung von Wissen und Fertigkeiten; dem Ausprobieren neuer Rollen; der Entwicklung von Kompetenzen und Selbstvertrauen. Der gesamte Prozess der Selbstreflexion kann zu einer bewussten Neuformulierung von Handlungsoptionen führen, zu einer Re-Interpretation des eigenen Lebensentwurfs und damit zu grundlegenden Veränderungen der Lebensführung (Mezirow 2000, 22; vgl. auch Zeuner 2012, 97).

In Bezug auf hier zu interpretierende Fälle ist festzustellen, dass kein eindeutiges Dilemma oder ein bestimmtes Ereignis Auslöser für die Teilnahme an den Projekten war, sondern dass sich die Teilnehmenden in der Regel in bereits länger hinziehenden, schwierigen sozialen, psychischen und gesundheitlichen Situationen befanden, einige der Frauen hatten Erfahrungen mit häuslicher Gewalt. Daher wurden sie durch die Projekte in unterschiedlicher Weise unterstützt: Während bei dem Projekt „Schritte" die Integration in den Arbeitsmarkt durch verschiedene Bildungs- und Qualifizierungsmaßnahmen im Vordergrund stand, konzentrierte sich die Arbeit im Projekt FliQ auf die soziale und psychische Stabilisierung der Teilnehmenden.

Bei vielen Beteiligten des Projekts FliQ ging es zunächst darum, eigene Bedürfnisse besser zu begreifen und einzuschätzen, um innerhalb der Familien handlungsfähiger zu werden. Einige der interviewten Frauen bezeichnen sich selbst als depressiv und antriebsarm und geben häufig die Erziehung ihrer Kinder als wichtigste Aufgabe an, bei der sie sich aber gleichzeitig überfordert fühlen. Viele der Frauen haben entweder keine Berufsausbildung oder können aus gesundheitlichen Gründen den erlernten Beruf nicht mehr ausüben. In zwei Fällen hindern schwerwiegende Krankheitsfälle in der Familie sie daran, beruflich tätig zu werden, weil sie sowohl für die Kinder als auch für die Pflege von Angehörigen zuständig sind.

Mehrere Interviewpartnerinnen bestätigen, durch die Beteiligung an dem Projekt mittlerweile eher bereit zu sein, sich zu öffnen, auf Menschen zuzugehen und sich auch außerhalb ihrer Familien zu bewegen. Eine Interviewpartnerin (Teilnehmerin 6, 47 Jahre, 7 Kinder, alleinerziehend, Hausfrau) beschreibt ihre positiven Erfahrungen mit FliQ und die Veränderungen, die sich dadurch für sie ergeben haben, folgendermaßen:

„Anders entwickelt, definitiv. Als ich in dieses FliQ-Programm kam, war ich ein ganz anderer Mensch als jetzt. Ich war ziemlich weit unten, seelisch, war immer nur zu Hause, immer mit meinen Kindern, habe im Prinzip gar nichts gemacht. Ich hatte eine böse Trennung vor einer ganzen Weile hinter mir, vom Vater der Kinder. [...] Ich wollte auch gar nicht dahin [zu FliQ, C.Z.]. Es ist mir so, aus meiner damaligen Sicht, vorgeschrieben worden, du musst das jetzt machen, ansonsten kriegst zu Kürzungen etc. Ich habe sehr ungern angefangen, sehr ungern. Es hat auch lange gedauert, bis ich mich ein bisschen geöffnet habe. Viele Gespräche, Einzelgespräche mit Sabine [Projektmitarbeiterin, Name geändert, C.Z.] gehabt und viele Tipps bekommen. Die ich auch erst gar nicht annehmen wollte. Es war alles für mich, lasst mich in Ruhe, ich krieg mein Leben alleine gemeistert. Aber da bin ich eines Bessern so langsam belehrt worden. Viele Tipps soll man auch annehmen. So offen wie ich jetzt zum Beispiel rede, das wäre vor zwei Jahren überhaupt nicht möglich gewesen. [...] Mir persönlich hat es viel gegeben, viel gebracht. [...]. Mir hat das ganz ganz viel geholfen, mich hat das wirklich auch aus dieser Einsamkeit herausgeholt." (FliQ, TN 6, 2011, 4-5)

Dieser Interviewausschnitt enthält verschiedene Aussagen, die auf Lernprozesse der Teilnehmerin hinweisen. So konstatiert sie für sich selbst eine Entwicklung in ihrem sozialen Verhalten im Umgang mit anderen, das es ihr ermöglicht, sich stärker zu öffnen, mit anderen zu kommunizieren und auch Ratschläge anzunehmen. Sie reflektiert ihr eigenes Verhalten und ihre Einstellungen im Vergleich zu vor zwei Jahren, was als eine Transformation der Wahrnehmung und des Verhaltens interpretiert werden kann.

Ähnliche Aussagen finden sich auch in anderen Interviews. Eine Teilnehmerin (34 Jahre) aus dem Projekt „Schritte" resümiert für sich: „Also ich lerne über meine Grenzen weiter zu kommen. Also praktisch, ich habe ja eine gewisse Grenze und teilweise ist es auch so, dass ich über diese Grenze hinweg denken muss, weil sonst würde das nicht funktionieren" (Schritte, TN 3, 2011, 1). Grenzen überschreiten heißt für sie, trotz fünf Kindern, von denen drei krank bzw. behindert sind, zu versuchen, eine Ausbildung im pflegerischen Bereich zu machen, um dann beruflich tätig zu werden.

3.5 Beziehungen als Auslöser für transformatives Lernen

Viele der Interviews zeigen, dass Lernprozesse vor allem über den Aufbau neuer Beziehungen angestoßen und möglich gemacht werden. Im Projekt FliQ (Familien Lernen im Quartier) sind drei Beziehungsdimensionen bedeutsam: Erstens gehen viele Anstöße zum Handeln, zum Verändern der Lebenssituation und zur Reflexion von den betreuenden Sozialpädagoginnen aus. Zweitens wurde den Teilnehmerinnen eine Frauengruppe angeboten, in der sie sich austauschen konnten und drittens wurde, um die Entwicklung des Stadtteils zu unterstützen, von den Projektbeteiligten im Rahmen ehrenamtlichen Engagements der sog. „Zaubertopf" gegründet. Eine Gruppe von FliQ-Eltern kocht wöchentlich einmal Mittagessen für Schulkinder, die aus sozial schwachen Familien des Stadtteils stammen.

Den Sozialpädagoginnen, die das Projekt FliQ betreuen, kommt in Bezug auf Entwicklung und Lernprozesse der teilnehmenden Familien eine Schlüsselrolle zu. Hervorgehoben werden ihre Fähigkeiten zum Zuhören, aber auch ihr Bemühen, über Anregungen, Spiegelung von Verhalten und konkrete Unterstützungsangebote Situationen positiv zu beeinflussen. Diese beziehen sich z. B. auf Begleitung zu Ämtern oder Ärzten, aber auch auf konkrete Hilfestellungen bei Fragen der Kindererziehung, wie das nachfolgende Beispiel einer Teilnehmerin zeigt (TN 1, 35 Jahre, 1 Kind, alleinerziehend):

„Hilfestellung bei meinem Sohn, wenn ich Probleme mit ihm habe, kann ich Sabine fragen, die hilft mir dabei. [...] Sie hilft mir auch, wenn ich andere Probleme habe, wie mit meinem Mann. Sie hat mich die ganze Zeit begleitet, wo ich noch bei meinem Mann gewohnt habe. Wir hatten tierischen Stress, da hat sie mich begleitet, das tat schon richtig gut und die hilft mir auch jetzt so weiter. Das möchte ich, ehrlich gesagt, nicht missen." (FliQ, TN 1, 2011, 6)

Die Interviewpartnerin beschreibt, wie sie durch die Teilnahme an FliQ gelernt hat, ihre Schüchternheit zu überwinden, sich auch einmal zu Wehr zu setzen und einen eigenen Standpunkt zu entwickeln:

„Ich reiße jetzt auch schon mal meine Klappe auf, wenn mir etwas nicht gefällt oder wenn mir was nicht passt. Aber ansonsten fresse ich alles in mich rein, was nicht sein darf. Aber das hat sich schon gebessert und da bin ich stolz drauf." (FliQ, TN 1, 2011, 7)

Andere Teilnehmerinnen berichten über ähnliche Entwicklungen. Ein persönliches Problem von vielen scheint ihr geringes Selbstvertrauen zu sein und dass sie kaum gelernt haben, ihre Interessen oder auch die ihrer Familien zu artikulieren und gegenüber Ämtern oder Einrichtungen durchzusetzen. „Ich bin ein bisschen selbstbewusster geworden, ich kann mich auch bei den Kindern besser durchsetzen, ich lasse nicht mehr alles durchgehen" (FliQ, TN 1, 2012, 5). Eine andere Teilnehmerin berichtet über ihre Erfahrungen mit der ARGE und anderen Projekten, durch die ihre Integration in den Arbeitsmarkt ermöglicht werden sollte (TN 8, ca. 55, 5 Kinder, verheiratet):

„Ich muss sagen, ich bin auch in dieses FliQ-Programm reingekommen, total ruhig, verängstigt, auch durch diese ARGE-Geschichte. Ich habe eine Sachbearbeiterin, die hat mich richtig verängstigt und die haben mich praktisch da rausgeholt. Dass ich heute wieder ganz anders auftreten kann und wieder mit beiden Beinen im Leben stehe. Es stimmt schon, dass die viel gebracht haben, es hat sehr geholfen. Das werde ich denen nie vergessen." (FliQ, TN 8, 2011, 4-5)

Eine zweite wichtige Bezugsgruppe ist für viele Teilnehmerinnen die Frauengruppe, die von den Projektleiterinnen gegründet wurde und die sich regelmäßig einmal in der Woche trifft. Die Teilnahme ist freiwillig, Ziel sind der Austausch untereinander, aber auch die Organisation gemeinsamer Unternehmungen und, in Ansätzen, gegenseitige Unterstützung. Die Aussagen der Interviewpartnerinnen zu diesem Angebot sind unterschiedlich: Einige begrüßen die Möglichkeit, stellen die sozialen Kontakte in den Vordergrund und freuen sich, auf diese Weise Abstand vom Alltag zu bekommen und entspannen zu können:

„Für mich persönlich ist das [die Frauengruppe, C.Z.] eine Bereicherung, ich kann mal für zwei, drei Stunden vormittags abschalten, komplett abschalten, weg von meinem Noch-Mann, weg von meinem Kind, kann mal meine Problem von mir lassen und kann Spaß haben." (FliQ, TN 1, 2011, 2).

Eine andere Teilnehmerin schätzt den Austausch und die Informationen, die sie durch die anderen Mitglieder der Frauengruppe erhält und betont, dass gemeinsame Erfahrungen wichtig sind: „Ich finde eher so ein Austausch. Man merkt, dass viele die gleichen Probleme haben, man steht nicht so alleine da" (FliQ, TN 2, 2011, 2). Einige Frauen haben in der Gruppe Freundschaften geschlossen, die ihnen wertvoll geworden sind.

„Am Anfang war ich ängstlich, aber jetzt so mittlerweile habe ich mich auch schon mit der einen oder anderen so leicht angefreundet. Es ist hier ein sehr herzliches, sehr warmes Gefühl, so mit Harmonie, was ich so nicht gekannt habe." (FliQ TN 5, 2011, 3)

Eine Frau sagt von sich, sie sei durch die Teilnahme „freier geworden." „Ich schnacke mehr mit Leuten, ich war vorher ganz schüchtern und das hat mir schon geholfen" (FliQ, TN 3, 2011, 4). Einige Interviewpartnerinnen äußern sich skeptischer, fühlen sich eher gegängelt in der inhaltlichen Ausrichtung der Frauengruppe und finden es auch problematisch, mit Frauen in Kontakt zu treten, die nach ihrem Eindruck nicht richtig in die Gruppe passen.

Indirekt erfüllt die Frauengruppe den Zweck, Kommunikation, Austausch, soziales Verhalten und Konfliktfähigkeit der Frauen zu fördern, unabhängig von der persönlichen Wahrnehmung und Nutzung des Angebots durch die einzelnen Frauen. Die Teilnahme an der Gruppe fordert jede Einzelne zur Reflexion über die Zusammenarbeit, die Formulierung von Zielsetzungen und Aufgaben heraus und lädt zur Beteiligung ein. – Für viele Frauen, die sich bis dahin auf ihr häusliches Umfeld konzentriert haben, ist dies ein Schritt zu unabhängigerem Denken und Handeln. Dies kann auch dazu führen, wie das Beispiel einer Teilnehmerin zeigt, die zwei Jahre an der Frauengruppe teilgenommen hat, dass diese für sie ursprünglich sehr wichtig war, aber mittlerweile „nicht mehr, das war es mal, aber ist nicht mehr, gar nicht mehr" (FliQ, TN 8, 2011, 4).

Der „Zaubertopf" ist eine Initiative, die aus der Frauengruppe entstanden ist. Die Teilnehmerinnen wollten sich ehrenamtlich für den Stadtteil engagieren und kochen wöchentlich für Schulkinder ein Mittagessen. Aktiv beteiligt hat sich auch einer der wenigen männlichen Interviewpartner, der diese Initiative als sehr wichtig ansieht – allerdings weniger für sich selbst, als vielmehr für den Stadtteil:

„Eine Bereicherung für die Neustadt ist es auf jeden Fall, weil ein entsprechendes Angebot in den Schulen eigentlich nach wie vor nicht ausreichend vorhanden (ist) oder ansonsten zu Preisen, die gerade Familien, die angesprochen werden sollten, nicht bewältigen können." (FliQ, TN 7, 2011, 3)

Auch Teilnehmerinnen des Projekts „Schritte" heben den positiven Einfluss der Sozialpädagoginnen und den Kontakt und den regelmäßigen Austausch mit den anderen Frauen hervor.

„Also hier macht das Spaß, weil ich komme wieder raus. Ich tue mal was für mich und nicht nur praktisch zu Hause und den Haushalt, den kann man auch mal liegen lassen. Aber halt für mich tue ich mal was." (Schritte, Teilnehmerin 3, 2)

Insgesamt beurteilen die Interviewpartnerinnen die Angebote des Projekts unterschiedlich. Wichtig sind auch bei „Schritte" Kontakt und Austausch miteinander. Manche Frauen – diese sind in der Regel auch selbständiger und haben bereits berufliche Perspektiven entwickelt, die sie selbständig verfolgen – sehen die Teilnahme an den künstlerischen, handwerklich aber auch inhaltlichen Kursen, etwa im Bereich EDV/Computer, als weniger relevant an. Sie versuchen, sich zielgerichtet Wissen und Kenntnisse anzueignen, die sie für eine bestimmte Berufstätigkeit benötigen, was aber aufgrund der Förderbedingungen nicht immer leicht umzusetzen ist.

3.6 Kontextbedingungen und Chancen für transformatives Lernen

Taylor und Snyder heben in ihrem Beitrag hervor, dass für die Analyse transformativer Lernprozesse die Kontextbedingungen der Lernenden stärker in den Blick genommen werden müssten. Implizit ist hierin die These enthalten, dass diese die subjektiven Lernprozesse positiv oder negativ beeinflussen können (Taylor/Snyder 2012, 49).

Die Relevanz dieser Annahme spiegelt sich auch in den vorliegenden Daten. In vielen Interviews wird deutlich, dass trotz der sinnvollen Angebote die Teilnehmenden v. a. im Projekt FLiQ diese häufig nicht oder nur ansatzweise annehmen können.

Differenziert man Kontext in die Dimensionen persönlich/subjektiv und gesellschaftlich/objektiv zeigt sich, dass auf der persönlich/subjektiven Ebene die Teilnehmenden häufig denkbar ungünstige soziale und persönliche Ausgangsbedingungen haben. Dies ist wesentlich dafür, ob sich jemand aktiv in das Projekt einbringen kann und dadurch Lernprozesse angestoßen werden. Einige bestätigen, dass sie sehr lange gebraucht haben, sich auf die Angebote einzulassen – seien es die Gesprächsangebote der begleitenden Sozialpädagoginnen oder auch die qualifizierenden Programme – und dass sie dies häufig mit ihrer eigenen sozialen und psychischen Situation begründen. So sagt eine Teilnehmerin: „Mit ihr [der Sozialpädagogin, C.Z.] kann ich über alles reden. Am Anfang war das nicht so. Aber das hat sich so aufgebaut und zu ihr habe ich total Vertrauen" (FliQ, TN 1, 2012, 5).

Die ebenfalls interviewten Sozialpädagoginnen bestätigen, dass es gelingt, mit den Beteiligten Vertrauensverhältnisse aufzubauen und dass sich durch die Zusammenarbeit auch Änderungen im Verhalten und in Einstellungen entwickeln. Allerdings sind diese im Laufe des Projekts nicht immer sofort gefestigt und die Familien fallen in frühere Verhaltensmuster zurück, wie eine der Sozialpädagoginnen schildert:

„Also wenn ich meine Familien jetzt so sehe: Die freuen sich über Hilfe, Anregungen und Unterstützung, die sie bekommen. Klar gibt es Phasen, wo sie weniger bereit sind, sich zu bewegen. Grundsätzlich habe ich aber im Moment Familien, die sehr bereit sind, sich zu bewegen, sehr bereit sind, etwas zu verändern und andere Wege zu gehen. Und Rückschritte gibt es immer mal wieder." (Zeuner/Schmidt 2012a, 48)

In vielen Interviews wird auch deutlich, auf welche Weise die gesellschaftlichen und strukturellen Bedingungen Veränderungen ermöglichen oder verhindern. Dies bezieht sich vor allem auf Fragen der Qualifizierung/Umschulung und die geforderte Integration in den Arbeitsmarkt. Im Projekt „Schritte" finden sich Beispiele, in denen die Interviewten die Erwartung auf subjektiv bedarfsgerechte Weiterbildungsangebote formulieren oder mehr Unterstützung vom Jobcenter erwarten. In einigen Fällen wurden sie dann damit konfrontiert, dass sie, da sie bestimmte Qualifikationsanforderungen und -voraussetzungen nicht erfüllen, nicht wirklich gefördert werden konnten. Auch finden sich Beispiele, bei denen – zumindest in der vorliegenden Darstellung – plausibel erscheinende Wünsche zur Teilnahme an einer bestimmten Weiterbildung oder Förderung abgelehnt wurden.

„Ja, ich hatte ja am Anfang gedacht, ich kriege eine Fortbildung und das ist nicht so. Denn, wenn ich jetzt sage, von der VHS zum Beispiel, die bieten ja auch Excel-Kurse an oder Power-Point, das wird halt sehr begrenzt gefördert. Dass das nur sinnvoll ist zum Beispiel wie der Dänisch-Kurs, alles andere ist schon, wenn man Kenntnisse hat, dann, habe ich das Gefühl, das muss dann reichen. Finanziell sind dann da keine Möglichkeiten. Also es ist begrenzt, ich kann es auch verstehen, aber ich bin eigentlich nur deswegen hier. Ich brauche keine Kurse im Reinigungsservice, das ist nicht mein Ding." (Schritte, TN 4, 2011, 2)

Diese Aussage ist besser mit der Lerntheorie Klaus Holzkamps zu erklären als mit der Theorie des transformativen Lernens: Deutlich wird, dass es für die Interviewpartnerin subjektive Gründe gibt, bestimmte Dinge zu lernen – sie verspricht sich damit bessere Chancen bei der Arbeitsvermittlung. Es geht hier im Sinne Holzkamps um die Auflösung einer Handlungsdiskrepanz durch Lernen, d. h. im Mittelpunkt steht der Wunsch, sich einen bestimmten Lerngegenstand anzueignen, um ein Problem zu lösen, das Ziel ist nicht Transformation im Sinne Mezirows.

Es finden sich auch positive Beispiele, wie Frauen die Unterstützung durch das Projekt „Schritte" schildern. Die Teilnahme an dem Projekt hat z. B. einer jungen Frau mit Migrationshintergrund Möglichkeiten eröffnet, ihre Sprachkompetenzen und interkulturellen Erfahrungen gezielt einzusetzen und sich über Praktika und ehrenamtliche Tätigkeit im Bereich Beratung von Personen mit Migrationshintergrund zu engagieren. Zudem wurde ihr ein Weg gezeigt, ohne Studium eine Dolmetscherprüfung über das Internet abzulegen. Dies erlaubt ihr, in Zukunft als Dolmetscherin für Behörden zu arbeiten.

„Die [Sozialpädagoginnen, C.Z.] haben mir sehr den Rücken gestärkt […]. Und die haben mich in der Sache auch sehr gestärkt und fördern mich auch sehr in dem Bereich, dass ich auch einen guten Einstieg habe und darüber bin ich auch sehr froh." (Schritte, TN 2, 2011, 3).

An anderer Stelle sagt sie:

„Also jede Behörde kennt mich schon mittlerweile und hat eine Karte von mir. Und ich werde mittlerweile auch von denen sehr gefordert und werde auch angerufen und unterstützt und halt durch den runden Tisch [zu Migrationsfragen, C.Z.] spricht es sich mehr rum. Und ich mache jetzt auch sehr viele Veranstaltungen jetzt während der Kulturwoche […], da bin ich auch dabei und da unterstützen mich auch die Damen von hier." (Schritte, TN 2, 2011, 5)

Im Rahmen der Interviews wurden alle Partner/innen nach ihrer Einstellung zu Bildung, Weiterbildung und lebenslangem Lernen befragt, da dieses im Rahmen beider Projekte eine Rolle spielte. Alle Teilnehmenden haben die Relevanz hervorgehoben, aber analog zu den Ergebnissen anderer Adressatenbefragungen zeigt sich auch hier die Tendenz, Weiterbildung insgesamt zwar als sehr wichtig einzuschätzen, aber nicht für sich persönlich. Es scheinen hier Selbstexklusionsmechanismen zu greifen, die zumindest zum Zeitpunkt der Interviews noch nicht durch transformative Lernprozesse überwunden wurden. So steht die Antwort einer Teilnehmerin auf die Frage der Relevanz lebenslangen Lernens exemplarisch für mehrere Aussagen in den Interviews:

„Weil man nie auslernt, so wie ich jetzt, ich könnte mich ja theoretisch in anderen Berufen umschulen lassen, weiterbilden. Nicht immer auf einem Fleck stehen bleiben, dass ich auch weiterkomme und nicht immer der kleine Arbeiter bleibe. Vielleicht auch mal was Höheres werden. Aber ich bleibe lieber der kleine Arbeiter." (FliQ TN 3, 2012, 5)

Auch diese Aussage wird im Lichte des Begründungsdiskurses verständlicher: Die Interviewpartnerin sieht subjektiv wenig Sinn in Weiterbildung, da sie keine Veränderung ihres sozialen Status wünscht. Ihr ist die mögliche Wechselwirkung zwischen lebenslangem Lernen und sozialem Aufstieg zwar bewusst, sieht ihn aber nicht als persönliche Option an. Eine solche subjektive Begründung ist über die Theorie des transformativen Lernens schwer erklärbar, da sie Ablehnung oder Scheitern nicht thematisiert.

Es sind aber bei vielen der Interviewten Entwicklungen eingetreten, die im Sinne von Schugurensky als „Transformation des individuellen Bewusstseins" und als eine „Transformation des individuellen Verhaltens" identifiziert werden können. Viele Teilnehmerinnen bestätigen wachsendes Selbstbewusstsein und veränderte Verhaltensweisen – innerhalb der Familien, aber auch im Umgang mit anderen Menschen. Sie beschreiben Reflexionsprozesse: Angeregt durch die Teilnahme in den Projekten erfolgte die Auseinandersetzung mit ihren bisherigen Erfahrungen und Perspektiven. Die Spiegelung der eigenen Positionen durch andere Beteiligte lösten nach eigenen Aussagen Einstellungs- und teilweise Verhaltensänderungen aus. Einige wurden dadurch angeregt, konkrete Qualifizierungsstrategien zu überlegen und für sich mögliche berufliche Handlungsfelder zu definieren. Andere betonen, dass sie durch die Teilnahme mehr Selbstbewusstsein entwickelt haben und ihre bisherigen familiären Tätigkeiten stärker wertschätzen.

4. Resümee

Ziel des dritten Kapitels des Beitrags war es erstens, Beispiele transformativer Lernprozesse vorzustellen, die sich innerhalb sozialpädagogischer Begleitungs- und Unterstützungsprojekte ereigneten. Diese Analyse soll nun zweitens und abschließend dazu dienen, die Tragfähigkeit und Reichweite der Theorie des transformativen Lernens zu reflektieren.

Die Re-Interpretation der Interviews weist darauf hin, dass mit dem Ansatz des transformativen Lernens Lernprozesse nachgezeichnet werden können, die, wenn man sie unter dem Aspekt des informellen Lernens betrachtet, nur sehr allgemein interpretiert werden können, ohne dass eine plausible Einschätzung ihrer Reichweite möglich wäre. Die Theorie des transformativen Lernens liefert dagegen unterschiedliche Ansatzpunkte für Interpretationen: Erstens eröffnet der Vorschlag Mezirows, Transformation nach Phasen systematisch zu analysieren, Perspektiven auf persönliche und strukturelle Transformationsprozesse, was auch die Analyse von Brüchen, Stillstand oder Verweigerung mit einschließt und diese erklärbar macht. Zweitens sind Mezirows Dimensionen des subjektiven und objektiven Re-Framings Ansatzpunkte für Interpretationen von Entwicklungen und erlauben Einschätzungen von Reichweiten von Lernprozessen. An einigen Stellen wurde bei der Interpretation der Daten auf die subjektwissenschaftliche Lerntheorie Holzkamps zurückgegriffen, um die Erklärungsansätze zu ergänzen.

Was aus den hier genutzten Beispielen nicht ableitbar ist, ist eine Antwort auf die Frage, inwiefern es sich bei den erkennbaren Ansätzen transformativen Lernens um dauerhafte Veränderungen handelt, und ob die Teilnehmerinnen tatsächlich ihre Identität und ihr Selbstbild dauerhaft verändern. Dies liegt an der Art der Datenerhebung, die eine zeitliche Begrenzung hatte. Durch Längsschnittstudien könnten dauerhafte Veränderungen eventuell nachgewiesen werden.

Ebenfalls ist es kaum möglich, aus den vorliegenden Daten zu schließen, inwiefern die Konzeption der Projekte transformative Lernprozesse über die interpretierbaren Aussagen hinaus gefördert oder eventuell verhindert hat. Hier wäre eine genauere Analyse der Bedingungen der Projekte notwendig: hinsichtlich ihrer Einbettung in den strukturellen und sozialen Kontext der Stadt sowie die vorgegebenen strukturellen, organisatorischen und inhaltlichen Bedingungen innerhalb der Projekte, in Bezug auf das professionelle Handeln der Sozialpädagoginnen. Die ebenfalls im Rahmen der Evaluationen geführten Interviews mit den Sozialpädagoginnen geben Hinweise darauf, dass manche der Teilnehmerinnen sich in einem Zustand „erlernter Hilflosigkeit" durch die jahrelange Abhängigkeit von sozialen Einrichtungen und dem Arbeitsamt befinden. (vgl. Zeuner/Schmidt 2012a, 50 f.).

Aus dem Material ist auch nicht mit Sicherheit zu schließen, welche Auswirkungen bzw. Einflüsse Faktoren wie Sozialisation, Lebensbedingungen, Milieuzugehörigkeit zeitigen, wenn es um die Bereitschaft bzw. das Vermögen der Teilnehmenden geht, die Angebote der Projekte für sich sinnvoll zu nutzen und anzunehmen. – Oder ob Mechanismen der Selbstexklusion greifen, die damit auch transformative Lernprozesse weniger wahrscheinlich werden lassen.

Insgesamt zeigen die vorgestellten Beispiele aber, dass die meisten Teilnehmerinnen durch die unterschiedlichen Anregungen, die sie erhalten und die Aufgaben, denen sie sich stellen (müssen), mehr oder weniger unbewusst Lernprozesse durchlaufen haben (die durch die Interviews explizit gemacht werden), die veränderte Haltungen spiegeln. Sie betreffen Selbst- und Fremdwahrnehmung und drücken sich aus in gestiegenem Selbstbewusstsein, veränderten Haltungen gegenüber Familienmitgliedern oder auch in Bezug auf externe Anforderungen; in einer verbesserten Fähigkeit, eigene Bedürfnisse etwas klarer zu formulieren und sich für ihre Durchsetzung einzusetzen. Dies kann sich auf berufliche Belange wie private Ziele beziehen.

In Bezug auf die Frage der Anwendbarkeit und Tragfähigkeit der Theorie des transformativen Lernens wird in den Beispielen deutlich, dass auch informelle Lernprozesse, die im Rahmen sozialpädagogischer Projekte angestoßen wurden, als Initiale für transformative Lernprozesse interpretiert werden können. Erst eine langfristige Begleitung der befragten Personen würde zeigen, ob eventuell die Teilnahme an diesen Projekten selbst als „disorienting dilemma" Transformationsprozesse ausgelöst hat. – In einigen Interviews deutet sich dieses zumindest an. Weiterführend ließe sich die Frage anschließen, ob solche Projekte eher oder schneller transformative Lernprozesse anstoßen könnten, wenn diese von vornherein als eine Zielsetzung formuliert würden und die Arbeit mit den Teilnehmenden entsprechend moderiert würde. – Anknüpfend an die kurz diskutierten Anforderungen an eine Praxis transformativen Lernens.

5. Literatur

Bremer, Helmut/Kleemann-Göring, Mark (2010): ‚Defizit' oder ‚Benachteiligung': Zur Dialektik von Selbst- und Fremdausschließung in der politischen Bildung und zur Wirkung symbolischer Herrschaft. In: Zeuner, Christine (Hrsg.): Demokratie und Partizipation – Beiträge der Erwachsenenbildung. Hamburger Hefte der Erwachsenenbildung H. 1. Hamburg: Universität Hamburg, 12-28.

Brookfield, Stephen D. (2005): The Power of Critical Theory. Liberating Adult Learning and Teaching. San Francisco.

Cranton, Patricia (2011): A Theory in Progress. In: Merriam, Sharan B./Grace, André (Hrsg.): Contemporary Issues in Adult Education. San Francisco, 321-339.

Cranton, Patricia/Taylor, Edward W. (2012): Transformative Learning Theory: Seeking a More Unified Theory. In: Taylor, Edward W./Patricia Cranton (Hrsg.): The Handbook of Transformative Learning. San Francisco, 3-20.

Faulstich, Peter/Bayer, Mechthild (Hrsg.) (2006): Lernwiderstände. Anlässe für Vermittlung und Beratung. Hamburg.

Fisher-Yoshida, Beth (2009): Transformative Learning in Participative Processes That Reframe Self-Identity. In: Dies. (Hrsg.): Dee Geller, Kathy/Schapiro, Steven A.: Innovations in Transformative Learning. Space, Culture, & the Arts. Studies in the Postmodern Theory of Education. Vol. 341. New York, 65-85.

Fisher-Yoshida, Beth/Geller, Kathy D./Schapiro, Steven A. (2009): Introduction: New Dimensions in Transformative Learning. In: Dies. (Hrsg.): Innovations in Transformative Learning. Space, Culture, & the Arts. Studies in the Postmodern Theory of Education. Vol. 341. New York, 1-19.

Holzkamp, Klaus (1995): Lernen. Eine subjektwissenschaftliche Grundlegung. Frankfurt am Main.

Kegan, Robert (1991): Die Entwicklungsstufen des Selbst. Fortschritte und Krisen im menschlichen Leben. 2. Auflage. München.

Kegan, Robert (2000): What form Transforms? A Constructive. Developmental approach to Transformative Learning. In: Jack Mezirow and Associates. Learning as Transformation. Critical Perspectives on a Theory in Progress. San Francisco, 35-69.

Koller, Hans-Christoph (2012): Bildung anders denken. Einführung in die Theorie transformatorischer Bildungsprozesse. Stuttgart.

Mezirow, Jack (1991): Transformative Dimensions of Adult Learning. San Francisco.

Mezirow, Jack (1997): Transformative Learning: Theory to Practice. In: Patricia Cranton (Hrsg.): Transformative Learning in Action: Insight from Practice. New Directions for Adult and Continuing Education 74, 5-12.

Mezirow, Jack (2012): Learning to Think Like an Adult: Core Concepts of Transformative Theory. In: Taylor, Edward W. und Patricia Cranton (Hrsg.). The Handbook of Transformative Learning. San Francisco, 73-95.

Mezirow, Jack and Associates (1990): Fostering Critical Reflection in Adulthood. A Guide to Transformative and Emancipatory Learning Dimensions of Adult Learning. San Francisco.Mezirow, Jack and Associates (2000): Learning as Transformation: Critical Perspectives on a Theory in Progress. San Francisco.

Nohl, Arndt-Michael/Rosenberg, Florian von (2012): Lernorientierungen und ihre Transformation: Theoretische und empirische Einblicke für eine teilnehmerorientierte Erwachsenenbildung. In: Felden, Heide von/Hof, Christiane/Schmidt-Lauff, Sabine (Hrsg.). Erwachsenenbildung und Lernen. Dokumentation der Jahrestagung der Sektion Erwachsenenbildung der Deutschen Gesellschaft für Erziehungswissenschaft vom 22.-24. September 2011 in Hamburg. Baltmannsweiler, 143-153.

O'Sullivan, Edmund/Morrell, Amish/O'Connor, Mary Ann (2002): Expanding the Boundaries of Transformative Learning. New York.Schugurensky, Daniel (2002): Transformative Learning and Transformative Politics: The Pedagogical Dimension of Participatory Democracy and Social Action. In: O'Sullivan, Edmund/Morrell, Amish/O'Connor, Mary Ann (Hrsg.). Expanding the Boundaries of Transformative Learning. Essays on Theory and Praxis. New York, 59-76.

Taylor, Edward W. (1998): The Theory and Practice of Transformative Learning. Columbus, Ohio.

Taylor, Edward W. (2007): An update on transformative learning theory: a critical review on empirical research. (1999-2005). International Journal of Lifelong Education 26, 2, 173-191.

Taylor, Edward W./Cranton, Patricia (Hrsg.) (2012): The Handbook of Transformative Learning. San Francisco.

Taylor, Edward W./Snyder, Melissa J. (2012): A Critical Review on Research on Transformative Learning Theory, 2006-2010. In: Taylor, Edward W.; Patricia Cranton (Hrsg.). The Handbook of Transformative Learning. San Francisco, 37-55.

Tisdell, Elizabeth J. (2012): Themes and Variations of Transformational Learning: Interdisciplinary Perspectives on Forms That Transform. In: Taylor,

Edward W./Cranton, Patricia (Hrsg.). The Handbook of Transformative Learning. San Francisco, 21-36.

Weimer, Maryellen (2012): Learner-Centered Teaching and Learning. In: Taylor, Edward W./Cranton, Patricia (Hrsg.). The Handbook of Transformative Learning. San Francisco, 439-454.

Zeuner, Christine (2012): Transformative Learning: Ein lerntheoretisches Konzept in der Diskussion. In: Felden, Heide von/Hof, Christiane/Schmidt-Lauff, Sabine (Hrsg.). Erwachsenenbildung und Lernen. Dokumentation der Jahrestagung der Sektion Erwachsenenbildung der Deutschen Gesellschaft für Erziehungswissenschaft vom 22.-24. September 2011 in Hamburg. 93-104.

Zeuner, Christine/Schmidt, Katja (2012): Evaluationsbericht für das Projekt ‚Schritte'. Hamburg.

Zeuner, Christine/Schmidt, Katja (2012a): Evaluationsbericht für das Projekt ‚Familien leben im Quartier' (FliQ). Hamburg.

Szenografie des Lernens
Eine pädagogische Lektüre der „Geschichte meines Lebens"
von Hellen Keller

MICHAEL GÖHLICH/JÖRG ZIRFAS

Eine pädagogisch interessierte und sich in der Tradition pädagogischen Denkens verortende Theorie des Lernens haben wir bereits vorgelegt (vgl. Göhlich/Zirfas 2007). Wir haben dort herausgearbeitet, dass eine pädagogisch interessierte Lerntheorie entschiedener als z. B. Lerntheorien psychologischer Provenienz die Spezifik des Gegenstandes des Lernens zu berücksichtigen hat. So sind in gegenständlicher bzw. inhaltlicher Hinsicht Wissen-Lernen, Können-Lernen, Leben-Lernen und Lernen-Lernen zu unterscheiden.

Die pädagogische Professionalisierung und Institutionalisierung dieser verschiedenen Lerndimensionen setzte bezeichnenderweise auch historisch zu verschiedenen Zeiten ein. Während Wissen-Lernen schon in der Antike schulisch organisiert und von als Lehrer bezeichneten Professionellen gefördert wurde, gilt dies für das Können-Lernen zunächst nur im Kontext von militärischen bzw. sportlichen und rhetorischen Übungen. Ansonsten bleibt Können-Lernen über lange Zeit vor allem impliziter Bestandteil der überwiegend agrarischen Sozialisation und findet erst in den Zünften und Handwerksmeistern des Mittelalters zu einer institutionalisierten und professionell geförderten Form. Das Lernen-Lernen im Sinne des gezielten Erwerbs von Lernmethoden wird erst ab der Aufklärung zu einem eigens fokussierten pädagogischen Handlungsfeld. Und das Leben-Lernen, zu dem man schon in der Antike Modelle finden kann, wird gar erst im 20. Jahrhundert in Form von Beratungsstellen pädagogisch institutionalisiert, als das Individuum im Zuge der gesellschaftlichen Modernisierung vor die Probleme gestellt wird, einerseits nicht mehr selbstverständlich an überkommene

Lebensmuster anschließen zu können und andererseits in den Prozessen der Globalisierung konkurrenzfähig bleiben zu müssen (vgl. Hof 2009).

Die Unterschiede zwischen Wissen, Können, Lern- und Lebensweisen als Gegenständen menschlichen Lernens sind theoretisch zu berücksichtigen. So ist lerntheoretisch etwa zu beachten, dass Wissen entäußerbar, Können hingegen nicht entäußerbar ist, dass es für das Lernen einen großen Unterschied macht, ob es darum geht, Überleben zu lernen, oder darum, eine eigene Lebenskunst zu entwickeln, und dass schließlich das Lernen-Lernen im Lernen anderer Inhalte in spezifischer Weise mitläuft, beim eigenständigen Erlernen eines Skateboardsprungs also zugleich eine andere Lernweise erlernt wird als etwa beim mittels Nachsprechen in der Gruppe erfolgenden Lesen lernen.

Die inhaltliche Differenzierung einer pädagogisch interessierten Lerntheorie bringt die zentrale Bedeutung des Lerngegenstands zum Ausdruck. In modaler Hinsicht verweist dies auf die Dialogizität des Lernens. Lernen ist auf den Anderen bzw. das Andere angewiesen. Lernen ist ein Prozess der Auseinandersetzung mit dem Anderen, in dem das Andere selbst Subjektstatus erhält, selbst „spricht" und dem Lernenden widerfährt. Dementsprechend kann Erfahrung neben Dialogizität als zweiter modaler Aspekt des Lernens angesehen werden. Lernen geschieht aus, durch und in Reflexion von Erfahrung. Dabei entsteht Sinn, was als dritter modaler Aspekt des Lernens genannt werden kann. Mittels des Sinns schließt das Lernen einerseits an das Interesse des Lernenden, andererseits an die lebensweltliche und gesellschaftliche Relevanz des Lerngegenstands und des Erlernten an. Und schließlich sind viertens in allen Lernprozessen nicht nur kognitive, sondern auch sinnliche leibliche und emotionale Dimensionen integriert, die in den Dialog, die Erfahrung und den Sinn des Lernens mit eingehen. Auch diese Modalitäten haben wir bereits an anderer Stelle skizziert (vgl. Göhlich/Zirfas 2007).

Im vorliegenden Beitrag geht es uns nun weniger um einen systematischen, erklärenden und definierenden als um einen das Phänomen als Fall beschreibenden und verstehenden Zugang zum Lernen. Anders gesagt: Es geht uns hier weniger um eine Theorie des Lernens als um eine geistes- bzw. kulturwissenschaftliche Methode der Lernforschung.

Dabei setzen wir auf die Kombination zweier Verfahren. Zum einen ziehen wir in hermeneutischer Tradition und in Kenntnis entsprechender Versuche der letzten Jahre (vgl. Koller/Rieder-Ladich 2005, 2009) belletristische und autobiographische, also nicht-wissenschaftliche, Literatur als Material zum Verstehen von Lernprozessen heran. Zum anderen konzentrieren wir uns dabei auf Szenen, nutzen das Material als Szenografie erster Ebene und nähern uns selbst szenografisch dem Material. Dabei verstehen wir Szenografie weniger in einem theater-

oder museumswissenschaftlichen – als Kunst der Inszenierung im Raum –, sondern vielmehr in einem ethnografischen Sinn.

1. Szenografie des Lernens

Hintergrund ist die Annahme, dass Lernen kein von der Welt losgelöster Akt eines solitären Individuums, sondern ein kontextuierter Prozess ist. Ob es notwendig ist, sich zum Verstehen des Lernens gänzlich von der Fokussierung auf das individuelle Subjekt zu lösen und allein dem Kontext die Fähigkeit der Weiterentwicklung zuzuschreiben, sei dahin gestellt. Dass jedoch ohne Kontextverständnis kein Lernverständnis möglich ist, anders gesagt, dass Lernen nicht dekontextuiert zu verstehen ist, steht nicht nur für uns außer Frage. Ähnliche Annahmen finden sich in der in den letzten zwei Jahrzehnten stark rezipierten Theorie situierten Lernens von Lave und Wenger, aber auch schon früher etwa beim Pragmatisten Dewey ebenso wie beim Vertreter der kulturhistorischen Schule Vygotski. Verweisen diese Ansätze darauf, dass Wissen immer aus einem sozialhistorisch-kulturellen Kontext erwächst, geht es uns zum einen darum, nicht nur das Wissen-Lernen, sondern auch das Können-, Leben- und Lernen-Lernen in ihrer jeweiligen Spezifik als kontextuiert zu verstehen, und zum anderen darum, die überbordende Komplexität des sozialhistorisch-kulturellen Lernkontextes und seiner Dynamik methodisch mittels der Beschränkung auf konkrete Szenen von kontextuierten Lernprozessen untersuchbar zu machen.

Analog der tagebuch- und dokumentbasierten dichten Beschreibung einer uns fremden Kultur sucht eine Szenografie des Lernens den Lernprozess uns Fremder in deren uns ebenfalls fremdem Kontext zu beschreiben und zu verstehen. Damit stehen wir vor einem alten Problem der Ethnografie, dem Bemühen um eine gute Beschreibung. Das Problem der Verschriftlichung von Gesehenem und Erlebten wurde in der Writing-Culture-Debatte tiefgreifend diskutiert. Clifford Geertz (1990, 17) bemerkt, dass dieses Problem zu lange „als Frage, wie man verhindert, dass objektive Fakten von subjektiven Ansichten entstellt werden", gestellt worden ist, statt „als Frage danach, wie man es am besten schafft, eine wirkliche Geschichte anständig zu erzählen" (ebd.).

Hieran anschließend plädieren wir dafür, das Konstrukt der Szene im Sinne einer Mini-Erzählung als ethnografische Kategorie zu nutzen (vgl. Göhlich/Engel/Höhne 2012). Es gilt, das Wahrgenommene als Inszenierung zu erzählen; es gilt, Lernen als Praktik im Kontext ihrer sachlichen, sozialen, persönlichen, raumzeitlichen und atmosphärischen Bezugnahmen und Bedingungen zu beschreiben und dabei – soweit dies zum Verständnis der Szene notwendig erscheint – auch auf dramaturgische Stilmittel zurückzugreifen. Ethnografisch arbeitende Forscher/innen versuchen sich auf diese Weise literarischen Stilen der Erzählung aus der Ich-Perspektive anzunähern (vgl. Walford 2009). Im Unterschied hierzu und damit auch im Unterschied zu vorliegenden Publikationen aus unserem eigenen Arbeitszusammenhang (vgl. Engel 2011; Göhlich/Engel/Höhne 2012) handelt es sich im vorliegenden Beitrag allerdings um eine Szenografie zweiter Ordnung, da wir die Lernszenenbeschreibungen einer erzählenden Autorin nutzen, die ihren eigenen Lernprozess literarisch rekonstruiert. Wir sprechen uns damit dafür aus, in der belletristischen und autobiografischen Literatur vorliegende Lernszenenbeschreibungen entschiedener als bislang in der Forschung geschehen zur Erforschung menschlichen Lernens zu nutzen (vgl. Krüger/Marotzki 2006). Insofern ein solcher Zugang dicht am Phänomen des Lernens als kontextuierte Praxis bleibt, können solch literaturbasierte Lernszenografien, so unsere Hoffnung, zu einer Praxistheorie des Lernens beitragen.

2. „SZENE" ALS HEURISTISCHE KATEGORIE

Die methodologische, d. h. vor der Auseinandersetzung mit dem Material bestehende, jedoch während dieser Auseinandersetzung noch veränderbare, heuristische Kategorie der „Szene" ist zunächst forschungspraktisch begründet. Sie hilft zu klären, was in dem unübersichtlichen Feld kontextuierter Lernprozesse und ihrer Hinder- und Fördernisse als sinnhafter Interaktionszusammenhang beschrieben werden kann (vgl. Schulze 1995; Engel 2011). Dabei greifen wir im vorliegenden Fall literaturbasierter Lernszenografie auf Entscheidungen der als Gelernt-Habende erzählenden Autorin zurück, spitzen diese jedoch durch Segmentierungen des Materials noch weiter zu.

Des Weiteren begründet sich die methodologische Kategorie „Szene" in der praxistheoretischen Auffassung des Forschungsgegenstands, in der Auffassung des Lernens als kontextuierte Praxis. Als Referenztheorem für die Nutzung der Szene als heuristische Kategorie kann nicht zuletzt Reckwitz' Konstrukt der Praktik als „Nexus wissensabhängiger Verhaltensroutinen" (Reckwitz 2008, 115) herangezogen werden, wenngleich auch hier die Beschränkung der Abhängigkeit auf den Faktor Wissen zu problematisieren ist.

Im pädagogischen Diskurs können wir insbesondere auf Wellendorf zurückgreifen, der die Szene als einen „symbolisch vermittelten Interaktionszusammenhang, der raumzeitlich strukturiert und von einem Horizont von Mitgegebenheiten begrenzt […] [sowie] […] stets interpretiert und definiert in Prozessen gemeinsamer Kommunikation und gemeinsamen Handelns" ist (Wellendorf 1979, 23), bezeichnet.

Vor dem Hintergrund von Ethnografie und Praxistheorie zielen wir allerdings auf eine noch entschiedenere Beachtung des impliziten Geschehens aufeinander bezogener Praxis, man könnte auch sagen: der performativen Ebene des Lernkontextes (vgl. Wulf u. a. 2004). So folgen wir der, in kritischer Bezugnahme auf Reckwitz und Wellendorf formulierten Definition: „Szenen sind temporal durch Anfang und Ende gekennzeichnete, räumlich begrenzte Interaktionszusammenhänge, die sich durch Ereignishaftigkeit, körperliche Vollzüge und Referentialität auszeichnen" (Göhlich/Engel/Höhne 2012, 162). Neben der Notwendigkeit einer stärkeren Beachtung des Impliziten und Performativen erscheint es außerdem erforderlich, die als ethnographisches Material dienende Szene, hier: die von der als Gelernt-Habenden erzählte und von uns ausgewählte Szene, als dramatische Erzählung und damit als Form, die dem erzählerischen Spannungsbogen folgt, anzusehen.

Die performativen Dimensionen der *Temporalität*, Spatialität und Materialität können zur substanziellen und prozessualen Beschreibung und Bestimmung von Szenen dienen (Göhlich/Engel/Höhne 2012; vgl. Engel 2011). Dabei kann man zunächst unter dem Blickwinkel der Temporalität die zeitliche Strukturierung einer Szene in den Blick nehmen, das heißt Anfang und Ende, Tempo, Rhythmik, Sequenzierungen u. ä. Die Abfolgen von kleineren Interaktionseinheiten und Ereignissen wird dadurch einerseits in einen zeitlichen Rahmen der Diachronie gestellt; andererseits lassen sich Synchronizitäten von Handlungen und Ereignissen beschreiben, die miteinander verknüpft sind oder auch nebeneinander herlaufen. Das Nacheinander, In- und Nebeneinander von Aktions- und Interaktionsverläufen ist für Lernprozesse konstitutiv, da diese immer an etwas anknüpfen, eine spezifische, weitere Entwicklung nehmen, ggf. auch mit bestimmen Krisensituationen einhergehen, zu einem Ende führen und dabei in vielfacher Hinsicht mit anderen Handlungen und Ereignissen in einem zeitlichen, szenischen Rahmen zusammenhängen.

Unter der *Spatialität* kann man auf diverse Formen von Räumlichkeit in einer Szene rekurrieren. Unter diesem analytischen Blickwinkel lassen sich architektonische, symbolische, performative oder auch imaginäre Räumlichkeiten verhandeln. Unter pädagogisch-didaktischen Gesichtspunkten interessieren natürlich auch die inszenierten und simulierten Umgebungen (vgl. Göhlich 2009). Zu dieser Perspektive lassen sich auch Gesichtspunkte rechnen, die quasi in die Räumlichkeiten eingelassen sind, wie die Historizität, die Atmosphäre, die Stimmung oder das Klima und auch die konkrete Erfahrung von Räumen, die etwa in teilnehmender Beobachtung oder literarischer Verarbeitung gewonnen werden können. Lernprozesse und -ereignisse sind von diesen szenisch-räumlichen Kontextuierungen im hohen Maße abhängig.

Unter dem Aspekt der *Materialität* lassen sich zunächst die Körper der beteiligten (Lern-)Personen in den Blick nehmen, d. h. Gestik und Mimik, praktische Vollzüge, die Synchronisation und Koordination von Körpern, Bewegungen und Ausrichtungen des Miteinander, des Zueinander, des Voneinander weg (vgl. Göhlich 2001b). Dabei kommen körperliche Ausdrucksstile, leibliche Präsentationsformen, praktisches Wissen, körperlich mimetische Zirkulationsformen und individuelle oder kollektive Körperpraktiken in den Blick. Darüber hinaus sind auch die konkreten Dinge in einer Lernsituation von Belang. Ihre Ästhetik, Symbolik, ihre Zweckdienlichkeit, ja auch ihre Sozialität sowie ihre individuellen wie kollektiven Bedeutungsebenen sind für Lernprozesse und Lernereignisse ebenso fundamental wie Zeitlichkeit und Räumlichkeit. Hierbei erscheint vor allem die Frage wichtig, inwieweit Dinge ein ganz bestimmtes Lernpotenzial besitzen.

Unter dem Blickwinkel der *Referenzialität* schließlich „verstehen wir die Bezugnahmen der beteiligten Akteure einer Szene aufeinander und auf ein gemeinsames Drittes hin sowie die Bezugnahme der an der Szene Beteiligten auf andere synchron verlaufende, zurückliegende oder antizipierte Szenen. Aus der Perspektive des Beobachters meint dies: Erst durch die Beschreibung dieser spezifischen Bezugnahmen, die den Brennpunkt gemeinsamer Aufmerksamkeit herstellen, wird die Szene als praktische Sinneinheit [hier: des kontextuierten Lernens bzw. des sich entwickelnden Lernkontextes, MG/JZ] rekonstruierbar" (Göhlich/Engel/Höhne 2012, 161).

Was die Beschreibung eines kontextuierten Lerngeschehens zu einer Szene macht, ergibt sich aus den genannten zeitlichen, räumlichen, materiellen und referenziellen Orientierungen. Eine (nicht zuletzt pädagogisch interessierte) Szenografie des Lernens versucht also, das Lernen als zeitliches, räumliches, material- und personenbezogenes Geschehen zu identifizieren, d. h. dessen Anfänge und Enden („Auftritte" und „Abtritte"), dessen räumliche Verortung, dessen Artefaktverwendung und die in den Abläufen stattfindenden körperlich praktischen Vollzüge dicht zu beschreiben.

3. DER FALL: HELEN KELLERS LERNEN AM BRUNNEN

In der belletristischen und autobiographischen Literatur sind eine enorme Vielzahl und Vielfalt an Beschreibungen von Lernprozessen zu finden. Eine erste Kompilation von Texten ist im Rahmen gemeinsamer Seminare in den Jahren 2007ff. erfolgt. Deren systematische Bearbeitung in einer umfassenden Szenografie des Lernens ist geplant, steht aber bislang noch aus. Als systematische Grundstruktur bieten sich die eingangs erwähnten unterschiedenen inhaltlichen und modalen Aspekte an. Allerdings erscheint es nicht sinnvoll, bei jedem herangezogenen literarischen Text alle eingangs genannten inhaltlichen und modalen Aspekte des Lernens zu rekonstruieren. Ganz im Sinne des ethnographischen Plädoyers für die Perspektive der „Natives", hier: des Gelernt-Habenden, bilden die von den Autor/inn/en selbst hervorgehobenen Lernaspekte den Ausgangspunkt unserer Überlegungen zu den einzelnen Szenen.

Im Folgenden stellen wir Helen Kellers (1880-1968) von ihr selbst beschriebenes Lernen, genauer: ausgewählte Szenen ihres Lernens, vor. Diese Lernszenografie ist sicherlich noch nicht ausgereift. Wir verstehen sie als Prototyp für eine mögliche lernszenografische Bearbeitung der weiteren, von uns kompilierten belletristischen und autobiografischen Texte. Die Darstellung erfolgt auf zwei Ebenen. Zum einen geht es um eine Lernszenografie erster Ordnung, in der wir relativ dicht bei Kellers eigener Beschreibung bleiben. Zum anderen geht es um eine Lernszenografie zweiter Ordnung, die vor dem Hintergrund der eingangs skizzierten lerntheoretischen Systematik und der oben ausgeführten ethnografiediskurs-gespeisten praxistheoretischen Methodologie eine reflektierte Beschreibung und abschließend eine abstrahierende Bestimmung der Spezifika des Lernens im Fall Helen Keller vornimmt. Im Kern geht es uns im Folgenden um die bei Helen Keller verhandelte Frage: Wie lernt ein mehrfach behinderter Mensch den Gebrauch von Zeichen?

„Der wichtigste Tag, dessen ich mich Zeit meines ganzen Lebens entsinnen kann, ist der, an dem meine Lehrerin, Fräulein Anne Mansfield Sullivan, zu mir kam. Ich kann kaum Worte finden, um den unermesslichen Gegensatz in meinem Leben vor und nach ihrer Ankunft zu schildern. Es war der 3. März 1887, drei Monate vor meinem siebenten Geburtstage." (Keller 1907, 20)

Dieses schon fast legendäre Zitat entstammt dem Buch von Helen Keller *The Story of My Life,* das 1904 in Amerika erschien, ein Jahr später in Deutschland publiziert wurde und in wenigen Jahren Dutzende von Auflagen erlebte. Es schildert die Biographie und Lerngeschichte einer Frau, die mit 19 Monaten aufgrund einer Gehirnentzündung Gehör und Augenlicht verlor, und der es – dank eines unbändigen Lernwillens und dank ihrer Lehrerin Anne Sullivan – gelang, Lesen, Schreiben und Sprechen zu lernen und schließlich zu studieren. Sie besuchte die Universität Radcliffe College, lernte mehrere Fremdsprachen, darunter Französisch und Deutsch, und erhielt am 28. Juni 1904 ihren Bachelor-of-Arts-Abschluss mit cum laude. Sie erlangte Ehren-Doktorwürden, unter anderem von der Harvard-Universität, und die Präsidentschaft der Amerikanischen Blindenstiftung (American Foundation for the Blind). Zudem ist sie die Verfasserin mehrerer Bücher, neben *Story of My Life*, *The World I Live In* (1908) und *My Religion* (1927).

Das Zitat betrifft die Ankunft von Anne Sullivan Macy (1866-1936), zu diesem Zeitpunkt knapp 21 Jahre alt, die im Bostoner Perkins-Institut für Blinde ausgebildet worden war, und nun nach Tuscumbia kam, um Helen Keller zu unterrichten. Für diese wiederum bedeutet die Ankunft ihrer Lehrerin ein Schlüsselerlebnis ihres Lebens.

„Am Morgen nach ihrer Ankunft führte mich meine Lehrerin in ihr Zimmer und gab mir eine Puppe. Die kleinen blinden Mädchen aus dem Perkinschen Institute hatten sie mir geschickt, und Laura Bridgman hatte sie angezogen; dies erfuhr ich jedoch erst später. Als ich ein Weilchen mit ihr gespielt hatte, buchstabierte Fräulein Sullivan langsam das Wort d-o-l-l in meine Hand. Dieses Fingerspiel interessierte mich sofort, und ich begann es nachzumachen. Als es mir endlich gelungen war, die Buchstaben genau nachzuahmen, errötete ich vor kindlicher Freude und kindlichem Stolz. Ich lief die Treppe hinunter zu meiner Mutter, streckte meine Hand aus und machte ihr die eben erlernten Buchstaben vor. Ich wusste damals noch nicht, dass ich ein Wort buchstabierte, ja nicht einmal, dass es überhaupt Wörter gab; ich bewegte einfach meine Finger in affenartiger Nachahmung. Während der folgenden Tage lernte ich auf diese verständnislose Art eine große Menge Wörter buchstabieren, unter ihnen pin, hat, cup und ein paar Verben wie sit, stand und walk. Aber meine Lehrerin weilte schon mehrere Wochen bei mir, ehe ich begriff, dass jedes Ding seine Bezeichnung habe." (Ebd. 22)

Die Szene steht uns deutlich vor Augen, die zur Bestimmung der Szene dienenden performativen Dimensionen treten klar hervor: der Morgen nach der Lehrerin Ankunft (Temporalität), das Zimmer der Lehrerin (Spatialität), die Puppe und das Fingerspiel (Materialität), die Lehrerin und die Mutter (Referenzialität).

Anne Sullivan hatte im Perkins-Institut mit Laura Bridgman zusammengelebt und -gearbeitet, der ersten Taubblinden, die die Sprache erworben hatte. Hier lernte sie auch das Fingeralphabet für Gehörlose, bei dem jeder Buchstabe durch Fingerbewegungen ausgedrückt wird. Das Fingeralphabet wird bei Gehörlosen oder Schwerhörigen benutzt, um innerhalb einer gebärdensprachlichen Kommunikation insbesondere Namen und Wörter zu buchstabieren, für die noch kein Gebärdenzeichen verbreitet ist; insofern ist es nicht zu verwechseln mit der Gebärdensprache. Dieses Alphabet beherrschten alle Lehrer und Schülerinnen des Perkins-Institutes; so konnten sie mit Laura Bridgman kommunizieren, die dort als Handarbeitslehrerin arbeitete. Anne Sullivan erlangte besondere Geschicklichkeit beim Gebrauch des Fingeralphabets und gehörte zu Lauras Lieblingsschülerinnen. Ihr Lehrer Samuel Gridley Howe hatte sie – wie es auch Anne Sullivan mit Helen Keller praktizierte – Gegenstände befühlen lassen und ihr gleichzeitig das dazugehörige Wort auf die Handfläche buchstabiert. Vielleicht können gerade am Lernen von Menschen mit Behinderungen strukturelle und prozessuelle Merkmale des Lernens besonders gut verdeutlicht werden, weil man bei ihnen mit größerer Aufmerksamkeit zur Kenntnis nimmt als bei so genannten „normal" Lernenden.

Rekonstruiert man die in der oben zitierten Szene bedeutsamen Lernelemente, so erscheint hier zunächst der Hinweis auf das „Begreifen" der Buchstaben bzw. das Bilden der Buchstaben mit den Händen wichtig. Da die sinnlichen Zugänge zur Welt für Helen Keller eingeschränkt und die sogenannten Fernsinne „Sehen" und „Hören" – die *grosso modo* in der gesamten abendländischen Zivilisation den Primat über die sogenannten niederen Sinne von Tasten, Riechen und Schmecken innehatten – nicht mehr funktionstüchtig sind, kann sie sich mit sich und der Welt „nur noch" über das Riechen und Schmecken, aber auch – über den Rahmen des traditionellen Fünferschema der Sinne hinausgehend – z. B. über das eigenleibliche Selbstempfinden und das Spüren von äußeren Atmosphären mit Lerngegenständen beschäftigen. „Meine Hände befühlten alles und verfolgten jede Bewegung, sodaß ich auf diese Weise mancherlei kennen lernte. [...] Ich begriff einen großen Teil von dem, was um mich herum vorging" (Keller 1907, 9; vgl. 125). Helen Keller begreift buchstäblich die Welt, zu der auch die Buchstaben gehören; ihr ganzer Körper ist ihr Lerninstrument. Allerdings begreift sie die Buchstaben nicht als Buchstaben, d. h. nicht als schriftliche Zeichen zur Wiedergabe von Sprache, sondern als Dinge, als Figuren oder Handzeichnungen: „Ich bin mitunter im Zweifel, ob die Hand nicht empfänglicher für die Schönheiten der Plastik ist als das Auge" (Keller 1907, 130; vgl. Gebauer 1984). Sind Menschen, denen die Fernsinne ihre Dienste versagen, körperlicher in die Welt verwickelt, bildet sich bei ihnen eine größere und intensivere Sphäre der intersubjektiven „Zwischenleiblichkeit" und des Körper-Ding-Verhältnisses aus? „Ich selbst lebte in allen Dingen mit" (Keller 1907, 49).

Darüber hinaus ist von einem „Fingerspiel" die Rede. Helen Keller begreift den Lernvorgang also nicht als Arbeit oder als Übung oder Training, sondern als spielerisches Herangehen an eine neue Wirklichkeit. Das von Schleiermacher als zeitlich gestreckter Übergang vom Spiel zur Übung verlaufende pädagogische Modell, welches die Gegenwärtigkeit des Kindlichen mit der Zukunftsbezogenheit des Erwachsenen miteinander vermitteln sollte, schnurrt hier sozusagen in einem kurzen Lernprozess zusammen: Helen Keller erlebt die Situation als Spiel, dem aber auch übende Elemente inhärent sind. Sie lernt spielerisch, indem sie sich auf das Spiel von Vormachen und Nachmachen einlässt (vgl. Scheuerl 1954, 169 ff.).

Man kann hier sehr gut an das Mimesis-Modell von Gebauer und Wulf (1992, 1998) anschließen und die Art der Nachahmung gleichzeitig auch von diesem Modell abgrenzen. Gebauer und Wulf verstehen unter mimetischen Prozessen sinnlich-körperliche Prozesse der kreativen Anverwandlung, die als Bewegungen auf andere Bewegungen Bezug nehmen, dabei einen darstellenden und zeigenden Aufführungscharakter haben und die sowohl eigenständige Akte als auch als Bezugnahmen auf andere Akte oder Welten ermöglichen. Helen Kellers Nachahmung gleicht keiner in diesem Sinne kreativen Anverwandlung, sondern einem imitatorischen Akt, einer „affenartigen Nachahmung", einem genauen Nachmachen eines Vorgegebenen. Doch liegt nicht auch den mimetisch-kreativen Akten ein zunächst imitatorisches Verhalten zugrunde, das später, in der Entwicklung der Beherrschung und des Selbstverständlichwerdens der Bewegung kreativere und individuellere Züge bekommt? Anders formuliert: Braucht die Mimesis nicht die *Imitatio*, die möglichst getreue Kopie, als habituelle Grundlage?

Helen Keller spricht hier von „Genauigkeit", vom Erlernen der Präzision in der Nachahmung der Handbewegungen. Es scheint ihr am Anfang nicht gelungen zu sein, die ihr von ihrer Lehrerin vorgemachten Buchstaben „buchstabengetreu" wiederzugeben. Man kann sich an dieser Stelle fragen, was sie dazu motivierte, nach Genauigkeit zu streben? War es ihr angeborenes Talent für Nachahmung oder ihr Interesse an imitatorischen Akten; war es eine Ahnung von der Bedeutung von sprachlichen Zeichen, die in kommunikativen Akten möglichst fehlerfrei dargestellt werden müssen und somit nur einen geringen Spielraum an Ungenauigkeiten zulassen, war es ein Beweis für sie selbst und für die Lehrerin, dass sie in der Lage und willig ist zu lernen, oder war es das Sich-Einlassen auf einen Lernprozess, der quasi naturwüchsig auf eine Perfektionierung der Handhabung hinausläuft? Auf jeden Fall zeigt sich hier, dass lernen heißt, etwas zu tun, was man nicht kann, und es so lange zu tun, bis man es kann.

Die kleine Helen Keller kann der Versuchung nicht widerstehen, ihr Können der Mutter zu präsentieren. Führt hier nur der Überschwang der Freude zur Präsentation vor der Mutter? Muss sie ihr beweisen, dass sie doch ein lernfähiges intelligentes Mädchen ist? Ist sie nur stolz auf ihre eigene Leistung? Oder hat das Gelernte einen genuin ostentativen Zug? Dabei wäre zu berücksichtigen, dass auch das Demonstrieren von Gelerntem gelernt sein will.

Deutlich macht die Szene aber auch, dass Helen Keller noch kein Verständnis vom Schematismus von Zeichen, Bedeutendem und Bedeutetem hat (vgl. Barthes 1987). Dieses Verständnis betrifft einen der bedeutsamsten Lernfortschritte, wenn nicht den wichtigsten Lernprozess, den Helen noch vor sich hat.

„Als ich eines Tages mit meiner neuen Puppe spielte, legte mir Fräulein Sullivan auch meine große zerlumpte Puppe auf den Schoß, buchstabierte d-o-l-l und suchte mir verständlich zu machen, dass sich d-o-l-l auf beide Puppen beziehe [die alte und die neue aus dem Perkins-Institut]. Vorher hatten wir ein Renkontre über die Wörter m-u-g und w-a-t-e-r gehabt. Fräulein Sullivan hatte mir einzuprägen versucht, dass m-u-g mug und dass w-a-t-e-r water sei, aber ich blieb beharrlich dabei, beides zu verwechseln. Verzweifelt hatte sie das Thema einstweilen fallen gelassen, aber nur, um es bei der nächsten Gelegenheit wieder aufzunehmen. Bei ihren wiederholten Versuchen wurde ich ungeduldig, ergriff die neue Puppe und schleuderte sie zu Boden. Ich empfand eine lebhafte Schadenfreude, als ich die Bruchstücke der zertrümmerten Puppe zu meinen Füßen liegen fühlte. Weder Schmerz noch Reue folgten diesem Ausbruch von Leidenschaft. Ich hatte die Puppe nicht geliebt. In der stillen, dunklen Welt, in der ich lebte, war für starke Zuneigung oder Zärtlichkeit kein Raum." (Keller 1907, 23)

Die Lehrerin Anne Sullivan versucht nun, nachdem Helen Keller in der Lage ist, eine Buchstabenfolge korrekt auszuführen, einen Zusammenhang zwischen den Wörtern und den Sachen herzustellen. Doch zwischen der sinnlich-haptischen Figurenfolge und den konkreten Gegenständen, hier: den Puppen, ‚sieht' Helen Keller noch keine Verbindung. Die Lernatmosphäre wird für Helen zunehmend bedrückender. Sie scheint zu spüren, dass sie den Anforderungen ihrer Lehrerin noch nicht gerecht wird, und zerstört das von ihr mitgebrachte Geschenk. Wie auch immer man diese Tat einschätzen mag – als Affront gegen die Lehrerin, als Zurückweisung ihrer Ansprüche oder ihrer Methodik, als autoaggressiver Akt etc. –; entscheidend erscheint, dass es einerseits in dieser Atmosphäre und dass es anderseits an diesen Gegenständen nicht gelingen kann, einen qualitativen Sprung im Lernen zu bewerkstelligen. Ort, Zeit, Gegenstand, Subjektivität, Methodik müssen „passen", damit es zu einem wichtigen Fortschritt kommen kann. Dieser ist pädagogisch angebahnt:

„Ich fühlte, wie meine Lehrerin die Bruchstücke auf die eine Seite des Kamins legte, und empfand eine Art von Genugtuung darüber, dass die Ursache meines Unbehagens beseitigt war. Fräulein Sullivan brachte mir meinen Hut, und ich wusste, dass es jetzt in den warmen Sonnenschein hinausging. Dieser Gedanke, wenn eine nicht in Worte gefasste Empfindung so genannt werden kann, ließ mich vor Freude springen und hüpfen. Wir schlugen den Weg zum Brunnen ein, geleitet durch den Duft, des ihn umrankenden Geißblattstrauches. Es pumpte jemand Wasser, und meine Lehrerin hielt mir die Hand unter das Rohr. Während der kühle Strom über die eine meiner Hände sprudelte, buchstabierte sie mir in die andere das Wort water, zuerst langsam, dann schnell. Ich stand still, mit gespannter Aufmerksamkeit die Bewegung ihrer Finger verfolgend. Mit einem Male durchzuckte mich eine nebelhaft verschwommene Erinnerung an etwas Vergessenes, ein Blitz des zurückkehrenden Denkens, und einigermaßen offen lag das Geheimnis der Sprache vor mir. Ich wusste jetzt, dass water jenes wundervolle kühle Etwas bedeutete, das über meine Hand hinströmte. Dieses lebendige Wort erweckte meine Seele zum Leben, spendete ihr Licht, Hoffnung, Freude, befreite sie von ihren Fesseln! Zwar waren ihr immer noch Schranken gesetzt, aber Schranken, die mit der Zeit hinweggeräumt werden konnten." (Keller 1907, 23)

Wiederum liefert uns die Autorin eine klar umrissene Szene, die sich anhand der genannten performativen Dimensionen bestimmen lässt: nach der Puppenzerstörung (Temporalität), im warmen Sonnenschein, am Brunnen (Spatialität), das Wasser (Materialität), die Lehrerin und das Geheimnis der Sprache (Referenzialität).

In dieser Szene findet sich die lernentscheidende Erfahrungskontextuierung, in der es Helen Keller gelingt, Dinge und Zeichen miteinander zu verknüpfen. In ihr versucht Anne Sullivan die Aufmerksamkeit Helen Kellers so zu lenken, dass es zu einer ganz bestimmten Erfahrung kommen kann und soll. Sie versucht, bewusst oder unbewusst, Signale und Markierungen zu setzen (Wasser, Bewegung, Doppelempfindung etc.), die Helen Keller in einer bestimmten Art und Weise aufmerken lassen sollen; d. h. sie versucht, die Aufmerksamkeitsrichtung und den Aufmerksamkeitshorizont zu rahmen – und das spürt Helen Keller. „Die Kunst des Erziehenden besteht darin, Aufmerksamkeit freiwillig werden zu lassen, ihren Aufbau zu ermöglichen" (Valéry 1992, 607). Diese Aufmerksamkeitsspannung ist nicht immer Voraussetzung für den Lernprozess, können wir doch auch von einem mehr oder weniger unbewussten Lernen sprechen. Doch Lernprozesse und Lernereignisse sind nach allem, was wir wissen, in hohem Maße auf die Aufmerksamkeit des Lernenden angewiesen (vgl. Tomasello 2002, 71 ff.). Dabei gilt: „Das Aufmerken stellt noch kein intentionales oder gar propositionales Wissen dar, es bildet höchstens eine Vorform des Wissens, die als unterschwellige Aufmerksamkeit durchaus ephemer und punktuell bleiben kann, so dass sie sich der Bewusstwerdung und der Erinnerung entzieht" (Waldenfels 2004, 96).

Man kann sagen, dass Helen Keller, Anne Sullivan und die involvierten Gegenstände in dieser Szene eine Form der leiblich-haptischen Aufmerksamkeit erzeugen. Aus der Doppelempfindung – Wasser läuft über die eine Hand, die Buchstaben werden in die andere Hand diktiert – entsteht eine kognitive Verbindung: Diese Zeichen bedeuten jenen Gegenstand; somit signifiziert Helen Keller die Gegenstände. Diese Szene wirkt nicht zufällig wie der Geburtszeitpunkt einer neuen Erfahrung: Lernprozesse verlaufen sowohl kontinuierlich als auch diskontinuierlich und gelegentlich kommt der große Durchbruch „wie aus heiterem Himmel", obwohl er sich im Nachhinein durchaus sinnvoll erklären lässt. So kann man in dieser Szene von einer Überdeterminierung, von einer Verdichtung von Sinneseindrücken und leiblichen Bezügen, Erinnerungen, Emotionalitäten, bewussten und unbewussten Wünschen und Vorstellungen, symbolischen Bezügen, Bewegungen und atmosphärischen Gegebenheiten sprechen, aus deren Zusammenspiel eine neue Erkenntnis erwachsen kann bzw. erwächst. Helen stellt eine Beziehung zwischen Zeichen und Gegenstand her und sie stellt eine Metabeziehung, eine Beziehung dieser Beziehung zu allen Gegenständen her: Die Welt hat Bedeutung (konstative Beziehung) und sie bedeutet die Welt (performative Beziehung). Lernen entsteht hier aus einem leiblichen Geschehen, in dem der subjektive Prozess und der Kontext, die Lernende, die Lehrerin, die Dinge und die Zeichen, Vergangenheit, Gegenwart und Zukunft wie in einem dichten Knoten involviert sind. Die lernende Helen Keller erfährt – ihr widerfährt passiv und sie entdeckt aktiv – das semantische Gesetz der Sprache. Ist es ein Zufall, dass gerade die Hände als äußert sensible Erfahrungsflächen diesen Lernprozess wesentlich mit bestimmen?

Nun gibt es in der Geschichte der Pädagogik eine ganze Reihe von Beschreibungen und Reflexionen solcher sogenannter „fruchtbarer Momente" (Copei 1950), sei es in Platons Dialog *Menon* oder seinem 7. Brief bis hin zu Montessoris Phänomen der Polarisation der Aufmerksamkeit und Deweys Konzeption des Erfahrungslernens, in denen die Produktivität des Lernens sich dadurch auszeichnet, dass man sich aus vermeintlichem Wissen befreit, stereotype habituelle Reaktionen durchbricht, Erwartungshaltungen konterkariert und so zu einem neuen Wahrnehmen, Handeln und Wissen vorstößt. Konzentriert um die teils erlittene, teils selbst herbeigeführte Erfahrung als Konfrontation mit einem Anderen, Fremden und Neuen ergibt sich die Lösung eines Problems, und zwar oftmals dann, wenn man es nicht erwartet. „Man kann den ganzen Prozess als die allmähliche Klärung einer dunkeln Intention – oder Intuition – bis zum Punkte des Aufleuchtens bezeichnen. Er ist zugleich der Anschmiegungsprozess des Denkens an die Sache, im ‚fruchtbaren Moment' verschmelzen beide, der Krampf des Suchens löst sich in einem Hingegeben-Sein und in einem Verschmelzen mit der Sache. Nicht ich denke, es denkt in mir, das ist immer wieder der Eindruck der großen Männer [und, wie nicht nur im Hinblick auf Helen Keller zu ergänzen ist, der großen Frauen; MG/JZ] in solchen Momenten gewesen" (Copei 1950, 72).

Für Helen basiert der geschilderte Lernprozess auch (und vielleicht wesentlich?) auf einer früheren Erfahrung. Muss man immer schon gelernt haben, um etwas Neues lernen zu können? Im Buch selbst ist der Stellenwert dieser Erfahrung nicht eindeutig. Aus ontogenetischer Perspektive erscheint es kein Zufall, dass gerade die Verbindung des Wortes „water" und des Gegenstandes „Wasser" Helen Keller den Gebrauch der Zeichenverwendung lernen ließ. Denn das Wort „water" wird ausdrücklich von ihr als das einzige der Wörter hervorgehoben, das sie schon in den ersten sechs Monaten ihres Lebens sprechen gelernt und das sie auch nach ihrer Krankheit nicht vergessen hatte: „Ich hörte erst auf, den Laut wah-wah auszustoßen, als ich das Wort zu buchstabieren gelernt hatte" (Keller 1907, 7). Wenngleich hier wohl auch eine gewisse autobiografische Mythisierung im Spiel sein könnte, die dem Ereignis am Brunnen *ex post* eine lerntheoretische Basis verleiht, so ist doch nicht auszuschließen, dass das Wort „water" für Helen Keller schon eine zeichentheoretische Bedeutung besaß.

Aus ihren eigenen Aufzeichnungen wird allerdings nicht deutlich, ob sie in ihrer frühen Kindheit zwischen dem Lauten „water" und dem Gegenstand Wasser einen Zusammenhang hergestellt hatte, wofür allerdings eine gewisse alltagspraktische Plausibilität sprechen dürfte. So hat sie wohl, wenn sie Wasser fühlte oder auch nach Wasser zum Trinken verlangte, auf den Laut „wah-wah" zurückgegriffen. Für diese Interpretation spricht auch, dass ihre Lehrerin in ihren Aufzeichnungen erwähnt, dass Helen Keller bei ihrer Ankunft ca. sechzig imitatorische Gesten beherrschte, mit denen sie sich mit ihr Umwelt verständigen konnte; und dass sie darüber hinaus auch in der Lage war, die Worte „papa, mamma, baby, sister" mit einiger Deutlichkeit zu artikulieren (Keller 1907, 315). Wenn hier auch nicht das Wort „water" ausdrückliche Erwähnung findet, so lässt sich doch vermuten, dass dieses sich schon in Helen Kellers Sprachschatz befunden haben könnte. Darauf weisen auch die Aufzeichnungen der Lehrerin hin, die festhält, dass Helen Keller mit dem Wort „water", das sie sehr früh erlernt hatte, „stets einen Sinn" verknüpfte (Keller 1907, 313).

Die andere, sowohl von Helen Keller als auch von Anne Sullivan ins Spiel gebrachte implizite Interpretation für Lernprozesse bei Taubblinden lautet, dass es einen phylogenetischen Bestand bzw. ein phylogenetisches Gedächtnis der

Menschheit gäbe, das als „eine Art sechsten Sinnes – ein Seelensinn, der zugleich sieht, hört, fühlt" fungiert bzw. das als unbewusstes potenzielles Erfahrungserbe der Menschheit jeweils durch Zeichen aktualisiert werden kann: „Diese Erfahrungen sind wie fotografische Negative, bis die Sprache sie entwickelt und die Erinnerungsbilder hervorbringt" (Keller 1907, 245; vgl. 124, 265 f., 259 und 300 mit Bezug auf die undeutlichen Gedächtnisbilder aus den ersten Lebensmonaten von Helen Keller).

Aber natürlich muss hier auf die Differenz von gesprochener und geschriebener Sprache hingewiesen werden. Es macht einen Unterschied, ob Kinder lernen, einen Laut auf einen Gegenstand zu beziehen, oder ob sie lernen, eine Buchstabenfolge mit einem Gegenstand zu verbinden. Beide Prozesse verlaufen zeitlich unterschiedlich, insofern in der Regel die Kinder erst sprechen, dann lesen lernen; in beiden Prozessen werden unterschiedliche Sinnlichkeiten – das Hören beim Sprechen, das Auge (oder der taktile bzw. haptische Sinn) beim Lesen – fokussiert. Was beide Prozesse verbindet ist, dass sie zum einen eine Beziehung zwischen einem Zeichen und einem Gegenstand herstellen und dass sie zum anderen diese Beziehung generalisieren müssen.

Verfolgt man nicht die phylogenetische Perspektive der lediglich der Aktualisierung harrenden angeboren Ideen und Vorstellungen, so stellt sich die Frage, wie sich das Ereignis des Zeichengebrauch-Lernens ontogenetisch erklären lässt? Zunächst kann man das Fühlen des Wassers als eine aisthetische Erfahrung beschreiben. Der Begriff der *aisthesis* unterscheidet nicht streng zwischen Empfindung, Wahrnehmung und Sinnesvermögen, d. h. aisthesis zielt auf das, was die Sinne beschäftigt, was den Menschen mit Empfindungen und Gefühlen verknüpft und mit Bewusstsein – nicht als reflexive Durchdringung eines Sachverhaltes, sondern – als eine Form des Beteiligt-Seins erfüllt (Zirfas 2000). Die aisthetische Wahrnehmung konkreter Gegenstände und Sachverhalte bedarf im wahrsten Sinne des Wortes der zeichentheoretischen Übersetzung, um die Mannigfaltigkeit der sinnlichen Eindrücke überhaupt zu einem Gegenstand bzw. Sachverhalt von Belang für sich und für andere zu verdichten. Gegenstände und Sachverhalte sind zunächst unspezifisch kodiert, ihre sprachliche Kodierung erhalten sie in Erziehungs-, Lern-, Sozialisations- und Bildungsprozessen, d. h. im kulturellen Kontext einer Lebenspraxis.

Dass diese begrifflichen Kodierungen immer armselige Gestalten sind, die die Modi sinnlicher(-imaginativer) Wahrnehmung nur unzureichend, ja teilweise verkennend und verstellend in den Blick nehmen, kann man bei Adorno nachlesen. Der Umfang und die Intensität sinnlicher Wahrnehmung geht im Begriff von Prädikaten und Aussagen nicht auf; doch Sinnesdaten ohne Imagination und Reflexion, die mit dem Bewusstwerden von Wahrnehmungen unmittelbar verbunden sind, verschwimmen im bunten Allerlei der Welt – denn Anschauungen ohne Begriffe, so Kant, sind blind. In die sinnlichen Wahrnehmungen, im Spüren, Vernehmen, Berühren und Empfinden gehen Momente der Synthetisierung, der Kategorisierung, Bewertung etc. implizit immer schon mit ein: „Unsere reine Sinneserfahrung ist bereits ein Prozeß der Formulierung. [...] Sinnesdaten wären für einen Geist, dessen Tätigkeit ‚durch und durch ein Symbolisierungsprozeß' ist, nutzlos, wenn sie nicht par exellence Aufnahmebehälter für Bedeutung wären. Bedeutung aber wächst wesentlich Formen zu [...]. [...] ‚Sehen' ist selber schon ein Formulierungsprozeß; unser Verständnis der sichtbaren Welt beginnt im Auge" (Langer 1984, 95 ff.). Auch für Helen Keller bedeutet das Wasser etwas: Kühle, Frische, Druck, Bewegung etc., ohne dass sie diese Eindrücke in Worte fassen könnte.

Für diese vorsprachlichen Erfahrungen, die Helen Keller mit dem Wasser hat, bietet sich die Differenz von propositionalem und nichtpropositionalem Wissen an. Sinnliche Wahrnehmungen enthalten nichtpropositionales Wissen, insofern in ihnen Eindrücke, Intuitionen, Erinnerungen, Imaginationen, Ahnungen eingehen. Im Unterschied zum propositionalen Wissen, das in Form von Worten, Aussagen und Sätzen repräsentiert wird, die – mehr oder weniger – eindeutig festlegen, was der Fall ist, und die daher auch wahr oder falsch sein können, weil mit ihnen Mitteilbarkeit und Überprüfbarkeit verbunden sind, ist das nichtpropositionale Wissen der sinnlichen Wahrnehmung metaphorischer und bildhafter, nicht unbedingt auf Kommunikativität und Falsifizierbarkeit angelegt, somit wesentlich individueller und stärker leiblich gebunden. Das nichtpropositionale Wissen der Sinne ist durchzogen von individuellen Bedeutsamkeiten und Prägnanzen, es ist fragmentarischer, pointierter, ereignishafter als das propositionale Wissen und es bietet diesem gegenüber auch ein höheres individuelles Maß an ästhetischen Präferenzen wie ungeschützten normativen Orientierungen auf. Insofern machen Sinne immer schon Sinn: Sie verleihen Bedeutungen, schreiben Werte zu, konstituieren Strukturen, etablieren Ordnungen – allerdings keine intersubjektiven und keine differenzierten (vgl. Zirfas 2012). Der Besitz von propositionalem Wissen „ist gleichbedeutend mit der Fähigkeit, wahre Zwecke von falschen und erhabene Dinge von niedrigen zu unterscheiden" (Keller 1907, 105).

Dass die Sinne die Welt in Formen bringen, (vor-)formulieren, bringt zum Ausdruck, dass unsere über die Sinne vermittelte Beziehung zur Welt von Anfang an aisthetisch-metaphorisch ist. Doch wie werden konkrete Sinnesdaten in zeichenhafte Strukturen übersetzt? Hierzu bedarf es der Imagination, die die Verbindung zwischen den Wahrnehmungen und den Ausdrücken oder den Worten herstellt und der Reflexion, die sie bewusst macht und bewertet. Es liegt nahe, hier von der Imaginations- oder Metaphernpflichtigkeit des Denkens und Erkennens (Blumenberg) zu sprechen. Nietzsche brachte diesen Sachverhalt wohl am prägnantesten auf den Punkt: „Ein Nervenreiz, zuerst übertragen in ein Bild! Erste Metapher. Das Bild wird nachgeformt in einen Laut! Zweite Metapher. Und jedes Mal vollständiges Überspringen der Sphäre, mitten hinein in eine ganz andere und neue" (Nietzsche 1999, 879).

Die Einbildungskraft steht für die Fähigkeit und die Kraft, Bilder in sich aufzunehmen, sie sich „einzubilden". So wird in unserer Szene auch nicht deutlich, ob Helen Keller die Signifikat-Signifikanten-Struktur entdeckt oder ob sie sie erfindet. Ludger Schwarte (2006, 102 f.) differenziert hier sinnvollerweise zwischen Intuition und Imagination: „Die Imagination fabriziert die Parameter der Wirklichkeit. Im Gegensatz dazu situiert die Intuition überhaupt erst die Bandbreite des Möglichen. [...] Die Imagination folgt der Spur, die die Intuition herausschält. Die Intuition macht das Einräumen des Unvorhersehbaren und die Wahrnehmung von heterogenen Qualitäten ebenso möglich, wie die Existenz des bloß Erscheinenden." In unserer Szene füllt die Intuition gleichsam eine Leerstelle zwischen Zeichen und Gegenstand, die dann von der Imagination ausdifferenziert wird. Helen Keller nimmt zwischen den äußeren Empfindungen eine innere Beziehung war: Sie transformiert die sinnliche Außenwelt in eine kognitive Innenwelt; aber sie verleiht auch der Außenwelt – und gleichzeitig ihrer eigenen Innenwelt – Ausdruck, indem sie den Signifikationszusammenhang „veräußert", die Realität mit Bedeutungsstrukturen versieht.

Geht es nicht in Erfahrungs- und Lernprozessen vor allem um das (Er-) Finden von Möglichkeiten, um mögliche Formungen von Passungen zwischen Fragestellungen und Wirklichkeiten? Ist Lernen damit wesentlich ein imaginärer Prozess? „Die Einbildungskraft ist produktiv in dem Maß, wie sie spontan ist, also nicht als Imitation oder Reproduktion wirkt. [...] Die Wahrheit der Einbildungskraft ist eine der Kommunikation und Kreativität, die nicht durch Evidenz-Forderungen korrigiert oder verifiziert werden kann" (Hüppauf/Wulf 2006, 29). Mit anderen Worten: Imaginationen sind in ihrer Selbstbezüglichkeit nicht auf eine Korrespondenz mit der Wirklichkeit angewiesen, und insofern jenseits der Wahr-falsch-Opposition angesiedelt. „Imaginationen handeln von Möglichkeiten, nicht von Notwendigkeit, und so ist das Imaginieren ein Akt der Unbestimmtheit und Unschärfe und als solcher schwer zu beschreiben" (ebd.).

4. Der Lernprozess: Eine Zusammenfassung

Helen Kellers autobiographische Darstellung ist ein ausgezeichnetes Beispiel für einen erfahrungsbezogenen Lernprozess, der leiblich-praktische und kognitive Akte miteinander verknüpft. Ihr Lernprozess verläuft dabei vom haptischen Begreifen eines Buchstabens bis hin zum semantischen Begreifen eines Wortes, oder – holzschnittartig formuliert –: vom Körper zum Geist.

Rekonstruieren wir den gesamten Lernprozess in einer idealtypischen Stufenfolge, so lassen sich auf der Ereignisebene folgende Stadien angeben:

1. Haptisches Begreifen eines Buchstabens
2. Haptisches Begreifen einer Buchstabenfolge, d. h. eines Wortes
3. Haptisches Begreifen mehrerer Worte in einem Zusammenhang

Bis hierher liegen die Lernerfolge auf einer Ebene, doch nun erfolgt ein qualitativer Sprung:

4. Kognitives Begreifen des Zusammenhangs von Wort und Sache (water)
5. Kognitives Begreifen des Zusammenhangs von Wörtern und Welt
6. Kognitives Begreifen des Zusammenhangs von Wörtern und Selbst

Friedrich Copei differenziert idealtypisch verschiedene Phasen oder Etappen, die zu einem fruchtbaren Moment hinführen: Im Ausgang und vor dem Hintergrund von „Selbstverständlichkeiten" tauchen „Anstöße" auf, indem diese erschüttert und in Frage gestellt werden; es entwickelt sich eine „Frage- und Staunenshaltung", die versucht, den Dingen neu und anders auf den Grund zu kommen; hierfür werden die „Aufmerksamkeit" geschärft und „Methoden der Klärung" in Gang gebracht, die ein Überspringen der Irritation im Lernprozess ermöglichen sollen. Schließlich kommt es dann zu einem „fruchtbaren Moment", der als eine besondere Art der Erkenntnis gefasst wird: „Wie das Auftauchen einer Leuchtrakete über einem dunklen Gelände, das für einen Augenblick das ganze Feld in allen Einzelheiten und deren Zusammenhang unter sich überblicken lässt und dann verlischt, alles wieder in Dunkel hüllend" (Copei 1950, 68; vgl. 59 ff.). Seine Erklärung der Bedingungen der Möglichkeit von fruchtbaren Momenten ist aufschlussreich. Er schreibt: „Ob es zu einem Anstoß und ob es zu einer Intention, d. h. einer fruchtbaren Vermutung kommt, ferner, ob die Potenz, die im Vorstoß wirkt, genügt, zuletzt die Kluft zur Leistung zu überspringen, das hängt auch vom Anstoß hier und da, vom Zufall, das hängt aber vor allem davon ab, wie viel der Einzelne an Begabung mitbringt" (Copei 1950, 67).

Dieses Zitat führt uns zu den Kontexten des Lernprozesses: Hier fallen vier Momente ins Gewicht. Zum einen der persönlich starke Lernwillen von Helen Keller. Ihr Interesse, die Sprache zu lernen, um ihre Gefühle und Vorstellungen auszudrücken, ist so übermächtig, dass sie sich diesem nicht entziehen kann. An einer Stelle spricht sie selbst davon, dass sie sich von einer „mächtigen Kraft" getrieben fühlte, sich immer wieder aufs Neue Lernziele zu stecken und Schwierigkeiten zu überwinden (Keller 1907, 96). Ausschlaggebend für diese Lerngier sind einerseits ihr unbändiger Wille zur Expressivität, zur Erläuterung ihres Seelen- und Gefühlslebens und andererseits ihr unerschütterlicher Wille zur Kommunikativität, zur (liebevollen) Verbundenheit und Verständigung mit anderen. An mehreren Stellen weist sie darauf hin, dass sie aus ihrer sinnlichen Isolation und intersubjektiven Einengung ausbrechen möchte (Keller 1907, 16 f., 24 f., 58, 278).

Zweitens muss hier die kinder- und behindertengerechte Didaktik und Methodik genannt werden. Dabei soll nicht nur auf die sonderpädagogische Didaktik und Methodik des Fingeralphabets, auf den von Sullivan erwähnten anthropologischen Ausgangspunkt der Nachahmung und ihre pädagogische Anthropologie eines freien und selbsttätigen Zöglings, auf den in ihrer Pädagogik praktizierten Lebens- und Erfahrungsbezug oder auch auf ihre, an der Entwicklung von Helen Keller orientierte, „unsystematische Didaktik" abgehoben werden. Im gesamten Buch wird auch immer wieder erwähnt, dass sie in der Lage war, auf die Bedürfnisse und Interessen von Helen Keller einzugehen bzw. ihre Interessen zu fördern, dass sie versuchte, die Phantasie des Kindes anzuregen und sie mit dem Nichtverstehen zu konfrontieren (vgl. Keller 1907, 226-311): Hier ist ein eindeutiger Zusammenhang zwischen behindertengerechter Pädagogik und Reformpädagogik absehbar.

Drittens ist die für Helen Kellers Lernprozesse bedeutsame Atmosphäre noch zu nennen: eine Atmosphäre der Liebe und Anerkennung. Diese Atmosphäre wird von Helen Keller als sehr wichtig hervorgehoben: „Denn das Licht der Liebe erhellte bereits in dieser Stunde [der Ankunft] meinen Pfad. [...] Als sie kam, atmete alles rings um mich her Liebe und Freude und gewann eine Fülle von Bedeutung" (Keller 1907, 21, 38; Sullivan selbst spricht von Liebe und Gehorsam, 216).

Und schließlich soll auch noch einmal auf die für Lernprozesse wichtige Funktion der Erinnerung zurückgekommen werden (vgl. auch: Brunnen als Symbol der Erinnerung, der Stärkung und Reinigung, als Quell des Lebens). Lernen ist nicht (wie bei Platon) gleichzusetzen mit Erinnerung als Wiederholung einer vergessenen Erfahrung,

1. weil – vergangenheitsbezogen – nicht alle Gegenstände, Sachverhalte, Relationen, Modalitäten etc. immer schon gewusst werden können, bzw. die Annahme oder Unterstellung eines allumfassenden anamnetischen, genetischen, vernünftigen etc. Gedächtnis erheblichen Begründungszweifeln ausgesetzt ist;

2. weil – gegenwartsbezogen – nicht nur Zeichen und Gegenstand miteinander assoziiert werden, sondern weil die generalisierende anwendungsbezogene Regel aus dieser Assoziation selbst extrapoliert wird. D. h. Helen Keller lernt nicht nur, dass Wasser „water" heißt, sondern auch, dass alle Gegenstände Namen haben. Sie lernt die Bedeutung der Worte durch ihren Gebrauch. Obwohl man bei ihr auf das Erlernen von grammatischen Regeln und lehrbuchartigen Definitionen von Begriffen weitgehend verzichtete, lernt sie implizit die Regeln der Anwendung in der alltäglichen Anwendung der Worte und war daher in der Lage „sie richtig zu gebrauchen" (Keller 1907, 302). Sie verstand den Sinn der Worte, d. h. für sie waren geschriebene (und später auch gesprochene) Wörter mit Alltagssituationen verknüpft, in denen sie die Worte anwenden konnte.

Und schließlich 3. weil – zukunftsbezogen – mit dem erlernten Wissen immer auch – und wie geringfügig auch immer – eine Veränderung des Lernenden impliziert ist. Das bloße Erfahrungswissen wird im Lernen umgewandelt in ein Verfügungswissen des Lernenden. Nur diejenigen, die – wie etwa Platon – daran glauben, dass alles Wissen in einer pränatalen Schau der Ideen oder in den Strukturen des Verstandes fundiert ist, können Lernen als aufhellende Aktualisierung eines vergessenen oder noch undeutlich Gewussten verstehen. Lernen bedeutet als eine Verlebendigung immer auch eine zukunftswirksame Metamorphose des Lernenden selbst. „Ich verließ den Brunnen voller Lernbegier" (Keller 1907, 23).

5. LITERATUR

Barthes, Roland (1987): S/Z. Frankfurt am Main.
Copei, Friedrich (1950): Der fruchtbare Moment im Bildungsprozess. 7. Aufl. Heidelberg.
Engel, Nicolas (2011): Szenen in Organisationen. Überlegungen zu einem praxistheoretischen Bezugsrahmen pädagogisch-ethnographischer Organisationsforschung. In: Ecarius, Jutta u. a. (Hrsg.): Methodentriangulation in der qualitativen Bildungsforschung. Opladen, 155-172.
Gebauer, Gunter (1984): Hand und Gewissheit. In: Kamper, Dietmar/Wulf, Christoph (Hrsg.): Das Schwinden der Sinne. Frankfurt am Main, 234-260.

Gebauer, Gunter/Wulf, Christoph (1992): Mimesis. Kultur – Kunst – Gesellschaft. Reinbek.

Gebauer, Gebauer/Wulf, Christoph (1998): Spiel –Ritual – Geste. Mimetisches Handeln in der sozialen Welt. Reinbek.

Geertz, Clifford (1990): Die künstlichen Wilden. Anthropologen als Schriftsteller. München.

Göhlich, Michael (2009): Raum als pädagogische Kategorie. In: Mertens, Gerhard u. a. (Hg.): Handbuch der Erziehungswissenschaft. Bd. II. Paderborn, 489-503.

Göhlich, Michael/Engel, Nicolas/Höhne, Thomas (2012): Szenen und Muster. Zur pädagogischen Ethnographie von Organisationen. In: Friebertshäuser, Barbara u. a. (Hrsg.): Feld und Theorie. Herausforderungen erziehungswissenschaftlicher Ethnographie. Leverkusen, 153-168.

Göhlich, Michael/Zirfas, Jörg (2007): Lernen. Ein pädagogischer Grundbegriff. Stuttgart.

Hof, Christiane (2009): Lebenslanges Lernen. Eine Einführung. Stuttgart.

Hüppauf, Bernd/Wulf, Christoph (2006): Einleitung: Warum Bilder die Einbildungskraft brauchen. In: Dies. (Hrsg.): Bild und Einbildungskraft. München, 9-44.

Keller, Helen (1907): Die Geschichte meines Lebens. 30. Aufl. Stuttgart.

Krüger, Heinz-Hermann/Marotzki, Winfried (Hrsg.) (2006): Handbuch erziehungswissenschaftliche Biographieforschung. 2. Aufl. Wiesbaden.

Langer, Susanne K. (1984): Philosophie auf neuem Wege. Das Symbol im Denken, im Ritus und in der Kunst. Frankfurt am Main.

Scheuerl, Hans (1954): Das Spiel. Untersuchungen über sein Wesen, seine pädagogischen Möglichkeiten und Grenzen. Weinheim/Berlin.

Schwarte, Ludger (2006): Intuition und Imagination – Wie wir sehen, was nicht existiert. In: Hüppauf, Bernd/Wulf, Christoph (Hrsg.): Bild und Einbildungskraft. München, 92-103.

Schulze, Theodor (1995): Situation, pädagogische. In: Lenzen, Dieter (Hrsg.): Pädagogische Grundbegriffe. Band 2. Reinbek, 1386-1391.

Tomasello, Michael (2002): Die kulturelle Entwicklung des menschlichen Denkens. Frankfurt am Main.

Valéry, Paul (1992): Cahiers/Hefte 5. Hrsg. v. Hartmut Köhler u. Jürgen Schmidt-Radefeldt. Frankfurt am Main.

Waldenfels, Bernhard (2004): Phänomenologie der Aufmerksamkeit. Frankfurt am Main.

Walford, Geoffrey (2009): The practice of writing ethnographic fieldnotes. In: Ethnography and Education. Vol. 4/2, 117-130.

Wulf, Christoph/Althans, Birgit/Audehm, Kathrin/Bausch, Constanze/Göhlich, Michael/Jörissen, Benjamin/Mattig, Ruprecht/Tervooren, Anja/Wagner-Willi, Monika/Zirfas, Jörg (2004): Bildung im Ritual. Schule, Familie, Jugend, Medien. Wiesbaden.

Zirfas, Jörg (2000): Aisthesis. In: Der Blaue Reiter 12: Schön Sein. Journal für Philosophie. Stuttgart, 70-72.

Zirfas, Jörg (2012): Die Künste und die Sinne. In: Bockhorst, Hildegard/Reinwand, Vanessa/Zacharias, Wolfgang (Hrsg.): Handbuch Kulturelle Bildung. München, 168-173.

Lernorientierungen: Empirische Analyse und grundlagentheoretische Reflexion

ARND-MICHAEL NOHL

1. EINLEITUNG: ZUM LERN- UND BILDUNGSBEGRIFF

In der Erziehungswissenschaft wird neben dem eher additiven Erwerb von Wissen und Können vor allem der transformative Charakter des Lernens betont. Lernen, so heißt es bei Günther Buck (1989, 47), „ist nicht nur die bruchlose Folge einander bedingender Erwerbungen, sondern vorzüglich ein Umlernen". Käte Meyer-Drawe greift diesen Gedanken auf: Im Lernprozess wird, so schreibt sie, „ein neuer Horizont eröffnet […], dem der alte bis zu einem bestimmten Grad geopfert werden muss" (2008, 14). Dies geschehe „dort und dann, wo und wenn das Vertraute seinen Dienst versagt und das Neue noch nicht zur Verfügung steht" (ebd. 15).

Dieser Moment der „Negativität" (ebd. 96) wird nicht nur in der hermeneutischen und phänomenologischen Lerntheorie, sondern auch im Pragmatismus als wesentlich erachtet (vgl. Benner/English 2004, 417 f.). Und auch Lerntheorien, die an die subjektwissenschaftliche Perspektive Holzkamps anknüpfen[1], heben die Momente der Negativität und des Umlernens hervor (vgl. Faulstich 2008, 43). Während dort aber als Auslöser des Lernprozesses eine gleichsam selbst entfachte „Diskrepanzerfahrung" (Faulstich/Grotlüschen 2006, 56) gilt, betont Meyer-Drawe, dass das Umlernen durch eine „Widerfahrnis" (2012, 243) in Gang gebracht werde, der die/der Lernende eher ausgesetzt sei als dass er sie aktiv herbeiführe.

---

1 Siehe hierzu die Beiträge von Bracker und Umbach, Faulstich, Grotlüschen und Zeuner in diesem Band.

Gerade dort, wo Lernen als Umlernen ausbuchstabiert wird, nehmen die Autor/inn/en gelegentlich auch auf den Bildungsbegriff Bezug. So spricht Buck des Öfteren von „Bildung" (1989, 80 ff.), ohne dass dabei stets ein Bedeutungsunterschied zum Lernen deutlich würde. Meyer-Drawe weist darauf hin, dass Lernen dann, „wenn durch es ein neuer Horizont eröffnet wird, als schmerzhafte Umkehr erlebt [wird; A.-M.N.], in der eine Wiederbetrachtung, eine Revision stattfindet, die nicht nur das eigene Wissen, sondern *die eigene Person zur Disposition stellt*" (2008, 206; Hervh. A.-M.N.). Damit rückt sie Lernen in die unmittelbare Nähe von Bildungsprozessen. Auch bei Benner/English (2004) ist immer wieder von „Bildung" (im deutschen Original) die Rede, ohne dass diese zum Lernen ins Verhältnis gesetzt würde.[2] In ähnlicher Weise findet sich bei Faulstich der Hinweis darauf, dass das Holzkamp'sche Konzept des „expansiven Lernens" geeignet sei, die „utopisch-kritischen Potenziale ‚lebensentfaltender Bildung'" zu fassen (Faulstich 2008, 56). Bei Joachim Ludwig heißt es hierzu: „Weil die so [im expansiven Lernen; A.-M.N.] problematisch gewordenen subjektiven Bedeutungshorizonte immer mit den gesellschaftlichen Bedeutungskonstellationen vermittelt sind, bedeutet diese Selbstverständigung zugleich eine Fremd- und Weltverständigung über diese gesellschaftliche Vermitteltheit. Lernen konstituiert auf diese Weise einen Bildungsprozess als Selbst- und Weltverständigung des Subjekts, in dem es seine Bestimmung im Vergesellschaftungsprozess selbst hervorbringt" (2000, 68).

Ein solch ‚ausufernder' Lernbegriff, dessen Grenzen zu „Bildung" verschwimmen, mag disziplinpolitische Vorteile haben; er droht aber zugleich hinter die begriffliche Unterscheidung von Bildung und Lernen zurück zu fallen, wie sie sich etwa in der qualitativen Bildungsforschung etabliert hat. Ausgehend von Winfried Marotzki (1990) wird dort Bildung als Transformation der Selbst- und Weltreferenz untersucht, während Lernen als kontinuierlicher Erwerb von Wissen und Können innerhalb einer gegebenen Selbst- und Weltreferenz, d. h. innerhalb eines gegebenen (Orientierungs-) Rahmens gilt (vgl. an Marotzki an-

---

2 Auf die mangelnde Differenzierung von Lernen und Bildung in den genannten Ansätzen weist auch Heide von Felden hin (2008, 219): „Ein Lernbegriff, der aus hermeneutischen, phänomenologischen, wissenssoziologischen und pragmatischen Denkansätzen entwickelt wird, betont den Prozesscharakter des Lernens [....]. Lernen als Prozess nimmt seinen Ausgangspunkt aus der Negativität der Erfahrung, ist wesentlich ein Umlernen, das mit der Änderung der Einstellung der Lernenden einher geht und bedeutet einen Suchprozess zur Lösung eines Problems. Lernen wird in seiner Funktion als Transformation näher betrachtet, wobei in diesem Zusammenhang keine Unterscheidung zwischen dem Lern- und dem Bildungsbegriff vorgenommen wird."

schließend u. a.: Koller 1999, Nohl 2006, Rosenberg 2011). Diese scharfe Unterscheidung zwischen Lernen und Bildung ist gerade in der empirischen Forschung nötig, denn diese muss das Datenmaterial ja dem einen oder anderen interpretativ zurechnen. Eine zu weitreichende Definition des Lernens könnte diese grundbegriffliche Klarheit, die für empirische Analysen notwendig ist, zunichtemachen.

Allerdings wird vor dem Hintergrund der oben knapp skizzierten Lerntheorien auch deutlich, dass eine formale Unterscheidung zwischen Bildung als rahmentransformativem Prozess einerseits und Lernen als Erwerb von Wissen und Können innerhalb eines gegebenen Rahmens andererseits lerntheoretisch unterkomplex ist. Zwar beziehen die pädagogischen Lerntheorien durchaus auch jene Prozesse, in denen es lediglich zu einem Zuwachs an Wissen und Können innerhalb gegebener Rahmen kommt, mit ein. Doch konvergieren die oben skizzierten Ansätze darin, dass Lernen seine volle Ausprägung erst und gerade dort erhält, wo angesichts der Negativität einer Erfahrung das Vorverständnis, d. h. die „Erfahrungsregeln" (Buck), erschüttert ist und sich ein neuer „Horizont" (Meyer-Drawe) eröffnen kann. In gewisser Hinsicht erscheinen also auch Lernprozesse als Rahmen transformierend.

Wie lässt sich nun aber das Verhältnis von Lernen und Bildung so reformulieren, dass beide Begriffe voneinander unterschieden werden können, ohne jedoch in ihrer Komplexität unnötig reduziert zu werden? Erste Hinweise auf eine Antwort zu dieser Frage finden sich bereits in den zitierten lerntheoretischen Arbeiten. So betont Meyer-Drawe (2008, 18), Lernen sei stets „Lernen von etwas". Dabei bezieht sich Lernen, folgt man Buck, „nicht nur auf *bestimmte* Gegenstände, sondern ebenso auf *bestimmte* Fertigkeiten und Grundleistungen" (1989, 9; Herv. A.-M.N.). Lernen verweist also stets auf ein spezifisches „Lernthema" (Faulstich 2010, 307), d. h. auf abgrenzbare Bestände an Wissen und Können. Dies kann dann auch den Akteur/die Akteurin selbst betreffen und eine Revision bisheriger Verständnishorizonte, d. h. ein „Umlernen" implizieren. Doch beziehen sich die Verständnishorizonte, die hier revidiert werden, nie auf die Welt als Ganzes, sondern sind – korrespondierend mit dem Themenbezug des Lernens – immer ausschnitthaft: Man wird sich neuer Möglichkeiten zu lernen bewusst, erwirbt andere Lernstrategien, wird bezüglich eines Gegenstandsbereichs eigener Irrtümer gewahr. Stets haben wir es mit Veränderungen zu tun, die spezifische Ausschnitte im Selbst der Lernenden betreffen.

Demgegenüber verweist Bildung auf die Selbst- und Weltreferenz in ihrer *Gesamtheit* (vgl. u. a. Marotzki 1990). Hier geht es um die „Entfaltung von Persönlichkeit", die Faulstich (2008, 311) als das „zentrale Bildungsproblem" bezeichnet. Dabei ist Bildung aber nicht unabhängig von der Weltreferenz zu sehen, bezieht sie sich doch auf die Art und Weise des In-der-Welt-Seins. Sie ist formal zu unterscheiden vom Lernen, das sich auf die aneignende Auseinandersetzung mit *Ausschnitten* aus der Welt – sogenannten Lerngegenständen oder -themen – bezieht und dabei auch die *gegenstands- oder fertigkeitsbezogenen Horizonte* der Lernenden transformieren kann.

Lernen als kontinuierlicher Erwerb von Wissen und Können zu bestimmen oder aber auch auf die Veränderung von Verständnishorizonten zu beziehen, basiert allerdings – wie oben skizziert – immer schon auf *gegenstandsbezogenen* theoretischen Annahmen, die einer empirisch-rekonstruktiven Analyse gewissermaßen vorgreifen und ihr potenziell den Blick verstellen. Demgegenüber benötigt die rekonstruktive Lernforschung einen theoretischen Grundbegriff, der es ihr erlaubt, unterschiedliche Formen und Prozesse des Lernens empirisch zu identifizieren, ohne schon mit zu weitreichenden Vorannahmen (wie sie für die hypothesenüberprüfende Lernforschung charakteristisch sind) belastet zu sein.[3]

In diesem Aufsatz soll der Begriff der „Lernorientierung" als ein solcher Grundbegriff vorgeschlagen (Abschnitt 2) und von anderen Begrifflichkeiten abgegrenzt werden (Abschnitt 3). Sodann gilt es, die Fruchtbarkeit dieses Ansatzes anhand einer empirischen Untersuchung deutlich zu machen (Abschnitt 4), deren gegenstandsbezogene Ergebnisse sich wiederum auf die eingangs dargestellten Lerntheorien beziehen lassen (Abschnitt 5).[4]

2. LERNORIENTIERUNG ALS GRUNDBEGRIFF EINER REKONSTRUKTIVEN LERNFORSCHUNG

Um der Prozesshaftigkeit des Lernens empirisch auf die Spur zu kommen, greift man in der rekonstruktiven Lernforschung oftmals auf die Biographie der Lernenden und deren Vergegenwärtigung in narrativen Interviews zurück, in denen das „erlernende Erwerben neuer Handlungskapazitäten" zum „Kern des Erzählgeschehens" (Schütze 1984, 88) gehört. Auch wenn man hier davon ausgeht,

---

3 Die Unterscheidung von Gegenstands- und Grundlagentheorien, aber auch von Methodologie und Methode, wie sie in der rekonstruktiven Sozialforschung üblich ist, nutzen Dörner/Schäffer (2012, 15 ff.), um das Feld der qualitativen Erwachsenen- und Weiterbildungsforschung zu ordnen.

4 Diesem Aufsatz liegt ein Manuskript zugrunde, das im Januar 2013 an der Universität Hamburg vorgetragen wurde. Ich danke den Zuhörer(inne)n, insbesondere Peter Faulstich, Hans-Christoph Koller und Anke Grotlüschen, für ihre inspirierenden Fragen und Sarah Thomsen sowie Anna F. Scholz für Korrekturvorschläge zum Manuskript.

dass „für den Lernenden [...] das, was er lernt, [...] nur bedeutsam im Zusammenhang seines Lebens, im Zusammenhang seiner Biographie" wird (Schulze 2006, 54), meint dies nicht, dass den Lernenden ihre Lernvollzüge explizit bewusst sein müssen. Es geht vielmehr auch und gerade um jenes implizite „Lernen, das erst durch Rekonstruktionen aus autobiografischen Materialien herausgearbeitet werden kann" (Felden 2008, 109).

Auf jene unterschwellige, dem/der Lernenden nicht bewusste Ebene zielen etwa Studien, die den Habitus des/der Lernenden (Hodkinson et al. 2008, 39) bzw. den „Lernhabitus" (Herzberg 2004) herausarbeiten. Es geht bei letzterem um einen Modus Operandi des Lernens, der in gesellschaftlichen Strukturen fundiert ist, aber in der Biografie über die Herkunftsfamilie wie auch über andere Lernsituationen erworben wird. Während der Grundbegriff des Lernhabitus nun auf eine umfassende, die gesamte Person und ihre Einbettung in einem Sozialraum widerspiegelnde „Erfahrungshaltung" (Ecarius 2006, 102) gegenüber dem Lernen zielt, kann der Grundbegriff der *Lernorientierung* (der gerade hinsichtlich der Beachtung des impliziten Modus Operandi des Lernens über wesentliche Gemeinsamkeiten mit dem Begriff des Lernhabitus verfügt) auch zur Untersuchung von Haltungen gegenüber dem Lernen genutzt werden, die kleinschnittiger angelegt sind.

Der Begriff der Lernorientierung wird in der Erziehungswissenschaft bislang eher beiläufig gebraucht (vgl. Dehnbostel 2009, 210, Looß 2007, Himmelbauer 2009). Ähnliche Konnotationen wie der Begriff der Lernorientierung, aber höchst unterschiedliche lerntheoretische Fundamente, finden sich in (z. T. psychologischen) Forschungstraditionen, in denen von „Lernstilen" (Biggs 1987, Staemmler 2005, Wild 2006), „Lernstrategien" (Artelt/Lompscher 1996, Mandl/Friedrich 2006) und „Lernmotivation" (Ames/Archer 1988, Baumert 1993, Creß/Friedrich 2000, Krapp/Ryan 2002) gesprochen wird. Ich verorte mich mit dem Begriff der Lernorientierung aber innerhalb der rekonstruktiven Lern- und Bildungsforschung, für die die Rekonstruktion von Orientierungen ganz allgemein von großer Bedeutung ist (vgl. Marotzki 1995, 124 f; Garz/Blömer 2009, 576). Im Besonderen greife ich auf Bohnsacks Begriff des „Orientierungsrahmens" zurück, mit dem er sich – in empirischer Absicht – auf die „Art und Weise" bezieht, „wie" ein Problem oder ein „Thema behandelt wird" (Bohnsack 2008, 135). Entsprechend geht es uns mit dem Begriff der Lernorientierung um die Art und Weise, in der Wissen und Können erworben und unter Umständen neue Verständnishorizonte eröffnet werden. Diese erschöpft sich nicht, wie Bohnsack deutlich macht, in den subjektiven Theorien und Motiven, d. h. den „Orientierungsschemata" (Bohnsack 1997, 51) der Lernenden, sondern ist auf der „Ebene von Habitualisierungen" (ebd. 55) der Handlungspraxis angesiedelt.

3. Weitere Grundbegriffe und methodische Zugänge der rekonstruktiven Lernforschung

Den Lernhabitus und die Lernorientierungen kann man vor allem mit solchen Erhebungsmethoden erfassen, die den Lernenden Raum geben, ihre eigenen Perspektiven und Relevanzen möglichst frei zu artikulieren. Hierzu zählt nicht nur das narrativ-biografische Interview (vgl. Schütze 1983), das sich tendenziell eher dazu eignet, den übergreifenden Lernhabitus zu erfassen. Stärker episodisch angelegte, aber gleichwohl narrative Interviews (vgl. Schütze 1978) können dazu dienen, gegenstands- bzw. fertigkeitsbezogene Lernorientierungen zu rekonstruieren, während in Gruppendiskussionen (vgl. Bohnsack 2008, 105 ff.) der kollektive Charakter von Lernhabitus und -orientierungen deutlich zu Tage tritt. Demgegenüber lassen sich andere Aspekte des Lernprozesses, die auf weitere Grundbegriffe verweisen, mit anderen Erhebungsverfahren rekonstruieren. So wird in der teilnehmenden, bisweilen videogestützten Beobachtung von Lernprozessen (vgl. Fritzsche/Wagner-Willi 2013, Reh 2012, Breidenstein et al. 2012) die soziale Situierung des Lernens betont. Zum Teil wird hier auf die *Gruppenhaftigkeit* des Lernprozesses abgehoben, wenn man z. B. den Lernprozess von Noviz/inn/en in „communities of practice" (etwa von Berufsgruppen) rekonstruiert (Suchman 1987; Lave/Wenger 1991). Doch auch gruppenübergreifende kollektive Strukturen können als lernrelevant erscheinen; hierauf nehmen die Studien zur *Lernkultur* Bezug (vgl. Wulf et al. 2007, Giesecke et al. 2009). Lernkultur verstehen Kolbe et al. – in Anlehnung an Bourdieus Habitustheorie und Reckwitz' Praxistheorie – als „in sozialen Praktiken erzeugte performative und symbolische Ordnung" (2008, 131), in der gelernt wird.

Insofern es bei der Lernkultur um eine kollektive, überdauernde Ordnung geht, kann diese nicht in der einmaligen Beobachtung einer Lernsituation rekonstruiert werden. Denn erst wenn deutlich wird, dass sich eine bestimmte kollektive Ordnung des Lernens über unterschiedliche Situationen hinweg reproduziert, wird die Dauerhaftigkeit dieser Lernkultur empirisch evident. Demgegenüber muss für die einzelne Lernsituation davon ausgegangen werden, dass es hier immer wieder zu Abweichungen, Spezifizierungen und kleinen Änderungen der Lernkultur kommt, mit denen nicht nur den spezifischen Gegenständen und Fertigkeiten, die es zu erlernen gilt, sondern auch den Lernorientierungen der Akteure/Akteurinnen und ihren Habitus Rechnung getragen wird.

In jeder einzelnen Lernsituation haben wir es mit „actors-in-transaction-with-context" (Biesta/Tedder 2006, 18) zu tun, ohne dass schon klar zwischen akteursbezogenen Lernorientierungen/-habitus einerseits und kollektiver Lernkultur andererseits unterschieden werden könnte. Diese situationsspezifische Verbindung von Lernorientierungen und Lernkultur lässt sich auch als ‚Lernmodus' bezeichnen (siehe Abbildung 1).[5]

Abbildung 1: Lernhabitus, -orientierungen, -modi und -kulturen

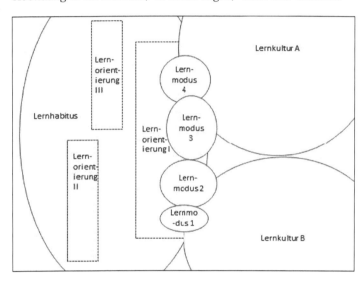

Wie in Abbildung 1 deutlich wird, lässt sich eine Lernkultur erst durch die Identifizierung der Homologien von mehreren Lernmodi, d. h. des Lernens in verschiedenen Situationen, rekonstruieren.[6] Ebenso wird eine Lernorientierung erst deutlich, wenn man die Teilnahme des Akteurs/der Akteurin an unterschiedlichen Lernsituationen (die bisweilen verschiedenen Lernkulturen zuzurechnen

---

5 Mit diesem Begriff des Lernmodus, der in der Erziehungswissenschaft bislang nur beiläufig und unsystematisch gebraucht wurde (vgl. Bollweg 2008, 92; Krüger/Grunert 2009, 656; Seitter 2001, 231; Seltrecht 2008, 197), trage ich der pragmatistisch inspirierten transaktionalen Perspektive auf das Lernen Rechnung, wie sie grundlegend von Dewey/Bentley (1989) ausgearbeitet wurde. Siehe dazu auch Nohl 2011a, 96-102.
6 Die Lernkultur A manifestiert sich mithin in den Homologien der Lernmodi 3 und 4 (und weiterer, hier nicht eingezeichneter Lernmodi), die maximal mit den Lernmodi 1 und 2 kontrastieren.

sind) rekonstruiert und die übergreifende Art und Weise, wie hier seitens des Akteurs gelernt wird, in einer Art Synopse identifizieren kann.[7] Dabei konstituiert sich der Lernhabitus durchaus in mehreren Lernorientierungen, die sich von Gegenstand zu Gegenstand unterscheiden können.[8]

Je nachdem, welcher lerntheoretische Grundbegriff im Vordergrund der Untersuchung steht, so sind auch die Erhebungsverfahren zu wählen. Während die Rekonstruktion von Lernmodi und -kulturen stärker auf unterschiedliche Formen der Beobachtung rekurriert, haben wir in einem Forschungsprojekt, dessen Ergebnisse in Abschnitt 4 auszugsweise diskutiert werden sollen, narrative Interviews durchgeführt, in denen insbesondere Lernorientierungen (aber auch der Lernhabitus) zu Tage treten.[9] Über vierzig Interviews wurden mit der dokumentarischen Methode (vgl. Bohnsack 2008; Nohl 2012 u. 2013) interpretiert. Diese Rekonstruktionen zielen nicht nur darauf, was in den Interviews von den Akteur/inn/en explizit verbalisiert wurde, d. h. auf ihren „immanenten Sinngehalt", sondern befassen sich insbesondere mit der impliziten Art und Weise, wie unsere Interviewpartner/innen Themen und Probleme ihres Lebens bewältigen, wie sie sich also orientieren, d. h. mit dem „Dokumentsinn" (Mannheim 1964, 104) der Interviewtexte. Mit ihrer Einstellung auf den Modus Operandi ist die dokumentarische Methode – ähnlich wie andere Verfahren der rekonstruktiven Sozialforschung – prädestiniert dafür, nicht nur die Themen und Probleme des Lernens, sondern den Rahmen, innerhalb dessen gelernt wird, d. h. die Lernorientierungen, zu identifizieren. Bedingt durch die biographische Anlage der narrativen Interviews fielen in dem genannten Projekt vor allem solche Lernorientierungen ins Auge, die in die Lebensgeschichten der Betroffenen eingebettet sind, die also eine gewisse Relevanz für die Biographie haben. Demgegenüber blieben Lern-

---

7 Die Lernorientierung I manifestiert sich also in den Lernmodi 1 bis 4, in die der (individuelle oder kollektive) Träger dieser Lernorientierung als Akteur eingebunden ist.

8 Beispielsweise könnte sich die Lernorientierung I auf naturwissenschaftliche Gegenstände beziehen, wie sie in der Grundschule (Lernkultur A) und dem Gymnasium (Lernkultur B) in unterschiedlichen Unterrichtssituationen (Lernmodi) gelehrt werden.

9 Das Projekt wurde großzügig von der DFG gefördert und unter maßgeblicher Mitarbeit von Florian von Rosenberg und Sarah Thomsen durchgeführt. Dem Projekt ging eine Untersuchung zu (möglichen) Bildungsprozessen der von uns interviewten Personen voraus, d. h. zu solchen Prozessen, in denen sich die Selbst- und Weltsicht der Betroffenen, mithin ihre Lebensorientierungen, fundamental änderten (siehe Nohl 2011b; von Rosenberg 2011; Thomsen 2010). Zu den lernbezogenen Forschungsergebnissen siehe auch Hunold 2012, Nohl/Rosenberg 2012, Rosenberg 2014 und Thomsen 2014.

prozesse, die eher situativ und beiläufig angelegt waren, außerhalb des Blickfelds unserer Interviewpartner/innen.

4. LERNORIENTIERUNGEN IN NEUEN SOZIALEN BEWEGUNGEN

Das übergreifende Ziel des Forschungsprojektes zielte auf die Rekonstruktion von Lernorientierungen bei Menschen, die entweder Erfahrungen im Zusammenhang von Interkulturalität gemacht haben (ohne aber selbst Migrant/inn/en zu sein) oder in neuen sozialen Bewegungen engagiert sind bzw. waren. Der Großteil der Interviews wurde mit Personen im Alter zwischen 30 und 45 Jahren geführt; im Bereich der neuen sozialen Bewegungen bezogen wir aber auch einige Aktivist/inn/en in die Studie ein, die erst Anfang zwanzig waren.

Die vier Interviewpartner/innen, deren Lebensgeschichten und Lernorientierungen ich in den Mittelpunkt meiner folgenden Betrachtung stellen möchte, sind alle bis zum Abschluss der Schule in ländlichen, eher konservativen Regionen der Bundesrepublik aufgewachsen und dann – mehr oder weniger direkt – nach Berlin gezogen. Trotz dieser Gemeinsamkeiten zeichneten sich zwischen den jüngeren und den ‚mittelalten' Aktivist/inn/en der neuen sozialen Bewegungen deutliche Kontraste ab.[10]

4.1 Lernorientierungen bei den Jüngeren

Laura Hustedt und Moritz Friedrichsdorf wurden beide kurz vor 1990 als Kinder von Eltern geboren, die auf dem Lande lebten und die politischen Ziele der neuen sozialen Bewegungen teilten. Herr Friedrichsdorf versucht, sich im folgenden Abschnitt aus dem Interview seiner „ersten Sache" hinsichtlich politischer Aktivitäten zu erinnern, muss aber zunächst auf seine – bis dato noch nicht erwähnte – Familie eingehen:[11]

---

10 Die Aktivist/inn/en der neuen sozialen Bewegungen wurden von Sarah Thomsen erforscht und die Interviews, auf die ich im Folgenden zurückgreife, von ihr erhoben.
11 Dieses und alle weiteren Transkriptauszüge werden in vereinfachter Form wiedergegeben. Alle Angaben, die zur Identifizierung unserer Interviewpartner/innen führen könnten, wurden geändert.

(1 Sek. Pause) Ja; dann erste Sache, wo ich so; ja vielleicht noch irgendwie zur Familie; ähm also ich hab zwei kleinere Geschwister, Bruder und ne Schwester, und ähm ja meine Eltern: sind auch n bisschen aktiv, also hauptsächlich mein Vater; der war lange Zeit bei den Grünen aktiv; is dann mit dem Afghanistan-Krieg ausgestiegen da; oder ist zumindest nicht mehr offiziell Mitglied, auf lokaler Ebene immer noch aktiv, ähm denk mal; dass daher auch so n bisschen diese Politisierung kommt; (1 Sek. Pause) ähm (1 Sek. Pause) also hat mich dann irgendwann mal mitgenommen zu som Protest gegen Castor, der dann doch nich gefahrn is, aber trotzdem war ne große Demo, und das fand ich schon irgendwie ziemlich cool, und ähm ja so wie ich dann selber aktiv geworden bin; das ging eigentlich bei Greenpeace los, da hab ich; äh in na Fernsehzeitung ne Anzeige gesehen, und bin dann äh da quasi:, ich weiß nich ob ich direkt Mitglied geworden bin, aber zumindest hab ich dann so Post von den bekommen; und bin dann irgendwann auf die Idee gekommen mein Greenteam zu gründen, das is ne Kindergruppe von Greenpeace, (1 Sek. Pause) hab ich dann auch gemacht, das war so mit (1 Sek. Pause) ungefähr: dreizehn.

Diese „erste" politische Aktivität wird für Herrn Friedrichsdorf erst erzählbar, nachdem er seine Geschwister, vor allem aber seine Eltern – und hier insbesondere den Vater – in das Interview eingeführt hat. Der Vater – und, wie wir aus einem anderen Teil des Interviews wissen, auch die Mutter – sind nicht nur in die Friedens- und Ökologiebewegung eingebunden, sondern nehmen ihren Sohn zu einem „Protest gegen Castor", d. h. gegen einen Atommülltransport, mit. Die „Politisierung", von der Herr Friedrichsdorf hier spricht, steht also in unmittelbarer Kontinuität zu seiner Herkunftsfamilie, ohne dass sie sich alleine auf diese beschränken würde. Vielmehr schildert er im unmittelbaren Anschluss an diese als „ziemlich cool" bezeichnete Demonstration, wie er den Entschluss fasste, eine „Kindergruppe von Greenpeace" zu starten. Nachdem er dies geschafft hatte, wurde er überdies als „Greenteamvertreter"[12] zu einer einwöchigen „Konferenz zur biologischen Diversität" in Den Haag eingeladen, die er dann auch – im Einverständnis mit seinen Eltern – als Vierzehnjähriger besuchte.

Es dokumentiert sich in diesen Schilderungen, dass die Wurzeln von Herr Friedrichsdorfs umweltpolitischem Interesse in seiner Familie zu finden sind; gleichwohl geht er aber, wenn es um ein eigenes Engagement geht, Sozialbeziehungen zu ihm weitgehend fremden Menschen (Greenpeace, Konferenz in Den Haag) ein und stellt sich den durch diese Kontakte ergebenden Anforderungen bereitwillig. Diese Anforderungen beziehen sich auf Wissensgebiete, die zum einen mit der Organisation von Politik (im weiteren Sinne) zu tun haben, zum anderen aber auch umweltpolitische Themen involvieren. Dies dokumentiert sich

---

12 Alle Zitate ohne Quellenangabe stammen aus dem jeweiligen Interview.

auch in folgendem Interviewabschnitt, in dem er von einer „Umwelt-AG", die er in seiner Schule wiedergegründet hat, berichtet:

Ja dann hab ich sozusagen inner Schule ne Umwelt-AG aufgebaut, also es gab vorher schon eine aber; ähm die is dann so eingeschlafen; (1 Sek. Pause) und ähm die Lehrerin war auch irgendwie in Schwangerschaftsurlaub dann; und dann hab ich einfach selber das irgendwie mit zwei, drei anderen gemacht, und dann ham wir auch Hefte aus Recyclingpapier verkauft; wir ham Infotafeln zu Tschernobyl gemacht; ähm und das war auch alles ziemlich erfolgreich, und ähm ham wir auch im nächsten Jahr sozusagen extra so, sach mal; ne Lehrerin zu Seite gestellt bekommen also; ähm hat mir erzählt beim Bewerbungsgespräch wurd sie wohl auch gefragt, ob sie sich vorstellen könnte die Umwelt-AG zu betreuen und ähm ja die hat dann auch n bisschen was mitgemacht, und dann ham wir ein Projekttag, nee eine Projektwoche; halbe Woche wars; ähm zum Thema Umwelt organisiert, das war eigentlich zie- das war; ziemlich viel Arbeit, muss schon sagen, also die letzten eins, zwei Wochen war ich wirklich von morgens bis abends nur damit beschäftigt, [...] man kann sich das schlecht vorstellen, aber wenn irgendwie da fünfzig Projekte koordinieren muss, so mit allen Refer- wir ham versucht Refer- möglichst viele Referenten von außerhalb anzuwerben; also von Organisation, von irgendwelchen öffentlichen Einrichtungen, oda Eltern, oder wer auch immer, auch möglichst viele Schüler und Schülerinnen dazu ermuntern irgendwie selber auch Projekte anzubieten, und das muss halt alles koordiniert werden, wer macht bei welchem Projekt, äh: wie werden Leute zugeteilt, äh was is mit Materialien, die die brauchen; mit Overhead-Projektor et cetera und ähm; wie komm die Leute überhaupt zur Schule, wenn sie von außerhalb kommen; und so weiter, (1 Sek. Pause) da war ich wirklich die letzte Woche; auf jeden Fall von morgens bis abends damit beschäftigt, und äh; ja das war auch so ne Art, so erste Art von Burn-Out-((lachend)) Syndrom oder so was vielleicht.

Wie schon bei dem Protest gegen die Castor-Transporte und für Greenpeace geht auch hier Moritz Friedrichsdorf die sich ihm stellenden (neuen) Aufgaben mit großem Engagement an, aber ohne sich in irgendeiner Weise befremden oder verunsichern zu lassen. Auf der einen Seite erschließt er sich also – mit einer gewissen Risikobereitschaft und Entdeckungsfreude – immer wieder neue Sozialbeziehungen und Gebiete, die sein Wissen und seine Fertigkeiten erweitern. Auf der anderen Seite knüpfen diese Lernbewegungen stets an die ursprünglich von seinen Eltern tradierte politische Haltung und die mit ihr verknüpften Aktionsformen und Sozialbeziehungen an.[13]

---

13 Die Lernorientierung von Moritz Friedrichsdorf wird gerade in den hier skizzierten Homologien deutlich, die unterschiedliche Lernsituationen („Greenteam", „Umwelt-

Eine ähnliche Kontinuität und Tradierung der Bindung an die neuen sozialen Bewegungen findet sich im Fall von Laura Hustedt, deren Lernorientierung sich gleichwohl von Herrn Friedrichsdorfs unterscheidet. Schon in den ersten Zeilen ihres Interviews dokumentiert sich, dass auch Frau Hustedt in einer Familie aufwuchs, die der Ökologiebewegung verpflichtet war:

Ich bin aufgewachsen auf nem Bauernhof ähm weil des meinen Eltern sehr wichtig war des ähm grade meiner Mutter, die kommt aus ner Großfamilie und ähm halt auch vom Bauernhof äh und es war ihr sehr wichtig dass ihre Kinder nich so in der Stadt aufwachsen, sondern halt Natur miterleben und keine Ahnung den Wechsel der Jahreszeiten, das Zusammenleben mit ähm Tieren und Pflanzen und so (1 Sek. Pause) und das heißt, meine Eltern ham halt so en kleines Haus gemietet da aufm Bauernhof, des is en ehemaliger Schweinestall. (Lachen)

Indem sie sich auf einem Bauernhof einmieteten, inszenierten Frau Hustedts Eltern geradezu die Naturverbundenheit ihres Familienlebens. Im Unterschied zu Moritz Friedrichsdorf, der früh in politische Aktionen der Ökologiebewegung einbezogen wurde, legten Laura Hustedts Eltern offenbar eher Wert auf eine private Lebensweise, die den Ansprüchen der neuen sozialen Bewegungen Rechnung trug. Dies erschöpfte sich nicht in dem „Zusammenleben mit Tieren und Pflanzen", sondern bezog sich auch auf das soziale Leben. Laura wurde nach der Grundschule auf einem Gymnasium mit unmittelbarer Anbindung an eine Behinderteneinrichtung eingeschult, wo – wie sie es nennt – „wir halt auch gelernt [haben; AMN], wie man sich da verhalten muss". Als Jugendliche besuchte sie dann die „Grüne Jugend", bei der sie allerdings merkte, dass, wie sie erzählt,

irgendwie dieser eine Typ und zwei, drei andere was geredet haben von so Sachen, die wir einfach auch nich verstanden haben so, weil wir eben nich so (3 Sek. Pause) ja ich weiß nich, ich bin nich in so nem Umfeld aufgewachsen, also oder ich hatte nich so Freunde, die irgendwie dann sich total immer erzählen so der neuste Atomtransport oder irgendwie sowas, also des war nie so Thema und deswegen hatten wir keine Ahnung und, wenn die dann irgendwas von irgendwelchen Ratsbeschlüssen erzählt haben zu irgendwelchen Fahrradwegen oder so, da wussten wir ja gar nichts von und dann saßen wir da halt auch immer so still rum.

AG") und ihre Lernmodi übergreifen. Noch deutlicher würde diese Lernorientierung, hätten wir Herrn Friedrichsdorf explizit zu diesen Situationen befragt (etwa im Nachfrageteil des Interviews). Diese Aufmerksamkeit für Lernprozesse war aber zum Erhebungszeitpunkt noch nicht gegeben.

Zum einen wird hier deutlich, dass Laura Hustedt in der Jugendgruppe eine Differenz gegenüber ihrer eigenen Herkunft wahrnimmt, insofern sie in einem anderen „Umfeld" sozialisiert wurde. In ihrer Perspektive ist das Wissen und die Art und Weise, wie man damit umgeht („erzählen"), an ein Umfeld, d. h. an einen spezifischen Raum von Erfahrungen, gebunden. Die Differenz dieser Erfahrungsräume nimmt sie nun aber – andererseits – nicht zum Anlass, sich in die Wissensgebiete, die für die „grüne Jugend" von Relevanz sind, einzuarbeiten. Gleichwohl bleibt Frau Hustedt an einer Mitarbeit in der Ökologiebewegung interessiert:

Ja dann hab ich, ähm in der Zeit nochmal bei ner Greenpeace-Gruppe irgendwie halt vorbeigeguckt des hat mir aber auch nich gefallen ((Lachen)), äh des war halt total dogmatisch irgendwie also wir ham (2 Sek. Pause), ähm muss ich gleich dazu sagen, des is durch dieses was ich erzählt hab, dass ich aufm Bauernhof aufgewachsen bin, ähm von meinen Eltern total viel so vorgelebt bekommen hab so an Umweltbewusstsein und wie wichtig des is die Umwelt zu schützen und so und hm ja einfach auch wie schön das is, wenn des so halbwegs intakt is einfach also, ähm aber auch immer so wie gefährlich des is mit der Atomkraft und so hm (3 Sek. Pause) deswegen is des so in mir irgendwie verankert glaub ich, dass mir des so persönlich en total wichtiges Thema einfach is und deswegen wollt ich halt auch total gerne in so ner Umweltgruppe aktiv sein, deswegen halt auch dieses mit Grüne Jugend oder so und ähm (2 Sek. Pause) bei der Greenpeace-Gruppe hab ich dann halt erlebt, dass irgendwie wir vorgeschlagen haben ja wir könnten doch mal, hm ich weiß gar nich mehr was des war, des war glaub ich so wir wollten ne Aktion machen gegen so ne Pelztierfarm bei uns in der Nähe, halt was grade auch so in den Medien war und so, das is natürlich nich so der konkrete Umweltschutz auf Greenpeace-Linie irgendwie und (2 Sek. Pause) ja, deswegen wurde dann gesacht äh ne, Hamburg kann das nicht absegnen so und dann können wir das nich machen, also wir können das natürlich machen, aber nich unter dem Greenpeace-Namen alles mit den Materialien und so, ne und des find ich total lächerlich, also ich fand des einfach, also ich hab des Gefühl, es engagieren sich viel zu wenig Leute (2 Sek. Pause), oder es nehmen irgendwie viel zu wenig Leute ernst und wenn sich dann Leute finden, die was machen wollen, is doch scheißegal zu welchem Thema, dann kann man des nich so machen, dass man irgendwie, nur wegen irgend nem Namen oder sonst was so was äh, ja, quasi verbietet eigentlich oder halt irgendwie erschwert so, des find ich ganz blöd, also des hat mich total aufgeregt und da hatt ich auch keinen Bock da wirklich beizutreten. Ja bisschen doof und (2 Sek. Pause) hm (8 Sek. Pause).

Bevor noch klar wird, inwiefern Laura Hustedt diese „Greenpeace-Gruppe" für „total dogmatisch" hielt, holt sie zu einer längeren Argumentation aus, mit der sie ihren Willen zum ökologischen Engagement familiengeschichtlich begründet. Hier wird zum einen ihre starke Identifizierung mit und eine Übernahme der ökologischen Orientierung ihrer Eltern deutlich. Zum anderen zeigt sich, dass diese Orientierung zwischen einer ästhetischen Wahrnehmung („schön") der „intakten" Natur und einer technikkritischen Antizipation von Risiken („gefährlich") aufgespannt ist. Vor dem Hintergrund dieser ökologischen Orientierung wirken dann aber die Enttäuschungserfahrungen, die sie abermals in einer Umweltgruppe erfährt, besonders schwer.

In dieser Enttäuschungserfahrung dokumentiert sich zugleich eine Orientierung am selbststrukturierten Engagement: Während sie und ihre Mitstreiter/innen eine auf lokale Missstände zielende Protest-„Aktion" beginnen möchten, steht ihnen die antizipierte Ablehnung durch „Hamburg" (die Greenpeace-Zentrale) entgegen. Daneben deutet sich hier aber zugleich eine Problematik an, die schon bei der gescheiterten Teilnahme an der „Grünen Jugend" greifbar wurde: Frau Hustedt weicht auch hier einem Kontext aus, der ihr fremd ist und sie dazu zwingen würde, sich Wissen über Organisationszusammenhänge und Können im Umgang mit ihnen anzueignen. Auf diese Weise vermeidet sie auch – ähnlich wie schon bei der „Grünen Jugend" – Lernmöglichkeiten, wo diese nicht durch sie selbst strukturiert wurden bzw. wo diese nicht schon in den Raum eigener, sie mit anderen Menschen – wie etwa ihrer Familie – verbindender Erfahrungen eingebettet sind. Dass die dieser Handlungspraxis unterliegende Lernorientierung letztlich aber auch für sie selbst unbefriedigend ist, dokumentiert sich dann in der abschließenden Bewertung als „ein bisschen doof". Denn es ist davon auszugehen, dass diese nachgeschobene Bemerkung sich nicht (nur) auf die Regeln von Greenpeace bezieht, sondern eher noch auf ihre eigene Situation.

Erst als Frau Hustedt eine Zeitschrift namens „Futurama" kennenlernte, zu deren Redaktionstreffen sie eingeladen wurde, nachdem sie einen Artikel eingereicht hatte, fand sie eine Möglichkeit des Engagements, die sowohl an ihre politischen Überzeugungen als auch an ihre Lernorientierung anknüpfe:

> Und bin da hingegangen und hab da dann irgendwie zum ersten Mal Leute getroffen und auf so ner Struktur in ner Organisationsform getroffen, wo ich gedacht hab ja, cool, das is es irgendwie, also, da hab ich Lust zu, die Leute sind total nett und ähm (3 Sek. Pause) keine Ahnung, ticken irgendwie vielleicht so en bisschen so ähnlich wie ich irgendwie, beschäftigen sich mit ähnlichen Themen oder so und ähm seitdem bin ich irgendwie dabei (Auflachen) und das is jetzt irgendwie so, hm (3 Sek. Pause) ja, so ne Art Engagement und darüber geht halt auch total viel, also äh wir harn halt – es läuft halt fast nur über E-Mail so, ähm und da gibt's dann halt auch noch mal so nen extra Infoverteiler, wo dann halt immer auf Aktionen und Demos und so hingewiesen wird und hm (2 Sek. Pause) ja, seit-

dem mach ich halt auch irgendwie viel mehr, also da hab ich irgendwie so ne so nen Einstieg gefunden, was ich mir schon total lange gewünscht hab irgendwie und wo ich dann echt so des Gefühl hab ja, des is irgendwie gut. Ja (2 Sek. Pause) und ähm diese Futurama is ja so die, eigentlich so als Jugendbeilage sozusagen von der Umsturz gestartet worden und ähm (2 Sek. Pause) ja für die hab ich jetzt auch schon so ne Rezension mal geschrieben und, also des is echt super also (Auflachen) ähm (3 Sek. Pause) ja, hat irgendwie mir auch so den Schwung gegeben, wieder irgendwie sowas zu machen und so so n wieder so n politisches Bewusstsein irgendwie zu (2 Sek. Pause) äh so für sich selbst auszuarbeiten oder so und (3 Sek. Pause) ja halt auch so Kraft gegeben, um mich gegenüber andern oder, wenn ich in andern Zusammenhängen irgendwie unterwegs bin, so mich so zu positionieren irgendwie, auch mich zu streiten und so, und also irgendwie is es des so ne Art Überzeugung oder so und (3 Sek. Pause).

Laura Hustedt erlebt hier eine unmittelbare Passung zu ihrer eigenen Haltung, die letztlich schon durch die positive Reaktion auf den vorab eingeschickten Artikel getestet wurde. In der Schilderung der Zusammenarbeit dokumentiert sich dann, dass es ihr nicht nur um die gemeinsamen Interessen bzw. „ähnlichen Themen" geht, sondern auch um die Art und Weise des „Engagements", die kaum hierarchisch strukturiert ist (es gelingt ihr zudem, eine „Rezension" bei der Hauptzeitschrift „Umsturz" zu platzieren) und weitreichende Freiräume zur Entfaltung bietet. Letzteres wird gerade an dem „politischen Bewusstsein" deutlich, das Frau Hustedt sich vornimmt „auszuarbeiten": Es geht ihr nicht darum, ihre eigene Haltung in der Auseinandersetzung mit anderen Redaktionsmitgliedern zu entfalten; vielmehr entwickelt sie diese „für sich selbst", um sich dann mit der fertigen Haltung „zu positionieren". War zuvor – in den enttäuschenden Erfahrungen – die Lernorientierung eher ex negativo bestimmbar, wird nun deutlich, dass sich Laura Hustedt weitgehend an einem eigenstrukturierten Lernen orientiert.

Während Moritz Friedrichsdorf also sich durchaus auf ihm fremde Sozialbeziehungen einlässt und sich den dort an ihn gestellten Anforderungen hinsichtlich des Erwerbs von Wissen und Können stellt, vermeidet Laura Hustedt tendenziell Lerngelegenheiten, die ihr widrig erscheinen, insofern sie sie nicht selbst strukturieren kann und sie nicht unmittelbar an ihre bisherigen Erfahrungen anschließen. Gemeinsam ist beiden – hinsichtlich der Lernorientierung – aber, dass sie im Bereich gesellschaftlichen Engagements neues Wissen und Können nur im Rahmen der von den Eltern tradierten gesellschaftspolitischen Haltung erwerben.

4.2 Lernorientierungen der Älteren

Einen maximalen Kontrast zu den Lernorientierungen der Zwanzigjährigen findet sich bei Anja Weber und Bettina Kubitschek, die beide 1968, also rund 20 Jahre vor Frau Hustedt und Herrn Friedrichsdorf, geboren wurden.[14] Während für die Jüngeren in unserem Sample der Wechsel in das Gymnasium kaum berichtenswert war und sie von ihrer jeweiligen Schulzeit allenfalls ihr Engagement außerhalb des Unterrichts schilderten (ansonsten aber auf eine unproblematische Schullaufbahn zurückblickten), war sowohl für Frau Weber als auch für Frau Kubitschek der erste Schulwechsel mit Brüchen und Schwierigkeiten verbunden. Anja Weber berichtet von dem Unterricht in der vierten Klasse, in die sie nach einem Umzug gewechselt war:

Die hatten dann hinten im Klassenzimmer Riesenplakate mit erster Fall, zweiter Fall, dritter Fall, und dann hat der zwischendurch immer wieder dieser Lehrer zwischendurch immer gefragt, und welcher Fall ist es?, und die ganze Klasse hat sich umgedreht, und hat es dann so abgeschätzt (2 Sek. Pause) da, ich wusste gar nicht wovon die reden und hab mich jetzt aber auch nicht getraut zu fragen.

Diese Diskrepanz zwischen dem in der neuen Schule verlangten Wissen und ihrem eigenen Wissensstand ist dann nicht der Anlass, das versäumte Pensum aufzuholen; vielmehr war Anja Weber in der Folge „an dieser ganzen Schulscheiße nicht interessiert"; alleine die „Pausen" hatten es ihr angetan. Auch später, in der Realschule, war sie nach eigener Einschätzung „stinkfaul" und hatte „keinen Bock auf Schule". Am curricularen Lernen war sie offensichtlich nicht orientiert; die Lernkultur, die ihr in der Schule entgegentrat, blieb ihr heteronom.

Auch angesichts ihrer „bescheuerten Klasse" hat Anja Weber sich dann neuen Freunden zugewandt:

Und so vielleicht mit fünfzehn oder so hab ich dann ein paar andere Leute kennengelernt. Auch auf der Schule aber nicht in meiner Klasse und da fing das dann an dass ich glaube, ich son ander- andern Weg auch bisschen eingeschlagen habe. Die eine die war so ähm (1 Sek. Pause) so n bisschen punkig angehaucht und war glaube ich, so von ihrer von ihrer Entwicklung schon bisschen weiter. Also so bisschen, nen anderen Weg gehen und die (räuspern) und die hat mich dann glaub ich so n bisschen mitgezogen. Das war ganz wit-

---

14 Sarah Thomsen hat die Interviews, die ich im Folgenden heranziehe, interpretiert und in eine eigene Typenbildung zu Bildungsprozessen im Rahmen sozialer Bewegungen einbezogen (vgl. Thomsen 2010 und 2014).

zig. Wir ham dann angefangen zu kiffen, und (2 Sek. Pause) muss i mal aufpassen, da warn wir ja noch jung da war ja der Radius auch noch nicht so groß. Wir sind immer mit nem Mofa rumgefahren auf jeden Fall und ähm (seufzt) (2 Sek. Pause) es fing dann glaube ich zu der, Zeit, so an dass man Spießer blöd fand und so ne. Ich glaub, das fing dann irgendwie so an."

Es zeichnet sich hier eine Suchbewegung ab, die Anja Weber in Gefilden jenseits ihres Klassenverbandes, aber auch jenseits des curricularen Wissens und Könnens führt. Sie schließt sich Jugendlichen an, die „nen anderen Weg gehen" und durch ihren Stil wie auch durch ihre Handlungspraktiken sowohl auffielen als auch die Normen des ländlichen Raums brachen („Kiffen"), wobei sie sich zugleich von den „Spießern" abgrenzten.

Diese zunächst noch eher nonkonformistische denn politische Haltung mündet dann – als die Gruppe auseinanderbricht – bei Anja Weber in ein politisches Engagement in der nahe gelegenen Stadt, von dem sie im Folgenden berichtet:

Und dann musste es irgendwie kurze Zeit später gewesen sein, dass wir in Pforzheim die erste, also meine erste Politgruppe gegründet haben. Das war irgendwie, das war lustig und zwar ging damals war das, ähm diese, diese Shell-Kampagne. Anti-Shell-Kampagne mit diesem ganzen (lachend:) Shell to hell und so. Das war total geil. Und wir haben tatsächlich, ne jetzt wollte ich grad sagen, wir ham ne Anti-Shell-Gruppe gegründet. Ne, das stimmt gar nicht. Wir ham ne Politgruppe gegründet und das erste Thema war, wir hatten war Anti-Shell-Kampagne. Genau so wars und dann haben wir Plakate gemacht. (1 Sek. Pause) Was ham wir eigentlich mit den Plakaten gewollt, (Auflachen) ham wir die geklebt? Ne die ham wir doch gar nicht drucken können, oder (Lachend:). Oh Gott, das weiß ich gar nicht mehr, auf jeden Fall sind wir glaube ich jedes Wochenende in ganz Deutschland auf irgendne Demo gefahren und wir hatten echt Stress also muss das mal sagen weil, du bist ja dann eigentlich noch son bisschen halb betrunken (lachend:) in irgendnem Auto gelegen (Auflachen) und bist dann irgendwo in irgendner Stadt dann von Wasserwerfer eingedeckt worden. Das war auf jeden Fall echt (1 Sek. Pause) ne lustige Zeit.

Die Suche nach Differenz, die – wie sich schon am Beispiel der „punkigen" Aktivitäten andeutet – zur Lernorientierung Anja Webers wird, bringt sie in politische Gebiete, die ihr neues Wissen – etwa über „Shell" – und Können – etwa hinsichtlich der Protestformen – abverlangen. Diese, in der Spätadoleszenz dominante Lernorientierung der Differenzsuche (die im Übrigen mit einem tatsächlich selbststrukturierten Engagement einhergeht) führt Frau Weber schließlich (nach Abschluss der Realschule) nach Berlin, wo sie in besetzten Häusern wohnt und sich in der autonomen Szene engagiert.

Ähnlich wie Frau Weber erzählt auch Bettina Kubitschek von einer Schulzeit, die ihr vornehmlich in Form einer Lernkultur entgegentrat, von der sie sich abgestoßen fühlte:

Ich war auf nem ziemlich autoritären Gymnasium, das war sehr Junge Union geprägt und von der Stimmung her fand ichs ähm so mit zunehmenden Alter ziemlich ätzend, aber wir waren, daraus entsteht ja dann immer so ne eingeschworene, Gemeinde. Also wir warn dann halt sone Hippie-, Punkclique, die dann also du hattest so klare Gegner. (Auflachen) und dann ne, gab dann so diese ersten äh Friedens äh äh Demos und diese ganzen Geschichten. Und dann wars so sehr leicht da einzusteigen. Und ich glaube auch, äh (2 Sek. Pause) sehr offen. Also ich äh man war ja doch also wir warn ja mal ne sehr kleine Gruppe und da konnte man nicht sek- also selektieren. Sondern das war immer sehr gemischt. Gabs dann auch Pax-Christi-Leute, wo man auch schon dachte, ach Gott muss das sein? (lachend:) Das war dann der eigene Religionslehrer (aber Gott). So ne es war sehr sehr gemischt.

Auch Bettina Kubitschek, die über den Unterricht am Gymnasium nichts weiter erzählt, hat das curriculare Lernen offenbar keine weitergehende biographische Bedeutung. Vielmehr grenzt sie sich sowohl von dem „autoritären Gymnasium" als auch von der es dominierenden „Jungen Union" ab. In dieser Abgrenzung ist wiederum die Hinwendung zum Differenten, in diesem Fall u. a. zu einer „Hippie-, Punkclique" und anderen Menschen, die für den „Frieden" demonstrieren, begründet.

Diese Lernorientierung, in der weniger das Konforme und die curricularen Normalitätserwartungen der Schule denn das Differente attraktiv ist, führte Bettina Kubitschek in derselben Zeit auch zu einem „Cafékollektiv", an dem sie nicht nur wegen der Verdienstmöglichkeiten interessiert war:

Ich hab dann auch in so`nem äh ähm äh Kollektiv angefangen zu arbeiten im Cafékollektiv mit fünfzehn. Ich war die Jüngste zusammen mit ner ne. Doch ich war fünfzehn und ne ne Freundin von mir vierzehn, die war die Jüngste, und hab da drei Jahre gearbeitet und das wurde (1 Sek. Pause) im Laufe der drei Jahre, also eigentlich schon innerhalb der ersten anderthalb Jahre von nem gemischten Kollektiv zu nem Frauenkollektiv. Oder zu nem fast Frauenkollektiv, es gab da noch einen Mann, der nicht (lachend) wirklich ernst zu nehmen war und ähm das war für mich total gut und wichtig. Also es warn warn sehr äh warn meine ersten wirklichen feministischen Kontakte also die mal abgesehen von von der Sandra und mir die wir die Jüngsten warn warn alle zwei bis drei, bis zehn bis zwölf bis fünfzehn Jahre älter als wir. Und ähm, das warn ja dann teilweise auch die Leute, die uns bezahlt haben also ne es gab dann, es gab dann tatsächliche Hierarchie. Wir waren ja nicht also wir warn nicht Teil dieses Kollektivs sondern nur angestellt und ham hat- hatten aber auch alle so Vorbildfunktion. Ich hab dann auch darüber meinen ersten WenDo-Kurs gemacht. Und war beim ersten achten März, da war ich glaube ich fünfzehn und. Also so, das war, das war für mich ne total schöne Zeit.

Das Café, ursprünglich als Arbeitsplatz gedacht, entwickelt sich zu Bettina Kubitscheks Wohlgefallen zu einem „Frauenkollektiv", in dem sie mit dem neuen und fremden, in jedem Fall aber gegenüber ihrem bisherigen Leben differenten Feminismus in Berührung kommt. Sie lässt sich nicht nur auf die dortigen ‚Vorbilder' (die ihr gegenüber älteren Frauen) ein, sondern erschließt sich aktiv Gebiete neuen Wissens und Könnens („WenDo-Kurs").

Während diese Begegnung mit dem Neuen und Differenten deutlich im positiven Gegenhorizont ihrer biographischen Schilderung steht, verändert sich auf der anderen Seite ihr Verhältnis zum Vater:

Na, bei meinem Vater kam das nicht gut an. Aber mein Vater hatte dann als ich so in der Pubertät war bei uns in der Familie ne ganz schlechte Stellung. Also ich hab mich dann sehr auf die Seite meiner Mutter ge- schlagen. Und dann gabs da so, weil mein Vater war ja Berufssoldat. Also, der war zw- ja Flugzeugmechaniker, aber bei der Bundeswehr, also der war Berufssoldat. Und das war natürlich für mich äh also ne also es war so. Es gab dann schon so Streits wie mein Vater sagt was ich antworte nicht. Er fragt warum redest du nicht mit mir, und ich sage dann, ich rede mit keinem Mörder. Mein Vater sagt dann wiederum, aber du isst vom (lachend:) Geld eines Mörders dein Müsli also so ne womit er natürlich auch total recht hatte.

Während Frau Weber lediglich nicht an das Wissen und Können ihrer Eltern und deren politische Haltung anknüpfen konnte (wie sich in hier nicht abgedruckten Interviewabschnitten dokumentiert), geriet Bettina Kubitschek mit ihrer neuen politischen Haltung sogar in „Streits" mit ihrem Vater. Hier dokumentiert sich auf markante Weise der Bruch mit der Elterngeneration, während die Zwanzigjährigen unseres Samples – wie in Abschnitt 4.1 gezeigt – politisch in der Kontinuität ihrer Eltern stehen. Diese Differenz zwischen den Älteren und den Jüngeren hat nicht (nur) etwas mit dem Alter zu tun. Sie verweist auf den familiengenerationellen Bezug zu den neuen sozialen Bewegungen: Während die Jüngeren – und dies ist auch zeitgeschichtlich bedingt – in einer Familie aufgewachsen sind, deren Elterngeneration bereits ‚sozial bewegt' war, konstituiert sich das politische Engagement der Älteren auch aus dem Konflikt mit ihren Eltern und deren Generation.

Es ist davon auszugehen, dass diese unterschiedliche „Generationslagerung" (Mannheim 1964), in der sich Familien- und Weltanschauungsgeneration[15] auf eigentümliche Weise überlappen, auch einen Aspekt der Soziogenese der Lernorientierungen bei unseren Interviewpartner(inne)n konstituiert: Die Lernorientierung der Differenzsuche findet sich bei denjenigen, in deren Familie und regionalem Herkunftsmilieu die neuen sozialen Bewegungen noch alles andere als eine Selbstverständlichkeit waren. Demgegenüber konnten wir die Lernorientierung der Kontinuität bei jenen Akteuren identifizieren, deren Eltern bereits in die neuen sozialen Bewegungen eingebunden waren.[16]

Die Lernorientierung der Differenzsuche führte Bettina Kubitschek – nach ihrem Abitur – zunächst auf eine mehrjährige Weltreise, bei der sie „einfach nur unterwegs" sein wollte und „weg" musste. Später ließ sie sich in feministischen sowie lesbischen Wohngemeinschaften und besetzten Häusern in Berlin nieder, an deren politischen Aktivitäten sie sich intensiv beteiligte.

---

15 Zur Differenzierung dieser Begriffe siehe Kohli 1996.

16 Dieser generationelle Aspekt der „Soziogenese" (zum Begriffsverständnis siehe Mannheim 1980, 85 u. passim) von Lernorientierungen wird – zumindest – durch die Dimension des sozialen Aufstiegs, wie er bei Anja Weber und Bettina Kubitschek zu sehen ist, überlagert. Um diese soziogenetische Typenbildung (Bohnsack 2008, 150 ff.) zu stabilisieren, wären allerdings weitere Interviews mit Personen nötig, die hier als „Jüngere" bezeichnet werden. Demgegenüber verfügen wir bereits über einige ähnlich gelagerte Fälle von ca. vierzigjährigen Akteuren der neuen sozialen Bewegungen. Dass die Charaktcrisierung der beiden generationellen Lernorientierungen (als solche der Differenzsuche bzw. der Kontinuität) so grobkörnig ausfällt, hat auch damit zu tun, dass es sich hier um kollektive Lernorientierungen handelt, die die (bei Hustedt und Friedrichsdorf rekonstruierten) individuellen Lernorientierungen übergreifen.

5. LERNTHEORETISCHE REFLEXIONEN ZUM EMPIRISCHEN FALLVERGLEICH

Bei der empirischen Analyse der geschilderten und weiterer Fälle entwickeln wir die Bezeichnungen der Lernorientierungen, welche wir vorläufig identifiziert haben, weitgehend aus dem empirischen Material heraus.[17] Gleichwohl lassen sich unsere empirischen Rekonstruktionen lerntheoretisch reflektieren, ohne dabei das eine unter das andere zu subsumieren.[18]

Bei allen Interviewpartner(inne)n finden sich Erfahrungen im Bereich der neuen sozialen Bewegungen – von der Punkclique über die Anti-Shell-Kampagne und das Cafékollektiv bis zu den ökologischen Gruppen und der Zeitschriftenredaktion –, bei denen von einem „expansiven Lernen" gesprochen werden kann. Denn die „zu erwartenden Anstrengungen und Risiken des Lernens" werden hier von den Lernenden unter der Prämisse übernommen, dass sie „im Fortgang des Lernprozesses in einer Weise Aufschluss über reale Bedeutungszusammenhänge gewinnen und damit Handlungsmöglichkeiten erreichen" können, „durch welche gleichzeitig eine Entfaltung" ihrer „subjektiven Lebensqualität zu erwarten ist" (Holzkamp, zit. n. Ludwig 2000, 69).

Die „Entfaltung der subjektiven Lebensqualität", von der Holzkamp hier spricht, gestaltet sich bei den um 1990 Geborenen gleichwohl in ganz anderer Weise als bei den „1968ern": Während sich Erstere Wissen und Können aneignen, das wesentlich in Kontinuität zu der von ihren Eltern sozialisatorisch tradierten politischen Haltung steht (und sogar an schulische Veranstaltungen anknüpfen kann), kommt es bei denjenigen, die als erste Generation ihres Herkunftsmilieus zu den neuen sozialen Bewegungen stoßen, zu einem „Umlernen" (Buck 1989, 47), indem ihnen ein „neuer Horizont eröffnet" wird (Meyer-Drawe 2008, 14).[19] Offenbar kann expansives Lernen kontinuierlich, aber auch horizonteröffnend sein.

---

17 Eine umfassende Analyse der Lernorientierungen wie auch der Bildungsprozesse und ihrer Phasen ist in Vorbereitung. Siehe dazu Nohl et al. 2014, Rosenberg 2014 u. Thomsen 2014.

18 Das hier nur angedeutete *reflexive Verhältnis* von Theorie und (einer über die Einzelfallanalyse hinausgehenden) Empirie wurde von uns bislang vor allem in der Bildungsforschung ausgearbeitet, siehe dazu Nohl 2006 u. Rosenberg 2011.

19 Die Lernorientierung der Differenzsuche – die im Übrigen auch im Rahmen von interkulturellen Erfahrungen rekonstruiert wurde (vgl. Rosenberg 2014) – mündet dann sogar – wie sich in Abschnitt 4.2 nur andeutet – in eine Transformation zentraler Lebens-

6. LITERATUR

Ames, Carole/Archer, Jennifer (1988): Achievement goals in the classroom: Students' learning strategies and motivation processes. In: Journal of Educational Psychology, Vol. 80, No. 3, 260-267.

Artelt, Cordula/Lompscher, Joachim (1996): Lernstrategien und Studienprobleme bei Potsdamer Studierenden. In: Lompscher, Joachim/Mandl, Heinz (Hg.): Lehr-und Lernprobleme im Studium. Bedingungen und Veränderungsmöglichkeiten. Bern, 161-184.

Baumert, Jürgen (1993): Lernstrategien, motivationale Orientierung und Selbstwirksamkeitsüberzeugungen im Kontext schulischen Lernens. In: Unterrichtswissenschaft, Vol. 21, No. 4, 327-354.

Benner, Dietrich/English, Andrea (2004): Critique and Negativity: Towards the Pluralisation of Critique in Educational Practice, Theory and Research Journal of Philosophy of Education, Vol. 38, No. 3, 409-428.

Biesta, Gert/Tedder, Michael (2006): How is agency possible? Towards an ecological understanding of agency-as-achievement. Learning Lives-Working Paper 5. Exeter.

Biggs, John B. (1987): Student approaches to learning and studying. Hawthorn.

Bohnsack, Ralf (1997): „Orientierungsmuster". In: Schmidt, F. (Hg.): Methodische Probleme der empirischen Erziehungswissenschaft. Baltmannsweiler, 49-61.

Bohnsack, Ralf (2008): Rekonstruktive Sozialforschung. Opladen.

Bollweg, Petra (2008): Lernen zwischen Formalität und Informalität – Zur Deformalisierung von Bildung. Wiesbaden.

Breidenstein, Georg/Meier, Michael/Zaborowski, Katrin U. (2012): Die Ethnographie schulischer Leistungsbewertung – Ein Beispiel für qualitative Unterrichtsforschung. In: Ackermann, Friedhelm/Thomas Ley/Claudia Machold/Mark Schrödter (Hg.): Qualitatives Forschen in der Erziehungswissenschaft. Wiesbaden, 157-175.

Buck, Günther (1989). Lernen und Erfahrung – Epagogik. Darmstadt.

Creß, Ulrike/Friedrich, Helmut F. (2000): Selbst gesteuertes Lernen Erwachsener. Eine Lernertypologie auf der Basis von Lernstrategien, Lernmotivation und Selbstkonzept. In: Zeitschrift für Pädagogische Psychologie, Vol. 14, No. 4, 194-205.

---

orientierungen, d. h. in einen Bildungsprozess (siehe Thomsen 2010 u. 2014), im Zuge dessen dann auch diese Lernorientierung zu existieren aufhört.

Dehnbostel, Peter (2009): Kompetenzentwicklung in der betrieblichen Weiterbildung als Konvergenz von Bildung und Ökonomie? In: A. Bolder & R. Dobischat (Hg.): Eigen-Sinn und Widerstand. Wiesbaden, 207-219.
Dewey, John/Bentley, Arthur F. (1989): Knowing and the Known. In: Boydston, J.A. (ed.): John Dewey – The Later Works, 1925-1953, Vol. 16: 1949-1952. Carbondale, 1-294.
Dörner, Olaf/Schäffer, Burkhard (2012): Zum Verhältnis von Gegenstands- und Grundlagentheorien zu Methodologien und Methoden in der Erwachsenen- und Weiterbildungsforschung. In: Schäffer, Burkhard/Dörner, Olaf (Hg.) (2012): Handbuch qualitative Erwachsenenbildungs- und Weiterbildungsforschung. Opladen, 11-22.
Ecarius, Jutta (2006): Biographieforschung und Lernen. In: Krüger, Heinz-Hermann/Marotzki, Winfried (Hg.): Handbuch der erziehungswissenschaftlichen Biographieforschung. Wiesbaden, 91-108.
Faulstich, Peter (2008): Lernen. In: Faulstich, Peter/Faulstich-Wieland, Hannelore (Hg.): Erziehungswissenschaft – Ein Grundkurs. Reinbek, 33-57.
Faulstich, Peter (2010): Lernen und Bildung. In. Liesner, Andrea/Lohmann, Ingrid (Hg.): Gesellschaftliche Bedingungen von Bildung und Erziehung. Stuttgart, 301-313.
Faulstich, Peter/Grotlüschen, Anke (2006): Erfahrung und Interesse beim Lernen – Konfrontation der Konzepte von Klaus Holzkamp und John Dewey. In: Forum Kritische Psychologie 50, 56-71
Felden, Heide von (2008): Lerntheorie und Biographieforschung. In: Dies (Hg.): Perspektiven der erziehungswissenschaftlichen Biographieforschung. Wiesbaden, 109-128.
Fritzsche, Bettina/Wagner-Willi, Monika (2013): Ethnographie und Videographie in praxeologischer Perspektive. In: Loos, Peter/Nohl, Arnd-Michael/ Przyborski, Aglaja/Schäfter, Burkhard (Hg.): Die dokumentarische Methode. Opladen, 268-283.
Garz, Detlef/Blömer, Ursula (2009): Qualitative Bildungsforschung. In: Tippelt, Rudolf & Schmidt, Bernhard (Hg.): Handbuch Bildungsforschung. Wiesbaden, 571-588.
Giesecke, Wiltrud/Robak, Steffi/Wu, Ming-Long (2009, Hg.): Transkulturelle Perspektiven auf Kulturen des Lernens. Bielefeld.
Herzberg, Heidrun (2004): Biographie und Lernhabitus. Eine Studie im Rostocker Werftarbeitermilieu. Frankfurt am Main.

Himmelbauer, Monika (2009): Summative Integrierte Multiple Choice-Prüfungen: Ein Promotor oder ein Hindernis für bedeutungsorientiertes Lernen der Studierenden. In: GMS Zeitschrift für Medizinische Ausbildung, Vol. 26, No. 4, Doc42.

Hodkinson, Phil/Biesta, Gert/James, David (2008): Understanding Learning Culturally: Overcoming the Dualism Between Social and Individual Views of Learning. In: Vocations and Learning 1, 27-47.

Hunold, Martin (2012): Lernen und Biographie. Theoretische Überlegungen und empirische Rekonstruktionen von Lernorientierungen in der Lebensgeschichte von parteipolitisch engagierten Menschen. Berlin.

Kohli, Martin (1996): The Problems of Generations: Family, Economy, Politics. Budapest.

Kolbe, Fritz-Ulrich/Reh, Sabine/Fritzsche, Bettina/Idel, Till-Sebastian/Rabenstein, Kerstin (2008): Lernkultur: Überlegungen zu einer kulturwissenschaftlichen Grundlegung qualitativer Unterrichtsforschung. In: Zeitschrift für Erziehungswissenschaft 11 (1), 125-143.

Koller, Hans-Christoph (1999): Bildung und Widerstreit. München

Krapp, Andreas/Ryan, Richard M. (2002): Selbstwirksamkeit und Lernmotivation. In: Zeitschrift für Pädagogik. 44. Beiheft, 54-82.

Krüger, Heinz-Hermann/Grunert, Cathleen (2009): Jugend und Bildung. In: Tippelt, Rudolf & Schmidt, Bernhard (Hg.): Handbuch Bildungsforschung. Wiesbaden, 641-660.

Lave, Jean/Wenger, Etienne (1991): Situated learning. Legitimate peripheral participation. Cambridge.

Looß, Maike (2007): Lernstrategien, Lernorientierungen, Lern(er)typen. In: Krüger, Dirk/Vogt, Helmut (Hg.): Theorien in der biologiedidaktischen Forschung. Ein Handbuch für Lehramtsstudenten und Doktoranden. Berlin, 141-152.

Ludwig, Joachim (2000): Lernende verstehen. Bielefeld: wbv.

Mandl, Heinz/Friedrich, Helmut F. (2006): Lernstrategien: Zur Strukturierung des Forschungsfeldes. In: Dies. (Hg): Handbuch Lernstrategien. Göttingen, 1-23.

Mannheim, Karl (1964): Beiträge zur Theorie der Weltanschauungsinterpretation. In: Ders.: Wissenssoziologie. Neuwied, 91-154.

Mannheim, Karl (1980): Strukturen des Denkens. Frankfurt am Main.

Marotzki, Winfried (1990): Entwurf einer strukturalen Bildungstheorie. Weinheim.

Marotzki, Winfried (1995): Qualitative Bildungsforschung. In: König, Eckard/Zedler, Peter (Hg.): Bilanz qualitativer Forschung. Bd. 1. Weinheim, 99-133.

Meyer-Drawe, Käthe (2008): Diskurse des Lernens. München.
Nohl, Arnd-Michael (2006): Bildung und Spontaneität. – Phasen von Wandlungsprozessen in drei Lebensaltern. Opladen.
Nohl, Arnd-Michael (2011a): Pädagogik der Dinge. Bad Heilbrunn.
Nohl, Arnd-Michael (2011b): Ressourcen von Bildung – empirische Rekonstruktionen zum biographisch situierten Hintergrund transformativer Lernprozesse. In: Zeitschrift für Pädagogik, H. 6, 911-927.
Nohl, Arnd-Michael (2012): Interview und dokumentarische Methode – Anleitungen für die Forschungspraxis. Wiesbaden.
Nohl, Arnd-Michael (2013): Relationale Typenbildung und Mehrebenenvergleich: Neue Wege der dokumentarischen Methode. Wiesbaden.
Nohl, Arnd-Michael/Rosenberg, Florian von (2012): Lernorientierungen und ihre Transformation: Theoretische und empirische Einblicke für eine teilnehmerorientierte Erwachsenenbildung. In: Felden, Heide von/Hof, Christiane/Schmidt-Lauff, Sabine (Hg.): Erwachsenenbildung und Lernen. Baltmannsweiler, 143-153.
Nohl, Arnd-Michael/Rosenberg, Florian von/Thomsen, Sarah (2013): Bildung und Lernorientierungen im biographischen Kontext. Buchmanuskript (in Vorbereitung).
Reh, Sabine (2012): Mit der Videokamera beobachten: Möglichkeiten qualitativer Unterrichtsforschung. In: Boer, Heike de/Reh, Sabine (Hg.): Beobachtung in der Schule – Beobachten lernen. Wiesbaden, 151-169.
Rosenberg, Florian von (2011): Bildung und Habitustransformation. Empirische Rekonstruktionen und bildungstheoretische Reflexionen. Bielefeld.
Rosenberg, Florian von (2014): Lern- und Bildungsprozesse im Kontext kultureller Pluralität. Wiesbaden.
Schulze, Theodor (2006): Biographieforschung in der Erziehungswissenschaft - Gegenstandbereich und Bedeutung. In: Krüger, Heinz-Hermann/Marotzki, Winfried (Hg.): Handbuch der erziehungswissenschaftlichen Biographieforschung. Wiesbaden, 35-58.
Schütze, Fritz (1978): Die Technik des narrativen Interviews in Interaktionsfeldstudien – dargestellt an einem Projekt zur Erforschung von kommunalen Machtstrukturen. Arbeitsberichte und Forschungsmaterialien Nr. 1 der Fakultät für Soziologie der Universität Bielefeld. Bielefeld (Typoskript, 2. Auflage).
Schütze, Fritz (1983): Biographieforschung und narratives Interview. In: Neue Praxis, Heft 3, Jg. 13; 283-293.

Schütze, Fritz (1984): Kognitive Figuren des autobiographischen Stegreiferzählens. In: Kohli, Martin/Günther, Robert (Hg.): Biographie und soziale Wirklichkeit. Stuttgart. 78–117.

Seitter, Wolfgang (2001): Zwischen Proliferation und Klassifikation – Lernorte und Lernortkontexte in pädagogischen Feldern. In: Zeitschrift für Erziehungswissenschaft, Vol. 4, No. 2, 225-238.

Seltrecht, Astrid (2008): Nichtlernen im biographischen Kontext. Eine bislang verkannte erziehungswissenschaftliche Kategorie. In: Felden, Heide von (Hg.): Perspektiven erziehungswissenschaftlicher Biographieforschung. Wiesbaden, 193-209.

Staemmler, Daniel (2005): Lernstile und interaktive Lernprogramme. Kognitive Komponenten des Lernerfolges in virtuellen Lernumgebungen. Wiesbaden.

Suchman, Lucy A. (1987): Plans and situated actions: The problem of human-machine communications. Cambridge.

Thomsen, Sarah (2010): Von der Jugendkultur zur politischen Positionierung. Bildung als jugendliches Sich-Einfinden in eine politische Grundorientierung im Kontext von sozialen Bewegungen. In: Neue Praxis, Heft 3, 279-294.

Thomsen, Sarah (2014): Bildung und Lernen in sozialen Bewegungen. Dissertationsprojekt an der Helmut-Schmidt-Universität. Hamburg.

Wild, Klaus Peter (2006): Lernstrategien und Lernstile. In: Rost, Detlef H. (Hg): Handwörterbuch Pädagogische Psychologie. Weinheim, 427-432.

Wulf, Christoph et al. (2007): Lernkulturen im Umbruch – Rituelle Praktiken in Schule, Medien, Familie und Jugend. Wiesbaden.

Subjektwissenschaftliche Lerntheorie und empirische Bildungsprozessforschung

JOACHIM LUDWIG

1. VON DER BILDUNGSTHEORIE ZUR EMPIRISCHEN FORSCHUNG UND ZURÜCK

In diesem Beitrag wird erstens der „Subjektstandpunkt" als Subjektmodell der Holzkamp'schen Lerntheorie und als spezifische Forschungsperspektive vorgestellt, die das Verhältnis von subjektivem Sinn und Sinnstruktur in den Blick nimmt. Zweitens wird die These begründet, dass der Subjektstandpunkt Erträge für eine empirische Bildungsprozessforschung besitzt. Dies ist zunächst eine ungewöhnliche These, denn üblicherweise wird der Bildungsbegriff vom Lernbegriff abgegrenzt. Lernforschung steht auch überwiegend für Leistungsmessung sowie Kompetenzerwerb und nicht für Bildungsprozesse. Das kann sich ändern, wenn man die Perspektive einer kognitionstheoretischen Lernpsychologie verlässt und Lernen als soziales Handeln versteht. Möglich wird damit eine pädagogische Lernforschung oder eine Bildungsprozessforschung.

Bildungstheoretiker sind zunehmend an einer empirischen Fundierung bildungsphilosophischer Fragestellungen interessiert. Das ist nicht nur der aktuellen forschungspolitischen Lage geschuldet, in der die sogenannte Bildungsforschung soziologischer und psychologischer Provenienz die Bildungstheorie in Begründungsnöte versetzt. Gründe sind auch im Theorie-Empirie-Verhältnis gegeben. Wer über Bildung forschen will, braucht eine theoretische Vorstellung von Bildung. Wer nicht empirisch forscht, bleibt bei der Diskussion verschiedener theoretischer Vorstellungen stehen. Der Diskurs tendiert in der Folge zum Austausch normativer Festlegungen zur Bildung. (Damit soll nicht der Bildungsdiskurs zu kategorialen Fragen der Bildungstheorie abgewertet werden.) Um eine Reduktion auf die Auseinandersetzung über die „richtige" Bildung zu vermeiden, ist eine empirische Forschung erforderlich, die bildungstheoretisch fundiert ist. Im Unterschied zur sogenannten Bildungsforschung, die sich auf die Bedingungen und Folgen pädagogischer Interventionen konzentriert und für die der Bildungsprozess eine Blackbox bleibt, kann eine bildungstheoretische Bildungsforschung Bildungsprozesse untersuchen. Die Bildungsprozessforschung umfasst neben den Bildungsprozessen und ihrer funktionalen Leistungsseite auch Bildung als Kritik an den gesellschaftlichen Verhältnissen und als Selbstkritik.

Diese Problemstellung greift z. B. der Diskurs zur transformativen Bildung auf (vgl. Koller/Marotzki/Sanders 2007; Koller 2012). Ziel ist eine bessere empirische Fundierung von Bildungsprozessen. Eine empirische Untersuchung von Bildungsprozessen könnte

- gesellschaftliche Zugangschancen, Zwangsverhältnisse und Widersprüche in Lern- und Bildungsprozessen untersuchen und die Weltvergessenheit der Bildungsforschung reduzieren,
- sich stärker als bisher gegenüber der bestehenden Vielfalt empirisch vorfindbarer Lern- und Bildungsprozesse öffnen,
- ein wichtiger Beitrag zur erziehungswissenschaftlichen Grundlagenforschung sein, deren Ausweitung seit langem angemahnt wird,
- bessere Anschlussmöglichkeiten an eine interdisziplinäre Forschung eröffnen.

In einer empirischen Perspektive wird Bildung nicht substantialistisch als Entfaltung innerer Kräfte verstanden, sondern als ein responsives Geschehen, das beginnt, um auf Störungen der vorhandenen, individuellen Ordnungskonzepte zu antworten (Koller 2007, 71). Bildung kann dort beginnen, wo etwas Unverstandenes, Fremdes die eigene Ordnung des Subjekts infrage stellt. Das Subjekt kann dann, muss aber nicht, in solchen Situationen, Selbst- und Fremdverständigungsprozesse ausführen. Damit stellt sich die Frage, wie diese Fremdheitserfahrung sowohl empirisch als auch bildungstheoretisch so gefasst werden kann, dass die Bedingungen und Verlaufsformen tatsächlicher Bildungsprozesse untersucht werden können (vgl. Koller 2012, 15).

Die bildungstheoretische Rede vom Wahren und Höchsten, vom Eigentlichen und Kern hat in der Vergangenheit die Differenz zwischen Bildungszielen einerseits und deren gesellschaftlicher Realisierung andererseits zu wenig aufgegriffen. Die Versuche zur Realisierung der pädagogischen Anforderung an den Zögling, sich seiner selbst bewusst zu werden und über seine Stellung zur Welt nachzudenken, lässt die empirische Untersuchung der gesellschaftlichen Bedingungen, Möglichkeiten und Zwänge in den Hintergrund treten (vgl. Anhalt 2009, 33). Anhalt plädiert für die Untersuchung der empirisch gegebenen gesellschaftlichen Bedingungen und schlägt dafür die Berücksichtigung des Lernbegriffs vor. Die subjektwissenschaftliche Lerntheorie kann dafür einen geeigneten Ausgangspunkt bieten.

2. BILDUNG UND LERNEN

Bildung wird im Folgenden ganz allgemein als Prozessierung des menschlichen Welt- und Selbstverhältnisses definiert. Der Bildungsbegriff wird in den meisten bildungstheoretischen Diskursen gegenüber dem Lernbegriff sowohl abgegrenzt als auch zugleich angeschlossen. Lernen wird als die Aufnahme, Aneignung und Verarbeitung neuer Informationen gefasst, während Bildungsprozesse als Lernprozesse höherer Ordnung verstanden werden, bei denen auch der Modus der Informationsverarbeitung sich grundlegend ändert (vgl. Koller 2012, 15 im Anschluss an Marotzki).

Die Transformation grundlegender Strukturen des Welt- und Selbstverhältnisses ist demnach das Spezifische transformatorischer Bildung – im Unterschied zu einfachen Lernprozessen. Für Nohl ist die Unterscheidung zwischen Bildung und Lernen vor allem für empirische Untersuchungen erforderlich:

„Diese scharfe Unterscheidung zwischen Lernen und Bildung ist gerade in der empirischen Forschung nötig, denn sie muss das Datenmaterial ja dem einen oder anderen interpretativ zurechnen." (Vgl. Nohl S. 147 in diesem Band)

Bildung und Lernen werden in dieser Form als zwei separate Prozesse identifiziert, die empirisch unterscheidbar sind. Dem Lernprozess werden einfache und überwiegend innerpsychische Operationen zugeschrieben, während dem Bildungsprozess übergeordnete Strukturbildungsprozesse zugeordnet werden. Es entsteht ein Stufenmodell zum Verhältnis von Bildung und Lernen, das Tradition im bildungstheoretischen Diskurs hat:

Bei Marotzki (1990) wird Bildung als Transformation der Selbst- und Weltreferenz untersucht, während Lernen als kontinuierlicher Erwerb von Wissen und Können innerhalb einer gegebenen Selbst- und Weltreferenz, d. h. innerhalb eines gegebenen (Orientierungs-) Rahmens betrachtet wird (vgl. an Marotzki anschließend u. a.: Nohl 2006, Rosenberg 2012). In ähnlicher Weise definiert Meueler (2009) Bildung als bewertetes und bewertendes Lernen. Lernen stellt dagegen eine individuelle kognitive Plattform dar, auf der Bildungsprozesse aufbauen können. Auch Ahlheit und Dausin (2005, 567) verstehen den Lernbegriff als kleinräumiger im Vergleich zum vielschichtigen Bildungsbegriff, der auf übergeordnete sowohl individuelle als auch kognitive Formationsprozesse und daraus resultierenden Bildungsgestalten bezogen ist. In Schulzes (2007) Stufenmodell sind es die Komplexität und Langfristigkeit, die Lernen und Bildung unterscheiden. Bildung versteht er als einen langfristigen und komplexen Lernprozess. Solche langfristigen Lernformate finden im biografischen oder im schulischen Lernen statt (2007, 143). Den Bildungsprozess zeichnet aus, dass der Lernende das angeeignete Wissen in eigene welterschließende Aktivitäten übersetzt und damit neue Erfahrungen (155) erhält. In diesen Prozessen wird einerseits Mehrdeutigkeit befördert und andererseits in umfassendere Konstruktionen überführt (Idee der Menschheit, der Vernunft etc.).

Diese Stufenmodelle sind nachvollziehbar, wenn man den Mainstream psychologischer Lerntheorien betrachtet. Dort wird Lernen nach dem Informationsverarbeitungsmodell als eine innerpsychische Operation betrachtet, der vornehmlich Memorierungs- und Aktualisierungsfunktionen zugeschrieben werden (vgl. Ludwig 2012a, 84 f.). Lernen gilt vor allem als bedingter Prozess. Psychologische Lernforschung zielt auf die Optimierung von Steuerungspotenzialen gegenüber dem Lernen. Somit ist nachvollziehbar, dass Bildung von diesem Lernbegriff abgegrenzt werden soll.

Was allerdings an diesem Stufenmodell befremdet, ist die Vorstellung, Lernen und Bildung seien empirisch zwei unterschiedliche und unterscheidbare Prozesse. Dies kommt einer Reifizierung gleich. Ein Blick in die Begriffsgeschichte von Lernen und Bildung zeigt, dass es hier vielmehr um unterschiedliche Diskurse geht, bei denen zum Teil Lernen und zum Teil Bildung als Begriff für Erkenntnisgewinnung und Selbstreflexion verwendet wird. Dabei ist Lernen der ältere Begriff, der seit Platon und Aristoteles als Begriff für Erkenntnisgewinnung genutzt wird (vgl. Lorenz/Schröder 1980). Göhlich und/ Zirfas (2007) lesen diese Reflexionen zum Lernen als eine „Theorie der Selbstreflexion, der Selbstbelehrung und Selbstveränderung" (61). In der Aufklärung wird der Lernbegriff parallel zum Bildungsbegriff verwendet und steht dort bei Rousseau für eine selbstständige Tätigkeit, bei Kant zusammen mit Bildung als „ein Humanum schlechthin" (Lorenz/Schröder 1980, 244), mit dem der Mensch ihn auszeichnende Fähigkeiten erwirbt. Durch die Einführung eines psychologischen Lernbegriffs um 1900 wird diese Perspektive erst verändert und auf beobachtbare Verhaltensweisen verengt (vgl. Faulstich 2008, 35). Im Kern geht es um die Auseinandersetzung zwischen einer experimentellen und verstehenden Psychologie. Sie lässt sich in Ebbinghaus' Aufsatz „Über die erklärende und beschreibende Psychologie" (1896) anschaulich illustrieren, der eine Erwiderung auf

Diltheys Kritik an der „herrschenden Psychologie" ist (vgl. Winkel u. a. 2006, 20 f.).

Statt Lernen und Bildung als ein Stufenmodell zu konzipieren, erscheint es angebracht, Bildung und Lernen als differente Diskurse bzw. Perspektiven auf ein und denselben Prozess der Welt- und Selbstverständigung zu fassen: Der Bildungsbegriff reflektiert mehr die gesellschaftlichen Normen und Ergebnisse der Selbstbildung, der Lernbegriff mehr die Prozesse der Selbstbildung. Dieses als Perspektivendifferenz charakterisierbare Verhältnis von Bildung und Lernen lässt sich mit solchen Lerntheorien begründen, die Lernen als soziales Handeln konzipieren: phänomenologische, pragmatistische, interaktionistische und subjektwissenschaftliche Lerntheorien. Für eine Bildungsprozessforschung ließe sich mit einem Lernbegriff als sozialem Handeln der Prozess differenzierter in den Blick nehmen. Im Folgenden soll der Ertrag der subjektwissenschaftlichen Lerntheorie im Anschluss an Holzkamp (1993) für eine empirische Untersuchung von Welt- und Selbstverständigungsprozessen skizziert werden.

3. ZUR BILDUNGSTHEORETISCHEN UND EMPIRISCHEN RELEVANZ DER SUBJEKTWISSENSCHAFTLICHEN LERNTHEORIE

3.1 Subjektstandpunkt als Weltbezug

Holzkamps Ausgangspunkt für seine Theoretisierung des Lernens ist die „Weltlosigkeit" der psychologischen Lerntheorien. Diese Weltlosigkeit in Gestalt innerpsychischer Lerntheorien möchte er überwinden und Lernen als möglichen „Zugang des Lernsubjekts zur sachlich-sozialen Welt gesellschaftlicher Bedeutungszusammenhänge verständlich" (Holzkamp 1993, 118) machen. Obwohl Holzkamp in seinen lerntheoretischen Reflexionen den Begriff Bildung nicht verwendet, ist seine gesamte Lerntheorie dem Problem der Subjekt-Welt-Relation und ihrer lernenden Erschließbarkeit gewidmet. Holzkamp greift damit zentrale Fragen der Bildungstheorie auf. Die Art und Weise der „Selbstverständigung" (Holzkamp 1995, 834) der Menschen in ihrem gesellschaftlichen Kontext gilt ihm als zentrales Anliegen subjektwissenschaftlicher Forschung. Seine Lerntheorie hat den Charakter eines theoretischen Rahmens, mit dem sich Lernhandlungen in spezifischen gesellschaftlichen Verhältnissen empirisch untersuchen lassen: Eine vorgefertigte Systematik der Art und Reihenfolge der Lernhandlungen lässt sich seiner Ansicht nach nicht aufstellen, sondern ist „nur empirisch zu gewinnen" (Holzkamp 1993, 247). Holzkamp bietet mit seinem theoretischen Rahmen interessante theoretisch-empirische Perspektiven für eine Bildungsprozessforschung.

Mit dem Zugang des Subjekts zur sachlich-sozialen Welt gesellschaftlicher Bedeutungszusammenhänge ist der Subjektstandpunkt eingeführt:

„Wenn ich von den Gründen eines anderen rede, dann rede ich immer von seinen Gründen für sein Handeln, also nehme ich dabei seinen Subjektstandpunkt ein. Der ‚Subjektstandpunkt' ist entsprechend nicht einfach mein Standpunkt, sondern ‚je mein' Standpunkt, also als ‚verallgemeinerter Subjektstandpunkt' eine spezielle Modalität des sozialen und sachlichen Wirklichkeitsaufschlusses." (Holzkamp 1996, 118)

Der Mensch verhält sich zu sich, zu den anderen und zur sachlich-sozialen Welt über seine Handlungen. Holzkamp versteht individuelles Handeln als über Bedeutungen gesellschaftlich vermitteltes Handeln. Bedeutungen entstehen über Handlungen als Verbindung der individuellen Existenzsicherung (Holzkamp 1983, 237) mit der gesellschaftlichen Produktion im Rahmen und außerhalb gesellschaftlich organisierter Arbeit (Holzkamp 1983, 233 f.).

„Menschliches Handeln in seiner subjekthaft-aktiven Charakteristik ist also keine bloß formale Angelegenheit wechselseitiger Handlungsinterpretationen o. ä., sondern realisiert sich als solches notwendig in der Erhöhung der subjektiven Bedingungsverfügung/ Lebensqualität, d. h. in der Überschreitung der Sphäre bloß sozialer Interaktion durch Veränderung gegenständlich-gesellschaftlicher Lebensbedingungen und, darüber vermittelt, in der Entfaltung der subjektiven Lebensqualität." (Holzkamp 1986, 396)

Handlungen sind bei Holzkamp durch das a priori charakterisiert, dass der Mensch sich nicht bewusst selbst schaden kann (vgl. 1983, 350), d. h. er kann sich nicht bewusst selbst widersprechen, nicht bewusst im Widerspruch zu den eigenen Bedürfnissen und Interessen stehen, die auf eine verallgemeinerte Form gesellschaftlicher Teilhabe und die Erweiterung der Lebensqualität im Rahmen der gesellschaftlichen Möglichkeiten zielen. „Die Verfügung des Individuums über seine eigenen Lebensbedingungen in Teilhabe an der Verfügung über den gesellschaftlichen Prozeß läßt sich als ‚personale Handlungsfähigkeit' charakterisieren" (Holzkamp 1983, 241). Handlungsfähigkeit repräsentiert vom Subjektstandpunkt aus gesehen einen ausreichenden Stand an der Verfügung über Lebensbedingungen (Holzkamp 1987, 15), die das Subjekt als individuelle Bedeutungshorizonte oder Wissen über die Welt repräsentiert und aus dem es zufriedenstellende Handlungsprämissen ableiten kann.

Demgegenüber sind individuelle Handlungsproblematiken ein Ausdruck subjektiv eingeschränkt empfundener Verfügung über gesellschaftlichen Möglichkeiten. Dies kann einerseits dadurch gegeben sein, dass Menschen sich vorhandene gesellschaftliche Bedeutungskonstellationen bzw. vorhandenes Wissen noch nicht angeeignet haben. Gesellschaftliche Bedeutungskonstellationen und damit auch die soziale Welt „bestehen zwar nicht unabhängig von ihrer Erfahrbarkeit durch Menschen überhaupt, aber unabhängig davon" (Holzkamp 1993, 220), ob der Einzelne sie erfahren hat. Andererseits ist zu berücksichtigen, dass den Menschen die gesellschaftlichen Möglichkeiten nicht in gleicher Weise zur Verfügung stehen. Dies reicht bis hin zu Machtverhältnissen, in denen Menschen durch manifeste und latente Strukturen (FGL 2004, 17) von bestimmtem Wissen und Handlungsmöglichkeiten ausgeschlossen werden. Welche gesellschaftlichen Bedeutungen zugänglich sind, hängt wesentlich von der sozialen Position der Menschen ab. Holzkamp (1983, 197) unterscheidet drei Ebenen, mit denen er das Verhältnis von individueller Existenzsicherung zum gesellschaftlichen Kontext zu fassen sucht. Die erste Ebene bildet den gesellschaftstheoretischen Rahmen als arbeitsteilige Gesamtstruktur des gesellschaftlichen Lebens. Der einzelne Mensch bezieht sich jedoch nicht auf die gesamte Gesellschaft, sondern nur vermittelt über bestimmte soziale Positionen, die historisch variabel sind. Auf dieser zweiten Ebene werden die gesellschaftlichen Möglichkeiten der individuellen Existenzsicherung zum Ausdruck gebracht. Soziale Positionen (z. B. Berufe oder Milieus) sind Lebensumstände in ihrer historischen Bestimmtheit, die je nach Position unterschiedliche Teilhabemöglichkeiten bieten. Durch die Position sind die Art des Beitrags zur gesellschaftlichen Lebensgewinnung/Existenzsicherung sowie der Einfluss auf den gesellschaftlichen Prozess vermittelt. Die dritte Ebene bildet schließlich die individuelle Lebenslage. Sie bezeichnet die Art und Weise, wie der Mensch – vermittelt über die soziale Position – mit den gegenständlich-sozialen Verhältnissen in Kontakt kommt. Die Lebenslage ist „eine bestimmte standortabhängige Konkretion der Beziehung des Individuums zu gesellschaftlichen Positionen und umfaßt damit auch das ‚Noch-Nicht' oder ‚Nicht-Mehr' der Realisierung von bestimmten Positionen" (ebd. 197).

Individuen stehen in Möglichkeitsbeziehungen zu den gesellschaftlichen Bedeutungsstrukturen und zu sich selbst – haben also die Freiheit, Handlungsalternativen zu wählen (ebd. 345). „Meine" relative Handlungsfähigkeit beschreibt das Verhältnis von verfügbaren und noch nicht verfügbaren gesellschaftlichen Handlungsmöglichkeiten (ebd. 335). Holzkamp interessieren die historisch spezifischen Formierungen und Behinderungen in dem individuellen Versuch, Verfügung über die Lebensbedingungen zu erhalten (ebd. 202 f.). Lernen versteht er als eine spezifische Handlungsweise, um die Verfügung über gesellschaftlich gegebene Handlungsmöglichkeiten zu erweitern. Mit den Möglichkeitsbeziehungen zwischen den subjektiven Bedeutungshorizonten und den gesellschaftlichen Bedeutungsstrukturen wird der Subjektstandpunkt als relationales Subjektmodell kenntlich gemacht, das ohne feststehende Eigenschaften der Individuen auskommt (vgl. Scherr 2012, 102).

Den im Alltagshandeln gegebenen Handlungsproblematiken kann der Einzelne ausweichen, womit er in der Unmittelbarkeit der Situation verhaftet bleibt (restriktive Handlungsfähigkeit), oder er kann versuchen, ihre Widersprüchlichkeit und Problematik lernend zu überwinden (verallgemeinerte Handlungsfähigkeit). Restriktive Handlungsfähigkeit ist die – aufgrund der Alternative „verallgemeinerte Handlungsfähigkeit" – erfahrbare widersprüchliche Lebensthematik innerhalb „je meines" subjektiven Möglichkeitsraums im Medium von Handlungsbegründungen (Holzkamp 1990, 35). Widerspruchsverhältnisse bestehen nicht zwischen restriktiver und verallgemeinerter Handlungsfähigkeit. Vielmehr ist die restriktive Handlungsfähigkeit in sich widersprüchlich, weil hier das Arrangement mit den herrschenden Verhältnissen zugleich mit Selbstschädigung und eingeschränkter Teilhabe/Verfügung über die Lebensbedingungen verbunden ist (Holzkamp 1990, 39). Der Mensch kann sich also selbst schaden und im Widerspruch zu seinen Interessen stehen – nur bewusst kann er sich nicht selbst schaden.

Restriktive versus verallgemeinerte Handlungsfähigkeit ist keine intersubjektive Typologie oder gar ein Persönlichkeitsmerkmal, sondern eine intrasubjektive Handlungsalternative (Holzkamp 1990, 37 u. 44). Die Alternative restriktive-verallgemeinerte Handlungsfähigkeit stellt sich jedem Menschen immer wieder, nämlich dann, wenn aufgrund einer aktuellen Einschränkung (Bedrohung der Handlungsfähigkeit) die subjektive Handlungsnotwendigkeit zur Überwindung der Bedrohung besteht (ebd. 38).

Die hier skizzierte „Welt- und Selbstbeziehung" (Holzkamp 1983, 237 f.) reflektiert die gesellschaftliche Vermitteltheit des Handelns. Sie lässt sich als Subjektstandpunkt in zweifacher Weise zusammenfassen.

Erstens stellt sich vom Subjektstandpunkt aus die Welt nicht als Bedingung dar, die menschliches Handeln bedingt oder bewirkt, sondern als ein Bedeutungszusammenhang, der die gesellschaftlich gegebenen Handlungsmöglichkeiten und Grenzen repräsentiert. Gegenständliche Bedeutungen sind die Vermittlungsebene zwischen der sachlich-sozialen Welt und dem individuellen Handeln (vgl. Holzkamp 1993, 207). Das Subjekt ist nur denkbar in seinem handelnden Bezug zur sachlich-sozialen Welt als gesellschaftlicher Raum von Handlungsmöglichkeiten und -begrenzungen. Der Subjektstandpunkt bezeichnet ein Subjekt, das nicht von gesetzten Bedingungen gelenkt wird (z. B. von äußeren Anreizen oder von innen-außen gesetzten Selbstwirksamkeitserwartungen). Vielmehr erfährt das Subjekt die Welt über seine Handlungen als bedeutungsvoll und entwickelt innerhalb dieser gesellschaftlichen Bedeutungskonstellationen für sich selbst Bedeutungs-Begründungszusammenhänge, aus denen es Handlungsprämissen ableitet und so Handlungsfähigkeit begründet. Insofern die gesellschaftlichen Bedeutungskonstellationen immer als Möglichkeitsbeziehung gegeben sind, kann der Mensch auftretenden Handlungsproblematiken auch ausweichen und sich in den gegebenen Verhältnissen „einrichten", was zu einer restriktiven und widersprüchlichen Handlungsfähigkeit führt, mit der die eigenen Interessen behindert und die beschränkenden Lebensverhältnisse gestützt werden.

Zweitens ist der Subjektstandpunkt der biographische Ort, an dem sich der Mensch mit seiner Lebenslage und sozialen Position aktuell befindet und von dem aus er sich selbst und die Welt betrachtet, seine personale Situiertheit findet. Manche soziale Situationen sind ihm zugänglich, andere nicht. Mit diesen Situationen treten die andern Menschen von ihrem Standpunkt aus zur Welt. Weil erst durch die personale Situiertheit der anderen die eigene Situiertheit, die eigene Welt- und Selbsterfahrung reflektierbar wird, ist der Subjektstandpunkt und die mit ihm verbundene personale Situiertheit ein genuin soziales Konzept (vgl. Holzkamp 1993, 264). Bedeutungen entstehen im Sinne der Kritischen Psychologie nicht allein durch wechselseitige Handlungserwartungen, sondern im Zusammenhang mit historisch-konkreten Formen gesellschaftlicher Produktion und Reproduktion. Bedeutungen sind also nicht beliebig, sondern Ausdruck kultureller, politischer, sozialer und ökonomischer Verfasstheit der Gesellschaft. Über die Verwendung und Konstitution von Bedeutungen sind die Subjekte gesellschaftlich vermittelt, sind sie gesellschaftliche Subjekte. „Meine" subjektive Möglichkeit steht also nicht im Gegensatz zur „objektiven Charakteristik", zu den historisch-konkreten verallgemeinerten Strukturen, sondern lässt sich nur als Verhältnis zu den gesellschaftlichen Lebensverhältnissen begreifen und verstehen. Die unterschiedlichen Weltdeutungen bzw. Sicht- und Verhaltensweisen der Menschen werden „als unterschiedliche Formen subjektiver Realisierung gemeinsamer Verfügungsmöglichkeiten begreifbar" (FGL 2004, 11). Wie ich die jeweilige Situation erfahre, hängt von der „Erfahrung der eigenen Zeitlichkeit und Geschichtlichkeit" (Holzkamp 1983, 336) ab. Die Subjekthaftigkeit ist als „Intentionalitätszentrum zugleich das Zentrum, von dem aus ich mein eigenes Leben als Prozeß, damit auch meine eigene Vergangenheit, in bewußtem Verhalten zu mir selbst habe" (Holzkamp 1983, 336). Die Subjekthaftigkeit bestimmt, wie gesellschaftliche Handlungsmöglichkeiten aber auch die eigenen Fähigkeiten erfahren werden: Als Bedrohung und Zwang oder als Herausforderung mit dem Ziel der Überwindung der Handlungsproblematik und der Erweiterung gesellschaftlicher Teilhabe.

Es sollte deutlich geworden sein, dass Holzkamp immer das Verhältnis von Subjekt und sachlich-sozialer Welt reflektiert und mit der Kategorie „Subjektstandpunkt" nicht einem Individualismus das Wort redet. Genauso wenig kann man ihm einen platten Objektivismus vorwerfen, weil er den Weltbezug vom Subjekt aus im Medium des Bedeutungs-Begründungsdiskurses thematisiert. Seine Intention ist es, die klassische Dualität von Subjekt und Objekt, von Geist und Körper, von Strukturontologie und subjektiv beliebiger Offenheit zu überwinden.

Es ergeben sich damit verschiedene Anschlüsse an ähnliche Theoriekonzepte. Zum Beispiel an Husserl, der den Menschen nur in Bezug zur realen Umwelt für denkbar hält, in der er sich „leibhaft" bewegt und einen Standpunkt einnimmt. Objektivität entsteht, indem die Anderen dieselben Gegenstände erfahren und ihnen Geltung verleihen (vgl. Husserl 1973). Anschlüsse sind zum Beispiel auch an kulturtheoretische Praxistheorien möglich, die das Soziale ebenfalls „nicht in der ‚Intersubjektivität' und nicht in der ‚Normgeleitetheit', auch nicht in der ‚Kommunikation' [...] suchen, sondern in der Kollektivität von Verhaltensweisen, die durch ein spezifisches ‚praktisches Können' zusammengehalten werden: Praktiken bilden somit eine emergente Ebene des Sozialen, die sich jedoch nicht ‚in der Umwelt' ihrer körperlichmentalen Träger befindet" (Reckwitz 2003, 289).

Die substanzielle Prüfung von Anschlussmöglichkeiten zwischen diesen Theoriekonzepten erscheint mir ertragreicher als neo- subjektwissenschaftliche Weiterentwicklungen in einzelnen Schulen (vgl. z. B. Grotlüschen in diesem Band). Statt Schulenbildung (was im Verlauf des Grotlüschen-Beitrags entgegen der Ankündigung nicht passiert) sollte theoretische Differenzierung angesagt sein. Es geht schließlich weniger um die Verteidigung von Theorien als vielmehr um deren Kritik und Weiterentwicklung.

3.2 Der lerntheoretische Rahmen: Grundbestimmungen des Lernens

Lernhandlungen nehmen nach Holzkamp ihren Ausgangspunkt in Handlungsproblematiken, indem sie Handlungsproblematiken zu Lernproblematiken machen. Lernen wird als eine spezifische Form sozialen Handelns verstanden, bei der die ursprüngliche und primäre Alltagshandlung zur Bezugshandlung wird. Er geht mit seiner Lerntheorie der Frage nach, wie Menschen, die sich in bestimmten Handlungssituationen nur eingeschränkt handlungsfähig fühlen, sich über Lernen wieder mehr Klarheit verschaffen können bzw. wie sie sich in widersprüchliche Lernbegründungen verstricken oder Lernen ganz vermeiden.

Die Lernhandlung zeichnet sich gegenüber der problematisch gewordenen Bezugshandlung durch eine spezifische Lernhaltung aus, d. h. der Zielbezug der Handlung wird suspendiert, Distanz und Dezentrierung gegenüber der Handlung werden gewonnen (Holzkamp 1993, 184). Lernen ist so gesehen eine spezifische – reflektierte – Form sozialen Handelns, mit der die Handlungsproblematik als Unmittelbarkeitsverhaftetheit in den vorhandenen Lebensverhältnissen überwunden werden soll. Der Begriff der Handlungsproblematik korrespondiert hier mit bildungstheoretisch verwandten Begriffen wie Krise, Handlungskrise, kritisches Ereignis, Irritation, Zielspannungslage usw., also Begriffen, die einen Bedeutungskonflikt oder fehlende Bedeutungshorizonte beschreiben. Diese thematischen Lernaspekte stehen im Vordergrund der Holzkamp'schen Lerntheorie und nicht die operativen Lernaspekte (sog. Lernstrategien). Intentionales Lernen wird als beabsichtigtes Lernen verstanden, das die Absicht verfolgt, einen fehlenden oder nicht überblickbaren Begründungszusammenhang (wieder-)herzustellen. Intentionalität umfasst bei Holzkamp keine kognitiv-rationale Zielverfolgung im Sinne eines handhabbaren Prozesses (Ziele wären Bestandteil des operativen Lernaspekts, nicht des thematischen). Im Gegenteil: Lernen wird mit Blick auf den im Vordergrund stehenden thematischen Lernaspekt als offener und prinzipiell unabgeschlossener Prozess verstanden, dessen Ergebnis nicht vorhersehbar ist.

Holzkamp entwickelt seine Lerntheorie auf der Basis des von ihm beschriebenen Welt- und Selbstverhältnisses als Zugang zur sachlich-sozialen Welt von drei Perspektiven aus. Aus der Perspektive

1. des Zugangs zur Bedeutungsstruktur des Lerngegenstandes,
2. der standortspezifischen Bestimmung des Lernsubjekts und
3. der institutionalisierten Lernverhältnisse.

Abbildung 1: Lerndreieck

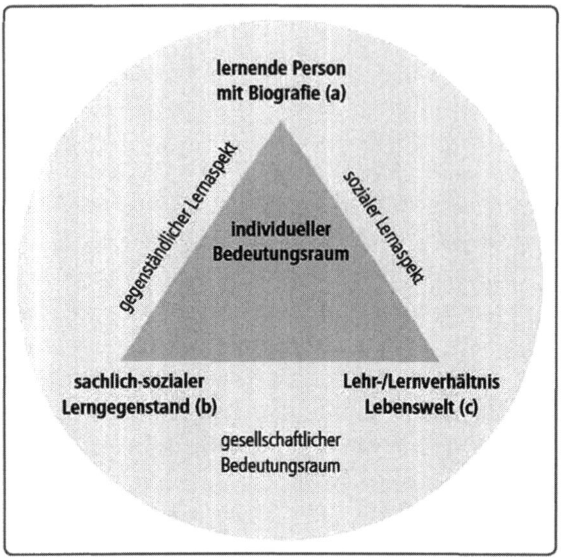

Lerndreieck mit:
- lernende Person mit Biografie (a)
- individueller Bedeutungsraum
- gegenständlicher Lernaspekt
- sozialer Lernaspekt
- sachlich-sozialer Lerngegenstand (b)
- Lehr-/Lernverhältnis Lebenswelt (c)
- gesellschaftlicher Bedeutungsraum

Quelle: Ludwig (2012c, 34)

3.3 Der Zugang zur Bedeutungsstruktur des Lerngegenstandes

Die wohl interessanteste Frage ist, wann jemand zu lernen beginnt. Holzkamp konzipiert die Antwort als „Erfahrung einer Lerndiskrepanz" (Holzkamp 1993, 211) im Kontext des primären Handlungszusammenhangs. Die empfundene Handlungsproblematik evoziert demnach eine spezifische Erlebnisqualität, die mit dem Gefühl ungenügender Handlungsfähigkeit verbunden ist (ebd. 214 ff.) und zugleich die Antizipation ermöglicht, dass eine bessere Handlungsfähigkeit möglich sei. Diese Erfahrung der Diskrepanz zwischen einer ungenügenden Handlungsfähigkeit und einer antizipierten besseren Handlungsfähigkeit kann (muss aber nicht) den Ausgangspunkt für eine Lernhandlung bilden, die sich gegenüber der primären Bezugshandlung wie eine Lernschleife verhält (innehaltend, ohne Zielbezug, distanziert und reflektiert). Entwickelt sich die Lernproblematik wie hier geschildert aus eigenen Interessen an erweiterter Lebensqualität, dann kann angenommen werden, dass expansive Lernbegründungen (i. S. verallgemeinerter Handlungsfähigkeit) dominieren. Wird gelernt, um Restriktionen zu vermeiden, dann dominieren defensive und widersprüchliche Lernbegründungen (i. S. restriktiver Handlungsfähigkeit). Verallgemeinerte Handlungsfähigkeit/Expansivität wird von Holzkamp nur als Leitidee und nicht als empirischer Sachverhalt verstanden. Demgegenüber lassen sich defensive Lerngründe/restriktive Handlungsfähigkeit in ihrer Widersprüchlichkeit empirisch rekonstruieren (vgl. Holzkamp 1990). Lernbegründungen sind immer komplex und können sowohl expansive als auch defensive Begründungen umfassen. Holzkamp (1993, 194) nimmt an, dass es so viele Konfigurationen expansiver und defensiver Handlungsgründe gibt wie Lernproblematiken.

Potenzielle Lerngegenstände treten dem Lernenden auf der Weltseite gegenüber und stehen im Verhältnis zum Vorgelernten. Man kann einerseits nur solche Aspekte des potenziellen Lerngegenstandes aktualisieren, die diesem Gegenstand tatsächlich zukommen, andererseits folgt die Auswahl der potenziellen Aspekte im ersten Zugang dem Vorwissen und den individuellen Relevanzhorizonten. Das Fortschreiten im weiteren Lernprozess folgt dem Relevanzhorizont und dem Verhältnis von Flachheit und Tiefe. Wachsende Tiefe der Gegenstandsstruktur verweist auf Gegenstandsaufschluss und die Durchdringung der Unmittelbarkeitsverhaftetheit in Richtung auf immer mehr vermittelte gesellschaftliche Bedeutungsstrukturen. Das Verharren in relativer Flachheit verweist demgegenüber auf defensive Lernbegründungen (vgl. Holzkamp 1993, 221 ff.).

Wenn Lernhandlungen ins Stocken geraten, ist es möglich, dass die bisherige Lernproblematik und die damit verbundene Lernhandlung im Rahmen eines qualitativen Lernsprungs zu einer weiter entwickelten Lernproblematik verändert wird. Dabei lässt sich reflektieren, worauf die Schwierigkeiten beim Lernen zurück zu führen sind: auf den operativen Lernaspekt, auf die eigene Begründungsstruktur oder auf fremde Interessen am eigenen Lernen. Auf diese Weise wird nicht mehr unter einem Lernprinzip gelernt, sondern das Lernprinzip wird selbst lernend verändert (vgl. ebd. 240 ff.). Durch das neue Lernprinzip tritt einerseits der inhaltliche Widerspruch zwischen dem bisher erreichbaren Stand des lernenden Gegenstandaufschlusses und dem antizipierten möglichen Stand hervor. Andererseits auch die gesellschaftlichen Widerspruchsverhältnisse und Machtkonstellationen, die das bisherige Lernen zum defensiv-widerständigen Lernen haben werden lassen.

3.4 Standortspezifische Bestimmung des Lernsubjekts

Mit dieser Perspektive reflektiert Holzkamp das Lernsubjekt in seiner körperlichen, mental-sprachlichen und biographischen Situiertheit.
Diese Ausführungen bleiben hinsichtlich Körperlichkeit und Sprachlichkeit sehr rudimentär. Sie stellen eher Markierungen für weitere theoretische Anschlüsse dar. Körperlichkeit wird als Prämisse von Lernhandlungen eingeführt. Es gilt für die Lernenden, nicht nur die Bedeutungsstruktur des Lerngegenstandes zu durchdringen, sondern auch die eigene körperliche Widerständigkeit. Es gilt für die Lernenden zu hinterfragen, inwieweit die körperlich gesetzten Grenzen mit den Lernintentionen korrespondieren. Die mental-sprachliche Situiertheit wird von Holzkamp vor allem unter dem Aspekt sprachlicher Selbstkommentare zur Möglichkeit der Beachtungslenkung an kritischen Punkten des Lernprozesses reflektiert.

Der biografische Kontext der Lernenden wird als Vergangenheits- und Zukunftsperspektive, als Erfahrung der eigenen Geschichtlichkeit sowie als Einordnung der Lebenslage und sozialen Position ins Verhältnis zum Lernen gesetzt. Im Fokus steht die personale Situiertheit als Ergebnis der biografischen Entwicklung und der damit einhergehenden Selbst- und Welterfahrung (vgl. Holzkamp 1993, 263 ff.). Die personale Situiertheit als Ergebnis biografischer Erfahrungen gilt als Rahmen, der bestimmte Lernhandlungen zulässt und andere nicht. Gefragt wird, was dem Lernenden in seiner personalen Situiertheit überhaupt zum Lerngegenstand werden kann. Personale Situiertheit umfasst nicht die vom Lerngegenstand kommenden Fragen, sondern thematisiert die biografisch erfahrenen Grenzen der personalen Situiertheit, einschließlich der Körperlichkeit. Die Begründetheit von Lernhandlungen ist so gesehen sowohl in den Bedeutungen des Lerngegenstandes zu sehen als auch in der personalen Situiertheit der Lernenden (vgl. ebd. 267 ff.). Interessant sind die mit der personalen Situiertheit verbundenen Widersprüche: Expansives Lernen kann auch den verinnerlichten Zwang zur Leistungserfüllung bedeuten. Defensive Lernbegründungen können die Gestalt guter Gründe für einen Lernverzicht annehmen.

3.5 Institutionalisierte Lernverhältnisse

Mit der Perspektive institutionalisierter Lernverhältnisse – zutreffend wäre hier auch der Begriff der Lernkulturen – reflektiert Holzkamp, wie Lernbegründungen im Rahmen historisch bestimmter gesellschaftlicher Vermittlungsverhältnisse (Schule) entstehen bzw. behindert werden und wie sie von den Lernenden prozessiert werden. In seinen Fokus gerät dabei die Schuldisziplin. Über die

Schule hinaus werden als mögliche gesellschaftliche Lernverhältnisse partizipatives und kooperatives Lernen reflektiert, die als intersubjektive Lernverhältnisse expliziert werden. Holzkamps Schulanalyse als Disziplinaranlage nach Foucault weist in Form einer Selbstreflexion methodische Schwächen auf. Interessant sind vor allem die Reflexionen zu intersubjektiven Lernverhältnissen, weil sie den Blick auf Lernhandlungen und ihre verstehende Rekonstruktion auch jenseits institutionalisierter Lehrarrangements lenken. Dorthin, wo von Lernen im informellen Kontext die Rede ist.

3.6 Relevanz für empirische Forschung

Es stellt sich schließlich die Frage, welche Relevanz dieser theoretische Rahmen für eine pädagogische Lernforschung bzw. eine Bildungsprozessforschung haben kann. Zunächst stellt dieser Rahmen eine Heuristik dar, mit der sich Lernhandlungen in unterschiedlichen gesellschaftlichen Feldern von der Schule über Erwachsenenbildung bis hin zu Lernhandlungen in nicht-institutionalisierten Kontexten untersuchen lassen (zivilgesellschaftliche Projekte, lebensweltliche Kontexte etc.). Die Lerntheorie vom Subjektstandpunkt ist ein Rahmen, der es erlaubt, den Eigensinn der Lernenden im Verhältnis zu den gesellschaftlichen Bedeutungsstrukturen zu rekonstruieren – im Unterschied zum Lehrhandeln oder zu den Interaktionen im Lehr-Lernverhältnis.

Dabei liegt die Stärke des hier vorgestellten Rahmens im sachlich-sozialen Gegenstandsbezug. Bildung lässt sich vom Subjektstandpunkt aus nicht nur als „grundlegende" Transformation des Welt- und Selbstverhältnisses verstehen wie bei Kokemohr, sondern auch als Transformation konkreter und abgrenzbarer Bedeutungs- und Wissenshorizonte. Mit dem Modell von Flachheit-Tiefe lassen sich Transformationsprozesse als Verhältnis zwischen der Veränderung sachlich-sozialer Bedeutungsaspekte und der Unmittelbarkeitsverhaftetheit in gesellschaftlichen Strukturen untersuchen. Möglich wird damit sowohl eine bildungstheoretische Biografieforschung (vgl. z. B. bei Ecarius 2008) als auch eine gegenstandsbezogene Bildungsprozessforschung, die der Frage nachgeht, ob und wie während der lernenden Transformation sachlich-sozialer Bedeutungshorizonte auch die sie rahmenden Lebensverhältnisse reflektiert und damit das Welt- und Selbstverhältnis transformiert wird.

Methodisch ist anzumerken, dass der forschungsmethodische Rückgriff der Vertreter einer Kritischen Psychologie auf die Aktionsforschung nicht überzeugt. Dahinter steht das Interesse, die Lernenden als Subjekte der Lernhandlungen erstens nicht zu Objekten der Lernforschung zu machen und zweitens die Forschung für Aufklärungszwecke hinsichtlich der Möglichkeiten und Grenzen gesellschaftlicher Verhältnisse zu nutzen. Auf eine Kritik verzichte ich an dieser Stelle (vgl. dazu Ludwig 2008, 29 ff.). Einen Teil des Aktionsforschungsdesigns stellen Bedeutungs-Begründungsanalysen dar (vgl. Holzkamp 1995, 841), auf die im Folgenden weiter Bezug genommen wird. Es geht Holzkamp darum, „die Vermittlungsebenen zwischen sozialstrukturellen Merkmalen und lebensweltlichen Bedeutungsanordnungen/Handlungsmöglichkeiten der Individuen jeweils problemzentriert soweit herauszuanalysieren, daß die Frage nach der möglichen Umsetzung in Handlungsprämissen-Handlungsvorsätze-Handlungen von da aus sinnvoll gestellt werden kann" (Holzkamp 1995, 841). Bedeutungs-Begründungsanalysen stellen einen wissenschaftlichen Erkenntnisprozess dar, der das Verhältnis von subjektiven Bedeutungshorizonten und Lernbegründungen zu latenten gesellschaftlichen Bedeutungsstrukturen zum Gegenstand machen kann.

Interessant erscheinen anstelle einer Aktionsforschung all diejenigen Konzepte qualitativer Forschung, die das Verhältnis von subjektivem Sinn und Sinnstrukturen zum Gegenstand machen. Das sind im Kontext einer sozialwissenschaftlichen Hermeneutik z. B. die Grounded Theory oder die dokumentarische Methode. In diesem Sinne wäre der Untersuchungsprozess erstens als ein verstehender Zugang zum subjektiven Sinn und zweitens als ein rekonstruktiver Zugang zu den latenten Sinnstrukturen zu kennzeichnen, die beide entlang der sequenziellen Handlungs- und Lernbegründungen erfolgen.

Der durch Holzkamp angebotene theoretische Rahmen beschreibt ein Dreieck (vgl. Abb. Lerndreieck). Der Lernende bezieht sich vom Subjektstandpunkt aus in einer spezifischen Lebenslage und personalen Situiertheit einerseits auf seine sozialen Positionierungen in den speziellen Lehr-Lernverhältnissen. Dies lässt sich als Binnenperspektive im Sinne der sozialwissenschaftlichen Hermeneutik kennzeichnen. Die Binnenperspektive – im Unterschied zur Innenperspektive – umfasst jene Konfigurationen, innerhalb derer soziale Subjekte sich selbst und ihre Welt begreifen (vgl. Kellner/Heuberger 1999, 74). Im hier vorliegenden Modell wäre das einerseits der Bezug des Subjekts auf seine verschiedenen sozialen Positionierungen und manifesten gesellschaftlichen Bedeutungsstrukturen. Andererseits bezieht sich der Lernende auf die Bedeutungsstrukturen des potenziellen Lerngegenstandes.

Zugleich wirken in den gesellschaftlichen Verhältnissen, die das Lerndreieck rahmen, auch latente Sinnstrukturen im gesellschaftlichen Bedeutungsraum, die dem Lernenden entzogen sind. Sie lassen sich rekonstruieren und zu den subjektiven Sinnhorizonten in Beziehung setzen – sowohl hinsichtlich der gegenständlichen Bedeutungsstrukturtransformationen als auch hinsichtlich der Reflexion bestehender gesellschaftlicher Lehr-Lernverhältnisse. Auf diese Weise wird deutlich, welche manifesten und latenten Sinnstrukturen das Lernhandeln leiten und auf welche Sinnstrukturen/Bedeutungskonstellationen des gesellschaftlichen Möglichkeitsraums der Lernende nicht zurückgreift. Möglichkeiten, Grenzen und Widersprüche im Lernhandeln werden so über einen zugleich verstehenden und rekonstruktiven Zugang möglich.

Die Binnenperspektive vom Subjektstandpunkt auf die sozialen Positionierungen findet sich bei Holzkamp nicht ausgeführt. Hier kann aus der Grounded Theory das Strauss'sche Modell der „conditional matrix" das methodisch geleitete Verstehen unterstützen. Die acht Matrixebenen reichen von der individuellen Handlungsebene über organisationale und nationale Strukturen bis hin zur Ebene sozio-ökonomischer Strukturen, Normen und Philosophien. In der subjektwissenschaftlichen Forschung hat sich ein vereinfachtes Fünf-Ebenen-Modell bewährt, mit dem das Verstehen der Binnenperspektive vom Subjektstandpunkt auf die sozialen Positionierungen im zu untersuchenden Fall unterstützt werden kann. Es ist die Binnenperspektive auf die

1. Handlungsgründe der Fallakteure,
2. Beziehungen im Fall,
3. die Handlungstypik und Grundannahmen in den Handlungen des Falles,
4. die organisationalen Rahmungen und
5. die gesellschaftlichen Rahmungen.

Bedeutungs-Begründungsanalysen erfordern sozialwissenschaftliche Theorien, „die in ihrem ‚dem Subjekt zugekehrten' Aspekt" (vgl. Holzkamp 1995, 840) Bedeutungsanordnungen beschreiben, die als verallgemeinerte Handlungsmöglichkeiten den Subjekten gegeben sind. Das können die unterschiedlichsten sozialwissenschaftlichen Theorien auf unterschiedlichsten Ebenen sein, wie z. B. Machttheorien, Kommunikationstheorien, Milieutheorien, Migrationstheorien, Lebensführungstheorien, Organisationstheorien, Biografietheorien, Lehrtheorien usw. Das sind solche Theorien, die sowohl die im Forschungsprozess gefundenen subjektiven Bezüge auf soziale Positionierungen als auch die rekonstruierten Sinnstrukturen einordnen und in ihrem allgemeinen Charakter verständlich machen können. Die subjektwissenschaftliche Lerntheorie steht zu diesen Theorien in keinem Konkurrenzverhältnis, sondern in einem Ergänzungsverhältnis. Die historisch konkreten gesellschaftlichen Verhältnisse lassen sich nicht in einer Theorie abbilden.

4. BILDUNGSPROZESSFORSCHUNG VOM SUBJEKTSTANDPUNKT

In den vergangenen Jahren wurden zahlreiche pädagogische Lernforschungsprojekte auf Basis der subjektwissenschaftlichen Lerntheorie durchgeführt (vgl. zum Überblick Ludwig 2012a u. 2012b). Die Frage, ob damit zugleich eine Bildungsprozessforschung realisiert wurde, muss einschränkend beantwortet werden. Den meisten Untersuchungen, die Handlungs- bzw. Lernproblematiken in der aktuellen Lebenssituation erforschen wollen, fehlt eine ausreichend lange Längsschnittperspektive, um Transformationsprozesse erfassen zu können. Überwiegend wurden die Anfangsphasen der Bildungs- und Lernprozesse mit Blick auf die Entwicklung von Lernbegründungen und Lernwiderständen untersucht.

Diese Einschränkung besitzen biografische Untersuchungen nicht. Jutta Ecarius (2008) wählt für ihre Untersuchung, in der sie das Lernen einer Person von der Kindheit ausgehend über die gesamte Lebensspanne rekonstruiert, einen subjekttheoretischen Zugang. Damit fokussiert sie Ereignisse und Umbrüche im Lebenslauf, die als subjektive Handlungsproblematiken (Holzkamp 1993) Lernen auslösen und über die Biographie hinweg ein Lebensmotto für den subjektiven Weltaufschluss ausbilden.

Die Untersuchung aktueller Handlungs- und Lernproblematiken wird in unterschiedlichen Bildungskontexten vorgenommen: Lernen in der betrieblichen Bildung, beim E-Learning, in der pädagogischen Weiterbildung, in der interdisziplinär-wissenschaftlichen Arbeit, im Rahmen von Alphabetisierungskursen usw. Rekonstruiert werden die Grenzen und Möglichkeiten für Lernprozesse, letztlich die relative Autonomie der Lernenden im sozialen Kontext. Untersucht werden also Lernbegründungen mit dem Ziel, Lernbegründungstypen (nicht Lerntypen) in spezifischen Lernfeldern zu identifizieren. Lernen wird als gegenstandsbezogener und gesellschaftlich-widersprüchlicher Prozess zwischen selbst- und fremdbestimmten Lernanforderungen untersucht.

Ludwig (2000) untersucht Lernhandlungen Beschäftigter in einem betrieblichen Modernisierungsprojekt. Gefragt wird nach Lernbegründungen und Lernwiderständen, die betroffene Beschäftigte in diesem Projektumfeld mit betrieblichen Lernanforderungen des Managements entwickeln. Die Untersuchung SYLBE (Ludwig 2010; 2012c) geht den Lernbegründungen und Lernwiderständen funktionaler Analphabet/inn/en nach, die sie während ihrer Teilnahme an Grundbildungskursen entwickeln. Judith Bartel (2009) untersucht Studierende in einer Akademie mit dem Fokus auf deren Diskrepanzerfahrungen, die sie vor dem Hintergrund ihrer Biografie und dem Akademie-Kontext empfinden.

Anke Grotlüschen (2003) rekonstruiert in ihrer Untersuchung „Widerständiges Lernen im Web", wie Lerninteressen der Teilnehmenden im Kurs systematisch abgebaut werden. Die Lernenden werden in den Kursen allseits bedrängt. Ines Langemeyer (2005, 257 f.) untersucht das Widerspruchsfeld neuer selbstverantwortlicher Lehr-, Lernformen. Lern- und Bildungsprozesse in Bürgerinitiativen ist der Forschungsgegenstand von Jana Trumann (2013).

Peter Faulstich und Petra Grell (2005) fragen danach, wie Teilnehmende die gestellten Lernanforderungen in Kursen bewältigten. Als Ergebnis finden die Autoren verschiedene Lernstrategien im Spannungsfeld von expansivem und defensivem Lernen: zorniges Verweigern, nischenaktives Situationsbewältigen, lautes Experimentieren, unsicheres Signalisieren, verdecktes Aktiv-Sein usw. (2005, 76 ff.).

Die Untersuchung der Lernwege und Lernstrategien über einen längeren Zeitraum, der Veränderungsprozesse differenzierter zum Ausdruck bringt, kommt bislang zu kurz und stellt ein Forschungsdesiderat dar. Aus der Perspektive der Bildungsprozessforschung wäre zukünftig zu fragen, wie Menschen in bestimmten Lebensverhältnissen und im Kontext lebenslangen Lernens ihre gesellschaftliche Teilhabe erweitern können bzw. in welcher Weise gesellschaftliche Strukturen die Welt- und Selbstverständigung behindern.

5. LITERATUR

Alheit, Peter/Dausien, Bettina (2005): Bildungsprozesse über die Lebensspanne und lebenslanges Lernen. In: Rudolf Tippelt (Hg.): Handbuch Bildungsforschung. Unveränd. Nachdr. der 1. Aufl. Wiesbaden, 565-585.

Anhalt, Elmar (2009): Gibt es einen Lernbegriff der Pädagogik? In: Gabriele Strobel-Eisele und Albrecht Wacker (Hg.): Konzepte des Lernens in der Erziehungswissenschaft. Phänomene, Reflexionen, Konstruktionen. Bad Heilbrunn, 18-44.

Baldauf-Bergmann, Kristine (2009): Lernen im Lebenszusammenhang. Der Beitrag der subjektwissenschaftlichen Arbeiten Klaus Holzkamps zu einer pädagogischen Theorie des lebensbegleitenden Lernens. Erstauflage. Berlin.

Bartel, Judit (2008): Lernen zwischen Kontextgebundenheit und Selbstgestaltungsanspruch. Rekonstruktion von Diskrepanzerfahrungen und Lernprozessen bei Teilnehmenden an einem Bildungsangebot. In: Christiane Hof, Joachim Ludwig und Christine Zeuner (Hg.): Strukturen lebenslangen Lernens. Hohengehren, 161-173.

Ecarius, Jutta (2008): Elementares Lernen und Erfahrungslernen. Handlungsproblematiken und Lernprozesse in biographischen Erzählungen. In: Konstantin Mitgutsch, Elisabeth Sattler, Kristin Westphal und Ines Maria Breinbauer (Hg.): Dem Lernen auf der Spur. Die pädagogische Perspektive. 1. Aufl. Stuttgart, 97-110.

Faulstich, Peter (2008): Lernen. In: Hannelore Faulstich-Wieland und Peter Faulstich (Hg.): Erziehungswissenschaft. Ein Grundkurs. Orig.-Ausg. Reinbek bei Hamburg, 33-57.

Faulstich, Peter/Grell, Petra (2005): Die „Forschende Lernwerkstatt" – Zum Umgang mit Lernwiderständen. In: Stephan Dietrich und Monika Herr (Hg.): Support für neue Lehr- und Lernkulturen. Bielefeld, 115-132.

FGL-Forschungsgruppe Lebensführung (2004): Zum Verhältnis von Selbsterkenntnis, Weltwissen und Handlungsfähigkeit in der Subjektwissenschaft. In: FKP (47), 4-38.

Göhlich, Michael/Zirfas, Jörg (2007): Lernen. Ein pädagogischer Grundbegriff. Stuttgart.

Grotlüschen, Anke (2003): Widerständiges Lernen im Web – virtuell selbstbestimmt? Eine qualitative Studie über E-Learning in der beruflichen Erwachsenenbildung. Münster.

Holzkamp, Klaus (1996): Lernen. Subjektwissenschaftliche Grundlegung – Einführung in die Hauptanliegen des Buches. In: FKP (36), 113-131.

Holzkamp, Klaus (1995): Alltägliche Lebensführung als subjektwissenschaftliches Grundkonzept. In: Das Argument (212), 817-846.

Holzkamp, Klaus (1993): Lernen. Subjektwissenschaftliche Grundlegung. Frankfurt/New York.

Holzkamp, Klaus (1990): Worauf bezieht sich das Begriffspaar „restriktive/verallgemeinerte Handlungsfähigkeit"? Zu Maretzkys vorstehenden „Anmerkungen". In: FKP (26), 35-45.

Holzkamp, Klaus (1987): Lernen und Lernwiderstand. Skizzen zu einer subjektwissenschaftlichen Lerntheorie. In: FKP (20), 5-36.

Holzkamp, Klaus (1986): Handeln. In: Günter Rexilius und Siegfried Grubitzsch (Hg.): Psychologie. Theorien-Methoden-Arbeitsfelder. Reinbeck, 381-402.

Holzkamp, Klaus (1983): Grundlegung der Psychologie. Frankfurt/New York.

Husserl, Edmund (1973): Die Transzendenz des Alter Ego Gegenüber der Transzendenz des Dinges. Absolute Monadologie als Erweiterung der Transzendentalen Egologie. Absolute Weltinterpretation (Januar/Februar 1922). In: Iso Kern (Hg.): Husserl, Edmund: Zur Phänomenologie der Intersubjektivität. Texte aus dem Nachlass. Zweiter Teil: 1921-1928 (Husserliana, 14), 244-302.

Kellner, Hansfried/Heuberger, Frank (1999): Die Einheit der Handlung als methodologisches Problem. Überlegungen zur Adäquanz wissenschaftlicher Modellbildung in der sinnverstehenden Soziologie. In: Ronald Hitzler, Jo Reichertz und Norbert Schröer (Hg.): Hermeneutische Wissenssoziologie. Standpunkte zur Theorie der Interpretation, Hermeneutische Wissenssoziologie. Konstanz, 71-96.

Koller, Hans-Christoph (2012): Bildung anders denken. Einführung in die Theorie transformatorischer Bildungsprozesse. Stuttgart.

Koller, Hans-Christoph (2007): Probleme einer Theorie transformatorischer Bildungsprozesse. In: Hans-Christoph Koller, Winfried Marotzki und Olaf Sanders (Hg.): Bildungsprozesse und Fremdheitserfahrung. Beiträge zu einer Theorie transformatorischer Bildungsprozesse. Bielefeld, 69-82.

Koller, Hans-Christoph/Marotzki, Winfried/Sanders, Olaf (Hg.) (2007): Bildungsprozesse und Fremdheitserfahrung. Beiträge zu einer Theorie transformatorischer Bildungsprozesse. Bielefeld.

Langemeyer, Ines (2005): Kompetenzentwicklung zwischen Selbst- und Fremdbestimmung. Arbeitsprozessintegriertes Lernen in der Fachinformatik; eine Fallstudie. Münster.

Ludwig, Joachim (2012a): Zum Verhältnis von pädagogischer Lernforschung und Lehr-Lernforschung. In: Christiane Hof, Sabine Schmidt-Lauff und Heide v. Felden (Hg.): Erwachsenenbildung und Lernen. Baltmannsweiler, 80-92.

Ludwig, Joachim (2012b): Lehr-, Lernsettings. In: Burkhard Schäffer und Olaf Dörner (Hg.): Handbuch Qualitative Erwachsenen- und Weiterbildungsforschung. Opladen, 516-529.

Ludwig, Joachim (Hg.) (2012c): Lernen und Lernberatung. Alphabetisierung als Herausforderung für die Erwachsenendidaktik. Bielefeld.

Ludwig, Joachim (2008): Interdisziplinarität als Chance – Einführung in Projektkontext, Ziele und Fragestellungen. In: Joachim Ludwig (Hg.): Interdisziplinarität als Chance. Wissenschaftstransfer und Beratung im Lernenden Forschungszusammenhang. Bielefeld, 13-28.

Ludwig, Joachim (2000): Lernende verstehen. Lern- und Bildungschancen in betrieblichen Modernisierungsprojekten. Bielefeld, http://opus.kobv.de/ubp/volltexte/2010/4545/pdf/TuP-Ludw.pdf), zuletzt geprüft am 13.01.2014.

Lorenz, S./Schröder, W. (2007): Lernen. In: Joachim Ritter, Karlfried Gründer und Gottfried Gabriel (Hg.): Historisches Wörterbuch der Philosophie. 13 Bände; 1971-2007, Bd. 5 L-Mn. Darmstadt, 241-245.

Marotzki, Winfried (1990): Entwurf einer strukturalen Bildungstheorie. Weinheim.

Meueler, Erhard (2009): Didaktik der Erwachsenenbildung/Weiterbildung als offenes Projekt. In: Rudolf Tippelt (Hg.): Handbuch Erwachsenenbildung/-Weiterbildung. Unveränd. Nachdr. der 2., überarb. und aktualisierten Aufl. 1999. Wiesbaden, 973-988.

Nohl, Arnd-Michael (2006): Bildung und Spontaneität. Phasen biografischer Wandlungsprozesse in drei Lebensaltern; empirische Rekonstruktionen und pragmatistische Reflexionen. Opladen.

Reckwitz, Andreas (2003): Grundelemente einer Theorie sozialer Praktiken Eine sozialtheoretische Perspektive. In: ZfS 32 (4), 282-301.

Rosenberg, Florian von (2012): Rekonstruktion biographischer (Bildungs-) Prozesse. Überlegungen zu einer prozessanalytischen Typenbildung. In: Ingrid Miethe und Hans-Rüdiger Müller (Hg.): Qualitative Bildungsforschung und Bildungstheorie. Opladen, 193-208.

Scherr, Albert (2012): Soziale Bedingungen von Agency. In: Stephanie Bethmann, Cornelia Helfferich und Debora Niermann (Hg.): Agency. Die Analyse von Handlungsfähigkeit und Handlungsmacht in qualitativer Sozialforschung und Gesellschaftstheorie. Weinheim.

Schulze, Theodor (2007): Modi komplexer und längerfristiger Lernprozesse. Beobachtungen und Überlegungen zu einer Theorie des Lernens und der Bildung. In: Hans-Christoph Koller, Winfried Marotzki und Olaf Sanders (Hg.): Bildungsprozesse und Fremdheitserfahrung. Beiträge zu einer Theorie transformatorischer Bildungsprozesse. Bielefeld.

Strauss, Anselm/Corbin Juliet (1996): Grounded Theory: Grundlagen qualitativer Sozialforschung. Weinheim.

Trumann, Jana (2013): Lernen in Bewegung(en). Politische Partizipation und Bildung in Bürgerinitiativen. 1. Aufl. Bielefeld.

Winkel, Sandra/Petermann, Franz/Petermann, Ulrike (2006): Lernpsychologie. Paderborn: Schöningh.

Lernen vom Subjektstandpunkt?
Eine kritische Auseinandersetzung mit der
subjektwissenschaftlichen Lerntheorie Holzkamps

TOBIAS KÜNKLER

Die ursprünglich „Kritische Psychologie", heute zumeist „Subjektwissenschaft" genannte und von Klaus Holzkamp begründete Strömung der Psychologie[1] wurde zu lerntheoretischen Fragestellungen in den letzten Jahren zunehmend in der Erziehungswissenschaft, dort besonders in der Erwachsenen/Weiterbildung, rezipiert und nicht selten als theoretische Hintergrundfolie für qualitative Forschung zum Thema Lernen benutzt.[2] Initialzündung für diese lerntheoretische Rezeption der Subjektwissenschaft in der Erziehungswissenschaft war die Beschäftigung mit Holzkamps 1993 erschienenen monumentalem Werk „Lernen. Subjektwissenschaftliche Grundlegung". Alle subjekt- oder neosubjektwissenschaftlichen Beschäftigungen mit dem Thema Lernen bauen auf Holzkamps Theorie auf, auch wenn sie sich in teils sehr elaborierten und beeindruckenden Weiterentwicklungen von ihm unterscheiden.[3] Es ist seine Lerntheorie, die zu

---

1 Die Subjektwissenschaft ist keineswegs die einzige Variante einer ‚kritischen Psychologie'; zu den unterschiedlichen Versionen kritischer Psychologien und deren Genese siehe Abl 2007. Abl (2007, 161) verweist auch darauf, dass sich Holzkamp im Gegensatz zu marxistischen Traditionen in der Psychoanalyse stärker an der kulturhistorischen Schule orientiert.
2 Für einen Überblick über diese Rezeptionsgeschichte sei auf den Artikel von Anke Grotlüschen in diesem Band verwiesen.
3 Ich werde diesen Weiterentwicklungen – verwiesen sei hier nur auf die Arbeiten von Grotlüschen 2010, Faulstich 2013, Ludwig & Faulstich 2004, Ludwig 2012 und Faulstich 2013 – und ihren Auseinandersetzungen mit und Weiterentwicklung von Holz-

einer Alternativtradition der Erforschung des Lernens nicht nur die Initialzündung gab, sondern für diese die entscheidenden Weichen stellte und damit auch Fragen, Herausforderungen, Probleme und Einseitigkeiten aufgeworfen hat, an denen sich die Weiterentwicklungen zumindest abarbeiten müssen. Daher soll Holzkamps Lerntheorie hier noch einmal genauer unter die Lupe genommen werden, um diese Fragen, Herausforderungen, Probleme und Einseitigkeiten zu explizieren.[4] Holzkamps Lerntheorie soll hier aber auch deshalb kritisch gewürdigt werden, da diese über den Rahmen einer subjektwissenschaftliche Erforschung des Lernens hinaus viele Erziehungswissenschaftler/innen inspirierte, sich kritisch mit den traditionellen, psychologischen Lerntheorien auseinanderzusetzen bzw. ihnen dazu wichtige Werkzeuge und Erkenntnisse an die Hand gab. Dennoch wird man Holzkamp und seiner einzigartigen Leistung m. E. nur dann gerecht, wenn man ihn nicht als unantastbare Autorität betrachtet, dessen Erbe möglichst unverändert durch die Zeit getragen werden muss, sondern eine leidenschaftliche, kritische Auseinandersetzung mit seinem Werk betreibt. Aufgrund der überwältigenden Verarbeitungstiefe und Komplexität von Holzkamps Lerntheorie, ist es m. E. unumgänglich, dass ich hier zunächst die Grundzüge seiner Lerntheorie bezüglich ihrer Grundannahmen (1) und ihres Lernverständnisses (2) rekonstruiere. Damit wird auch meine Lesart von Holzkamps Lerntheorie deutlich und es ist besser nachvollziehbar, wo meine Kritik möglicherweise aus falschen oder einseitigen Interpretationen Holzkamps resultiert. Im letzten Teil des Aufsatzes (3) erfolgt schließlich eine Kritik der subjektwissenschaftlichen Lerntheorie, basierend auf einer kritischen Analyse des Zusammenhangs ihres Subjekt- und Lernverständnisses.[5] Inwiefern und inwieweit diese Kritik

---

    kamps Lerntheorie hier nicht systematisch nachgehen können. Auch hier verweise ich für einen Überblick wieder auf den Artikel von Grotlüschen in diesem Band.

4 Ich erhoffe damit der holzkampschen Lerntheorie gerechter werden zu können, als mir das in einem früheren Aufsatz (Künkler 2008) gelungen ist, wo aufgrund der gebotenen Kürze die Kritik an diesem Ansatz teils zu überspitzt formuliert wurde und stellenweise auch kaum begründet wurde bzw. werden konnte. Grosso modo bleibe ich jedoch bei meinen Thesen von damals.

5 Zugrunde liegt hier die These, dass die subjekttheoretischen Annahmen jeder Lerntheorie gegenstandskonstitutiv sind, d. h. entscheidend mitbestimmen, was jeweilig überhaupt unter Lernen verstanden werden kann. Auf dieser These, der ich in meiner Dissertationsschrift ‚Lernen in Beziehung' (Künkler 2011) ausführlich nachgegangen bin, basiert auch Holzkamps Ansatz, genau deshalb lohnt es sich m. E. aber, seinen eigenen Ansatz daraufhin noch einmal genauer zu untersuchen. Der folgende Teil des Aufsat-

dann den erwähnten Weiterentwicklungen subjektwissenschaftlicher Theorien entspricht, müsste im Einzelfall geprüft werden, was in diesem Rahmen nicht geleistet werden kann.

1. GRUNDANNAHMEN DER SUBJEKTWISSENSCHAFTLICHEN LERNTHEORIE

Die Subjektwissenschaft Holzkamps verstand sich dezidiert als Kontrahent und Alternative der vorherrschenden akademischen Psychologie, die sich bis heute wesentlich an der Methodologie der Naturwissenschaften orientiert und somit eine nomothetische Vorgehensweise bevorzugt. Die zentrale Kritik Holzkamps an der psychologischen Erforschung des Lernens ist daher auch deren „Ausklammerung des Lernsubjekts" (Holzkamp 1995, 14). Das Subjekt des Lernens könne für die nomothetisch verfahrende Psychologie nur als Objekt Gegenstand der Forschung werden. Ausführlicher erläutert:

„Der gemeinsame Nenner [...] liegt im allen traditionell-psychologischen Ansätzen inhärenten Verständnis der Psychologie als Wissenschaft vom Außenstandpunkt bzw. (richtiger) Standpunkt dritter Person und dem damit gesetzten Bedingungsmodell: Demgemäß ist psychologische Forschung [...] auf methodischer Ebene prinzipiell mit dem Aufweis von Zusammenhängen zwischen fremdgesetzten Bedingungen und dadurch hervorgerufenen Verhaltens- und Erlebnisweisen (unabhängigen und abhängigen Variablen) identiziert: So kann man auch die Erfahrungen der Lernenden, selbst wenn man sich explizit darauf beziehen möchte, dennoch nur als abhängige Größe von hergestellten und vorausgesetzten Bedingungen zu Gesicht bekommen, womit die individuelle Subjektivität hier wiederum lediglich als Forschungsobjekt in Erscheinung tritt." (Ebd.)

Um nicht in diese Falle zu tappen, konstatiert Holzkamp (ebd.), „daß in einer gegenstandsadäquaten psychologischen Forschung der wissenschaftliche Standpunkt mit dem (verallgemeinerten) Subjektstandpunkt der Betroffenen zusammenfällt" (ebd.). Anders formuliert: Der Standpunkt des Lernsubjekts müsse Standpunkt der wissenschaftlichen Analyse sein. Die Subjektwissenschaft versucht somit, Wissenschaft nicht aus einer Dritten-Person-Perspektive, sondern

---

zes findet sich größtenteils bereits in der erwähnten Dissertation, vgl. dort vor allem Kapitel I.V.

aus einer Ersten-Person-Perspektive zu betreiben und das Subjekt von jeglichen Beschreibungen der Außenperspektive rein zu halten.[6]

Doch was bzw. wer gilt in der Subjektwissenschaft als Subjekt? Wie wird der Standpunkt des Subjekts beschrieben? Holzkamp schreibt der Ersten-Person-Perspektive einen „intentionalen Charakter" (Holzkamp 1995, 21) zu, dies bedeute, dass sich „das Subjekt mit seinen Absichten, Plänen, Vorsätzen bewußt auf die Welt und sich selbst bezieht". Daher könne man es auch „als eine Art von Intentionalitätszentrum" (ebd.) bezeichnen, das sich in der Welt bewege, aktiv in sie eingreife, dabei aber stets an seine bestimmte und damit zugleich begrenzte Perspektive gebunden bleibe, somit nicht neutral in der Welt stehe, sondern sich zu ihr „als ein sinnlich-körperliches, bedürftiges, interessiertes Subjekt" (ebd.) verhalte.

Als wichtigste Eigenschaft des Subjekts sieht Holzkamp dessen Handlungsfähigkeit; so formuliert er: „Intentionale Bezogenheit auf die Welt ist keineswegs nur ein kognitiver oder mentaler Akt, sondern schließt die aktive Umsetzung derartiger Handlungsmöglichkeiten ein." (Holzkamp 1995, 23) Menschliches Handeln sei die „Realisierung von Bedeutungen" (ebd.), da die Welt durch ihre soziale Konstitution für das Subjekt stets „objektiv bedeutungsvoll" (Holzkamp 1995, 22) sei und sich die Weltgegebenheiten somit für das Subjekt als „Handlungsmöglichkeiten" darstellten, zu denen es sich bewusst verhalten und aktiv seine Lebensbedingungen (um)gestalten könne (Holzkamp 1995, 23). Den aktiven Weltbezug des Subjekts deutet Holzkamp zugleich als Weltzugriff, d. h. „als Erweiterung der Verfügung über die eigenen Lebensbedingungen" (ebd.).

Der so beschriebene Standpunkt des Subjekts kann jedoch nur deswegen aus einer wissenschaftlichen Perspektive beschrieben werden, weil die Erfahrungen von diesem Standpunkt „in der Sprache subjektiver Handlungsbegründungen ar-

---

6 Jedoch führen die Überlegungen Holzkamps nicht zu einer qualitativen Lernforschung, die das Lernen aus der Perspektive der Subjekte zu erforschen versucht. Eine solche würde für Holzkamp nur eine äußerst subtile Form der Forschung aus der Außenperspektive darstellen, in der letztlich ebenfalls die Subjekte zu Objekten der Forschung gemacht würden. Dies hat andere Forschende nicht davon abgehalten, die ‚subjektwissenschaftliche Lerntheorie' zur Hintergrundtheorie ihrer qualitativen Forschungen zu machen. Inwieweit dies methodologisch gerechtfertigt wird oder werden könnte, kann hier nicht bearbeitet werden, vgl. dazu Markard 2000 sowie die Überlegungen zum methodischen Vorgehen einer subjektwissenschaftlichen Lernforschung von Holzkamp (1996) selbst. Frigga Haug (2004, 126) kritisiert m. E. zu Recht, dass in Holzkamps Lerntheorie nur Lernerfahrungen, die seiner eigenen Erfahrung entstammen, zum Forschungsmaterial werden und somit notwendig eingeschränkt und einseitig seien.

tikuliert und kommuniziert werden können" (ebd.). Auf methodologischer Ebene fordert Holzkamp daher einen Wechsel vom Bedingtheits- zum Begründungsdiskurs; denn man spreche „von seinen eigenen Handlungen keineswegs in Termini von Bedingungs-Ereignis-Zusammenhängen, sondern in Termini von subjektiv begründeten Handlungen und den Prämissen, unter denen sie im eigenen Lebensinteresse ‚vernünftig' sind" (Holzkamp 1994, 42). Eingeschlossen in diese Handlungsbegründungen sei stets auch ein „Rückbezug auf meine Lebensinteressen" (Holzkamp 1995, 24), d. h. auf die „Wahrung und Entwicklung meiner Lebensqualität durch Verfügung über die dazu notwendigen Bedingungen" (ebd.). Explizit will Holzkamp dem möglichen Missverständnis vorbeugen, er würde „in ‚rationalistischer' Weise behaupte[n], menschliche Handlungsvorsätze seien immer [...] ‚gut begründet' oder ‚vernünftig'" (Holzkamp 1995, 25), vielmehr werde lediglich angenommen, „daß ich von meinem Standpunkt aus nicht ‚begründet' gegen meine Interessen (wie ich sie wahrnehme) handeln kann" (Holzkamp 1995, 26) bzw., „daß niemand bewußt seinen eigenen Interessen zuwiderhandelt" (Holzkamp 1995, 27).

2. DAS LERNVERSTÄNDNIS DER SUBJEKTWISSENSCHAFTLICHEN LERNTHEORIE

Welches Lernverständnis erarbeitet Holzkamp aus diesen Grundannahmen? Holzkamp, der der „Weltlosigkeit der traditionellen Lerntheorien" (Holzkamp 1995, 151) entkommen möchte, deutet Lernen „als mögliche[n] Zugang des Lernsubjekts zur sachlich-sozialen Welt gesellschaftlicher Bedeutungszusammenhänge" (Holzkamp 1995, 181). Das Individuum sehe sich „den gesamtgesellschaftlichen Bedeutungsstrukturen in ihren verschiedenen Aus- und Anschnitten stets als in sich gegliederten Verweisungszusammenhängen gegenüber: Diese muß es in seinem Lebensinteresse soweit individuell erfassen, daß es subjektiv begründet über seine Lebens- und Entwicklungsbedingungen verfügen, d.h. subjektiv handlungsfähig werden kann" (Holzkamp 1995, 188). Lernen wird daher von Holzkamp (1994, 34) „nicht – wie in den gebräuchlichen Lerntheorien – als Resultat fremdgesetzter Lernbedingungen, sondern als Erweiterung eigener Handlungs- und Erfahrungsmöglichkeiten durch das lernende Subjekt selbst" betrachtet.

Holzkamp betont, dass er keineswegs von einem allgemeinen Lernwillen des Menschen ausgehe, jedoch davon, dass Menschen stets aktiv und an der Erhaltung oder Erweiterung der Verfügung über die eigenen Lebensverhältnisse interessiert seien (Holzkamp 1994, 49). „In den ‚fortlaufenden Aktivitäten' sind dabei auch Lernprozesse involviert, durch welche die individuellen Möglichkeiten der Weltverfügung mittels Berücksichtigung der jeweils konkreten Lebensumstände optimiert werden." (Holzkamp 1994, 50) Diese Lernprozesse bezeichnet Holzkamp als beiläufiges Mitlernen, interessiert sich für diese in seiner Lerntheorie jedoch nicht weiter; an anderer Stelle schreibt er, „daß – wenn in diesem Zusammenhang von Lernen die Rede ist – nicht das inzidentelle Lernen also [...] das Mitlernen gemeint ist. Mitlernen begleitet nämlich mehr oder weniger jeden Handlungsvollzug" (Holzkamp 1995, 182 f.). Und weiter: „Vielmehr kommt für uns [...] nur der Bezug auf intentionales Lernen, also Lernen aufgrund einer speziell darauf gerichteten Handlungsvornahme, in Frage." (Holzkamp 1995, 183) Dies komme dann zum Zuge, wenn die menschlichen Lebensaktivitäten nicht glatt und reibungslos abliefen, sondern auf Hindernisse oder Widersprüche stoßen würden (Holzkamp 1994, 50).

Startpunkt eines solchen Lernens sei die bewusste Ausgliederung einer Handlungsproblematik in eine Lernproblematik, die immer dann erfolge, wenn „die Bewältigung der Problematik aufgrund bestimmter Behinderungen, Widersprüche, Dilemmata nicht im Zuge des jeweiligen Handlungsablaufs selbst [...] möglich erscheint" (Holzkamp 1995, 183) und mittels „einer besonderen Lernintention" (ebd.) „vom Subjekt eine Lernhandlung ausgegliedert, quasi eine Lernschleife eingebaut" (ebd.) wird.[7] Letzteres bedeute, dass das Subjekt mit dem ‚Bewältigungshandeln' aussetzt und es zu einer „(vorübergehende[n]) Suspendierung de[s] für das Bewältigungshandeln charakteristischen Zielbezugs" (Holzkamp 1995, 184) komme. Die Ausgliederung einer Lernproblematik impliziere somit eine „bestimmte Haltung (der Distanzierung, Dezentrierung, Aspektierung etc.), durch welche ich mir bewußt vornehme, nicht so weiterzumachen wie bisher (dies hat ja nichts gebracht)" (ebd.).[8] Die Lernschleife endet erst, wenn die Problematik gelöst, das Subjekt also gelernt hat. Lernen hat demnach

---

7 Peter Faulstich und Joachim Ludwig (2004, 20) betonen, dass Holzkamp Lernen somit „als eine spezielle Form sozialen Handelns" betrachtet.

8 Weil am Anfang des Lernens somit eine bestimmte Haltung stehe, könne das Lernen nicht von außen angeschoben werden: „Lernen kommt nicht dadurch von selbst in Gang, daß von dritter Seite entsprechende Lernanforderungen an mich gestellt werden; mein Lernen kann keineswegs durch irgendwelche dafür zuständige Instanzen (etwa den Lehrer oder die Schulbehörde) über meinen Kopf hinweg geplant werden. Lernanforderungen sind nicht eo ipso schon Lernhandlungen, sondern werden nur dann zu solchen, wenn ich sie bewußt als Lernproblematiken übernehmen kann, was wiederum mindestens voraussetzt, daß ich einsehe, wo es hier für mich etwas zu lernen gibt." (Holzkamp 1995, 184 f.)

stattgefunden, wenn „die Behinderungen, Dilemmata etc., die mich bis jetzt an der Überwindung der Handlungsproblematik gehindert haben, aufgehoben werden können, so daß daran anschließend bessere Voraussetzungen für die Bewältigung der Handlungsproblematik bestehen" (Holzkamp 1995, 183).

Wie kommt es jedoch dazu, dass gelernt wird, und wann und warum scheitert ein solches Lernen? Auf diese Fragen scheint mir Holzkamp keine Antworten zu geben. Auch weigert er sich, eine Systematik des Durchlaufens einer Lernschleife zu liefern.⁹ Dies jedoch aus gutem Grund, denn Holzkamp betont, dass die formalen Aspekte des Lernens nicht von den inhaltlichen getrennt werden könnten; in Holzkamps Worten:

„Zwar erscheinen die operativen Aktivitäten der Lernplanung und Regulierung, wenn man sie isoliert betrachtet, d.h. eine ihnen eigene, aus sich heraus verständliche operative ‚Logik' unterstellt, als inhaltsneutral-universelle Charakteristika beliebiger Lernprozesse. Wenn man indessen den thematischen Aspekt hinzunimmt, so zeigt sich, daß die Art und der Zusammenhang der Lernoperationen sich tatsächlich stets aus dem vorgeordneten thematisch gerichteten Lernvollzug im Kontext je bestimmter Lernproblematiken ergeben, indem die jeweils erfahrenen Behinderungen, Brüche, Widersprüche des Gegenstandsaufschlusses die dazu ‚passenden' Vorkehrungen und Planungen zu ihrer Überwindung erfordern." (Holzkamp 1995, 251)

Gegen die Weltlosigkeit der traditionellen Lernpsychologie, die aus ihrer üblichen Verfahrensweise resultiert, „vom Lerngegenstand wie dessen Problematisierung durch das Lernsubjekt unabhängige Lernmechanismen" (Holzkamp 1995, 225) zu extrahieren, betont er die inhaltlich-thematische Seite des Lernens. Zentral dafür ist sein Konzept des „Lerngegenstands". „Dabei ist der ‚Lerngegenstand' nicht vom Außenstandpunkt als subjektlose Objektivität zu verstehen, sondern als Aspekt der widerständigen Welt, wie sie dem Subjekt von seinem Standpunkt aus gegeben ist" (Holzkamp 1995, 206). Zugleich betrachtet Holz-

---

9   Holzkamp unterscheidet jedoch zwischen expansivem Lernen, bei dem „vom Subjektstandpunkt eine Lernhandlung aus der damit zu erreichenden Erweiterung/Erhöhung meiner Verfügung/Lebensqualität begründet und in diesem Sinne motiviert realisierbar ist" (Holzkamp 1995, 190) und defensivem Lernen, das begründet und motiviert sei, durch einen „drohenden Verlust der gegebenen Verfügung/Lebensqualität durch Machtinstanzen" (Holzkamp 1995, 192) und das nach Holzkamp üblicherweise das schulische Lernen kennzeichnet. Anders formuliert kann Lernen sowohl „aus der Verfügungserweiterung über das Eindringen in den Lerngegenstand als auch aus der Bedrohtheit der bestehenden Handlungsfähigkeit begründet sein" (Holzkamp 1994, 52).

kamp einen Lerngegenstand als „eine bestimmte gesellschaftliche Bedeutungseinheit" (Holzkamp 1995, 207), der einer „Symbolwelt" (ebd.) zugehöre und in dem sich dem Lernsubjekt „vergegenständlichte[.] verallgemeinerte[.] Handlungsmöglichkeiten" (ebd.) anböten. Zu einem Lerngegenstand könne ein bestimmter Bedeutungskomplex dann werden, wenn das Lernsubjekt zwischen dem Stand des Vorgelernten und dem Lerngegenstand eine Diskrepanz erfährt; anders formuliert: „Ich muß also bemerken, dass es mit Bezug auf den jeweiligen Gegenstand mehr zu lernen gibt, als mir jetzt schon zugänglich ist" (Holzkamp 1995, 212).

Das „Eindringen in die Bedeutungsstruktur des Lerngegenstandes" (Holzkamp 1995, 206) beschreibt Holzkamp (1995, 221) „als Durchdringung der Unmittelbarkeitsverhaftetheit der Erfahrung in Richtung auf die Erfassung immer vermittelterer gesellschaftlicher Bedeutungsstrukturen" und somit „als Fortschreiten von (relativer) Flachheit zu wachsender Tiefe" (ebd.).[10] Diese Tiefe sei „nicht bloßes Kennzeichen meiner Verarbeitung des Materials, [...] sondern primär ein Kennzeichen des (Lern)gegenstandes" (Holzkamp 1995, 222). Und weiter: „Von der ‚Tiefe' des Lerngegenstandes ist es abhängig, wieweit ich bei

---

10 Auch wenn Holzkamp hier von einem Fortschreiten spricht, so geht er nicht allein von kumulativen Lernprozessen aus, sondern versucht, auch dem Phänomen „qualitative[r] Lernsprünge" (Holzkamp 1995, 227) in seiner Theorie einen Platz zu geben. Dazu greift er sowohl auf Problemlöseforschung zurück als auch auf ontogenetische Entwicklungstheorien. Nicht jede Lernproblematik erfordere für ihre Bewältigung solche qualitativen Lernsprünge, dies sei nur bei folgender Konstellation der Fall: „Auf der einen Seite muß hier die Tiefe des Lerngegenstands so ausgeprägt sein, daß dessen Bedeutungsstrukturen in sich mehrere Vermittlungsebenen aufweisen; auf der anderen Seite aber die Lernproblematik beim gegebenen Stand des Vorwissens vom Subjekt noch so wenig elaborierbar, daß durch die Diskrepanzerfahrung auf der jeweiligen Dimension zunächst nur eine intermediäre Zwischenebene der Tiefenstruktur des Lerngegenstandes erreichbar ist" (Holzkamp 1995, 239). Aus der Sicht des Subjekts formuliert müsse eine „Diskrepanzerfahrung höherer Ordnung" (Holzkamp 1995, 243) vorliegen, bei der das lernende Individuum ein bislang angewandtes Prinzip, das für Lernfortschritte gesorgt hat, nicht mehr anwenden könne, und daher dieses negieren und ein neues Prinzip finden müsse. Dabei würde es der subjektwissenschaftlichen Herangehensweise widersprechen, „eine vorgefertigte Systematik der Art und Reihenfolge qualitativer Lernsprünge zu adaptieren oder aufzustellen" (Holzkamp 1995, 247), vielmehr seien Typen qualitativer Lernsprünge nur empirisch, „,durch' die Analyse konkreter Lernproblematiken ‚hindurch' in Aufschließung der Tiefendimension des Lerngegenstands" (ebd.) zu gewinnen.

seiner lernenden Aufschließung in verallgemeinerte Bedeutungszusammenhänge eindringen kann" (ebd.). Zugleich betont er jedoch, „daß ein potentieller Lerngegenstand zwar einerseits in seiner Besonderheit durch den umfassenderen gesellschaftlichen Bedeutungszusammenhang, in den er eingebunden ist, bestimmt, aber andererseits vom Subjekt nicht im ganzen, sondern (nach Maßgabe der Art der Diskrepanzerfahrung) immer nur in gewissen Teilen, Ausschnitten, Aspekten oder (global formuliert) Dimensionen als ‚sein' Lerngegenstand aktualisiert wird" (Holzkamp 1995, 218). Holzkamp versucht so, der dialektischen Vermitteltheit von Individuellem und Gesellschaftlichem gerecht zu werden.

Holzkamp, der konzediert, dass in seinen „Analysen zum lernenden Gegenstandszugang" (Holzkamp 1995, 253) das Subjekt „als abstraktes Intentionalitätszentrum" (ebd.) gesetzt wurde, versucht nun nachträglich der Tatsache gerecht zu werden, „daß das ‚Subjekt' [...] ein sinnlich-körperliches Individuum ist, das sich mit seinem ‚Standpunkt' jeweils an einem bestimmten raumzeitlichen Ort, also in einem eigenen, in dem des Lerngegenstands nicht aufgehenden, lebenspraktischen Bedeutungszusammenhang befindet" (ebd.). Dazu expliziert er die körperliche, mental-sprachliche und personale Situiertheit des Lernsubjekts und die sich daraus ergebenen Konsequenzen für das Lernen.

Als körperliche Situiertheit beschreibt Holzkamp „die physische Konkretheit ‚je meines' Standortes" (ebd.) als „primäre, unhintergehbare Daseinsrealität" (ebd.). Dies bedeute: „Davon, wo ich mich [...] konkret raumzeitlich mit diesem Körper befinde (oder er sich mit mir befindet), hängt es ab, wie ich jeweils auf meine Lebenswelt in ihrer Bedeutungshaftigkeit ‚ausgerichtet' bin, was ich davon mitkriege, wo und wie ich darauf Einfluß nehmen kann etc" (ebd.). Die körperliche Situiertheit wirke sich jedoch nicht nur auf die damit einhergehende unhintergehbare Perspektive aus, die den Zugang zur „reale[n] Bedeutungshaftigkeit" (Holzkamp 1995, 254) der Welt beschränke, denn „auch mein eigener Körper ist mir in der Selbsterfahrung immer nur aspekthaft gegeben" (ebd.). Handlungen dürften daher „nicht als bloße, entmaterialisierte Umsetzungen meiner Intentionen und Vorannahmen betrachtet werden" (ebd.). Dies gelte nicht nur bei „explizit ‚physischen' Handlungen, die als körperliche Bewegungen und Haltungen immer die spezifische Schwere und Beschränktheit ihrer Stofflichkeit an sich haben" (ebd.), sondern auch „mentale[.] Handlungen sind – selbst wo sie von physischen Konditionen weitgehend unabhängig scheinen, wie das Für-mich-über-etwas-Nachdenken körperlich eingebunden und dadurch beschränkt" (ebd.). Für das Lernen bedeute dies, „daß ich in jede intentionale Lernhandlung immer irgendwie auch körperlich involviert bin" (Holzkamp 1995, 256) und „stets auch körperliche Bewegungen oder mindestens Haltungen" (ebd.) ausführe, z. B. „indem ich mich über ein Buch beuge, darin blättere" (ebd.). Aus dieser „unaufhebbaren körperlichen Situiertheit meiner Lernhandlungen ergibt sich darüber hinaus [...], daß die Überwindung jeder beliebigen Lernproblematik immer auch auf irgendeine Weise die Berücksichtigung der benannten, mit meiner Körperlichkeit gegebenen Verfügungsgrenzen, Behinderungen, Widerständigkeiten, Undurchschaubarkeiten impliziert" (Holzkamp 1995, 257).

Dass „ich mit meinem Körper nicht nur situiert bin, sondern mich darin stets auch irgendwie zur Welt, zu mir selbst und anderen, ‚in Stellung bringe', also mich aktiv situiere" (Holzkamp 1995, 258) beschreibt Holzkamp als mentalen Aspekt der Situiertheit. Dieser würde häufig mit dem Konzept der Aufmerksamkeit beschrieben, Holzkamp zieht jedoch das prozesshafte Konzept der Beachtung vor, bei dem „die Zuwendung, Abwendung, Zentrierung, Verteilung, Lenkung meiner Beachtung [...] als Grundbestimmung des mentalen Charakters (oder Aspekts) von Handlungen" (ebd.) gelte. Die Beachtung bezeichnet er als mental-sprachliche Situiertheit und deutet sie mit Wygotzkis Konzept des „inneren Sprechens", weil, so die These Holzkamps, die Beachtung „meist mehr oder weniger deutlich eine – mindestens implizit – von mir selbst vollzogene sprachliche Qualifizierung der Betrachtungsweise" (ebd.) einschließe. Das innere Sprechen sei „willentliche, intentionale Zuwendung zur Welt, zu anderen und zu mir selbst" (Holzkamp 1995, 260) und ermögliche somit dem Subjekt qua Beachtungslenkung und -zentrierung „an den kritischen Punkten des Handlungsvollzuges seine Welt- und Selbsterfahrung auf die Erfassung jeweils relevanter Momente der sinnlichen Wirklichkeit [zu] richten, um so unmittelbaren Aufschluß über widerständige Beschaffenheiten der Realität zu gewinnen" (ebd.). Beim Lernen trete „das so gefaßte innere Sprechen in Gestalt jener ‚an mich selbst' gerichteten Stellungnahmen zu meinen eigenen Lernhandlungen in Erscheinung, wie wir sie [...] als Selbstkommentare, Selbstaufforderungen, Selbstinstruktionen, Fragen an mich selbst etc." (Holzkamp 1995, 261) kennen, und falle somit „mit der Lernintention selbst, als deren jeweils konkrete Erscheinungsform, weitgehend zusammen" (ebd.).

Mit der personalen Situiertheit versucht Holzkamp (1995, 263), „die umfassenden gesellschaftlich-sozialen Bedeutungszusammenhänge vom sinnlich-konkreten Subjektstandpunkt in der Art, wie sie je mir als meine Befindlichkeit gegeben sind" zu explizieren und verweist dazu auf die „konkrete Person, die aufgund spezifischer Lebensverhältnisse (als individueller Aus- und Anschnitt allgemeiner gesellschaftlicher Lebensbedingungen) das geworden ist, was ich bin, mit dieser bestimmten Vergangenheit, aus der meine gegenwärtige Befindlichkeit und meine zukünftigen Möglichkeiten erwachsen. Dazu gehören natürlich auch mein Alter, Geschlecht, Wohnort, Beruf, meine soziale Stellung, aber nicht als bloß äußerliche Kennzeichen, sondern einbezogen in meinen konkreten individualgeschichtlichen Erfahrungshintergrund, von dem aus sie gewichtet, akzentuiert, eingefärbt sind." Die personale Situiertheit erweise sich daher „als Vielfalt ineinander verschachtelter Möglichkeitsräume und deren spezifischer Grenzen" (Holzkamp 1995, 264). Holzkamp verweist in diesem Zusammenhang explizit auf die „Einheit zwischen Subjektivität und Intersubjektivität" (ebd.), die sich daraus ergebe, „daß gleichursprünglich mit meiner Person auch andere Personen gegeben sind, die jeweils von ihrem Standpunkt aus zur Welt, zu sich selbst und zu jeweils mir personal situiert sind" (ebd.). In der personalen Situiertheit sei daher „die wechselseitige Konstituierung meiner Welt- und Selbsterfahrung durch die der je anderen zwingend mitgemeint" (ebd.).[11] Wirkliche Konsequenzen für das Lernen zieht er aus dieser konstatierten Intersubjektivität m. E. nicht. Als den für das Lernen „relevante Moment der so verstandenen personalen Situiertheit" (ebd.) betrachtet er einzig „meine im phänomenal-biographischen Kontext erfahrenen Möglichkeiten, (jetzt noch) dieses oder jenes zu lernen" (ebd.); so hänge es von der spezifischen personalen Situiertheit ab, „was mir in welcher Weise überhaupt erst zum Lerngegenstand werden kann" (Holzkamp 1995, 267) – indem ich mir z. B. auf dem Hintergrund meiner biographischen Erfahrungen spezifische Fähigkeiten zuschreibe oder auch nicht und so spezifische Lerngegenstände überhaupt erst zum Vorschein kommen oder aber mir verschlossen bleiben.

---

11 Die sich dadurch ergebe, dass „[e]rst durch die personale Situiertheit der anderen [...] – indem ich für andere der/die andere bin, wir uns also wechselseitig als Subjekte (an)erkennen, deren Handlungsbegründungen prinzipiell für den anderen verständlich sind – auch je meine Situiertheit als diejenige dieses bestimmten Individuums, in der Art, ‚wie ich hier stehe', reflektierbar" (Holzkamp 1995, 264) werde.

3. KRITISCHE BETRACHTUNG ANHAND DER ANALYSE DES ZUSAMMENHANGS VON SUBJEKT- UND LERNVERSTÄNDNIS

Ausgehend von der These, dass die subjekttheoretischen Annahmen jeder Lerntheorie gegenstandskonstitutiv sind, d. h. entscheidend mitbestimmen, was jeweilig überhaupt unter Lernen verstanden werden kann, wird nun zunächst das Subjektverständnis in Holzkamps Lerntheorie kritisch betrachtet. In einem zweiten Schritt wird aufgezeigt, wie dieses, m. E. teils problematische Subjektverständnis das Lernverständnis mitkonstituiert und weitere Probleme aufwirft.

Das Subjektverständnis der Subjektwissenschaft ist ebenso komplex und vielschichtig wie die ganze Theorie. Allein daher ist die subjektwissenschaftliche Theorie ein großer Fortschritt gegenüber den klassischen, psychologischen Lernparadigmen mit ihrem reduktionistischen Subjekt- und Lernverständnis. Meine Hauptkritik lautet jedoch, dass auch wenn einerseits die Situiertheit des Subjekts betont wird, im Subjektverständnis der holzkampschen Lerntheorie andererseits die klassische Figur des souveränen, autonomen Subjekts immer noch hindurch schimmert.[12] Denn letztlich konzipiert Holzkamp das Lernsubjekt als einen heroischen Souverän, der im Kampf gegen eine widerständige Welt, diese sich untertan zu machen sucht, um über die eigenen Lebensbedingungen verfügen und so die Qualität der eigenen Lebensverhältnisse erhalten oder erweitern zu können. Bis in die Wortwahl hinein zeigt sich, dass der Weltbezug des Subjekts einseitig als „Weltzugriff" und Versuch der „Weltaneignung" und „Weltverfügung" gedeutet wird.

---

12 Zu meiner Lesart der Genese und Eigenschaften dieser prominenten Figur menschlichen Selbstverständnisses vgl. Künkler 2011, 297 ff. Ich schließe hier an die subjektkritische Tradition und Versuche der kritischen Reformulierung eines alternativen Subjektverständnisses, verwiesen sei hier nur auf Meyer-Drawe 2000 und Ricken 1999, an, die versuchen den Gegenpol zu den einseitigen Gewichtungen der klassischen Subjektfigur, mit einzubeziehen: gegenüber der Autonomie die Abhängigkeit, gegenüber der Souveränität die Angewiesenheit, gegenüber der Identität die Differenz, gegenüber dem cogito die Sinn- und Körperlichkeit, gegenüber der Universalität die Relativität, gegenüber der Selbsttransparenz die Selbstfremdheit etc. Auch geht es darum, den eingeschliffenen Dualismen des klassischen, souveränen Subjekts – Subjekt/Objekt, Psyche/Materie, Innen/Außen, Transzendental/Empirisch, Geist/Körper, Autonomie/Heteronomie, Macht/Freiheit – möglichst zu widerstehen.

Zudem bleibt m. E. das genaue Verhältnis von Bedingtheit, die im Konzept der Situiertheit impliziert ist, und (Handlungs-)Freiheit ungeklärt. Zwar steht dem Subjekt eine widerständige Welt gegenüber, die seine Freiheit einschränkt, auf Seiten des Subjekts scheint Holzkamp jedoch von der „Mächtigkeit des Subjekts als Ursprung seiner eigenen Handlungen" (Holzkamp 1995, 116) überzeugt und schreibt so die Überbetonung der Autonomität in der Figur des klassischen Subjekts fort. Dies wird auch deutlich in seiner Konzeption der körperlichen Situiertheit: Zwar bezieht er das Verständnis dieser dezidiert aus der Leibphänomenologie Merleau-Pontys (vgl. Holzkamp 1995, 253), die mit dem Konzept der Leiblichkeit den kartesischen Dualismus von Körper und Geist überwinden möchte, es zeigt sich jedoch bereits in der Begrifflichkeit – nicht leibliche, sondern körperliche Situiertheit –, dass Holzkamp in diese ein dualistisches Verständnis wieder einschreibt. So sieht Holzkamp in der körperlichen Situiertheit einzig eine Beschränkung der Intentionalität und Handlungsfähigkeit des Subjekts. Bereits im Titel des Kapitels wird die körperliche Situiertheit als „Spannungsfeld zwischen intentionaler Gerichtetheit auf den Lerngegenstand und ‚zurückhaltender' Körperlichkeit" (ebd.) beschrieben, die zentrale Eigenschaft der Körperlichkeit wird also darin gesehen, dass sie die intentionale Gerichtetheit auf den Lerngegenstand „zurückhalte". Bezüglich der körperlichen Situiertheit des Lernens sieht Holzkamp (1995, 287) es daher als zentrale Aufgabe des Lernsubjekts, „meine körperliche Schwerfälligkeit, die ‚Unwilligkeit' meiner Gliedmaßen (‚Muskeln' und ‚Sehnen'), der Lernintention zu gehorchen", zu überwinden. Erst diese eindeutige und einseitige Interpretation der körperlichen Verfasstheit als passiver und die Intentionalität „zurückhaltender" und "einschränkender" Aspekt ermöglicht Holzkamp im Gegenzug, die mental-sprachliche Situiertheit gegenteilig als aktiven und freiheitlich-spontanen Aspekt zu deuten. Damit aber trennt er auf dualistische Weise wieder das, was Merleau-Ponty mit seinem Konzept der Leiblichkeit zusammendenkt. Beschreibt Merlau-Ponty doch dezidiert auch die Spontaneität und Intentionalität als etwas Leibliches.[13] Das Subjekt bei Holzkamp erscheint somit aber als vom Körper getrenntes Geistwesen, das in einem Körper gefangen ist und dessen ursprüngliche Autonomie durch diese körperliche Verfasstheit sowie die ihm entgegenstehende, widerständige Welt beschränkt ist.

Das Subjekt der Subjektwissenschaft ist somit trotz Betonung des körperlich-sinnlichen Aspekts vor allem ein rationales Geistwesen. Wie beschrieben betont Holzkamp zwar, er wolle „keineswegs in ‚rationalistischer' Weise behaupte[n],

---

13 Hieran schließen einige dezidiert (leib-)phänomenologische Lerntheorien an, vgl. dazu Meyer-Drawe 1996, 2003 & 2008 sowie Waldenfels 2000.

menschliche Handlungsvorsätze seien immer [...] ‚gut begründet' oder ‚vernünftig'" (Holzkamp 1995, 25). Jedoch setzt sein Konzept des intentionalen (Lern-) Handelns voraus, Menschen könnten „nur dann intentional handeln [...], wenn sie bestimmte aus ihrer Lebens- d. h. Prämissenlage sich ergebende Gründe dafür haben" (Holzkamp 1994, 44). Somit trennt er auch hier untergründig auf dualistische Weise menschliches Handeln in entweder bewusstes, intentionales und begründetes Handeln oder gegenteilig unbewusstes, nicht-intentionales und bloß gewohntes Handeln bzw. Verhalten; Zwischen- oder Mischformen scheint es für ihn nicht zu geben. Zusätzlich schreibt er einzig der bewussten Seite die Möglichkeit zur Selbstbestimmung zu und sieht in der anderen eine reine Fremdbestimmung. Wenn Holzkamp (1995, 27) zudem konstatiert, „daß niemand bewußt seinen eigenen Interessen zuwiderhandelt", dann unterstellt er in ebenso rationalistischer Weise, dass Subjekte zumindest für ihr bewusstes Handeln stets eindeutige Interessen oder Gründe haben und diese auch kennen. Das Subjekt der Subjektwissenschaft ist somit ein in sich transparentes, mit sich identisches, rationales und vernünftiges Wesen, dem innere Widersprüche, Zerrissenheiten oder Selbstfremdheit unbekannt sind.[14]

Diese so herausgearbeiteten Aspekte des Subjektverständnisses bei Holzkamp – souveränes, autonomes, rationales, sich transparentes und mit sich identisches Vernunft- und Geistwesen –, die allesamt der klassischen Figur des Subjekts entstammen, wirken sich deutlich auf dessen Lernverständnis aus. So wird schon von der Anlage her ein äußerst reduzierter Blick auf das Lernen gewählt, denn Holzkamp schließt, wie gezeigt wurde, jegliche impliziten und unbewussten Lernvorgänge aus seinem Lernverständnis aus bzw. markiert diese analog zum skizzierten dualistischen Handlungsverständnis als peripher, bezeichnet sie zwar als Mitlernen, analysiert sie jedoch nicht weiter.[15] Lernen kommt in der

---

14 Haug (2004, 27) sieht dies der Nähe Holzkamps zur Handlungsregulationstheorie geschuldet, die von ihm zum Teil bis in die Begriffswahl übernommen werde. „Es ist, als ob der Mensch der Handlungsregulationstheorie als ein zu optimierender maschineller Prozess konzipiert sei. Komplizierte Verhältnisse, wie etwa widersprüchliche Orientierungen, die wir doch als menschlich gewöhnlich annehmen, existieren auf dieser Ebene jedenfalls nicht." Abl (2007, 162) kritisiert ganz allgemein die dialektische Schwäche des holzkampschen Ansatzes: „[I]m Gegensatz zur Tradition der Dialektik, welche die Widersprüchlichkeit aufspürt und darin das zentrale Moment theoretischer Entfaltung erfährt, ist Holzkamp bestrebt, sie einzugrenzen und auszuschließen."

15 Einzig in einem kurzen Unterkapitel thematisiert er das Verhältnis von Mitlernen und intentionalem Lernen, jedoch nur, um zu zeigen, dass Intention nicht gleichbedeutend sei mit Zielsetzung und Anspannung (Holzkamp 1995, 329), es vielmehr „in bestimm-

Subjektwissenschaft daher nur unter der Voraussetzung seiner Intentionalität, Begründetheit und Vernünftigkeit in das Blickfeld einer subjektwissenschaftlichen Perspektive. Auch Breinbauer (2008, 57) kritisiert, dass auf diese Weise „eine ganze Reihe von Lernmöglichkeiten ausgeblendet (z. B. latentes, passives, implizites, inzidentelles oder informelles Lernen) [würden], um das Subjekt als Souverän des Lernprozesses herauszustellen". Frigga Haug (2004, 30) betont, dass andere Lernprozesse zwar nicht völlig ausgeblendet, wo thematisiert, jedoch mit abwertenden Zusatzworten versehen seien. Lernen werde von Holzkamp daher normativ gefasst, es sei jedoch fraglich, „ob es weiterführend ist, ein Modell von Lernen vorzulegen, dem gegenüber die meisten realen Lernvorgänge als defizitär erscheinen müssen" (Haug 2004, 29). Was Holzkamp als Lernen beschreibe, sei lediglich „als Sonderfall allgemeiner, sich täglich vollziehender Lernprozesse zu denken" (Haug 2004, 30).

Zudem muss betont werden, dass ein solches Lernverständnis dazu verführt, die Bedingtheit des Lernens unterzubetonen oder gar zu übersehen. Denn diese besteht nicht allein in der Widerständigkeit der dem Lernsubjekt gegenüberstehenden Welt und der Behäbigkeit und Begrenztheit des Körpers, sondern in der Bedingtheit des Lernsubjekts selbst. Schließlich ist dieses selbst aus Lernprozessen hervorgegangen und kam nicht als fertiges, erwachsenes Subjekt zur Welt. Zumindest in seiner Lernkonzeption geht Holzkamp jedoch explizit von einem erwachsenen Subjekt aus. So formuliert er, er habe sich „entschlossen, bei der folgenden Erarbeitung unseres subjektwissenschaftlichen Lernkonzeptes die Grundbestimmungen des Lernens nicht in frühen Stadien der Ontogenese, sondern in der Welt- und Selbstsicht von ‚je mir' als Lernsubjekt zu suchen" (Holzkamp 1995, 180). Als Grund hierfür gibt er an, „aufgrund der notwendigen Verflochtenheit kindlicher Lernfortschritte mit Unterstützungsaktivitäten Erwachse-

---

ten Stadien, Springpunkten etc. des Lernprozesses" (Holzkamp 1995, 330), also dann, „wenn ich mich ‚einseitig' zu fixieren, in Sackgassen hineinzugeraten, mich zu verrennen drohe" (Holzkamp 1995, 331), ebenfalls auf Intentionalität ankomme. Zielführend sei in diesem Fall, sich „ohne Aufgeben der generellen Lernintention so ‚zurückneh-men', daß affinitive Lernphasen möglich werden" (Holzkamp 1995, 330 f.). Letztere seien gekennzeichnet durch „ein ‚Kommen-Lassen' von gegenständlichen wie sprachlichen Bedeutungsverweisen, ein ‚Sich-Zurücklehnen', Übersicht-Gewinnen, eine ‚distributive' (im Gegensatz zu ‚fixierender') Beachtung, die Aufhebung von Festlegungen und Beschränkungen durch das In-den-Blick-Nehmen des ‚Ganzen', dabei das Sich-Leiten-Lassen von ‚Verwandschaften', das Fortgetragenwerden von einer Verweisung zur nächsten in den modalitätsübergreifenden Bedeutungsnetzen" (Holzkamp 1995, 328).

ner" (ebd.) könnten diese nur „in Termini des ‚Lehrens' (im weitesten Sinne)" (ebd.) beschrieben werden. Eine „klare analytische Scheidung von ‚Lernen' und ‚Lehren'" (ebd.) sei hier „kaum möglich" (ebd.). Deutlich wird damit nicht nur, wie Holzkamp Aspekte ausblendet, die seinem Lernverständnis entgegenstehen, sondern auch sein nicht nur dualistisches[16], sondern zudem oppositionales Verständnis von Selbst- und Fremdbestimmung. Die mit diesem Verständnis einhergehende Schwierigkeit, die Bedingtheit des Lernens zu denken, zeigt sich auch an Holzkamps Verhältnisbestimmung von Lernen und Macht. Zwar verweist er auf die „allgemeine Verflochtenheit des Lernens mit gesellschaftlicher Macht" (Holzkamp 1995, 12), jedoch sieht er in der Macht allein eine fremdbestimmende, das Lernen be- und verhindernde Kraft, die untrennbar mit gesellschaftlicher Herrschaft verbunden sei.[17] Bedroht sei das Lernen durch „politische [...] Vereinnahmungsbemühungen" (ebd.); in Institutionen des Lernens – insbesondere der Schule – sieht Holzkamp daher allein den Versuch, „Kontrolle über die Lernenden an[zu]streben" (ebd.) und das Lernen „mittels Kanalisierung, Selektion, Einschwörung auf erwünschte Denk- und Sichtweisen derart zu beschränken, daß die herrschende Ordnung [...] nicht durch ein ‚Zuviel' des Lernens gefährdet wird" (ebd.). Die Schule, die für Holzkamp nicht eine Stätte des Lernens, sondern der Lernbehinderungen ist, stelle „die offenbar wirkungsvollste Instanz indirekter Herrschaftssicherung durch Lernreglementierung" (ebd.) dar. Auch in der Lehrperson sieht Holzkamp alleinig eine Behinderung des Lernens, da der Lehrende sich durch sein instruktional-didaktisches Handeln zum Subjekt des Lernens mache (Holzkamp 1995, 391 ff.). Bremer (2007, 226) konstatiert daher

---

16 Bremer (2007, 226) kritisiert den häufigen Rückgriff Holzkamps auf „dichotome Kategorien (etwa frei – unfrei, selbst – fremd, bewusst – unbewusst, intentional – nicht intentional, Subjekt – Objekt) [...], die der Praxis nicht angemessen" seien, da „die Praxis der Akteure und ihre Lernpraktiken tatsächlich oft quer zu solchen Polen liegen" (ebd.) würde.

17 Dies wird auch darin deutlich, wie Holzkamp Michel Foucault interpretiert, dessen Verständnis von Disziplinarmacht er „heuristisch als analytisches Instrument zur Durchdringung der Widersprüchlichkeiten schulischen Lebens und Lernens benutzen" (Holzkamp 1995, 359) will. Jedoch interpretiert er Foucault, der mit seinem relationalen Machtverständnis die Logik von Selbst- und Fremdbestimmung durchkreuzt und ein oppositionales Verständnis gerade zu überwinden sucht, auf eine – für eine pädagogische Rezeption Foucaults lange Zeit allerdings typische (vgl. dazu Balzer 2004) – missverständliche Weise und betrachtet Macht als etwas Fremdbestimmendes und Unterdrückendes, nicht aber mit Selbstbestimmung Verwobenes und auch Hervorbringendes.

zu Recht, dass Holzkamp „Lehre tendenziell ‚unter Verdacht'" stelle und annehme, „dass diese prinzipiell gegen die Subjekte gerichtet ist und expansives Lernen behindert" (ebd.). Aufgrund dieses oppositionalen Verständnisses von Selbst- und Fremdbestimmung wird aber die soziale Bedingtheit des Lernens selbst nicht thematisierbar. Daher kritisiert Haug zu Recht, damit werde verhindert, dass „die massenhafte Weise, wie die herrschenden Verhältnisse gewissermaßen in die Poren der je Einzelnen sich einnisten, wie Medien, Traditionen, Kulturelles angeeignet werden, wie Gewohnheiten zustande kommen, unter Lernen fassbar wird" (Haug 2004, 29).

Das Subjekt- und Lernverständnis der Subjektwissenschaft schreibt jedoch nicht nur viele Aspekte des klassischen Subjektverständnisses fort und folgt trotz der Betonung der körperlichen Situiertheit des Subjekts und dessen Weltbezug einer dualistischen Bias, sondern bleibt zudem einem individualtheoretischen Verständnis verhaftet. Auch Faulstich und Grotlüschen (2006, 70) betonen, dass die „Sichtweise vom ‚Subjektstandpunkt' [...] eine ‚individualistische Schlagseite'" habe und Bremer (2007, 227) kritisiert, dass Holzkamp letztlich auf einer individualistischen Ebene bleibe, „bei der ein Ich einer fremden Umwelt gegenüber" stehe und „sich im Rahmen von Freiheitsgraden mit einer von Macht- und Herrschaftsstrukturen geprägten Gesellschaft auseinander" (ebd.) setze. Selbst der Subjektwissenschaftler Dreier (2006, 78) konzediert, dass Holzkamp mit der restlichen Psychologie zumindest darin übereinstimme, dass er die Menschen in einer isolierten Situation studiere und „Lernen als kritische Auseinandersetzung mit sich selbst in der Abschottung und auf Distanz" beschreibe.

Wie gezeigt wurde, thematisiert Holzkamp unter dem Aspekt der personalen Situiertheit des Lernsubjekts zwar die soziale Konstituiertheit der Selbst- und Welterfahrung und postuliert eine Einheit von Subjektivität und Intersubjektivität, bereits seine ebenfalls dort (Holzkamp 1995, 264) formulierte Annahme einer Gleichursprünglichkeit von Subjekt und anderen Subjekten verrät jedoch, dass Holzkamp die Gewordenheit des Subjekts theoretisch ‚überspringt' und von einem allein stehenden und zuerst für sich existierenden, erwachsenen Subjekt ausgeht; denn wie anders könnte er zu der Annahme gelangen, andere seien gleichursprünglich – bringt ein Subjekt sich doch nicht selbst auf die Welt (Stichwort: Natalität); ergo gehen die anderen mir voraus. Nur so wird verständlich, warum Holzkamps Annahme der sozialen Konstituiertheit der Erfahrung für das Lernverständnis kaum eine Rolle spielt und sein Verständnis der Intersubjektivität abstrakt bleibt.

In seiner Annahme der personalen Situiertheit ist zwar auch eine soziale Situiertheit des Lernsubjekts impliziert, so dass Holzkamp im Gegensatz zu den vorherrschenden, klassischen Lernparadigmen zumindest davon ausgeht, „dass

Lernende generell einen sozialen Ort haben" (Bremer 2007, 225), nicht deutlich wird bei ihm jedoch „wie sich welche Zugehörigkeit in Lernprozessen auswirkt" (ebd.) und auch „die Formen und Wege, über die solche überindividuellen Strukturen zu den Subjekten gelangen" (Bremer 2007, 227) bleiben unthematisiert.[18] Ähnlich betonen auch Faulstich und Ludwig (2004, 12), dass Holzkamp zwar von ‚gesellschaftlichen Individuen' ausgehe, diese „aber immer nur als Einzelne betrachtet [würden], denen die Gesellschaft allgemein gegenübergestellt wird". Daher bleibe „deren gesellschaftliche Bestimmung abstrakt, nicht historisch konkret bezogen in Interaktions- und Kommunikationsstrukturen mit anderen Menschen" (Faulstich/Ludwig 2004, 19); daraus folge auch, dass die „‚mittlere', institutionelle Ebene [...] weitgehend ausgeblendet" (Faulstich/Ludwig 2004, 12) bleibe. Anders gesagt: Die konkreten anderen lösen sich somit in der angenommenen, lerntheoretisch aber nicht konsequent ein- und ausgearbeiteten, sozialen Konstituierung der Ersten-Person-Perspektive und deren Erfahrung auf und spielen so für das subjektwissenschaftliche Lernverständnis keine wirkliche Rolle. Das Lernsubjekt hat zwar einen Welt- nicht jedoch einen konkreten Anderenbezug, zentral für Lernprozesse sind daher auch Lerngegenstände, nicht aber andere Lernsubjekte, von denen, durch die oder für bzw. gegen die man lernen kann. Beziehungen zwischen Subjekten geraten bei Holzkamp bezüglich des Lernens überhaupt nur im Lehr-Lern-Verhältnis in den Blick und dieses Verhältnis wird allein auf seine negativen Auswirkungen hin reflektiert. Dass andere auch positiv zum Lernen beitragen, das Begehren zu Lernen anstacheln können, wird aus einer subjektwissenschaftlichen Perspektive nicht sichtbar. Faulstich und Ludwig (2004, 19) kritisieren denn auch, dass in der subjektwissenschaftlichen Lerntheorie die „personale Interaktion und die wechselseitigen Anerkennungsbeziehungen im Verhältnis der Lernenden und Lehrenden sowie die institutionellen Strukturen [...] in ihrem Verhältnis zur Lernhandlung wenig reflektiert und nur allgemein kritisiert" würden. Der kritisierten Dritten-Person-Perspektive der traditionellen Lerntheorien setzt Holzkamp die Erste-Person-Perspektive entgegen,

---

18 So zeigt sich, dass Holzkamp vor allem auch die eigene soziale Situiertheit und deren Auswirkungen auf seine theoretische Konzeption aus dem Blick verliert. Aus milieutheoretischer Perspektive verweist Bremer (2007, 225) darauf, dass die paradigmatische Lernhandlung bei Holzkamp, das erlernende Hören der schönbergschen Orchestervariationen, „der Praxis oberer Milieus" entspreche und „an deren sozial und ökonomisch privilegierte Lage" (ebd.) gebunden sei und schlussfolgert: „Insofern ist auch derart expansives, auf Handlungssuspendierung beruhendes Lernen ein Privileg." (Ebd.) Es sei wahrscheinlich, dass in anderen Milieus das Mitlernen eine größere Rolle spiele (ebd.).

die Zweite-Person-Perspektive, aus der die konkreten anderen in den Blick geraten, bleibt hingegen ausgeblendet.

4. Fazit

Der subjektwissenschaftlichen Lerntheorie Holzkamps ist es zu verdanken, dass die Erste-Person-Perspektive gegenüber der Dritten-Person-Perspektive der traditionellen Lerntheorien rehabilitiert und somit im psychologisierten Lerndiskurs der Vollzug des Lernens thematisiert wurde. Zahlreiche Phänomene des Lernens, die nur aus einer Ersten-Person-Perspektive in den Blick geraten und in den klassischen, psychologischen Lernparadigmen unthematisiert blieben, wie die vielen verschiedenen Möglichkeiten, sich im Lernprozess zu sich selbst und zum Lerngegenstand zu verhalten, kommen im Lernverständnis der Subjektwissenschaft zum Zuge. Holzkamp beschreibt jedoch den Subjektstandpunkt beim Lernen in einer merkwürdigen Mischung aus Begriffen und Konzepten, die der Phänomenologie, Bewusstseinstheorie und Handlungsregulationstheorie sowie einer lebensweltlichen Alltagssprache entstammen. Haug kritisiert daher zu Recht, dass Holzkamp diese Begriffe, die allesamt theoretisch aufgeladen seien, nicht theoretisch reflektiere, sondern sie benutze, „als seien sie unschuldige und eindeutige Worte, die man in einen beliebigen Kontext einsetzen und belasten" (Haug 2004, 128) könne. Dies verweist auf die allgemeinere Problematik, dass es der subjektwissenschaftlichen Lerntheorie zwar nicht hoch genug angerechnet werden kann, deutlich gemacht zu haben, dass die Frage nach dem Lernen und die Frage nach dem Subjekt untrennbar miteinander verbunden sind, sie jedoch die Frage nach dem Subjekt für schon beantwortet hält und diese nicht ausgiebig auf dem Hintergrund der Debatte um das Subjekt und die Subjektivität reflektiert. Auch Faulstich und Ludwig (2004, 19) schreiben: „Merkwürdig ist, dass dieser – obwohl zentrale Begriff [des Subjekts] – bei Klaus Holzkamp erstaunlich allgemein bleibt." Somit bleibt Holzkamp einem klassischen Subjektverständnis sowie dessen dualistischer und individualtheoretischer Bahnung verhaftet. So reklamiert Holzkamp zwar die Erste-Person-Perspektive, beschreibt diese aber erstens in einer aus einigen Gründen (s. o.) zu kritisierenden spezifischen Fassung, zweitens verliert er, indem er die Dritte-Person-Perspektive völlig ausblendet, die Bedingtheit des Subjekts und des Lernens zu sehr aus dem Blick und drittens bleibt die Zweite-Person-Perspektive unthematisiert.

Aus der Perspektive einer pädagogischen Theorie des Lernens weist die Subjektwissenschaft somit insofern ein nicht unerhebliches Defizit auf, da mit ihr die pädagogischen Bezüge und deren konstitutiver Bestandteil an Lernprozessen nicht erklärt werden können. Gegenüber den klassischen Lernparadigmen ist die Subjektwissenschaft jedoch dahingehend von Vorteil, dass mit ihr sowohl spezifisch das menschliche Lernen als auch die inhaltliche Seite des Lernens thematisiert werden können.[19] So lässt Holzkamp konsequent ein formalistisches Verständnis des Lernens, wie es in den klassischen Lernparadigmen üblich ist, zurück und betont die Abhängigkeit der Formen des Lernens von dessen Inhalten. Anders gesagt: Lernen wird als ein bedeutungsvoller Prozess bzw. als ein Eindringen in eine allgemeine Bedeutungsebene beschrieben. Jedoch wird diese Bedeutungsebene theoretisch nur angedeutet, nicht aber ausformuliert. Teilweise scheint Holzkamp dabei von einem einheitlichen, in seinen Worten ‚gesamtgesellschaftlichen' (Holzkamp 1994, 253) Bedeutungszusammenhang auszugehen. Fraglich ist aber, ob diese transsubjektive Bedeutungsebene als einheitlicher, übergeordneter Rahmen verstanden werden kann, oder nicht viel mehr pluralistisch, in sich gebrochen und als vielfach widersprüchlich gefasst werden muss.

---

19 Die Betonung der inhaltlich-sachlichen Dimension des Lernens gilt im erziehungswissenschaftlichen Lerndiskurs als ein Kriterium für eine pädagogische Lerntheorie. Wichtig ist dies auch angesichts der erfolgten „Formalisierung des Lernprozesses" (Meyer-Drawe 2008, 99) bzw. der „tendenzielle[n] Entmaterialisierung des Lernens" (Göhlich/ Zirfas 2007, 41) So erfolgte gesellschaftlich eine „Umstellung der Pädagogik vom Lernen spezifischer Qualifikationen […] auf die formale Kompetenz vom Lernen des Lernens" (ebd.). Lernen wurde so immer stärker abgekoppelt von der Tätigkeit des Erlernens spezifischer Inhalte, Fähigkeiten und Fertigkeiten und galt fortan zumeist als formaler, entmaterialisierter Prozess der Veränderung bzw. der individuellen Anpassung an veränderte (gesellschaftliche) Umwelten. Neben dieser Entmaterialisierung, also der Tatsache, dass für einen formalistischen Lernbegriff die spezifischen Inhalte des Lernens keine oder nur eine periphere Rolle spielen bzw. davon ausgegangen wird, dass der Prozess des Lernens unabhängig von den spezifischen Lerninhalten beschrieben werden kann, ist der Preis der Formalisierung des Lernens die Entgrenzung der Subjekte des Lernens: „Alles, was sich verändern kann, lernt: Systeme, Gesellschaften, Regionen, Maschinen, Radios, intelligente Dinge wie der Kühlschrank, der seinen Inhalt kontrolliert und Buch darüber führt." (Meyer-Drawe 2008, 30) Gegen eine solche Entgrenzung der Subjekte des Lernens, die in der lernpsychologischen Forschung insofern schon vorgebahnt wurde, als dass dort häufig von keiner oder nur einer graduellen Differenz zwischen menschlichem und tierischem Lernen ausgegangen wurde, gilt in Versuchen der Formulierung einer pädagogischen Theorie des Lernens, wie beschrieben, der Mensch als Subjekt des Lernens.

5. LITERATUR

Abl, Gerald (2007): Kritische Psychologie. Eine Einführung. Stuttgart.

Balzer, Nicole (2004): Von den Schwierigkeiten, nicht oppositional zu denken. Linien der Foucault-Rezeption in der deutschsprachigen Erziehungswissenschaft. In: Ricken, Norbert/Rieger-Ladich, Markus (Hg.): Michel Foucault. Pädagogische Lektüren. Wiesbaden, 15-43.

Breinbauer, Ines Maria (2008): Nachhaltiges Lernen. Über die Unmöglichkeit, Prozess und Ergebnis mit dem gleichen Begriff zu verhandeln. In: Mitgutsch, Konstantin/Sattler, Elisabeth/Westphal, Kristin/Breinbauer, Ines Maria (Hg.): Dem Lernen auf der Spur. Die pädagogische Perspektive. Stuttgart, 51-64.

Bremer, Helmut (2007): Soziale Milieus, Habitus und Lernen. Zur sozialen Selektivität des Bildungswesens am Beispiel der Weiterbildung. Weinheim.

Dreier, Ole (2006): Wider die Strukturabstraktion. In: Forum Kritische Psychologie. 50, 72-83.

Grotlüschen, Anke (2010): Erneuerung der Interessetheorie. Die Genese von Interesse an Erwachsenen- und Weiterbildung. Wiesbaden.

Faulstich, Peter/Ludwig, Joachim (2004): Lernen und Lehren aus ‚subjektwissenschaftlicher Perspektive'. In: Dies. (Hg.). Expansives Lernen. Baltmannsweiler, 10-28.

Faulstich, Peter/Grotlüschen, Anke (2006): Erfahrung und Interesse beim Lernen. Konfrontation der Konzepte von Klaus Holzkamp und John Dewey. In: Forum Kritische Psychologie. 50, 56-72.

Faulstich, Peter (2013): Menschliches Lernen. Eine kritisch-pragmatische Lerntheorie. Bielefeld.

Haug, Frigga (2004): Lernverhältnisse. Selbstbewegungen und Selbstblockierungen. 2. Aufl. Hamburg.

Holzkamp, Klaus (1994): Lernen. Subjektwissenschaftliche Grundlegung. Einführung in die Hauptanliegen des Buches. In: Interdisziplinäres Zentrum für Lern- und Lehrforschung der Universität Potsdam (Hg.): LLF-Berichte Nr. 8, 34-62.

Holzkamp, Klaus (1995): Lernen. Subjektwissenschaftliche Grundlegung. Frankfurt am Main.

Holzkamp, Klaus (1996): Vorbereitende Überlegungen zum methodischen Vorgehen im Projekt ‚Subjektwissenschaftliches Lernen' (PSL). In: Forum Kritische Psychologie. 36, 132-165.

Künkler, Tobias (2008): ‚Lernen im Zwischen'. Zum Zusammenhang von Lerntheorien, Subjektkonzeptionen und dem Vollzug des Lernens. In: Mitgutsch, Konstantin/Sattler, Elisabeth/Westphal, Kristin/Breinbauer, Ines Maria (Hg.): Dem Lernen auf der Spur. Die pädagogische Perspektive. Stuttgart, 33-50.

Künkler, Tobias 2011: Lernen in Beziehung. Zum Verhältnis von Subjektivität und Relationalität in Lernprozessen Bielefeld.

Ludwig, Joachim (2012): Lernen und Lernberatung. Alphabetisierung als Herausforderung für die Erwachsenendidaktik. Bielefeld.

Markard, Morus (2000): Kritische Psychologie. Methodik vom Standpunkt des Subjekts. In: Forum Qualitative Sozialforschung. 1 (2), Art. 19. [http://nbn-resolving.de/urn:nbn:de:0114-fqs0002196; abgerufen am 13.02.2014].

Meyer-Drawe, Käte (1996): Vom anderen lernen. Phänomenologische Betrachtungen in der Pädagogik. In: Borrelli, Michele/Ruhloff, Jörg (Hg.): Deutsche Gegenwartspädagogik. Band II. Baltmannsweiler, 85-99.

Meyer-Drawe, Käte (2000): Illusionen von Autonomie. Diesseits von Ohnmacht und Allmacht des Ich. 2. Aufl. München.

Meyer-Drawe, Käte (2003): Lernen als Erfahrung. In: Zeitschrift für Erziehungswissenschaft. 6 (4), 505-514.

Meyer-Drawe, Käte (2008): Diskurse des Lernens. München.

Ricken, Norbert (1999): Subjektivität und Kontingenz. Markierungen im pädagogischen Diskurs. Würzburg.

Waldenfels, Bernhard (2000): Das leibliche Selbst. Vorlesungen zur Phänomenologie des Leibes. Frankfurt am Main.

Neo-subjektwissenschaftliche Lesart einer scheinbar vertrauten Lerntheorie

ANKE GROTLÜSCHEN

1. WARUM ES EINER NEO-SUBJEKTWISSENSCHAFTLICHEN LESART BEDARF

Das Subjekt muss gute Gründe zum Lernen haben, dann lernt es besser. So oder so ähnlich wird der Kern subjektwissenschaftlicher Lerntheorie gern zusammengefasst und verkürzt. Stimmt das denn? Und ist es das Subjekt allein, das hier das Sagen hat? Selbstverständlich nicht, das wäre zu plakativ. Aber was kann die Subjektwissenschaft zum Verstehen von Lernprozessen Erwachsener beitragen und wo geht sie in die Irre? Ist sie eigentlich noch zeitgemäß?

Die Frage, ob die Subjektwissenschaft zeitgemäß sei, wird gelegentlich mit Hinweis auf die ‚neuere' internationale Diskussion beantwortet. Der internationale Einfluss auf die lerntheoretischen Diskussion ist unübersehbar: Pragmatismus, Konstruktivismus, Transformative Learning, Communities of Practice haben ihre Wurzeln im nordamerikanischen Raum. Deutsche phänomenologische, biographische, kritisch-pragmatistische und subjektwissenschaftliche Ansätze haben demgegenüber den internationalen Diskurs nur vereinzelt erreicht. Doch ein substanzieller, lerntheoretischer Paradigmenwechsel ist seit der Jahrtausendwende nicht mehr zu erkennen. Vorrangig rezipierte internationale Ansätze sind im Original bereits vor Jahrzehnten entworfen worden (Mezirow, Lave, Wenger, Illeris, Jarvis, Engeström). Zur Frage also, wie zeitgenössische Theoreme in die lerntheoretische Debatte einmünden, kann uns die Rezeption internationaler Ansätze derzeit auch nicht hinreichend weiterbringen.

Zugleich sieht sich die lerntheoretische Diskussion durch jüngere Diskurse vor gravierende Fragen gestellt. Die aus dem Theorem des lebenslangen Lernens postulierten Thesen zur Qualität informellen, gar inzidentellen oder spontanen Lernens stehen im lerntheoretischen Diskurs im Widerspruch zueinander. Einerseits wird die Notwendigkeit von Spontaneität betont (Nohl 2006), andererseits wird vor der Zurückgeworfenheit auf Gewohntes im inzidentellen Lernen gewarnt (Meyer-Drawe 2012). Frigga Haug hat prominent die Verengung auf intentionales Lernen kritisiert (Haug 2003) und auch konkurrierende Lerntheorien propagieren die Bedeutung des Beiläufigen (Lave und Wenger 1991).

Auch die Frage der Verortung des Lernprozesses respektive der Kompetenzentwicklung ist neu zu stellen. Lernen scheint oft zu sehr als individualisiertes Geschehen konzipiert und werde der historischen und materiellen Verstrickung der Individuen in ihre gesellschaftlichen Positionierungen mitsamt Klassenlage nicht gerecht. Zugleich wird die Kritik erhoben, bisherige Ansätze könnten Fragen des Subjekts, der Leiblichkeit und Emotion, Gewohnheit und Kontextualität nicht angemessen fassen. Manchmal fußt diese Kritik allerdings auf einer ungewöhnlichen Lesart subjektwissenschaftlicher Theorie. Fassen wir die Kritikpunkte zusammen (sie sind selten so verdichtet formuliert wie bei Künkler):

„Der Subjektwissenschaft ist es zwar zu verdanken, im psychologisierten Lerndiskurs den Vollzug des Lernens überhaupt wieder thematisiert zu haben, dies aber zu dem Preis eines nicht nur viel zu rationalistischen Verständnisses der menschlichen Subjektivität und des Vollzugs des Lernens, das der altbekannten Denkfigur des ‚souveränen Subjekts' zu entstammen scheint, sondern auch einer systematischen Blindheit für jegliche Bedingtheit menschlicher Subjektivität und menschlichen Lernens. Widersprüche in Lernprozessen stammen aus dieser Sicht nur von außen; dies führt zu einer Einengung des Lernbegriffs, die sich aus einem oppositionalen Denken von Selbst- und Fremdbestimmung (…) und einem ‚sakralisierten' Subjektverständnis ergibt, welches den Subjektstandpunkt quasi-religiös überhöht und zu ‚heiligem' Gebiet erklärt." (Künkler 2008, 39)

Tobias Künkler hat sich der Mühe unterzogen, zentrale subjektwissenschaftliche Thesen zu rezipieren, bevor er darüber urteilt. Insofern ist ihm zugute zu halten, dass er zumindest den Versuch unternommen hat, der Subjektwissenschaft beizukommen. In Kenntnis der Entgegnungen Holzkamps unterstellt Künkler in diesem frühen Beitrag allerdings einen Rationalismus, den viele Andere so nicht interpretieren (s. u.). Weiterhin unterstellt er ein von Strukturen (bei ihm: Bedingungen) losgelöstes Subjekt, welches m. E. in der Subjektwissenschaft nicht das leitende Motiv darstellt (s. u.). Darüber hinaus scheint ihm der forschungsmethodologische Zugang des verallgemeinerten Subjektstandpunkts nicht nachvollziehbar zu sein. Sofern er eine heilige Überhöhung des Subjekts als Auslegungsgrundlage formuliert, bleibt natürlich auch nur die Dateninterpretation durch die

Beforschten selbst – diese ist aber, wie Künkler im Anmerkungsapparat auch nachvollzogen hat, in den wenigsten subjektwissenschaftlichen Forschungsarbeiten so überhöht ausgelegt worden, wie er vorschlägt. Sodann zweifelt er den Dualismus von expansivem und defensivem Lernen an. Dem stimme ich zu, wenn ich auch glaube, das bereits Anfang 2003 getan zu haben (Grotlüschen 2003, 313). Selbst wenn aber zwischen den Polen expansiven und defensiven Lernens eine Grauzone wäre, bliebe dies noch immer ein anderes theoretisches Konzept als das von Künkler in seiner wesentlich differenzierteren Rezeption 2011 vorgeschlagenen „aufeinanderbezogenen Ineinander von Selbst- und Fremdbestimmung" beim Lernen (341). Weiterhin kritisiert Künkler – und das durchaus zu Recht – die Verengung auf intentionales Lernen, wobei er wiederum das inzidentelle Lernen keiner Kritik unterzieht und somit hinter den Diskurs (vgl. Meyer-Drawe 2012) zurückfällt. Nicht zuletzt kann Künkler die zurückhaltende konzipierte Körperlichkeit bei Holzkamp als überwiegend bremsendes und hinderndes Element des Theoriekonstrukts von Körper und Geist entlarven. Trotz Holzkamps eigenen Rückbezugs auf Leiblichkeit bleibt er eher einseitig, der Körper hemmt mehr als dass er trägt, er scheint etwas, dem sich der Geist unterzuordnen habe (siehe hierzu der Beitrag von Künkler in diesem Band).

Möglicherweise sind einige dieser Einschätzungen auch dadurch begründet, dass die jüngere erwachsenenbildnerische Diskussion einige Axiome stillschweigend voraussetzt, jedoch nicht mehr diskutiert. Insofern ist es nunmehr notwendig, ebendiese offen zu legen. Ein solcher Versuch wird hier unternommen. Dabei werde ich jedoch nicht etwa den Diskurs nachzeichnen, um eine irgendwie geartete Wahrheit über die Subjektwissenschaft an sich zu rekapitulieren, sondern ich werde eine Lesart subjektwissenschaftlicher Theorie entfalten, die im Wesentlichen aus den Arbeiten im erwachsenenbildnerischen Kontext der Universitäten Hamburg und Bremen entstanden ist.

Insofern diese Lesart neuere Gegenargumente integriert oder entkräftet, halte ich sie auch für eine erneuerte Lesart der subjektwissenschaftlichen Theorie und überschreibe sie daher als neo-subjektwissenschaftliche Lesart. Zudem wird dieser Lesart einiges an Forschungsergebnissen angefügt, und zwar jeweils dann, wenn kategoriale Differenzierungen subjektwissenschaftlicher Lerntheorie als Ergebnis qualitativer Lernforschung in der Erwachsenenbildung entstanden sind. Diese beiden Bestandteile – eine neue Lesart des Subjektbegriffs und eine Erweiterung der lerntheoretischen Kategorien auf Basis der Forschungsergebnisse – bilden die neo-subjektwissenschaftliche Herangehensweise.

Die nachstehende Auseinandersetzung mit der vorgetragenen Kritik soll insofern nicht in eine Holzkamp-Exegese münden, sondern vielmehr eine Lesart transportieren, die in den in Hamburg entstandenen Forschungszusammenhängen vermutlich konsensfähig sein könnte. Damit ist eventuell auch eine Verzweigung im Diskurs von Kritischer Psychologie, Critical Psychology und Subjektwissenschaft markiert. Das zentrale Element der so gelesenen Theorie ist ein emanzipatorisches, das die konventionelle Machtverteilung im Lehr-Lernverhältnis anzweifelt und das die strukturelle Tradierung dieses Herrschaftsverhältnisses zum Gegenstand des Konflikts, auch des Interessenkonflikts, erhebt. Die Entscheidung über Lerninhalte, die konventionell den Lehrenden überantwortet ist, wird bei subjektwissenschaftlicher Herangehensweise zum Aushandlungsgegenstand von Lehrenden und Lernenden. Die Lernenden vertreten in dieser Sichtweise ihre eigenen Interessen, die durchaus den Interessen der Lehrenden entgegenstehen können. Die Interessenkonflikte, die sich im pädagogischen Verhältnis abbilden, sind immer auch Ergebnis gesellschaftlicher Verhältnisse. So, wie die Lernenden sich für die Bearbeitung ihrer Lernproblematiken einsetzen könnten, haben die Lehrenden zugleich ein Interesse daran, mehrfach verwendbare allgemeine Lehrinhalte zu verwenden. Beide unterliegen der Problematik, ihre Arbeits- und Lehr-/Lernzeit angemessen einzusetzen, weil ihnen vermutlich nicht hinreichend Zeit zur Verfügung steht, umfassend auf die Belange der Anderen einzugehen. So schlägt der gesellschaftliche Konflikt um Arbeitszeit und Effizienzsteigerung in das pädagogische Verhältnis durch und manifestiert sich dort. Subjektwissenschaft ist nunmehr politisch[1] in dem Sinne, dass sich mit Hilfe ihrer Kategorien gesellschaftliche Verhältnisse auch in ihrer Erscheinungsform im pädagogischen Verhältnis befragen lassen und die dort verborgenen Hierarchie- und Interessenkonflikte erkennbar werden.

Die neo-subjektwissenschaftliche Lesart der in die Jahre gekommenen Hauptwerke der Subjektwissenschaft fordert insofern auch, das politische Potenzial derselben wieder freizulegen. Es kann nicht darum gehen, individualistisch verstandene subjektive Lerngründe zu überhöhen. Wenn das einträte, hätte Künkler mit seiner Kritik vollkommen Recht.

---

1 Ich folge der These der Kunstvermittlerin Nora Sternfeld, die auf Gramsci, Foucault und Rancière rekurriert, nach der es sich bei Pädagogik um ein genuin politisches Feld handelt (Sternfeld 2009). So weitreichend Sternfeld gesellschaftstheoretische Positionen aufgreift, so sehr fehlt mir bei ihr das lerntheoretische und didaktische Moment. Bezüglich ersterer ist mir keine Lerntheorie bekannt, die das politische Element des Lehrens und Lernens besser zutage fördert als die subjektwissenschaftliche.

2. DAS LERNENDE SUBJEKT – MISSVERSTÄNDNISSE UND GRENZEN DER SUBJEKTWISSENSCHAFT

Eine gängige Frage an das subjektwissenschaftliche Konzept richtet sich auf den darin explizit oder implizit transportierten Subjektbegriff. Sofern diese Frage aus der Position eines relationalen Subjektbegriffs gestellt wird, ließe sich antworten: Ja, Subjektwissenschaft hat sich in ihrer Entstehung dezidiert auf ein Intentionalitätszentrum bezogen. Nein, Subjektwissenschaft konzipiert das beforschte Subjekt nicht als konstitutiv in Form von Relationen existentes Subjekt. Darüber ließe sich auch vermutlich konstruktiv streiten, insbesondere unter Rückgriff auf Mayer-Drawe, Ricken und Künkler.

Das setzt jedoch voraus, das in jüngerer Lesart der Subjektwissenschaft vorgestellte Subjekt von einem zu trennen, das als Antifigur jüngerer Subjekttheorie gelten muss, nämlich einem bürgerlichen, selbstbestimmten, westlichen Mittelschichtsubjekt. Diese bürgerliche Subjektfigur ist für marxistisch inspirierte Theorie kein sinnvoller Bezugspunkt, weil sie tatsächlich die historische und materielle Lage der Mehrheit der Bevölkerung übersieht und die Bedingtheit angeblich subjektiver Entscheidungen nicht fassen kann. Da sich die Subjektwissenschaft aber ja durchaus in Auseinandersetzung mit marxistischen Theoremen entwickelt hat, ist hier ein anderes Subjektverständnis zu vermuten. Ich versuche dem nachzugehen, aber vor allem auch meine eigene Lesart eines angemessenen Subjektbegriffs dieser Theorie zutage zu fördern. Dabei wird ein deutlicher Unterschied zu einem relationalen Subjektverständnis bestehen bleiben, m. E. entsteht dadurch aber eine Verständigungsmöglichkeit beider Strömungen, die zuvor darunter litt, dass Subjektwissenschaft und bürgerliches Subjektverständnis gelegentlich synonym verstanden wurden.

Es ist also zu prüfen, ob in den verschiedenen subjektwissenschaftlichen Publikationen ein bürgerlich modernes Subjektkonzept konzipiert wird, das derzeit als eher unzulänglich diskutiert wird. Die Argumentation hat zwei Ebenen. Erstens ist zu fragen, was als modernes Subjektkonzept angenommen wird und welche Bestandteile davon tatsächlich heute unangemessen sind. Zweitens ist zu fragen, ob genau dieses moderne Subjektkonzept der Subjektwissenschaft unterliegt, oder ob es Hinweise auf ein variiertes Konzept gibt. Drittens ist zu klären, ob in den Rezeptionswellen (bis 2005, bis 2015) eine Variation des Subjektwissenschaftlichen Subjektkonzepts stattgefunden hat oder möglicherweise stattfinden wird bzw. als neue Lesart zu formulieren ist.

Dem modernen Subjekt – mit dem von Descartes über Kant bis Habermas völlig unterschiedliche Theoretiker konnotiert werden – wird angedient, es konzipiere ein autonomes, rationales, gleiches, solidarisches, dualistisches, europäisches, männliches, weißes, heterosexuelles Subjekt. Im nächsten Schritt wird dieses Subjekt gern als unzulänglich zurückgewiesen. Ich würde dem gegenüber gern unterscheiden, welche Aspekte eines solchen Subjektbegriffs m. E. heute unzulänglich sind und welche der Erhaltung bedürfen. Sofern die Moderne sich gegenüber ständischer Gesellschaft und religiösen Vorschriften emanzipiert hat, sofern sie logische Argumente zum Mittel des Rechts und der Wissenschaft erhoben hat, Verantwortung für mündiges Handeln einfordert, Gleichheit vor dem Gesetz und hinsichtlich der Regierungsbildung erstritten hat, scheint sie mir kein Konzept, das einfach aufgegeben werden dürfte. Allerdings scheint sie durchaus der Differenzierung bedürftig.

3. DAS ANGEBLICH AUTONOME SUBJEKT IST EIN VERGESELLSCHAFTETES SUBJEKT

Zur Annahme, das Subjekt der Moderne sei autonom (teils: selbstbestimmt, mündig) wird argumentiert, ihm fehle ein Konzept der Unterwerfung und Verstrickung in seine Gesellschaft, seinen Habitus, die jeweilige Situation. Jüngere Subjektkonzepte fassen das Subjekt als sich entfaltendes und zugleich unterworfenes – prominent derzeit durch Judith Butler mit Rückgriff auf Michel Foucault. Andere fragen, inwiefern die hierarchisch strukturierte Gesellschaft nicht bei aller formalen Öffnung durch informelle Schließung die Reproduktion von Ungleichheit sicherstellt, hier vor allem Pierre Bourdieu.

Die Konzepte der Subjektivation und Habitustheorie binden ihr Subjektkonzept an eine Gesellschaftstheorie. Bei Foucault wird machttheoretisch von einer Verstrickung jeder einzelnen Person in Machtbeziehungen ausgegangen (Foucault 1976). Foucault wendet sich damit gegen eine (klassenantagonistische) Vorstellung von zwei einander widersprechenden Klassen von mit Macht ausgestatteten Kapitaleignern und machtlosem Proletariat. Pierre Bourdieu bzw. die darauf aufbauende Milieutheorie sensu Vester konzipiert ihr Gesellschaftsmodell nicht als Klassenantagonismus, sondern in drei Klassenlagen (Vester et al. 2001). Die Autonomie des Subjekts ist also hier auf Basis unterschiedlicher Gesellschaftsmodelle eingegrenzt.

Die subjektwissenschaftliche Theorie enthält ebenfalls eine gesellschaftstheoretische Rückbindung. Sie setzt eine marxistische Analyse der Gesellschaft an den Ausgangspunkt. Es handelt sich um ein vergesellschaftetes Subjekt mit genuinen Lebensinteressen der erweiterten Verfügung über die eigenen Lebensumstände (Holzkamp 1983). Das Subjekt der kritischen Psychologie ist insofern nicht frei von Bedingungen (wie Künkler irrtümlich annimmt), sondern ist immer auch Produkt gesellschaftlicher Strukturen, in diese verstrickt und ihnen unterworfen und betrachtet insofern die Gesellschaft von seiner jeweiligen Position im sozialen Raum, die als Prämisse in seine Handlungsfähigkeit eingehen. Grade in den frühen Schriften der Subjektwissenschaft wird dies besonders deutlich. Holzkamp greift 1983 in der „Grundlegung der Psychologie" die s. E. zu variablenpsychologische Ausrichtung auf die vereinzelte, individuelle Psyche an und stellt ihr ein Modell des durch und durch vergesellschafteten Subjekts entgegen. Die Vergesellschaftung beinhaltet auch – wie unten noch ausgeführt wird – dass unbemerkt gesellschaftliche Normen internalisiert werden. Überraschend ist dann eher, dass Holzkamp zehn Jahre später eine andere Theorie als gesellschaftlichen Rahmen seiner Lerntheorie heranzieht: Er nutzt die machttheoretischen Ausführungen des zweiten Bandes aus Foucaults berühmter Trilogie. Mit Rückgriff auf „Überwachen und Strafen" differenziert er die perfiden Regierungstechniken in ihrer Erscheinungsform im schulischen Unterricht. Er erweitert die Diskussion um die Kritik von Begabungsideologie und schulische Fragetechniken sowie die problematische Unterstellung bewiesener Wahrheiten.

Die subjektwissenschaftliche Perspektive Holzkamps führt 1993 zu der lerntheoretischen Diskussion dessen, wie das lernende Subjekt mit diesem gesellschaftlichen Gefüge begründet umgehen kann. Die Subjektwissenschaft nutzt insofern ein vergesellschaftetes (1983) bzw. gouvernementalitätstheoretisch gerahmtes (1993) Subjektmodell[2]. Jüngere Forschungsarbeiten ziehen hier zudem anstelle klassenantagonistischer oder gouvernementalitätstheoretischer Ansätze auch habitustheoretische Rahmungen heran (Bremer 2007, Grotlüschen 2010).

Die Autonomie des Subjekts ist in der subjektwissenschaftlichen Lerntheorie jedoch nicht gegeben, sondern etwas, das es zu erringen gilt. In der Tat findet sich hier eine gewisse Normativität und auch eine Verbesserungslogik subjektwissenschaftlicher Theorie. Es handelt sich m. E. jedoch nicht um die Logik der Vervollkommnung des Selbst oder die neoliberale Logik der Effizienzsteigerung. Vielmehr geht es um eine materialistische Logik der Verbesserung der Verfügungsmöglichkeiten über die eigenen Lebensumstände, also um erweiterte (wenn auch nie vollständige) Autonomie im Gegensatz zu einer Abhängigkeit vom qua Geburt gegebenen Stand, vom Arbeitgeber, vom Elternhaus, von Ehepartner/innen.

Die vieldiskutierte „Verfügungserweiterung" stellt im subjektwissenschaftlichen Konzept den zentralen Lerngrund dar. Sie wurde oft kritisiert, weil sie für zu technisch, zu materiell, zu sehr an verwertbaren Fähigkeiten orientiert gehal-

---

2 Für diese Entscheidung ist Holzkamp oft kritisiert worden, so dass er in einer Replik 1997 darauf eingeht und seine Wahl begründet (Holzkamp 1997b).

ten wurde. Mancherorts wurde dieser Kritik entgegen gehalten, dass auch die Selbst- und Weltverständigung in ästhetischer und philosophischer Hinsicht sehr wohl als Verfügungserweiterung verstanden werden könne. Ich würde hier heute jedoch eher die materielle Nuance in den Vordergrund stellen: Das Charakteristische an der subjektwissenschaftlichen Lerntheorie ist ihr immanenter Mittransport gesellschaftlicher Verhältnisse. Diese haben immer auch mit materiellen Verteilungskonflikten zu tun. Ergo ist die erweiterte Verfügung über die eigenen Lebensumstände auch eine Frage von Armut und Reichtum, von sicherer Berufstätigkeit und Einflussmöglichkeiten und auch von politischer Mitbestimmung.

Nach dieser Lesart von Subjektwissenschaft richtet sich die Verfügungserweiterung also sehr wohl an die materielle Seite der Lebensumstände. Ohne der Erwachsenenbildung zu unterstellen, dass sie alle gesellschaftlichen Verteilungskonflikte durch individuelle Weiterbildung lösen könne, ist die Verfügungserweiterung dennoch das zentrale Movens des Lernens Erwachsener. Das Lernen erfolgt also, um eine gesicherte Existenz auch bei Arbeitslosigkeit, Erkrankung oder im Alter zu erreichen. Lernen erfolgt, um Zeitsouveränität mitsamt Zeit zur Weiterbildung, zur politischen und kulturellen Teilhabe sowie Zeit zum Lesen zu gewinnen. Zur Verfügung über materielle Umstände gehören auch Wohnraum und Freizügigkeit, Erkennen struktureller Zusammenhänge, Gestaltungsmöglichkeiten im politischen und beruflichen Leben, gestaltbare Familien- oder Lebensgemeinschaftsentwürfe. Gemeint ist zum Beispiel auch, die Erziehung von Kindern im Sinne der Erweiterung ihrer Verfügungsmöglichkeiten durchführen zu dürfen – und nicht nach den Vorgaben des Jugendamtes (Video)³. Diese Verfügung kann auch kollektiv regulierte Gemeinschaftsverfügung beinhalten (die von Konsum- und Bau-Genossenschaften über Fischereirechte bis zu Creative Commons reichen mag). Diese Verfügungserweiterung – und das ist eine Interpretation meinerseits – wird jedoch dem handelnden Subjekt nicht einfach dargeboten, sondern muss politisch errungen werden. Die dem Subjekt entgegen stehenden Kräfte können – je nach Standort des vergesellschafteten Subjekts im sozialen Raum – unterschiedlich sein, gemeinsam ist ihnen aber die materielle Überlegenheit. Das ist oft mehr eine globalisierte Kapitalakkumulation als ein politischer Gegner innerhalb des demokratischen Raumes.

Die jüngere lerntheoretische Diskussion versucht daher, das Lernen stärker an Erfahrungen, Kontexte und Lernorte zurück zu binden (Faulstich und Bayer

---

3 Es gibt hierzu eine videografierte Vorlesung in 13 Teilen, in der Holzkamp sehr differenziert auseinanderlegt, in welcher Weise eine Fallbeschreibung der Sozialarbeitspraxis implizite Theorie enthält, die den Verfügungsinteressen von Mutter und Kind entgegensteht (http://www.youtube.com/watch?v=F3wu0u_7W6s).

2009, Faulstich 2013, auch Faulstich in diesem Band). Die zum zehnten Todestag Holzkamps publizierte Debatte um Kritische Psychologie fordert ebenfalls eine stärkere Betonung der Kontexte respektive Strukturen (Dreier 2006, Baldauf-Bergmann 2006). Es scheint also eine Gefahr zu geben, dass diese eigentlich durch die gesellschaftstheoretische Rückbindung subjektwissenschaftlicher Lerntheorie sichergestellte gesamtgesellschaftliche Vermitteltheit individueller Existenz nach der Jahrtausendwende in Vergessenheit gerät.

4. DAS ANGEBLICH RATIONALE SUBJEKT IST EIN SUBJEKTIV VERNÜNFTIG HANDELNDES SUBJEKT

Das moderne Subjekt wird gern als rational betrachtet. Der m. E. negativ konnotierte Begriff der Rationalität enthält eine Überzeichnung absichtsvoller, kalkulierter, eigennütziger und durchdachter Entscheidungsfindung. Diese These ist in der deutschsprachigen Erwachsenenbildung durchaus vorhanden (Schmidt 2009, Kuper, Öztürk, Kaufmann), wenn auch strittig.

Doch zunächst zur positiven Seite der Rationalität. Die Idee beinhaltet m. E. vor allem die Unterstellung, jeder Mensch sei zu rationalem Denken imstande. Das wiederum enthält auch das Verbalisieren und Explizieren von Empfindungen, Verstrickungen und Strukturen, die Kritik nicht stringenter Argumentationen, das Abwägen von Argumenten, den Interessenausgleich in Aushandlungsprozessen. Rationalität dient der Handlungssteuerung und nutzt Logik, Reflexion und insofern Kognition.

Allerdings wird der Begriff m. E. dann problematisch, wenn Rationalität als alleiniges Mittel der Handlungssteuerung unterstellt wird: Beileibe nicht jeder Handlung geht eine Reflexion voraus, beileibe nicht jede Entscheidung folgt der Kognition und was dem einen logisch erscheint, kann aus anderer Perspektive eine heilloses Durcheinander von Widersprüchen sein. Subjektwissenschaft lässt sich m. E. deshalb auch nicht im Sinne von Rationalität auslegen, sondern mit Hilfe subjektiv vernünftigerweise getroffenen Entscheidungen. Diese unterliegen aber der jeweils eigenen Perspektive, sprich die subjektiv vernünftige Handlungsbegründung beansprucht keine objektive Geltung. Zweitens stehen der Kognition durchaus emotionale und motivationale Aspekte zur Seite (etwa bei der Qualität der Diskrepanzerfahrung). Die Gefühlslage, sofern sie verbalisierbar ist, ist nach meiner Lesart subjektwissenschaftlicher Theorie also Bestandteil der subjektiv vernünftigen Handlungen. Wenn das Subjekt z. B. eine Lerngruppe aufsucht, weil es die Nähe und Zuwendung der anderen Gruppenmitglieder genießt, ist diese Gefühlslage ein subjektiv logischer Grund zur Gruppenteilnahme.

Drittens unterstellt die subjektwissenschaftliche Theorie in hiesiger Lesart nicht, dass jeder Handlung ein Abwägungsprozess vorausgeht. Viele Handlungen verlaufen vorreflexiv – mit Bourdieu könnte man sagen: habitualisiert. Lerntheorien von Dewey über Meyer-Drawe bis Holzkamp unterscheiden zwischen problematischen Handlungsanforderungen, die mit gewohntem Repertoire nicht bewältigt werden können (Widerfahrnis, Diskrepanzerfahrung, inquiry), und gewohnt verlaufenden Handlungen (habit, Habitus). Subjektive Vernunft integriert diese nicht hinterfragten Gewohnheiten, deshalb ist sie so oft aus anderer Perspektive unvernünftig. Aus subjektiver Perspektive kann es vernünftig sein, trotz Stauwarnung in das Auto zu steigen – auch wenn weniger an das Auto gewöhnte Zeitgenoss/inn/en dies möglicherweise für enorm unvernünftig halten. Das durch Gewohnheit und Unhinterfragtes begrenzte begründbare Handeln ist in der neosubjektwissenschaftlichen Lesart also Teil des Konzepts und auch Teil des Lehr-Lernverhältnisses, in dem es immer auch darum geht, die Grenzen der Reflektion zu erweitern und über erweiterte Handlungsspielräume zu verfügen.

Damit unterstellt diese Spielart der Subjektwissenschaft m. E. auch, dass prinzipiell jeder Mensch in der Lage ist, eben diesen Horizont zu erweitern, unhinterfragte Prämissen (mit Hilfe von Lehrenden) zur Diskussion zu stellen, den eigenen Habitus zu reflektieren oder eigene Verdrängungsprozesse zu durchdenken. Das Subjekt ist in diesem Sinne also zu einer erweiterten, allgemeineren Begründbarkeit seines Handelns fähig. Insofern darf der nach subjektiver Vernunft handelnde Mensch – ohne Leitung durch Amtskirche oder Kaiser – als fähig angesehen werden, seine Religion selbst ab- oder auszulegen und seine Gesellschaftsform selbst auszuhandeln. Die Fähigkeit, selbst zu denken, ist eine Voraussetzung der Emanzipation von ständischer Gesellschaft und religiöser Bevormundung. Diese Seite der Debatte wird meines Wissens auch nicht substanziell in Frage gestellt.

5. DAS IRRATIONALE, VERDRÄNGENDE, GEWÖHNTE, HABITUALISIERTE SUBJEKT

Auch wenn im vorangegangenen Abschnitt die Vorstellung von Rationalität differenziert wurde, soll im folgenden Teil noch einmal auf die vielfältigen Elemente eingegangen werden, die nicht unmittelbar mit (subjektiver) Logik konnotiert werden. Es handelt sich um Irrationalität, Verdrängung, Widerfahrnis, Gewohnheit, Leiblichkeit, Habitus. Zwei Grundfiguren sind erkennbar, die dieser Frage zu Leibe rücken. Das ist erstens der Begründungsdiskurs selbst, der die oben genannten gesellschaftstheoretischen Anfragen integriert. Eine zweite Herangehensweise besteht darin, der Subjektwissenschaft weitere Theorien flankierend zur Seite zu stellen. Ich halte sie beide für legitim und angemessen, um der Gefahr individualistisch verstandenen Lernens entgegenzutreten.

Man kann moderne Thesen so interpretieren, als seien sie ausschließlich auf das selbstbestimmte, subjektiv vernünftige Individuum gerichtet. Man kann jedoch diese beiden – die Fähigkeit zur Selbstbestimmung und Vernunft – auch als Grundlage auffassen, die eine Voraussetzung für Emanzipation von illegitimer Herrschaft sind, während sie jedoch nicht alles umschreiben, woraus menschliches Handeln besteht. So interpretiert wäre aus der (selbstverständlich durch den Vergesellschaftungsprozess begrenzten!) Perspektive des Subjekts immer jeweils das formulierbar, was aus seiner Sicht als subjektiv sinnvoll erfasst werden kann. Darum handelt das Subjekt vor sich selbst begründbar. Aus dieser Logik heraus sind Widerfahrnis, Leib, Habitus, Subjektivierung, Verdrängung und Emotion nicht komplementär zur Subjektwissenschaft zu sehen, sondern stellen die Vergesellschaftung dar, deren Begrenzungen das Subjekt nicht reflektiert, die es jedoch in seiner subjektiven Logik implizit einbezieht. Holzkamp erläutert diese Denkfigur am Beispiel des Unbewussten in der 1996 publizierten Entgegnung auf einige Missverständnisse der subjektwissenschaftlichen Lerntheorie:

„Prompt wurde uns denn auch entgegengehalten, wir würden in unserer Begründungstheorie das ‚Unbewußte' im Menschen nicht berücksichtigen." (Holzkamp 1996, 262)

In der Tat wird genau dieses Argument bis heute angeführt (vgl. Künkler oben). Aber die subjektwissenschaftliche Begründungslogik geht nach Aussage ihrer Gründer viel tiefer und nimmt an, dass auch Verdrängung in das Unbewußte ein Akt subjektiv logischer Lebensführung ist. Denn dadurch werden die mit einer subjektiv vernünftigen Lebensführung nicht zu vereinenden „anstößigen Impulse" (a.a.O., 263) aus dem Weg geräumt, so dass eine sinnvolle Lebenspraxis konstruiert werden kann. Erweitert man die Argumentation von 1996 um das Habituskonzept, dann wäre es subjektiv vernünftig, wiederkehrende und bewährte Handlungen soweit zu automatisieren, dass sie vorreflexiv ablaufen können. Dieser Prozess der Verdrängung oder (auch leiblichen) Gewöhnung ist dabei subjektiv sinnvoll, nicht aber reflektiert oder beabsichtigt.

Mit Hilfe der Begründungslogik ist es nunmehr möglich, die Frage zu erheben, welche Gründe für die Verdrängung oder Gewöhnung bestimmter Lebensaspekte sprechen. Die Frage nach dem „Warum" wird nicht durch psychologische Antworten abgeschlossen, sondern führt weiter in historisch und gesellschaftlich hergestellte Verhältnisse. Zugleich wird dem Habitus und der Verdrängung damit die prinzipielle Reflektierbarkeit zugesprochen – auch wenn es in jedem einzelnen Fall schwer fällt und keine Vollständigkeit erreichbar ist. In ähnlicher Logik können Emotionen subjektiv sinnvoll sein und im Nachhinein auch hinsichtlich ihrer Funktion und Begründung rekonstruiert werden. Widerfahrnisse hingegen enthalten keinen subjektiven Sinn, denn diese verlaufen ohne Zutun des Subjekts – doch die geringe oder hohe Aufmerksamkeit, die wir ihnen schenken, verläuft wiederum unter dem Vorzeichen subjektiver Logik.

Die neo-subjektwissenschaftliche Lesart ist also differenzierter als eine Rational-Choice-Annahme: Das Subjekt handelt begründbar, so wie es seine Umstände und Möglichkeiten einschätzt. In der Tat kann es vieles nicht reflektieren, weil es ihm längst zur Gewohnheit oder Selbstverständlichkeit geworden ist (Meyer-Drawe 2012; Wittpoth 2005). Dieser Aspekt ist in der Subjektwissenschaft nicht habitustheoretisch gelöst, sondern – im Rückgriff auf die Grundlegung der Psychologie – ideologiekritisch. Dazu mag man unterschiedlicher Meinung sein, aber die Behauptung, Holzkamp habe ein alles erkennendes Subjekt hypostasiert, ist vor dieser Folie nicht mehr haltbar. Die Frage, warum Subjekte gelegentlich das Gegenteil von dem tun, was aus Sicht Dritter doch gut für sie sein müsste, beantwortet Holzkamp durch das Begriffspaar verallgemeinerter und restriktiver Handlungsfähigkeit (Holzkamp 1983, z. B. 367 ff. und 480 ff.). Verallgemeinerte Handlungsfähigkeit unterstellt ein Subjekt, das gesellschaftliche Strukturen in den Blick nimmt und das in diesem Sinne handelt. Restriktive Handlungsfähigkeit findet sich, sofern dem Subjekt die Rahmungen seines Daseins nicht erkennbar sind und sich als Selbstverständliches, Unhinterfragbares darbieten. Darauf basierend handelt das Subjekt aus – in dieser Perspektive – nachvollziehbaren Gründen, reproduziert jedoch unwillentlich die bestehenden Verhältnisse. Beide Spielarten sind aus subjektiver Sicht sinnvoll und begründet. Die Idee der verallgemeinerten Handlungsfähigkeit kann allerdings so interpretiert werden, als gäbe es eine in Gänze durchschaubare und erklärbare Welt mit offen liegenden Zusammenhängen und ohne jeglichen blinden Fleck des je handelnden Subjekts. Das wiederum wäre eine substanzielle Schwachstelle der Theorieinterpretation.

Hinsichtlich der Begründbarkeit des Handelns argumentiert Holzkamp weiterhin, dass auch das Irrationale oder Verdrängte aus subjektiv gutem Grund weggedrängt wird, nicht zur Kenntnis genommen und ausgeblendet wird, denn es ist im Sinne das Subjekts, die fraglichen Angelegenheiten aus seinem Bewusstsein zu drängen – oder sie gar nicht erst dorthin gelangen zu lassen (Holzkamp 1997b). Widerfahrnis und Leib, Gewohnheit und Habitus haben – mit dieser Argumentation – ihren Ort innerhalb des Begründungsdiskurses, nicht außerhalb desselben. Es ist auch für den Aufbau von Gewohnheiten gut begründbar, wie sie entstehen, warum sie sich festsetzen und weshalb sie dem aktuellen Durchdenken entzogen werden – es würde uns schlicht überfordern.

Der Leib hat in der Subjektwissenschaft einen zweifachen Ort. Einerseits findet er als Teil der personalen Situiertheit Eingang in die Lerntheorie. Mit – allerdings eher angedeutetem – Rückgriff auf Merleau-Ponty stellt Holzkamp fest, dass selbst das Denken nicht ohne den Körper auskommt und dass die Verbindung in der Leiblichkeit auf den Begriff gebracht ist (Holzkamp 1993, 252 ff.). Zweitens ist dem Erlernen von Bewegungen ein eigenes Kapitel gewidmet. Nichtsdestotrotz stimme ich Künklers Ausführungen (in diesem Band) zu – implizit bleibt der Körper in Holzkamps Lerntheorie offenbar der lernhemmende Teil der Leiblichkeit, der durch den Geist diszipliniert werden muss. Eine neosubjektwissenschaftliche Lesart und auch entsprechende Forschungszugriffe tun gut daran, hier auf phänomenologische Inspiration zurückzugreifen, um Leiblichkeit zeitgemäß zu konzipieren.

6. GLEICHE ODER DIFFERENTE SUBJEKTE UND NORMATIVITÄT

Sind Subjekte nun in moderner Denkungsart als gleich konzipiert und werden sie einem uniformistischem Solidaritätskonzept unterworfen? Subjektwissenschaftlich gesehen ist das vergesellschaftete Subjekt nicht als heteronormatives Mittelschichtsubjekt zu verstehen, da es gesellschaftlichen Begrenzungen unterworfen ist – auch Ausgrenzungen, Disktinktions- und Abdrängungsmechanismen. Die Gesellschaft besteht aus mehr als einer weißen, männlichen Mittelschicht, ergo hat das vergesellschaftete Subjekt so viele Erscheinungsformen und Konfliktlinien, wie es Subjekte und Gesellschaftskonflikte gibt. Einem solchen Subjektbegriff kann also keine implizite Norm entspringen. Vielmehr müsste mit dem Begriff des vergesellschafteten Subjekts auch die Illegitimität gesellschaftlicher Strukturen in ihrer Einwirkung auf subjektive Handlungsspielräume, Selbst- und Fremdzuschreibungen und Diskriminierungen formulierbar sein.

Neben liberalen Anwürfen ist jedoch das Gleichheitskonzept zunächst eines, das weithin respektiert wird: Geht es doch um die Forderung nach Gleichheit vor dem Gesetz, um Gleichheit bei Wahlen, nicht zuletzt auch um Gleichheit beim Zugang zu Bildung und Beruf. Wohl wissend, dass neben dieser formalen Gleichheit auch in allen genannten Gebieten längst eine informelle Ungleichheit den gesellschaftlichen Öffnungsprozess der Moderne konterkariert, halte ich dennoch das grundsätzliche Konzept für unhintergehbar. Es wird im Übrigen auch von jenen beansprucht, die es kritisieren. Differenztheoretische und postmoderne Ansätze kritisieren in aller Regel, dass Ungleichheit praktiziert werde (ungleiche Behandlung homosexueller Lebensgemeinschaften, von Menschen mit Behinderung, von Arbeiterkindern in der Universität, von Älteren, von Zuwanderer(inne)n). Der Anspruch auf nichtdiskriminierende Praxis ist also offenbar konsensfähig.

Wie aber bringt sich Differenz als Kritik an Gleichheit zum Ausdruck? Im Vordergrund steht hier in aller Regel die Kritik an informellen Normalitätskonstrukten, denen Andersdenkende, Anderslebende, Andersliebende unterworfen werden, an denen sie gemessen werden und die – in der Tat – oft genug das weiße, männliche, heterosexuelle, junge, gesunde Mittelschichtsubjekt zum Maß aller Dinge machen. Diesem fiktiven Normsubjekt gegenüber wird alles Abweichende als nicht zugehörig oder anders festgestellt. Dieser Diskurs wird seit Jahrzehnten in der Behindertenpädagogik hinterfragt (so Marianne Hirschberg mit Rückgriff auf Michel Foucault, Hirschberg 2009). Auch wird der Eurozentrismus aus den Cultural und Postcolonial Studies seit etwa den 1970er Jahren kritisiert (z. B. Stuart Hall, weiterführend für die Erwachsenenbildung Alisha Heinemann). Nicht zuletzt hat die feministische Theorie seit Jahrzehnten die heteronormative Implikation des hegemonialen Subjektbegriffs angeprangert (Judith Butler, weiterführend für Erwachsenenbildung Gerrit Kaschuba, Heide von Felden, Regina Frey, Susanne Maurer, Judith Krämer). Abweichung von der Norm aufgrund von höherem Lebensalter wird weniger im Gegensatz zum Gleichheitsdiskurs bearbeitet, allerdings sind auch hier normative Bilder des Alterns (Burkhard Schäffer) zum Gegenstand der Forschung geworden. Abweichung und Stigmatisierung aufgrund von geringer Literalität stellen eine kontroverse Diskussion dar, die theoretisch durch die New Literacy Studies (Barton und Hamilton 2003; Tett et al. 2006) inspiriert ist. Auch zum Themenfeld Literalität entstanden und entstehen subjektwissenschaftliche Studien (Barbara Nienkemper; Nienkemper und Bonna 2010).

Eine neo-subjektwissenschaftliche Positionierung fordert, die Unterschiedlichkeit der perspektivisch und intentional handelnden vergesellschafteten Subjekte als Ausgangspunkt der Forschung einzusetzen. Es ginge nicht darum, die subjektiven Befindlichkeiten per (angeblich objektivem) Fragebogen zu erheben und Abweichungen der Variablenausprägung vom Mittelwert zu berichten, sondern um die verallgemeinerte Einnahme des Subjektstandpunkts (Holzkamp 1996). Dabei wird die Unterschiedlichkeit der Subjekte und auch der Forschenden anerkannt, anstatt alles und jedes auf ein imaginäres Normalsubjekt zu beziehen. Objektive, abstrakte und allgemeingültige Forschungsergebnisse kann es so nicht mehr geben, sondern allerhöchstens begründbare und nachvollziehbare subjektive Logik.

7. Dualismen, Übergänge und Leerstellen

Die latenten Dualismen von Mann und Frau, Emotion und Kognition, Schwarz und Weiß, West und Rest, Expansiv und Defensiv, Theorie und Praxis et cetera sind zudem ein beliebter Angriffspunkt auf moderne Theoriesysteme. Hier ist eine Weiterentwicklung der Perspektive m. E. sinnvoll und in Teilen auch schon vollzogen, auch ist die Kategorisierung von Personen(-gruppen) in der Subjektwissenschaft nicht entlang dualistischer Achsen von „normal" und „anders" zu verstehen, sondern über die Figur des vergesellschafteten Subjekts von eben jenen klassen- oder milieuspezifischen, migrations- oder genderspezifischen Standorten aus zu verstehen, die der Subjektposition im Rahmen der gesellschaftlichen Verhältnisse innewohnen.

Allerdings hat die Subjektwissenschaft mit der Trennung von expansivem und defensivem Lernen ein weiteres als Dualismus zu verstehendes Begriffspaar ins Spiel gebracht, der sich empirisch nicht durchhalten lässt. Das Verhältnis von expansiven und defensiven Handlungsgründen ist nicht sortenrein getrennt, vielmehr finden sich Mischverhältnisse. Weiterhin sind diese nicht stabil, sondern verändern sich – und zwar in beide Richtungen. Expansiv begonnenes Lernen kann in die Defensive geraten, defensiv begonnenes Lernen kann zu Expansion gelangen (Grotlüschen 2003, 313). Jüngere Dissertationen auf subjektwissenschaftlicher Basis kategorisieren daher auch eher entlang von Spannungsachsen als in Form von dual getrennten Kategorien (Haberzeth 2010; Haberzeth 2010). Den Übergängen kann subjektwissenschaftliche Forschung m. E. inzwischen gerecht werden.

Den Leerstellen und Zwischenräumen, wie sie differenztheoretisch gelegentlich eingefordert werden, kann hier subjektwissenschaftlich noch keine Antwort gegeben werden. Einen Anschluss subjektwissenschaftlicher Theorie an Donna Haraways Denkfigur der „significant otherness", die besonders das Nicht-Verstehen hervorhebt, diskutiert Susanne Umbach (Umbach 2011). Die Frage von Zwischenräumen im allzu oft noch heteronormativ geführten Genderdiskurs hat seit der Übersetzung von Judith Butlers Band „Undoing Gender" (deutsch: Die Macht der Geschlechternormen) neue Fahrt aufgenommen (Butler 2004; Butler 2009).

8. LERNTHEORIE: BÜNDELUNGEN UND ENTWICKLUNGEN IN DER ERWACHSENENBILDUNG

Tatsächlich liegen inzwischen Weiterentwicklungen der subjektwissenschaftlichen Lerntheorie vor, die v. a. aus qualitativen Arbeiten entstanden. Sie untergliedern Lernen – teilweise mit Rückgriff auf die erkenntnistheoretische Prozessperspektive bei John Dewey – in Phasen (Dluzak 2009; Grotlüschen 2010). Eine Entwicklung kritisch-pragmatistischer Lerntheorie schlägt Faulstich vor (Faulstich 2005; Faulstich 2013)[4]. Andere binden Lernen an das Milieu und den Habitus zurück (Bremer 2007; Bracker und Faulstich 2012). Der Begriff der Lernwiderstände ist inzwischen in Arten von Lernwiderständen differenziert (Grell 2006) und durch ein Gegenstück – die Lerninteressen – komplementiert. Eine Serie von Lernbüchern (Lernwiderstände, Lernorte, Lernzeiten, Lerngelder, Lernlust etc.) ist im gewerkschaftlichen Kontext entstanden und hat weite Verbreitung gefunden (z. B. Faulstich 2002; Faulstich 2012). Lernberatung und Lerndiagnostik flankieren das Mitte der 1990er Jahre konzipierte Lernen (s. u.).

Mitte der 2000er Jahre entstanden zwei Sammelbände. Das von Frigga Haug und Ute Osterkamp herausgegebene Forum Kritische Psychologie Nummer 50 war dem 10. Todestag Holzkamps gewidmet. Weiterentwicklungen der Subjektwissenschaften werden z. B. hinsichtlich der Strukturen des Lernens gefordert (Dreier 2006). Auch Baldauf-Bergmann fordert, das Subjekt nicht als vereinzeltes Individuum missverstehen (Baldauf-Bergmann 2006). Vorsichtige Anschlüsse an konkurrierende Lerntheorien bleiben jedoch die Ausnahme. Eine Auseinandersetzung des Erfahrungs- und Interessebegriffs zwischen Pragmatismus und Subjektwissenschaft stellen Faulstich und Grotlüschen vor (Faulstich und Grotlüschen 2006).

Enger auf Lernen bezogen konzipieren Faulstich und Ludwig ihre Aufsatzsammlung 2004, mit der sie quasi zeitgleich eine Bestandsaufnahme vornehmen. Diese ist jedoch ausschließlich auf Erwachsenbildung gerichtet. Hier wird Subjektwissenschaft auch aus gouvernementalitätstheoretischer Perspektive (Forneck), mit habitustheoretischem Blick (Bremer), hinsichtlich einer „Gerahmten Subjektivität" (Wittpoth), aus Sicht des Konstruktivismus (Arnold) und der Münchner Interessetheorie (Krapp) diskutiert.

Nach diesen zwei Meilensteinen Mitte der 2000er Jahre entstehen derzeit neue Aufarbeitungen, etwa Ulrike Eichingers breit rezipierter Band zur Subjektwissenschaft in der sozialen Arbeit (Eichinger 2012). Im Zusammenhang mit

---

4 Auch die laufenden Dissertationen von Judith E. Krämer und Eva-Christine Kubsch nutzen Phasenmodelle des subjektwissenschaftlich verstandenen expansiven Lernens.

dänischen Partnern aus Kopenhagen gewinnen wir Arbeiten über Weiterbildung, Betrieb und Beratung (Thomsen 2012). Diese Entwicklung führt auch zur Bündelung englischsprachiger Publikationen aus dem lerntheoretischen, subjektwissenschaftlichen Diskurs der Erwachsenenbildung.

9. FORSCHUNGSARBEITEN, DIFFERENZIERUNGEN UND RESULTATE

Viele klassische Fragen der Erwachsenenbildung (Lernen, Lehren, Adressaten, Organisation, Institution, Kompetenz) werden auf subjektwissenschaftlicher Folie beforscht. So arbeitet Joachim Ludwig zu Organisationsentwicklung und betrieblicher Weiterbildung (Ludwig 2000). Auch Fragen des Qualitätsmanagements sind z. B. mit dem System der „lernerorientierten Qualitätstestierung in der Weiterbildung" (LQW) in der Tradition subjektwissenschaftlicher Forderungen etabliert worden (Zech und Angermüller 2006). Informelles Lernen von Nachwuchsführungskräften in der Automobilbranche wurde jüngst von Janine Rehfeld publiziert (Rehfeldt 2012). Bezogen auf die Organisationsentwicklung in Krankenhäusern liegt eine Qualifikationsarbeit von Claudia Schepers vor, die bereits Phasen von Widerständen differenziert (Schepers 2009; Dluzak 2009). Hinsichtlich der betrieblichen Bildungsplanung forscht auch Martin Allespach aus der Perspektive des IG-Metall-Vorstands (Allespach 2004). Mit Blick auf die Betriebsräte legte zudem Simone Hocke jüngst eine Differenzierung kooperativen Lernens vor, indem sie Konflikte als Lernanlass interpretiert und auch Widersprüchlichkeiten des Handelns im Betriebsrat diskutiert (Hocke 2012). Eine subjektwissenschaftliche Bedarfsanalyse legt Zinth vor (Zinth 2008).

Die Perspektive der Didaktik unter subjektwissenschaftlichem Vorzeichen erforscht Erik Haberzeth entlang von Trainings, die in der betrieblichen Weiterbildung angeboten werden (Haberzeth 2010). Die Lernwiderstände des lehrenden Personals nimmt wiederum Claudia Schepers in einer soeben eingereichten Dissertation in den Blick. Die Perspektive der Fallarbeit (Ludwig 2003) und Vermittlung (Faulstich 2003) zeigen, wie Didaktik unter subjektwissenschaftlichem Vorzeichen möglich und sinnvoll ist. Dabei wird das lernende Subjekt nicht mehr als eines gefasst, das sich aller Rahmungen und Fachinhalte bewusst ist, sondern als eines, das von Lehrenden durchaus profitieren kann. Nach Faulstich ist die Aufgabe der Lehrenden die Vermittlung zwischen Interessenlage der Lernenden und angebotenen Lerninhalten. Das Konzept ist insofern auf Aushandlung angelegt. Bei Ludwig ist es der Lernende, der seinen Fall einbringt und die Expertise Lehrender und Mitlernender hinsichtlich dieses Falles abruft.

Hinsichtlich der Alphabetisierung hat Andrea Linde (Linde 2008) ihre Dissertation zwischen Lerntheorie und Literalität angesiedelt und auch erweiternd auf die Habitustheorie zugegriffen. In der Alphabetisierung hat sodann die Forschungsgruppe um Joachim Ludwig unterschiedliche Begründungsfiguren differenziert (Ludwig 2010; Ludwig 2012b). Nicht im strengen Sinne subjektwissenschaftlich, aber durchaus lerntheoretisch inspiriert ist auch die Rückbindung der Literalitätsforschung an die New Literacy Studies durch Zeuner und Pabst (Zeuner und Pabst 2011).

Auch außerhalb von betrieblicher Weiterbildung und Kursangeboten freier Träger wird zweifellos gelernt, allerdings wird dieses Lernen von Klaus Holzkamp nicht in den Vordergrund seiner Theorie gestellt. Die jüngere Entwicklung nimmt jedoch das „Mitlernen" empirisch in den Blick, so vor allem Jana Trumann zum Lernen in sozialen Bewegungen (Trumann 2013) oder in der Bibliothek (Trumann 2009). Das nicht-intentionale Mitlernen steht auch für eine derzeit laufende Dissertation zu Gender-Lernprozessen zur Debatte (Judith Krämer in Vorbereitung). Bezüglich der Kompetenzentwicklung fordert Langemeyer in einem jüngst erschienenen Artikel die Einbettung von Kompetenz in die gesellschaftlichen Strukturen, innerhalb derer kompetentes Handeln möglich ist (Langemeyer 2013). Sie warnt zu Recht vor einer individualistischen Auslegung von Kompetenz und Lernen und zeigt auf, dass subjektwissenschaftliche Theorie dem die ‚gesellschaftliche Vermitteltheit individueller Existenz' entgegenhält.

Der Bereich des E-Learning wurde und wird immer wieder in lerntheoretischer Rahmung diskutiert. Die Annahme besonderer Selbstbestimmung durch das E-Learning hat sich nicht bestätigt, wohl aber das Potenzial subjektwissenschaftlicher Theorie zur Aufschlüsselung von subjektiven Begründungskonglomeraten (Grotlüschen 2003). Dabei wird auch deutlich, dass expansive oder defensive Lerngründe nicht in Reinform auftreten, sondern variieren und sich auch verändern können. Das E-Learining Handbuch, das Patricia Arnold, Gerhard Zimmer, Lars Kilian und Anne Thillosen gemeinsam erstellen (Arnold et al. 2004), bündelt entsprechende Zugänge. Auch die Gruppe um Klaus Treumann (Treumann 2002) nutzt subjektwissenschaftliche Lerntheorie, jüngst mit einer von der DFG geförderten Studie zur Lernerorientierung im E-Learning (Treumann et al. 2012). Die Frage der Qualität des E-Learnings wird seit Jahren durch Ulf Ehlers – ebenfalls vor subjektwissenschaftlichem Hintergrund – vorangetrieben (Ehlers 2004; Ehlers und Schenkel 2005). Zur Frage, inwiefern E-Learning auch für Benachteiligte geeignet sei, fanden vor etwa zehn Jahren eine Reihe von Beobachtungen in ABM-Kursen statt, in denen Lernsoftware zum Einsatz kam (Grotlüschen und Brauchle 2006; Grotlüschen und Brauchle 2004). Die Adressatengruppe nutzt soziale Strategien, um der Technologie Herr zu werden, etwa durch Kooperation in der Bankreihe. Eine Betrachtung der Perspektive der Lehrenden, die durch E-Learning teilweise massiv ihre Berufe gefährdet sehen, rundet die Trilogie ab (Brauchle 2007). Gemeinsam mit Petra Grell folgte später eine Analyse des Lernortes Second Life, der vor allem die subjektwissenschaftliche Lesart der Foucault'schen Machttechniken nutzt (Grell und Grotlüschen 2009). Mit Blick auf E-Learning-Didaktik bedient sich auch Stephen Frank – allerdings eher am Rande - subjektwissenschaftlicher Perspektiven (Frank 2012).

10. DAS INZIDENTELL LERNENDE SUBJEKT

Hat das Subjekt die Absicht zu lernen? Die Kontroverse um intentionales Lernen und Mitlernen ist eine der schwierigsten in der Subjektwissenschaft. Wie oben schon erwähnt, haben mehrere jüngere Erhebungen auch nicht-intentionales Lernen in den Blick genommen (Trumann 2013; Krämer i.V.; Rehfeldt 2012). Jana Trumann rekonstruiert Lernprozesse in Bürgerinitiativen und stellt fest, dass besonders im informellen Kontext oft von Lernen gesprochen wird[5]. Janine Rehfeldt bestimmt in ihrer Dissertation informelles Lernen als gestalteten Lernkontext mit großem Anteil kooperativer Lernprozesse (Rehfeldt 2012). Sie arbeitet damit an einer Schnittstelle zwischen vorhandener subjektwissenschaftlicher Theorie und i. E. notwendiger Weiterentwicklung.

Solche Lernprozesse finden unweigerlich statt, die Frage ist nur, ob sie durch Subjektwissenschaft gut erfasst werden können und was ihre Eigenheiten sind. Eine der zentralen Eigenschaften wird von Frigga Haug vorgebracht (Haug 2003): Im Rückblick wird das Lernen oft vergessen und das Gelernte wird als selbstverständlich angesehen. Diese Eigenschaft macht es Lehrenden oft schwer, sich in den Zustand des Unwissens zurück zu versetzen, in dem sich ihre Teilnehmenden oder Studierenden grade befinden. Die Existenz nicht-intentionalen Lernens ist in der neo-subjektwissenschaftlichen Lesart insofern bereits vorbereitet, wenn auch erst seit 2004. Das zentrale Problem nicht-intentionalen Lernens liegt jedoch in seiner Verhaftung im Gewohnten (Meyer-Drawe 2012). Käte Meyer-Drawe argumentiert, dass grade durch die Beiläufigkeit solcher Lernprozesse eben jene gesellschaftlichen Verhältnisse reproduziert werden, die als erstes eine passable Lösung für die Lernsituation bereithalten – ohne dass dar-

---

5 In meinem eigenen Sample zu absichtsvoll begonnenem E-Learning (Grotlüschen 2003) war an keiner einzigen Stelle die Rede von „lernen" – vielmehr wurde von clicken, durchgehen, lesen etc. gesprochen.

über reflektiert würde, was diese wiederum impliziert. Es entstehen also keine Lernwiderstände, weil eine scheinbare Übereinstimmung des Problems mit einer vordergründig funktionalen Lösung vorhanden ist. Dabei werden Traditionen mitgeliefert, Geschlechterverhältnisse reproduziert, Distinktionsmechanismen erlernt und vieles mehr, was dieselbe Person in ihrer Erscheinungsform als reflektierendes Subjekt möglicherweise zu überwinden trachtet. Die Theoretisierung des nicht-intentionalen Lernens (die ja wiederum zu unterscheiden sind in inzidentelles und informelles Lernen) profitiert insofern von der Kritik aus phänomenologischer Perspektive.

11. Lernen in Serie – Lernwiderstände, Lerninteressen, Lernberatung, Lerndiagnostik

Das Konzept der Lernwiderstände, eigentlich nicht im Lernen-Buch, sondern in einem gesonderten Artikel publiziert (Holzkamp 1997a), enthält eine besondere Spannung. Lernwiderstände entstehen m. E. durch noch nicht durchdrungene Konflikte zwischen den jeweils eigenen Interessen und den durch Lehrende oder Strukturen vertretenen Interessen innerhalb des Lernsettings. Diese unerkannte Verstrickung wirkt lähmend und erzeugt Lernwiderstände. Sie sind nicht gleichbedeutend mit defensivem Lernen – das kann in klarer Erkenntnis der Umstände und in voller Absicht vonstattengehen. Die Charakteristika von Lernwiderständen sind also gemäß dieser Interpretation die gleichzeitige Wirksamkeit von Subjekt und Gesellschaft sowie die Vorreflexivität. Lernwiderstände sind weder für das Subjekt noch für die Gesellschaft hilfreich. Sie sind also nicht als aktiver Widerstand gegen emanzipationsbehindernde Strukturen zu verstehen – das wäre eher bei expansivem Lernen oder verallgemeinerter Handlungsfähigkeit der Fall. Widerständiges Lernen ist insofern auch kein emanzipatorischer Akt. Widerstand gegen unzulängliche Lernarrangements, wie sie etwa als studentische Proteste beschrieben werden (vgl. Ribolits 2011), stellen insofern kein widerständiges Lernen dar, sondern, sofern es dabei etwas zu lernen gibt, eher expansives Lernen.

Lerninteressen sind insofern als Antwort auf Lernwiderstände konzipiert. Auch Lerninteressen enthalten Verstrickungen zwischen Gesellschaft und Subjekt, die teils kongruent gelagert sein können und teils widersprüchlich geraten können. Lerninteressen sind nicht etwa von Geburt an im Subjekt angelegt und harren der Entfaltung – sie entstehen in handelnder Auseinandersetzung mit der umgebenden Welt, sind insofern milieuspezifisch und gesellschaftlich ungleich verteilt.

Bei Lernwiderständen und Lerninteressen handelt es sich um subjektiv gut begründbare Handlungen, nicht etwa um etwas, was es pädagogisch zu eliminieren gälte. Die pädagogische Aufgabe besteht eher darin, sie im Gespräch mit den Lernenden aus dem vorreflexiven Raum herauszuschälen. Die Schieflage der Adressatenforschung, Weiterbildungsabstinenz tendenziell durch externale Ursachen, also gesellschaftliche Barrieren, und Weiterbildungsteilnahme durch internale Ursachen, also subjektive Motivation zu erklären, erhält durch die Konzeption von Lernwiderständen und Lerninteressen ein Gegengewicht. Sowohl Weiterbildungsabstinenz als auch Weiterbildungsteilnahme sind Ergebnis der Handlungen des vergesellschafteten Subjekts.

Neben der Kernfrage des Lernens und Lehrens werden in der Weiterbildung vermehrt Fragen von Beratung und Diagnostik diskutiert. Ergo wird auch Lernen in subjektwissenschaftlicher Lesart derzeit um Lernberatung und um Lerndiagnostik erweitert. Zur Karriere- und Bildungsberatung fragt Rie Thomsen aus Kopenhagen in ihrer Dissertation, inwiefern hier nicht eine Individualisierung gesellschaftlicher Probleme institutionalisiert werde (Thomsen 2012). Henning Pätzold bearbeitet Lernberatung im engeren Sinne, die auch in den jüngeren Arbeiten von Joachim Ludwig im Vordergrund steht (Pätzold 2004; Ludwig 2012b). Mit dem Band „Lernberatung und Lerndiagnostik" verknüpft letzterer zudem die zwei genannten Erweiterungen des klassischen Lehrens und Lernens (Ludwig 2012a). Der diagnostische Zweig wird derzeit von „Formative Assessment" (Bonna 2008, deutsch etwa: Förderdiagnostik) über Kompetenzfeststellung (Schügl und Nienkemper 2012; Schügl 2010) bis zur Lerndiagnostik weiter entwickelt (Zimper und Dessinger 2012; Nienkemper und Bonna 2010; Nienkemper und Bonna 2011).

12. SUBJEKTWISSENSCHAFTLICHE FORSCHUNGSMETHODOLOGIE

Ein letzter Bereich, dem sich Tobias Künkler in seiner Kritik annimmt, ist das Forschungsverständnis der Subjektwissenschaft. Er unterstellt, subjektwissenschaftliche Forschung würde die Perspektive des Subjekts überhöhen, sie dann aber durch Forschende einnehmen und zugleich in Gänze verstehen wollen – und blende die inzwischen hinreichend diskutierten „Bedingungen" aus. Dazu lohnt sich doch noch einmal ein Blick auf den Bedingtheits- und den Begründungsdiskurs. Bedingungen sind in dieser Lesart dann gegeben, wenn sie eine Angelegenheit ohne dazwischen zu setzende Vernunft erklärbar machen. Bei den Bedingungen „Frost" und „Wasser" entsteht die Folge „Eis". Dazu bedarf es keiner Vernunft, man kann Kausalketten in Form von Wenn-Dann-Sätzen bilden (Wenn es friert, wird Wasser zu Eis.). Setzt man versuchsweise das Wort „vernünftigerweise" dazwischen, bildet sich kein sinnvoller Satz (Wenn es friert, wird Wasser vernünftigerweise zu Eis.). Die Begründungslogik lässt sich an eben jenem Vernunft-Einschub erkennen: „Wenn es friert, ziehe mich vernünftigerweise wärmer an." Holzkamp folgert, dass in der Sozialwissenschaft von Begründungen, nicht von Bedingungen zu sprechen ist. Das impliziert auch, dass mehr als ein Grund vorliegen kann, dass Gründe widerstreitend sind und abgewogen werden müssen (Wenn es friert, ziehe ich mich vernünftigerweise warm an, aber das sieht nicht so schick aus, also ziehe ich mich eben grade halbwegs warm an.).

Entscheidend ist nun, dass die Prämissenlage nicht als Bedingung vorhersagbar wirkt, sondern dass sie durch die Brille des Subjekts zur Begründung wird. Das geschieht, insofern das Subjekt einer Prämisse Aufmerksamkeit schenkt (Kälte und Kleidung) und sie als erstrebenswert bewertet (Wärme oder Mode). Insofern sind in jeder Handlung des Subjekts die Bedingungen – durch den subjektiven Blick zu Prämissen geworden – wirksam. Handlungen sind jedoch nicht in (mono-)kausaler Logik als Folgen von Bedingungen vorhersagbar. Vielmehr stecken dazwischen Widersprüchlichkeiten, Übersehenes, Gewohntes, selektive Wahrnehmung, Wunschdenken und alles, was aus Logik eben subjektive Logik macht.

Weiterhin ist ein Wort zu Verstehen und Rekonstruktion zu sagen: Verstehen enthält auch Nichtverstehen, dies allerdings ist zwei Elementen geschuldet. Erstens der prinzipiellen Unverfügbarkeit des Subjekts und der Trennung von Subjekt und seiner temporären Entäußerung in Form von Interviews, Texten oder Handlungen. Dies stellt eine Grundlage aller Hermeneutik dar und wird in der Subjektwissenschaft nirgends explizit in Frage gestellt – allerdings auch nicht explizit thematisiert.

Ein zweites Element ist wiederum in der Denkfigur des Begründungsdiskurses angelegt. Wenn die Forschung das handelnde Subjekt nicht versteht, so liegt das daran, dass ihr die je subjektive Interpretation gesellschaftlicher Prämissen nicht hinreichend bekannt ist, so dass sie die Schlüssigkeit subjektiver Logik nicht nachvollziehen kann. Dennoch ist – so die Unterstellung – für dieses Subjekt in der Weise, wie es seine Prämissen interpretiert, seine Handlungsweise subjektiv sinnvoll. Subjektwissenschaft verlangt insofern, die Spannung auszuhalten, dass einerseits auch bei intensivstem Nachvollzug nie die vollständige Perspektive des Subjekts eingenommen werden kann – und dass andererseits trotzdem die Unterstellung schlüssigen Handelns des teilweise vielleicht „unverständlich" agierenden Subjekts aufrechterhalten wird.

Methodologisch versuchen drei Zugriffe diesen Anforderungen gerecht zu werden. Morus Markhard (2006) plädiert auf Basis der Grundlegung der Psychologie (Holzkamp 1983, 544 ff.) für ein Konzept des Mitforschens, bei dem die Beforschten systematisch in Frageentwicklung, Erhebung, Auswertung und Interpretation einbezogen werden. Dies ist mehr als eine bloße kommunikative Validierung durch Befragte, denn es geht hier auch darum, in der Generierung der Fragestellung und der angemessenen Erhebung bereits die Perspektive der Mitforschenden einzunehmen. Uneingelöst bleibt allerdings der Versuch der gleichberechtigten Forschung immer dann, wenn vonseiten der Wissenschaft ein begriffliches Instrumentarium Verwendung findet, das den Beforschten unbekannt ist. Es handelt sich schlichtweg nicht um ein hierarchiefreies Zusammentreffen von Subjekten. Daher hat sich dieser Ansatz eher selten in der Erwachsenenbildung durchgesetzt (Ausnahme: Rie Thomsen).

Häufiger bedienen sich die zitierten Arbeiten der Grounded Theory, die hier nicht en détail erläutert werden soll, und die auch durchaus kongruent mit dem Mitforschungskonzept verwendet werden kann. Entscheidend ist lediglich, dass die Übersetzung des so genannten ‚Codierparadigmas' wiederum „Bedingungen" enthält. In subjektwissenschaftlicher Interpretation scheint es aber auch der Grounded Theory besser zu entsprechen, hier den Begriff „Begründungen" im oben diskutierten Sinne einzusetzen (von Felden 2006 sowie Grotlüschen 2010, 177).

Ein dritter Zugriff besteht in Forschungswerkstätten, die neben verbalem Erhebungsmaterial auch visuelle Artefakte herstellen und interpretieren. Als habitushermeneutisches Verfahren werden sie in der Arbeitsgruppe um Vester, Bremer, Lange-Vester und Teiwes-Kügler eingesetzt (Bremer und Lange-Vester 2006, Lange-Vester und Teiwes-Kügler 2004). In subjektwissenschaftlicher Spielart finden sie sich auch bei Faulstich, Forneck und Knoll sowie deren Teams und deren Dissertationen (Faulstich et al. 2005; Grell 2006). Weiterentwicklungen entstehen derzeit (Bracker und Faulstich 2012; Umbach 2012).

13. Fazit: Neo-subjektwissenschaftliche Lesart

Das Subjekt ist vergesellschaftet und als solches lernt es. Man kann begründungslogisch sogar unterstellen, dass ihm alle Bedingungen erst dann zur Handlungsbegründung werden, wenn es sie anerkennt oder (implizit) zur Kenntnis nimmt – sonst sind sie irrelevant.

So würde bei strenger Auslegung des Begründungsdiskurses selbst ein materielles Hindernis wie ein fehlender Führerschein (Bedingung) erst dann relevant, wenn er auch dazu führt, aufgrund der Sorge mangelnder Fähigkeiten oder aufgrund der Angst erwischt zu werden (Begründung), tatsächlich nicht mit dem Auto zu fahren. So aber, als subjektive Logik, integriert das Subjekt die gesellschaftlichen Verhältnisse (die ihm zum Beispiel kein Geld zum Erwerb des Führerscheins bereithalten). Der Begründungsdiskurs in seiner ursprünglichen Form integriert also das Irrationale, Verdrängte, Habitualisierte und Emotionale – und auch die gesellschaftlichen Bedingungen. Es gibt bei dieser Variante keine Theorien neben dem Begründungsdiskurs, denn sie lassen sich begründungslogisch re-interpretieren. Alternativ kann man unterstellen, dass die subjektiven Begründungen einerseits durch gesellschaftliche Rahmungen andererseits zu ergänzen sind. Viele zeitgenössische Arbeiten erweitern daher die Rezeption subjektwissenschaftlicher Lerntheorie um gesellschaftstheoretische Aspekte, um daraus Interpretationen von Forschungsmaterial zu generieren (s. o. – Bracker, Faulstich, Krämer, Bremer, Heinemann). In neo-subjektwissenschaftlicher Lesart ist es unerheblich, ob die gesellschaftlichen Verhältnisse in den Begründungsdiskurs integriert und erst durch die Brille des handelnden Subjekts zutage treten, oder ob sie als flankierende Theorie der subjektwissenschaftlichen Lerntheorie hinzugefügt werden. Für die Forschung und das Verständnis von Lernen in neo-subjektwissenschaftlicher Lesart ist es vor allem wichtig, die Existenz und Mächtigkeit des Irrationalen, der Leiblichkeit, Verdrängung, Habitualisierung und der Emotion zur Kenntnis zu nehmen. Ob das in der ersten oder der zweiten Variante geschieht, ist m. E. gleichermaßen tragfähig.

Das lernende Subjekt in neo-subjektwissenschaftlicher Lesart begegnet Lehrenden und Institutionen somit im Rahmen gesellschaftlicher Verhältnisse. Ihm wird individuelles Lernvermögen und individuell erworbene Kompetenz unterstellt, obwohl es in gesellschaftlichen Bedingungen zu lernen hat und kompetent agiert. Es wird über Karriere und (Weiter-)Bildung beraten, obwohl es nicht allein über seine Bildung und Karriere verfügen kann. Das Subjekt kann rational abwägen, allerdings unternimmt es diesen Versuch nur dann, wenn gewohntes Handeln versagt. Inzidentelles Lernen kann weiterführen, überschreitet aber die Grenzen des implizit Wahrgenommenen nicht. Lernanlässe und Lernverläufe enthalten Empfindungen und sind leiblicher Begrenzung ausgesetzt. Expansives und defensives Lernen kann in Mischformen auftreten und sich im Verlauf von Lernprozessen verändern. Lernwiderstände lassen sich in Phasen untergliedern. Lernwiderständen können Lerninteressen als Komplementärkonzept angetragen werden. Lernberatung und Lerndiagnostik lassen sich subjektwissenschaftlich ausgestalten. Der Kompetenzbegriff und auch Kompetenzmodelle sind in subjektwissenschaftlicher Lesart vergesellschaftet und an Interessenkonflikte gebunden.

Verfügungserweiterungen als genuines Lerninteresse treten nicht immer offen zutage, das Subjekt kann sich auch selbst im Wege stehen. Dennoch ist mit der erweiterten Verfügung – bei allem Selbstwert von Bildung – immer auch die materielle Verfügung über die eigenen Lebensumstände gemeint. Erst wenn das Subjekt diese als Ergebnis seiner Lernanstrengungen antizipieren kann, hat es substanziellen Grund zu lernen. Genau genommen wird hier erst dann ein subjektiv guter Lerngrund angenommen, wenn die Lernenden ihre Anteile an gesellschaftlichen Ressourcen erkennbar erhöhen können. Subjektwissenschaftliche Forschung kann mit Blick auf die vergesellschafteten Subjekte (auf mikro-, meso- und makrodidaktischer Ebene) die Verstrickungen freilegen, die zu (Lern-)Widerständen führen.

Allerdings - und das zeigt die Aufarbeitung der jüngeren Rezeption subjektwissenschaftlich inspirierten Arbeiten durchaus – bedarf es einer gesellschaftskritischen Lesart des Ansatzes, um einer individualistischen Auslegung entgegen zu treten.

14. ANHANG: DISSERTATIONEN UND HABILITATIONEN VOR (AUCH) SUBJEKTWISSENSCHAFTLICHER KULISSE

Allespach, Martin (2005): Betriebliche Weiterbildung als Beteiligungsprozess. Subjektive Bedeutsamkeiten als Grundlage für eine partizipative Bildungsplanung. Marburg.

Angress, Alexandra (2000): Selbstorganisiertes Lernen als Paradigma der betrieblichen Weiterbildung? EU-Programm- und Projektergebnisse. o.O. (Hamburg).

Arnold, Patricia (2003): Kooperatives Lernen im Internet. Qualitative Analyse einer Community of Practice im Fernstudium. Münster.

Baldauf-Bergmann, K. (2009): Lernen im Lebenszusammenhang: Der Beitrag der subjektwissenschaftlichen Arbeiten Klaus Holzkamps zu einer pädagogischen Theorie des lebensbegleitenden Lernens. Berlin.

Behrens, Ulrike (2002): Das Rätsel Lernen. Eine subjektwissenschaftliche Untersuchung zur Konstruktion und Bedeutung des Lernens. Gießen.

Bremer, Helmut (2007): Soziale Milieus, Habitus und Lernen. Zur sozialen Selektivität des Bildungswesens am Beispiel der Weiterbildung. Univ., Habil.-Schr.-Hamburg, 2005. Weinheim. Online verfügbar unter http://deposit.d-nb.de/cgi-bin/dokserv?id=2968587&prov=M&dok_var=1&dok_ext=htm.

Bürgin, Julika (2013): Gewerkschaftliche Bildung unter Bedingungen indirekter Arbeitssteuerung : Zweckbildung ohne Gewähr. Münster.

Dierbach, Stefan (2010): Jung – rechts – unpolitisch? Die Ausblendung des Politischen im Diskurs über rechte Gewalt. Bielefeld.

Ehlers, Ulf-Daniel (2004): Qualität im E-Learning aus Lernersicht. Grundlagen, Empirie und Modellkonzeption subjektiver Qualität. Wiesbaden.

Frank, Stephen (2012): eLearning und Kompetenzentwicklung. Ein unterrichtsorientiertes didaktisches Modell. Bad Heilbrunn.

Grell, Petra (2006): Forschende Lernwerkstatt. Eine qualitative Untersuchung zu Lernwiderständen in der Weiterbildung. Münster.

Grotlüschen, Anke (2003): Widerständiges Lernen im Web – virtuell selbstbestimmt? Eine qualitative Studie über E-Learning in der beruflichen Erwachsenenbildung. Univ., FB Erziehungswiss., Diss. u.d.T.: Grotlüschen, Anke: Virtuell und selbstbestimmt?-Hamburg, 2003. Münster. Online verfügbar unter http://www.gbv.de/dms/bsz/toc/bsz106987690inh.pdf.

Grotlüschen, Anke (2010): Erneuerung der Interessetheorie. Die Genese von Interesse an Erwachsenen- und Weiterbildung. 1. Aufl. Wiesbaden.

Haberzeth, Erik (2010): Thematisierungsstrategien im Vermittlungsprozess. Empirische Analysen zum Umgang mit Wissen im Planungsprozess von Weiterbildungsangeboten. Baltmannsweiler.

Hocke, Simone (2012): Konflikte im Betriebsrat als Lernanlass. Wiesbaden.

Klingovsky, U. (2009): Schöne Neue Lernkultur. Transformationen der Macht in der Weiterbildung. Eine gouvernementalitätstheoretische Analyse. Bielefeld.

Langemeyer, Ines (2005): Kompetenzentwicklung zwischen Selbst- und Fremdbestimmung. Arbeitsprozessintegriertes Lernen in der Fachinformatik : eine Fallstudie. Münster; München [u.a.].

Lerch, Sebastian (2010): Lebenskunst Lernen? Lebenslanges Lernen aus subjektwissenschaftlicher Sicht. Bielefeld.

Linde, Andrea (2008): Literalität und Lernen. Eine Studie über das Lesen- und Schreibenlernen im Erwachsenenalter. Münster; München [u.a.].

Ludwig, Joachim (1999): Erwachsenenbildung und Lernen. Lern- und Bildungschancen in betrieblichen Modernisierungsprojekten aus der Perspektive subjektiver Lernhandlungen. Habilitationsschrift. München.

Meimberg, Reinhold (2011): Zur zentralen Rolle der Erwachsenenbildung bei der Entwicklung und Vermittlung von Leitbildern ausgewählter Nichtregierungsorganisationen. Dissertation. Universität Hamburg, Hamburg. Online verfügbar unter http://d-nb.info/1020930594/34, zuletzt geprüft am 05.03.2013.

Pätzold, Henning (2004): Lernberatung und Erwachsenenbildung. 1. Aufl. Baltmannsweiler.

Rehfeldt, Janine (2012): Der gestaltete Lernkontext. Lernen im informellen betrieblichen Kontext. Wiesbaden.

Schepers, Claudia (2013): Wenn KursleiterInnen lernen: von der Suche nach Orientierung im Rahmen einer individuellen Professionalisierung. Dissertation. Universität Hamburg.

Schwab, U.R. (2008): Begründetes Lernen. Eine Bedeutungs-Begründungsanalyse des Lernhandelns Erwachsener in Qualifizierungsmaßnahmen. Saarbrücken.

Trumann, Jana (2013): Lernen in Bewegung(en). Politische Partizipation und Bildung in Bürgerinitiativen. 1. Aufl. Bielefeld.

Weis, Michael (2005): Lernen im Modus der Selbstverständigung. Methodologische Reflexionen und empirische Erkenntnisse zum subjektiven Lernhandeln. Münster [u.a.].

Zinth, Claas Ph. (2008): Organisationales Lernen als subjektbezogener Lernprozess. Eine empirische Untersuchung zur Entwicklung von Theorie und Praxis. In: Organisationales Lernen als subjektbezogener Lernprozess.

15. LITERATUR

Allespach, Martin (2004): Bedeutsamkeit als Grundkategorie einer partizipativen Bildungsplanung und als Voraussetzung für expansives Lernen in der betrieblichen Weiterbildung. In: Peter Faulstich und Joachim Ludwig (Hg.): Expansives Lernen. Baltmannsweiler, 220-229.

Arnold, Patricia/Kilian, Lars/Thillosen, Anne/Zimmer, Gerhard (2004): E-Learning Handbuch für Hochschulen und Bildungszentren. Didaktik, Organisation, Qualität. Nürnberg.

Baldauf-Bergmann, Kristine (2006): Impulse für eine strukturvermittelte Entwicklung von Lernkontexten. In: Forum Kritische Psychologie (50), 84-94.

Barton, David/Hamilton, Mary (2003 (EA 2000)): Literacy Practices. In: David Barton (Hg.): Situated literacies. Reading and writing in context. Reprinted. London, 1-6.

Bonna, Franziska (2008): Nutzen der Kompetenzmessung für funktionale AnalphabetInnen am Beispiel des ProfilPASSes. Diplomarbeit. Universität Bremen.

Bracker, Rosa/Faulstich, Peter (2012): Prekarität des Lebens und des Lernens. In: Forum EB (4), 16-21.

Brauchle, Barbara (2007): Der Rolle beraubt: Lehrende als Vermittler von Selbstlernkompetenz. In: Berufs- und Wirtschaftspädagogik – online (13). Online verfügbar unter www.bwpat.de/ausgabe13/brauchle_bwpat13.pdf.

Bremer, Helmut (2007): Soziale Milieus, Habitus und Lernen. Zur sozialen Selektivität des Bildungswesens am Beispiel der Weiterbildung. Univ., Habil.-Schr.-Hamburg, 2005. Weinheim. Online verfügbar unter http://deposit.d-nb.de/cgi-bin/dokserv?id=2968587&prov=M&dok_var=1&dok_ext=htm.

Bremer, Helmut/Lange-Vester, Andrea (Hg.) (2006): Soziale Milieus und Wandel der Sozialstruktur. Die gesellschaftlichen Herausforderungen und die Strategien der sozialen Gruppen. Wiesbaden.

Butler, Judith (2004): Undoing gender. New York, London.

Butler, Judith (2009): Die Macht der Geschlechternormen und die Grenzen des Menschlichen. Frankfurt am Main.

Dluzak, Claudia (2009): Lernwiderstände im Kontext organisatorischer Veränderungsprozesse.

Dreier, Ole (2006): Wider die Strukturabstraktion. In: Forum Kritische Psychologie (50), 72-83.

Ehlers, Ulf-Daniel (2004): Qualität im E-Learning aus Lernersicht. Grundlagen, Empirie und Modellkonzeption subjektiver Qualität. Wiesbaden.

Ehlers, Ulf-Daniel/Schenkel, Peter (Hg.) (2005): Bildungscontrolling im E-Learning. Erfolgreiche Strategien und Erfahrungen jenseits des ROI. Berlin, Heidelberg.

Eichinger, Ulrike (2012): Soziale Arbeit. Hamburg.

Faulstich, Peter (2002): Lernzeiten. Für ein Recht auf Weiterbildung : eine Initiative von GEW, IG Metall und ver.di. Hamburg.

Faulstich, Peter (2003): „Selbstbestimmtes Lernen". Vermittelt durch Professionalität der Lehrenden. In: Udo Witthaus, Wolfgang Wittwer und Clemens Espe (Hg.): Selbst gesteuertes Lernen. Theoretische und praktische Zugänge. Bielefeld.

Faulstich, Peter (2005): Lernen Erwachsener in kritisch-pragmatischer Perspektive. In: Zeitschrift für Pädagogik 51 (4), 528-541.

Faulstich, Peter (Hg.) (2012): LernLust. Hunger nach Wissen, lustvolle Weiterbildung. Vereinte Dienstleistungsgewerkschaft. Hamburg.

Faulstich, Peter (2013): Menschliches Lernen. Eine kritisch-pragmatistische Lerntheorie. Hamburg.

Faulstich, Peter/Bayer, Mechthild (Hg.) (2009): Lernorte. Vielfalt von Weiterbildungs- und Lernmöglichkeiten. Hamburg. Online verfügbar unter http://deposit.d-nb.de/cgi-bin/dokserv?id=3126986&prov=M&dok_var=1&dok_ext=htm.

Faulstich, Peter/Forneck, Hermann J./Knoll, Jörg/u. a. (2005): Lernwiderstand – Lernumgebung – Lernberatung. Empirische Fundierungen zum selbstgesteuerten Lernen. Bielefeld. Online verfügbar unter http://www.gbv.de/du/services/agi/3D3BC2B1EADF6C22C12570B60041E3A5/0122132.

Faulstich, Peter/Grotlüschen, Anke (2006): Erfahrung und Interesse beim Lernen – Konfrontationen der Konzepte von Klaus Holzkamp und John Dewey. In: FKP (Forum Kritische Psychologie) (50), 10-12.

Felden, Heide von (2006): Lernprozesse über die Lebenszeit. Zur Untersuchung von Lebenslangem Lernen mit Mitteln der Biographieforschung. In: Hermann J. Forneck, Gisela Wiesner und Christine Zeuner (Hg.): Teilhabe an der Erwachsenenbildung und gesellschaftliche Modernisierung. Dokumentation der Jahrestagung 2005 der Sektion Erwachsenenbildung der DGfE. Baltmannsweiler, 217-233.

Foucault, Michel (1976): Der Wille zum Wissen. Sexualität und Wahrheit 1. Frankfurt am Main.

Frank, Stephen (2012): eLearning und Kompetenzentwicklung. Ein unterrichtsorientiertes didaktisches Modell. Bad Heilbrunn.

Grell, Petra (2006): Forschende Lernwerkstatt. Eine qualitative Untersuchung zu Lernwiderständen in der Weiterbildung. Münster.

Grell, Petra/Grotlüschen, Anke (2009): Lernort Second Life. In: Peter Faulstich und Mechthild Bayer (Hg.): Lernorte. Vielfalt von Weiterbildungs- und Lernmöglichkeiten. Hamburg.

Grotlüschen, Anke (2003): Widerständiges Lernen im Web – virtuell selbstbestimmt? Eine qualitative Studie über E-Learning in der beruflichen Erwachsenenbildung. Univ., FB Erziehungswiss., Diss. u.d.T.: Grotlüschen, Anke: Virtuell und selbstbestimmt? – Hamburg, 2003. Münster. Online verfügbar unter http://www.gbv.de/dms/bsz/toc/bsz106987690inh.pdf.

Grotlüschen, Anke (2010): Erneuerung der Interessetheorie. Die Genese von Interesse an Erwachsenen- und Weiterbildung. 1. Aufl. Wiesbaden.

Grotlüschen, Anke/Brauchle, Barbara (2004): Bildung als Brücke für Benachteiligte. Hamburger Ansätze zur Überwindung der Digitalen Spaltung. Evaluation des Projekts ICC – Bridge to the Market. Münster.

Grotlüschen, Anke/Brauchle, Barbara (2006): Lernkompetenz oder Learning Literacy? Kommunikation, Lernen und E-Learning als widersprüchliche Anforderungen an bildungsferne Gruppen. Münster.

Haberzeth, Erik (2010): Thematisierungsstrategien im Vermittlungsprozess. Empirische Analysen zum Umgang mit Wissen im Planungsprozess von Weiterbildungsangeboten. Baltmannsweiler.

Haug, Frigga (2003): Lernverhältnisse. Selbstbewegungen und Selbstblockierungen. Hamburg: Argument.

Hirschberg, Marianne (2009): Behinderung im internationalen Diskurs. Die flexible Klassifizierung der Weltgesundheitsorganisation. Frankfurt am Main [u. a.].

Hocke, Simone (2012): Konflikte im Betriebsrat als Lernanlass. Wiesbaden.

Holzkamp, Klaus (1983): Grundlegung der Psychologie. Frankfurt am Main, New York.

Holzkamp, Klaus (1993): Lernen. Subjektwissenschaftliche Grundlegung. Frankfurt am Mian, New York.

Holzkamp, Klaus (1996): Lernen. Subjektwissenschaftliche Grundlegung. Einführung in das Hauptanliegen des Buches. Hamburg, Berlin. Online verfügbar unter http://www.educommsy.uni-hamburg.de/commsy.php/Holzkamp,-Klaus_SchriftenI_S.255-276.pdf?cid=1207874&mod=material&fct=getfile-&iid=541170, zuletzt aktualisiert am 19.05.2009, zuletzt geprüft am 20.05.2009.

Holzkamp, Klaus (1997a): Lernen und Lernwiderstand. Skizzen zu einer subjektwissenschaftlichen Lerntheorie. In: Klaus Holzkamp (Hg.): Schriften I. Normierung, Ausgrenzung, Widerstand. Hamburg, Berlin, 159-195.

Holzkamp, Klaus (1997b): Lernen. Subjektwissenschaftliche Grundlegung. Einführung in das Hauptanliegen des Buches. In: Klaus Holzkamp (Hg.): Schriften I. Normierung, Ausgrenzung, Widerstand. Hamburg, Berlin, 255-276.

Künkler, Tobias (2008): Lernen im Zwischen. Zum Zusammenhang von Lerntheorien, Subjektkonzeptionen und dem Vollzug des Lernens. In: Konstantin Mitgutsch, Elisabeth Sattler, Kristin Westphal und Ines Maria Breinbauer (Hg.): Dem Lernen auf der Spur. Die pädagogische Perspektive. 1. Aufl. Stuttgart, 33-50.

Künkler, Tobias (2011): Lernen in Beziehung. Zum Verhältnis von Subjektivität und Relationalität in Lernprozessen. Bielefeld.

Langemeyer, Ines (2013): Grundzüge einer subjektwissenschaftlichen Kompetenzforschung. In: Report – Zeitschrift für Weiterbildungsforschung 36 (1), 15-24.

Lange-Vester, Andrea/Teiwes-Kügler, Christel (2004): Soziale Ungleichheiten und Konfliktlinien im studentischen Feld. Empirische Ergebnisse zu Studierendenmilieus in den Sozialwissenschaften. In: Steffani Engler (Hg.): Das kulturelle Kapital und die Macht der Klassenstrukturen. Sozialstrukturelle Verschiebungen und Wandlungsprozesse des Habitus. Weinheim, 159-188.

Lave, Jean/Wenger, Etienne (1991): Situated Learning. Legitimate peripheral participation. Cambridge.

Linde, Andrea (2008): Literalität und Lernen. Eine Studie über das Lesen- und Schreibenlernen im Erwachsenenalter. Münster.

Ludwig, Joachim (2000): Lernende verstehen. Bielefeld.

Ludwig, Joachim (2003): Das lernende Subjekt in der politischen Bildung. Didaktische Vermittlungskonzepte in der gewerkschaftlichen Bildungsarbeit. In: REPORT Literatur- und Forschungsreport Weiterbildung. Wissenschaftliche Halbjahreszeitschrift 26 (1), 83-92.

Ludwig, Joachim (2010): Die Welt im Kurs – Zum Verhältnis von Exklusion und Lernprozessen in der Alphabetisierung. In: Hessische Blätter für Volksbildung 60 (3), 255-263.

Ludwig, Joachim (Hg.) (2012a): Lernberatung und Diagnostik. Modelle und Handlungsempfehlungen für Grundbildung und Alphabetisierung. Bielefeld.

Ludwig, Joachim (Hg.) (2012b): Lernen und Lernberatung. Alphabetisierung als Herausforderung für die Erwachsenendidaktik. Bielefeld.

Meyer-Drawe, Käte (2012): Lernen aus Passion. In: Heide von Felden, Christiane Hof und Sabine Schmidt-Lauff (Hg.): Erwachsenenbildung und Lernen. Dokumentation der Jahrestagung der Sektion Erwachsenenbildung der Deutschen Gesellschaft für Erziehungswissenschaft vom 22.-24. September 2011 an der Universität Hamburg. Baltmannsweiler.

Nienkemper, Barbara/Bonna, Franziska (2010): Pädagogische Förderdiagnostik in der Grundbildung. Ergebnisse einer qualitativen Erhebung mit funktionalen Analphabeten/-innen. In: Der pädagogische Blick 18 (4), 212-220.

Nienkemper, Barbara/Bonna, Franziska (2011): Zur Akzeptanz von Diagnostik in Alphabetisierungskursen – aus der Perspektive von Kursleitenden und Teilnehmenden. In: bildungsforschung 8 (2), 61-85. Online verfügbar unter http://bildungsforschung.org/.

Nohl, Arnd-Michael (2006): Bildung und Spontaneität. Phasen biographischer Wandlungsprozesse in drei Lebensaltern; empirische Rekonstruktionen und pragmatistische Reflexionen. Opladen. Online verfügbar unter http://deposit.ddb.de/cgi-bin/dokserv?id=2803841&prov=M&dok_var=1&dok_ext=htm.

Pätzold, Henning (2004): Lernberatung und Erwachsenenbildung. 1. Aufl. Baltmannsweiler.

Rehfeldt, Janine (2012): Der gestaltete Lernkontext. Lernen im informellen betrieblichen Kontext. Wiesbaden.

Schepers, Claudia (2009): Lernwiderstände im Kontext organisatorischer Veränderungsprozesse. In: Der pädagogische Blick (4).

Schmidt, Bernhard (2009): Weiterbildung und informelles Lernen älterer Arbeitnehmer. Bildungsverhalten. Bildungsinteressen. Bildungsmotive. 1. Aufl. Wiesbaden. Online verfügbar unter http://dx.doi.org/10.1007/978-3-531-91894-5.

Schügl, Steffanie (2010): Feststellung von Kompetenzen Erwachsener in außerbetrieblichen Kontexten in Bremen. Diplomarbeit. Universität Bremen, Bremen.

Schügl, Steffanie/Nienkemper, Barbara (2012): Das diagnostische Setting als Basis einer gelungenen Diagnostik. In: Joachim Ludwig (Hg.): Lernberatung und Diagnostik. Modelle und Handlungsempfehlungen für Grundbildung und Alphabetisierung. Bielefeld, 19-40.

Sennett, Richard (2012): Zusammenarbeit. Was unsere Gesellschaft zusammenhält. München.

Sternfeld, Nora (2009): Das pädagogische Unverhältnis. Lehren und Lernen bei Rancière, Gramsci und Foucault. Wien. Online verfügbar unter http://deposit.d-nb.de/cgi-bin/dokserv?id=3125963&prov=M&dok_var=1&dok_ext=htm.

Tett, Lyn/Hall, Stuart/McLachlan, Kathy/Thorpe, Graham Edwards Vivien/Garside, Linda (2006): Evaluation of the Scottish Adult Literacy and Numeracy (ALN) Strategy. Hg. v. Scottish Executive Social Research. Edinburgh.

Thomsen, Rie (2012): Career guidance in communities. Aarhus.

Treumann, Klaus Peter (2002): Medienkompetenz im digitalen Zeitalter. Wie die neuen Medien das Leben und Lernen Erwachsener verändern. Opladen. Online verfügbar unter http://www.gbv.de/dms/bs/toc/324268319.pdf.

Treumann, Klaus/Ganguin, Sonja/Arens, Markus (2012): E-Learning in der beruflichen Bildung. Qualitätskriterien aus der Perspektive lernender Subjekte. 1. Aufl. Wiesbaden.

Trumann, Jana (2009): Bibliotheken als kommunale Lernzentren. In: Peter Faulstich und Mechthild Bayer (Hg.): Lernorte. Vielfalt von Weiterbildungs- und Lernmöglichkeiten. Hamburg, 47-64.

Trumann, Jana (2013): Lernen in Bewegung(en). Politische Partizipation und Bildung in Bürgerinitiativen. 1. Aufl. Bielefeld.

Umbach, Susanne (2011): Lernen – wer, wo, wann und mit welchem Effekt? Mit Donna Haraway in die Lernschleife. In: Svenja Möller, Christine Zeuner und Anke Grotlüschen (Hg.): Die Bildung der Erwachsenen. Perspektiven und Utopien. Unter Mitarbeit von Peter Faulstich. Weinheim; München, 181-188.

Umbach, Susanne (2012): Lernlust – die Lust am Sinn. In: Peter Faulstich (Hg.): LernLust. Hunger nach Wissen, lustvolle Weiterbildung. Hamburg, 115-132.

Vester, Michael/Oertzen, Peter von/Geiling, Heiko/Hermann, Thomas (2001): Soziale Milieus im gesellschaftlichen Strukturwandel. Zwischen Integration und Ausgrenzung. Frankfurt am Main.

Wittpoth, Jürgen (2005): Autonomie, Feld und Habitus. Anmerkungen zum Zustand der Erwachsenenbildung in der Perspektive Bourdieus. In: Hessische Blätter für Volksbildung (1), 26-36.

Zech, Rainer/Angermüller, Jörg (2006): Handbuch lernerorientierte Qualitätstestierung in der Weiterbildung (LQW). Grundlegung – Anwendung – Wirkung. Bielefeld.

Zeuner, Christine/Pabst, Antje (2011): „Lesen und Schreiben eröffnen eine neue Welt!". Literalität als soziale Praxis – Eine ethnographische Studie. 1. Aufl. Bielefeld.

Zimper, Diana/Dessinger, Yvonne (2012): Erwachsenengerechte Förderdiagnostik als Grundlage für Lernbegleitung. In: Joachim Ludwig (Hg.): Lernberatung und Diagnostik. Modelle und Handlungsempfehlungen für Grundbildung und Alphabetisierung. Bielefeld, 41-60.

Zinth, Claas Ph. (2008): Organisationales Lernen als subjektbezogener Lernprozess. Eine empirische Untersuchung zur Entwicklung von Theorie und Praxis. In: Organisationales Lernen als subjektbezogener Lernprozess.

Bedingtheiten, Formen und Reichweiten des Lernens

JÜRGEN WITTPOTH

Ein Kommentar zu einigen starken Annahmen der subjektwissenschaftlichen Lerntheorie Klaus Holzkamps aus der Perspektive der phänomenologischen Wissenssoziologie.[1]

Ausgangspunkt der Überlegungen ist Holzkamps Setzung eines subjektiven Strebens nach Verfügungserweiterung (vgl. Holzkamp 1995, 89 f.), die es ihm nicht nur ermöglicht, expansive und defensive Lernbegründungen voneinander zu unterscheiden, sondern zugleich, sie zu hierarchisieren.[2] Diese Setzung korrespondiert auf eigentümliche Weise mit eher impliziten Annahmen über das, was dem subjektiven Streben entgegensteht. Auch wenn Holzkamp dem wahrscheinlich widersprechen würde, ist dieses Andere, das Verfügung Begrenzende, in seiner Konzeption außerhalb des Subjekts angesiedelt, irgendwo in ‚der Gesellschaft'. Der kritische Gestus, der durch diese Koppelung erreicht wird, droht ins Leere zu laufen, wenn sich zeigen lässt, dass die Begrenzung auch und we-

---

1 Die folgenden Überlegungen schließen an einen früheren Kommentar zur subjektwissenschaftlichen Lerntheorie an (vgl. Wittpoth 2004). Zur kritischen Erörterung weiterer Aspekte im Einzelnen vgl. auch den Beitrag von Tobias Künkler in diesem Band.
2 Insofern expansive Lernbegründungen mit einer Verfügungserweiterung und defensive mit der Abwehr von Beeinträchtigungen verbunden sind, stellen erstgenannte für Holzkamp die wertvolleren dar (vgl. ebd. 190).

sentlich vom Subjekt selbst (re-) produziert wird.³ Expansive Lernbegründungen sind dann nicht als per se positiv zu bewerten, sondern daraufhin zu befragen, unter welchen Voraussetzungen sie zustande kommen, wohin sie führen und wie weit sie reichen (können).⁴ Den folgenden Betrachtungen ist damit eine normative Perspektive ‚beigegeben'. Es geht nicht (allein) darum, die Formenvielfalt sich ereignenden Lernens zu registrieren oder zu beschreiben, sondern das Interesse für Begrenzungen impliziert ein ebensolches an (Möglichkeiten der) Grenzüberschreitung. Diese Perspektive wird nicht an Holzkamps Überlegungen herangetragen, vielmehr ist es genau dieser Gesichtspunkt, unter dem er sich von konstruktivistischen Perspektiven unterscheidet, die (kontrafaktisch) nur noch davon ausgehen, dass das Subjekt nur das lernt, was es lernen will. Die Annahme, das Subjekt suche den Ausschluss von Verfügung zu überwinden, liefert eine Art normativen Fluchtpunkt für Lernhandeln und – im erziehungswissen-

---

3 Dieser Nachweis muss im Grunde genommen nicht ein weiteres Mal geführt werden. Im Blick auf Lernmotivation von letztlich ‚unbedingten' subjektiven Lebensinteressen auszugehen, wie Holzkamp dies tut, dürfte am ehesten in einer eher engen psychologischen Perspektive als plausibel erscheinen. Schon wenn man *sozial*psychologische Klassiker (etwa Mead) zu Rate zieht, lässt sich die Entwicklung des Subjekts (Selbst) nur in unauflösbarer Verbindung mit dem Anderen denken. Soziologisch gilt ein solcher Ansatz von vornherein als unterkomplex, fragt Soziologie doch seit ihrem Bestehen (etwa Durkheim im Zusammenhang mit Moralität (1984, 70 ff.) nicht nur danach, wie Gesellschaften es schaffen, Subjekte dazu zu bringen, das zu tun, was sie tun *sollen*, sondern auch, ja gerade, das tun zu *wollen*, was sie tun sollen. Bourdieu schließlich bringt im Habitus die Einverleibung des Sozialen auf *einen* markanten Begriff, der in vielen Hinsichten mit der phänomenologischen Tradition eng verbunden ist. Insofern könnte man es dabei bewenden lassen, auf diese und andere Klassiker zu verweisen. Dass im Folgenden dennoch der Versuch unternommen wird, Holzkamps Perspektive unter Bezug auf die phänomenologische Wissenssoziologie zu ‚bestreiten', geht zum einen auf pragmatische Gründe zurück: Die Idee zu der hier vorgelegten Publikation ist im Rahmen des Austausches zwischen eher subjektwissenschaftlich und eher phänomenologisch orientierten Erziehungswissenschaftler(inne)n entstanden. Zum anderen hat die in kritischer Absicht aufgenommene Auseinandersetzung insbesondere mit dem Lebensweltbegriff zu Ergebnissen geführt, die auch über den Anlass hinaus anregend sein können.

4 Wir bewegen uns damit im Horizont allgegenwärtiger Programmatiken des selbstgesteuerten Lernens, in denen tunlichst vermieden wird, das Selbst, das da lernt, genauer zu bestimmen (vgl. Wittpoth 2009, 2010).

schaftlichen Kontext von besonderer Bedeutung – für Bemühungen, dieses Handeln zu unterstützen.

Die Phänomenologie verfügt über zwei zentrale Konzepte bzw. Begriffe, die für Versuche, die Bedingungen der Möglichkeit von Lernen zu klären, aussichtsreich erscheinen: Lebenswelt (um die es im Folgenden vor allem gehen wird) und Leiblichkeit.

1. Lebenswelt

Den Lebensweltbegriff der Phänomenologie gibt es nicht. Vielmehr werden unterschiedliche Ziele unter Bezug auf ihn verfolgt und verschiedene seiner Dimensionen mehr oder weniger stark betont. Gleichwohl gibt es einen Kern, eine Art gemeinsamer Schnittmenge, an den bzw. die im Zusammenhang lerntheoretischer Reflexionen anzuschließen möglich erscheint, ohne die in einschlägigen Debatten als strittig verhandelten Fragen beantwortet zu haben und ohne sich der einen oder anderen Seite zuschlagen zu müssen. Dies soll mit Blick auf Husserl, Schütz/Luckmann und Blumenberg erläutert werden.

Husserl, an den die anderen mehr oder weniger eng anschließen, schlägt mit seinem Lebensweltbegriff den weitesten Bogen und verbindet mit ihm die am weitesten reichenden Ansprüche.

Lebenswelt tritt bei ihm – je nach Lesart – in drei oder vier Formen auf (vgl. Husserl 1962, 117 ff.):

- Als konkrete Lebenswelt, die Welt ‚des Allerbekanntesten, des immer schon Selbstverständlichen'. Diese kommt einmal in ihren historisch und kulturell besonderen Gestalten vor, ein andermal als ‚Formal-Allgemeines', in ‚allem Wandel der Relativität invariant Verbleibendes'.[5]
- In der Form von Sonderwelten (insbesondere mit Blick auf Berufstätigkeit), in denen unter dem Regime je besonderer Zwecke in sich geschlossene Horizonte konstituiert werden (vgl. ebd. 459 ff.). Die ‚wissenschaftliche Welt' rechnet Husserl dieser Art Zweckwelten und damit der Lebenswelt zu!

---

5 Dieses Formal-Allgemeine zu untersuchen, weist Husserl ausdrücklich einer Ontologie der Lebenswelt als Aufgabe zu (vgl. Husserl 1962, 176).

- Schließlich als universaler Boden, als letzte (oder erste) Grundlage aller Erkenntnis und allen Wissens, als ‚heraus zu präparierender Weltkern'.[6]
- Diese Formen werden unter Bezug auf die je dominierenden bewusstseinsmäßigen Verhältnisse zur Welt, auf Einstellungen als ‚habituell feste Stile des Willenslebens' voneinander unterschieden (vgl. ebd. 314 ff.).
- Grundlegend ist
- die natürliche Einstellung als ein ‚naives in die Welt Hineinleben, die dabei nicht thematisch ist'.
- Die weiteren Formen versteht Husserl, da sie auf die natürliche rückbezogen sind, als Umstellungen:
- die höherstufige praktische Einstellung der Sonder- bzw. Zweckwelten, die ‚der natürlichen Praxis dienen' will;
- die theoretische Einstellung der Wissenschaften, die, obwohl Berufseinstellung, ‚ganz und gar unpraktisch' ist;
- die universale Einstellung (der transzendental-phänomenologischen Rückbesinnung), die es dem Bewusstsein – unter Einklammerung jeglicher (Vor-) Urteile – ermöglichen soll, sich seiner eigenen Voraussetzungen und Strukturen zu vergewissern.

Umstritten ist wohl vor allem das mit der ‚universalen Einstellung' charakterisierte Programm und in Verbindung damit die Tragfähigkeit der Unterscheidung zwischen einer konkreten Lebenswelt und einer Lebenswelt als universalem Boden (vgl. etwa Waldenfels 1979, 1989; Blumenberg 1986). Unabhängig davon, ob und wie *damit* verbundene – wesentlich erkenntnistheoretische – Probleme gelöst werden, bleibt die Unterscheidung der vier Dimensionen produktiv:

Husserl beschreibt die (konkrete) Lebenswelt zunächst als Welt des ‚immer schon Selbstverständlichen' und die natürliche Einstellung als ‚naives in die Welt Hineinleben'. Es ist also eine Welt des Fungierens, des unthematisch Bleibenden, weit weg von jeder Bewusstheit, eine ‚beschränkte' Welt.[7] Gleichwohl ist es Husserls Absicht, die ‚missachtete Doxa' gegenüber der theoretischen Einstellung zu rehabilitieren. Plausibel wird dies dadurch, dass er die höherstufige praktische und die theoretische Einstellung als Orientierungen beschreibt, die ihr eigenes Selbstverständliches bzw. Unthematisches, nach Maßgabe besonderer

---

6 In dieser *erkenntnistheoretischen* Dimension wurzelt Husserls Diagnose der ‚Krisis der europäischen Wissenschaften', denen der Fundierungszusammenhang nicht gegenwärtig ist.

7 Die Welt, in der das Subjekt, das ‚nach Verfügungserweiterung strebt', in relevanten Teilen lebt.

Zwecksetzungen geschlossene Horizonte (re-)produzieren. Ein hierarchisches Verhältnis zwischen natürlicher und theoretischer Einstellung – aus dem heraus sich eine Belehrung der ersten durch die zweite rechtfertigen ließe – ist dann nicht (ohne weiteres) vorstellbar.[8]

Außerdem bahnt sich hier bereits eine erste Lösung für das vielfach erörterte Problem der Unterscheidung von Lebenswelt und Alltag an (vgl. etwa Bergmann 1981): Alltag ist kein Ort (des Privaten, außerhalb von Systemrationalitäten), sondern durch einen Bewusstseinszustand, den der natürlichen Einstellung (mit ihren Weiterungen in Sonderwelten hinein) bestimmt. Lebenswelt umfasst dann (bei Husserl) zusätzlich noch die Sphäre, auf die sich die universale Einstellung richtet.

Schütz nimmt den Faden auf und widmet sich der *Ontologie* der Lebenswelt mit dem Ziel einer Begründung der Sozialwissenschaften (im Sinn einer Protosoziologie (vgl. Luckmann 2002)). Ihm geht es um die Bestimmung der elementaren Strukturen des Alltagslebens, die ‚sozialer Erfahrung, der Sprache, sozialem Handeln und der komplexen Welt menschlichen Lebens zugrundeliegen' (vgl. Luckmann 2003). Der Lebenswelt-Begriff wird damit gegenüber Husserls erkenntnistheoretischer Perspektive im Wesentlichen auf die Form der konkreten Lebenswelt und ihr Formal-Allgemeines eingeschränkt. Lebenswelt ist nun ‚Lebenswelt des Alltags', die Wirklichkeit, ‚die der wache, normale Erwachsene in der natürlichen Einstellung als schlicht gegeben vorfindet', der ‚unbefragte Boden und fraglose Rahmen, in dem sich Probleme stellen, die zu bewältigen sind' (vgl. Schütz/Luckmann 2003, 53). Durch die Verlagerung des Interesses von lebensweltkonstituierenden Bewusstseinsakten zum sozialen Handeln nähert sich das Konzept dem an, wovon „Soziologie typischerweise handelt" (Srubar 2007, 21).

---

8 Dieser Aspekt ist vor allem dann wichtig, wenn man gegenüber dem Streben nach Verfügungserweiterung skeptisch bleibt. Sobald mehr als nur selbstgenügsam gelernt werden soll, braucht man Instanzen, die auf Verfügungs*beschränkung* allererst aufmerksam machen, Erweiterungsbestrebungen anregen und unterstützen können. Damit stellt sich dann beinahe zwangsläufig die Frage nach dem Verhältnis zwischen natürlicher und theoretischer Einstellung. Waldenfels (1985, 158) weist darauf hin, dass die Möglichkeit von Kritik verlorengeht, wenn man die natürliche und die theoretische Einstellung in der skizzierten Weise relationiert *und* den Anspruch aufgibt, beide vom Standpunkt transzendental-phänomenologischer Reflexion über ihr Wesen aufklären zu können (sich also auf eine ‚bloße' Ontologie der Lebenswelt beschränkt).

Wesentlich für unseren Kontext ist, dass Schütz und Luckmann sich ausführlich mit der Bedeutung des Wissens für die Reproduktion der Lebenswelt befassen (vgl. Schütz/Luckmann 2003, 149 ff.). In der Lebenswelt handelnde Menschen greifen in pragmatischer Einstellung auf einen Wissensvorrat zurück, der durch die Ablagerung und Aufschichtung subjektiver Erfahrungen entstanden ist. Ein solcher Wissensvorrat, der den Status von kollektiv ratifizierten Gebrauchsanweisungen, von ‚habitualisierten Rezepten' hat, reicht für die Bewältigung von Handlungsanforderungen so lange aus, wie zwischen Anforderung und verfügbarem Wissen eine ‚routinemäßige Deckung' besteht. Erst wenn ein Problem auftaucht, wenn eine aktuelle Erfahrung nicht in einen im Vorrat abgelagerten Typus hineinpasst, muss die Situation oder die Erfahrung neu ausgelegt werden. Diese Auslegung wird jedoch immer nur so weit getrieben, wie es zur Bewältigung der Situation nötig ist; bloß ‚neue' Erfahrungen werden routinemäßig in Fraglosigkeit überführt. Erst wenn in ‚neuartigen' Situationen „die Fraglosigkeit der Erfahrung ‚explodiert', wenn aktuelle mit vorangegangenen Erfahrungen inkongruent sind", wird Fragloses in Frage gestellt, ‚kann die Beschränktheit des Wissensvorrats auch in der natürlichen Einstellung in den Griff des Bewusstseins geraten' (vgl. ebd. 233).

Lernen in der ‚Lebenswelt des Alltags' kommt also in verschiedenen Varianten vor: als (immer wieder) *Bestätigung* der Gebrauchsanweisungen, als unproblematische *Integration* relativ wenig fremder Elemente in Routinen (die als solche nicht in Frage gestellt werden), schließlich als erfahrungsinduziertes (bewusstes) *Aufbrechen* von Schemata. Die letztgenannte Form erscheint dabei als Ausnahme, so dass sich als wesentliche Frage die stellt, wie Situationen und Anlässe beschaffen sein müssen, damit in einem nicht selbstgenügsamen Sinne gelernt wird/werden kann (und damit verbunden: was unter verschiedenen Voraussetzungen (nicht) gelernt wird).[9]

Auch Schütz und Luckmann ‚verteidigen' die Doxa gegen die theoretische Einstellung (vgl. ebd. 32 f.). Sie gehen davon aus, dass man bereits im Umgang mit praktischen alltäglichen Problemen Ansätze von ‚theoretischem' Denken im

---

9 Dass die Alltagswelt in Macht- und Herrschaftsverhältnisse eingebettet ist (vgl. Schütz/Luckmann 2003, 47), dass sie von „vornherein sozial begrenzt und durch spezifische gesellschaftliche Gegebenheiten bestimmt" ist (ebd. 331), ist Schütz und Luckmann gegenwärtig, steht aber eher am Rande ihres Interesses. Begrenzungen herauszuarbeiten, die sich aus diesen Zusammenhängen ergeben, ‚übernimmt' dann etwa Bourdieu, der in seinen Begriffen Doxa, Habitus, Illusio, soziale Laufbahn und Hysteresis die phänomenologische Perspektive mit der Analyse einer konkreten (Klassen-) Gesellschaft verknüpft (vgl. exempl. Bourdieu 1987).

Sinne einer partiellen Integration unverträglicher Bezugsschemata in den Erfahrungsvorrat finden kann. Dabei wird jedoch die logische Gliederung des Wissensvorrats noch nicht erreicht, bleibt die Gesamtsphäre des Unausgelegten mehr oder weniger undurchsichtig. Dies mag vom Standpunkt des theoretischen Wissens als ein Mangel erscheinen; in der natürlichen Einstellung dominieren aber pragmatische Motive, dient der Erfahrungsvorrat zur Lösung praktischer Probleme. Im theoretischen Denken kann man den Zweifel zum Prinzip erheben, in der Welt des Alltags geht es darum, sich routinemäßig orientieren zu können.

Von Schütz wird die Lebenswelt des Alltags insbesondere von Welten des Wahns, des Rausches, des Traumes, des Glaubens und der Welt der Wissenschaft unterschieden (vgl. Schütz 1971). Eher beiläufig weist er darauf hin, dass wir in der Welt des Alltags, die wir beherrschen und verändern müssen, um in ihr unsere Ziele verwirklichen zu können, wirken und ‚arbeiten' (vgl. ebd. 239). Bei Schütz/Luckmann (2003, 461 ff.) wird Arbeiten dann als besondere (zweckorientierte) Form des Handels in der Alltagswelt erörtert. Insofern dürften sich die Berufswelten in Schütz' Perspektive ähnlich positionieren lassen wie bei Husserl.

Schütz und Luckmann zeigen in ihren Untersuchungen zu Strukturen der Lebenswelt und dabei vor allem zur Bedeutung von Wissensvorrat und -erwerb, dass nicht nur im Blick auf das Leben in der natürlichen Einstellung, sondern auch im Blick auf mögliche Lernbewegungen vor allem mit *Begrenzung* zu rechnen ist. Diese Begrenzung bezieht sich zunächst weniger auf Verfügung als vielmehr auf das Streben nach derselben. Dominant sind Mechanismen der *Abwehr* des Neuartigen, Normalisierung, Immunisierung, um die Aufgaben, die das Leben stellt, problemlos, gewissermaßen ‚ungestört', mit eingespielten Routinen bearbeiten zu können.[10] Das Fraglose ist also nicht bloß ‚schlicht gegeben', sondern wird vehement in seiner Fraglosigkeit verteidigt.

Blumenberg (1986, 2010) schließt ebenfalls an Husserl an, setzt aber in seinem Verständnis von Lebenswelt wiederum andere Akzente. Er betrachtet Husserls transzendental-phänomenologisches Bemühen um die ‚Grundlegung' (die Aufklärung des universalen Bodens) als wenig aussichtsreich und betreibt keine Ontologie der Lebenswelt. Übereinstimmung besteht zunächst darin, dass auch er von einer Welt ausgeht, die ‚für keinen Gedanken und keine Handlung zur Disposition steht' (vgl. ebd. 1986, 14), einer Welt, in der man ‚mit der Erhal-

---

10 Als rhetorische Muster lassen sie sich gut in Interviews mit Protagonist/inn/en ‚kleiner sozialer Welten' dokumentieren, deren Angehörige sich genötigt sehen, ihr – dem Common Sense als eigentümlich erscheinendes – Verhalten zu legitimieren (vgl. Giese/Wittpoth 2014b).

tung des Lebens vollauf zu tun hat' (vgl. ebd. 2010, 84). Sie ist durch eine Tendenz zur Selbstverständlichkeit geprägt, auf Selbsterhalt und Funktionssicherheit orientiert und lässt daher keinen Spielraum für die Vorstellung, dass das je Gegebene auch anders sein könnte (vgl. ebd. 2010, 165). Wer „in der Lebenswelt lebt, weiß zu genau, was [sie] alles auf sich hat und was er inmitten dieses Aufsichhabens zu tun hat, als dass er nach Erkenntnis Verlangen haben könnte" (ebd. 52).

Allerdings versteht Blumenberg Lebenswelt als einen *Grenzbegriff*. Dieser bezeichnet nicht etwas, das ‚in der Zeit datierbar und im Raum bestimmter Kulturen lokalisierbar' (vgl. ebd. 79) wäre. Ein Leben in der Lebenswelt ist nicht möglich,[11] und ob es jemals möglich war, muss nicht entschieden werden. Blumenberg würde es genügen, den Begriff „einer Welt optimaler Einpassung des Bewusstseins in die realen Gegebenheiten und Erfordernisse nur *hypothetisch* einzuführen, um die darin liegenden Möglichkeiten ebenso wie ihre Unhaltbarkeit zu studieren" (vgl. ebd. 1986, 35). Studieren kann man an ihm – unter Einbezug des ‚Anderen' der Lebenswelt, des ‚Absolutismus der Wirklichkeit' – menschliche Existenz als etwas, das immer schon aus dem ‚Paradies' der Lebenswelt vertrieben ist und immer noch danach strebt, in es zurückzukehren (vgl. ebd. 76; auch Merker 1999, 80). Es „geht nicht um die Lebenswelt selbst, sondern um die Möglichkeit eines Lebens, das die genauen Passungen zu einer ihm adäquaten Welt *nicht mehr* hat und mit dieser – unter allen sonst bekannten Bedingungen für Lebewesen tödlichen – Desolation fertig geworden ist und ständig fertig zu werden hat. Daran ändert auch nichts der Sachverhalt, dass die Destruktion der Lebenswelt niemals vollendet ist, ihre Restruktion gegenläufig ständig im Gang befindlich und tendenziell auf das endgültig stabile Äquivalent des Ausgangszustandes gerichtet ist" (Blumenberg 1986, 63 f.).

Lebenswelt ist – der Gesundheit ähnlich – der prekäre Umstand eines gefährdeten Wesens, ist verletzlich, permanent bedroht (vgl. ebd. 2010, 25). Insofern ist es – gerade auch im Blick auf das Lernen ‚in der Lebenswelt' – nicht angemessen, von einem Zustand zu sprechen, sondern vielmehr von einer Phase, einer Bewegung im Wechsel der Bezugnahmen auf Welt.[12] Blumenberg spricht

---

11 Das gilt auch für die *theoretische Einstellung*, die nichts als bewährt akzeptiert, Begründungen einfordert, Bewusstheit nicht primär als Störung, sondern als Erfüllung betrachtet.

12 Die Figur erinnert an Meads Verständnis von ‚Me' und ‚I' als *Phasen* des Selbst. Das ‚Me' ist ein von Gewohnheiten gelenktes Wesen; das ‚I' kommt zum Zuge, wenn die Welt der Gewohnheiten zusammenbricht, um alsbald in (neue) Konventionen zurückzuführen (vgl. Wittpoth 1994, 64 ff.).

von einer Tendenz zur ‚Verlebensweltlichung' sozialer Systeme (auch im Blick auf Wissenschaft, in der sich scholastische Enklaven bilden (vgl. ebd. 56, 59)). In diesem Sinne ‚funktional' betrachtet, muss dann wohl auch nicht mehr unbedingt zwischen Lebenswelt und Alltag unterschieden werden. Sobald es um die Tendenz geht, fraglose Gewissheit zu sichern, Kontingenz auszuschließen, könnte man sowohl von Veralltäglichung als auch von Verlebensweltlichung sprechen. ‚Alltag' ist dann nicht *dort, wo* etwas geschieht, sondern *dann, wenn* beliebige Dinge in einer bestimmten *Modalität* vorkommen.

Blumenbergs Art des Umgangs mit dem Begriff Lebenswelt schützt damit vor zwei Missverständnissen: Lebenswelt substanzialisierend oder als Idylle, als ‚harmlosen Ort' (vgl. Srubar 2007, 13 ff.) zu betrachten. Neben dem Umstand der Beharrlichkeit und der Abwehr von Änderungszumutungen (und damit der Unwahrscheinlichkeit des Spielräume erweiternden Lernens) wird der Aspekt der permanenten Bedrohung der Lebenswelt besonders hervorgehoben. Aber gerade deshalb gibt es zugleich eine starke Tendenz, einen Hang, eine Neigung, Irritationen, Einbrüche in das Selbstverständliche – nicht auf Dauer, aber stets aufs Neue – abzuwehren.[13]

2. LERNEN

Im Folgenden werden vier Verständnisse von Lernen vor dem Hintergrund der bisherigen Überlegungen unterschieden: Lernen als (Selbst-)Bestätigung, Lernen als Widerfahrnis, Lernen als Suchbewegung und Lernen im Übergang. Von besonderem Interesse ist dabei die Frage, wie man ein Lernen verstehen kann, das lebensweltliche Rahmen sprengt, sie überschreitet.

---

13 Unter Bezug auf die Dimension der *Leiblichkeit*, die hier nicht entfaltet werden kann, ließen sich die Macht der Gewohnheit und die Verteidigung von Routinen und bewährten Auslegungsmustern weiter profilieren. Im Kern geht es darum, dass einem ‚leiblich inkarnierten' Bewusstsein entschiedene Grenzen bei jedem Versuch gesetzt sind, Lebenswelt zu durchdringen und das eigene Handeln reflexiv verfügbar zu machen (vgl. Meyer-Drawe 1984, insbes. 137 ff.). Damit ergeben sich noch einmal *besondere* Barrieren dafür, das Nichtthematische thematisch werden zu lassen.

2.1 Lernen als (Selbst-)Bestätigung

Geht man von den verschiedenen Facetten des Lebensweltbegriffs aus, geraten zunächst vor allem die Grenzen und die Selbstgenügsamkeit des Lernens in den Blick. In weiten Teilen werden Routinen permanent stabilisiert, indem sie ausgeführt werden, bekräftigen sich Gewissheiten dadurch, dass sie fortwährend außer Frage stehen. Sobald Handlungen ins Stocken geraten oder Irritationen auftreten, gibt es eine starke Tendenz zur Wiederherstellung des Ausgangszustandes, zur möglichst reibungslosen Integration des Neuen in bestehende Routinen und Verständnisse. Diese Begrenzungen werden dem Subjekt nicht ‚von außen' auferlegt, sondern von jedem einzelnen selbst im Verbund mit (signifikanten) Anderen reproduziert. Sie stehen nicht zur ‚Überwindung' an, sondern sind für (Über-)Leben konstitutiv, und sie bilden gewissermaßen den (Unter-)Grund, von dem sich andere, bewusste, unter Umständen weiter reichende Formen abheben. Hätte es damit sein Bewenden, wäre ‚lediglich' ein – allerdings notwendiger – Kontrapunkt zum ‚Streben nach Verfügungserweiterung' gesetzt, insofern beide Teile des Kompositums nun in Frage stehen.

2.2 Lernen als Widerfahrnis

Darüber hinaus gibt es in der phänomenologischen Perspektive aber auch Ansatzpunkte für ein Verständnis von Lernen, das etablierte Horizonte durchbrechen, zu Erweiterungen führen kann. Einer dieser Ansatzpunkte liegt im Verständnis des Lernens als Erfahrung. Erfahrung ist nicht Denken oder Erleben, sondern meint die Konfrontation des Fraglosen mit dem Unverhofften, die „Öffnung zu einer Welt, die sich mitunter aufdrängt und fungierenden Erwartungen in die Quere kommt" (Meyer-Drawe 2008, 189). Im damit verbundenen Verweis, dass Lernen eher Herkunft als Zukunft ist (vgl. ebd. 193), schwingt wieder das hemmende Moment mit: Ob, was und wie weitgehend gelernt wird bzw. werden kann, bleibt rückgebunden an den aus Erfahrungen gewonnenen aufgeschichteten Wissensvorrat, ist daran ‚gefesselt'. Aber Erfahrungen, die unsere Gewohnheiten stören, widerfahren uns, lassen sich kaum vermeiden. Und Widerfahrnisse als „ermöglichender Grund diesseits des Kalküls" (ebd. 214) können Reaktionen auslösen, mit denen wir uns selbst überraschen. Lernen ist in diesem Sinne schöpferisches Handeln (vgl. Meyer-Drawe 2012, 9), bleibt aber ein prinzipiell ambivalentes Geschehen. Denn es ist offen, wohin sich ereignende Erfahrungen jeweils führen:

- Sie können in einen bewährten Bestand von Routinen eingemeindet werden,
- können das, was durch Relevanzfilter und Typisierungen ehedem ausgeschlossen wurde, wieder ins Spiel bringen (vgl. Waldenfels 1985, 176 f.),
- und sie können schließlich Krisen im Blick auf bislang unangetastete Gewissheiten auslösen, zu ‚schmerzhafter Umkehr' zwingen (vgl. Meyer-Drawe 2008, 206).

Dabei sind die *Rahmungen* der Widerfahrnisse in die Betrachtungen einzubeziehen. Denn über die biografische Bedingtheit dessen hinaus, was in aktuellen Erfahrungen gewonnen werden kann, ist die Art der Erfahrungen, die gemacht werden können, und damit das, was erfahrbar wird, auf je besondere Weise situiert, und diese Situiertheit ist sozial selektiv.

2.3 Lernen als Suchbewegung

Neben dieser Form, bei der der (eigentlich lieber nicht) Lernende gewissermaßen zum Opfer von etwas wird, das ihm zustößt, auf ihn hereinbricht, findet sich bei Schütz eine weitere Art der Eröffnung von Möglichkeitsräumen, die man (mit Bezug auf eine frühe Publikation von Hans Tietgens) als (aktive) Suchbewegung bezeichnen kann.[14]

Schütz hat mit Blick auf die Bereitschaft, etwas als fraglos gegeben hinzunehmen, vorgeschlagen, zwischen drei (Ideal-)Typen zu unterscheiden: dem Mann auf der Straße, dem Experten und dem gut informierten Bürger (vgl. Schütz 1972). Unterscheidungskriterium ist dabei zunächst die Art des Wissens:

- Der Mann auf der Straße „hat ein Wissen von Rezepten, die ihm sagen, wie er in typischen Situationen typische Resultate durch typische Mittel zustande bringen kann" (ebd. 87). Er verlässt sich auf die Rezepte, auch wenn er sie nicht versteht; das Wissen ist vage und gleichwohl hinreichend präzise für je gegebene praktische Zwecke.
- Das Wissen des Experten ist demgegenüber „auf ein beschränktes Gebiet begrenzt, aber darin ist es klar und deutlich. Seine Ansichten gründen sich auf gesicherte Behauptungen; seine Urteile sind keine bloße Raterei oder unverbindliche Annahmen" (ebd).

---

14 Tietgens bezeichnet in der angesprochenen Publikation *Erwachsenenbildung* als Suchbewegung (1986), und tatsächlich bewegen sich die folgenden Überlegungen auf die Grenze zwischen Lernen und Bildung zu. Dieses Problem wird am Ende des Artikels wieder aufgenommen.

- Der gut informierte Bürger steht zwischen dem Mann auf der Straße und dem Experten. Er *sucht* „*zu vernünftig begründeten* Meinungen auf den Gebieten zu gelangen, die seinem Wissen entsprechend ihn zumindest mittelbar angehen, obwohl sie seinem zuhandenen Zweck (sic!) direkt nichts beitragen" (ebd. 88). Er betrachtet sich als qualifiziert, Expertenstatus zuzuschreiben und seine Entscheidungen im Lichte konkurrierender Expertenurteile zu treffen.

Die Typen sind nicht substanzialistisch als Personen zu verstehen, vielmehr handelt es sich erneut um verschiedene Modi der Bezugnahme auf Welt. Schütz geht davon aus, dass „jeder von uns im täglichen Leben und zu jedem Augenblick gleichzeitig Experte, gut informierter Bürger und Mann auf der Straße" ist, „aber jedes davon mit Bezug auf eine andere Wissensregion" (ebd).[15]

Der *Grad der Bereitschaft*, das je Gegebene in seiner Fraglosigkeit zu belassen, hängt von den Reichweiten individueller Einflussnahme ab. Diese sind maßgeblich dafür, ob und inwieweit es als relevant oder als irrelevant erachtet wird, über Wissen zu verfügen.

- In der Welt ‚innerhalb unserer Reichweite', die von uns unmittelbar beobachtet und verändert werden kann, müssen wir über Techniken und Geschick verfügen, um unsere Projekte realisieren zu können, und verstehen, warum und wie wir sie nutzen. Schütz nennt diesen Sektor der Welt ‚Zone der primären Relevanz' (vgl. Schütz 1972 90).
- Sektoren, die ‚unserer Beherrschung offenstehen', jedoch – als Rahmenbedingungen – nur mittelbar mit erstgenanntem verbunden sind, stellen ‚Zonen geringer Relevanz' dar. Es genügt, die potenziell in ihnen enthaltenen Risiken für unser Hauptinteresse zu kennen.
- Sektoren, die zu einer je gegebenen Zeit keine Verbindung mit zuhandenen Interessen haben, erscheinen als relativ irrelevant, können bis auf Weiteres als fraglos gegeben angesehen werden.
- Sektoren schließlich, von denen wir *glauben*, dass Veränderungen in ihnen unsere zuhandenen Probleme nicht beeinflussen, werden als absolut irrelevant angesehen. „Für alle praktischen Zwecke genügt ein bloß blinder Glaube an das Dass und das Wie der Dinge" in dieser Zone (ebd. 90 f.).

---

15 Genau an diesem Punkt ergeben sich Inkonsistenzen in seiner Argumentation, auf die später eingegangen wird.

Die Zonen bzw. Sektoren sind keine geschlossenen, voneinander klar abgrenzbaren Bereiche; vielmehr gehen sie „sehr durcheinander, sie zeigen die verschiedensten Durchdringungen und Enklaven, ihre Ränder dringen in Nachbarprovinzen ein und schaffen Zwielichtzonen mit gleitenden Übergängen" (ebd. 91).

Im Bereich dessen, *was* als *relevant* erachtet wird, ist dann noch einmal zu unterscheiden zwischen wesentlichen und auferlegten Relevanzen:

- Wesentliche Relevanzen „sind das Ergebnis unserer gewählten Interessen, sie werden durch unsere spontane Entscheidung, ein Problem durch Denken zu lösen, ein Ziel durch Handlung zu erreichen, einen entworfenen Sachverhalt zustande zu bringen, errichtet" (ebd. 92).
- Da wir nicht nur „Zentren der Spontaneität" sind, „die sich in die Welt einschaltet und in ihr Wandlungen bewirkt" (ebd.), sind uns Situationen und Ereignisse als relevant auferlegt, „die sich nicht mit unseren gewählten Interessen verbinden, die nicht aus unseren freien Handlungen entspringen und die wir so annehmen müssen, wie sie sind, ohne jegliche Möglichkeit, sie durch unsere spontanen Aktivitäten zu verändern, es sei denn, wir verwandeln die so auferlegten Relevanzen in wesentliche Relevanzen" (ebd. 93).[16]

Bezieht man nun die Unterscheidungen zum Problem der Relevanz ein, ergibt sich eine erweiterte Charakterisierung der drei Idealtypen:

- Der Mann auf der Straße „lebt sozusagen naiv in seinen eigenen wesentlichen Relevanzen und in denen seiner in-group. Auferlegte Relevanzen [...] sind einfach gegeben, und es lohnt sich für ihn nicht, ihren Ursprung und ihre Struktur zu verstehen" (Schütz 1972, 96).
- Der Experte „ist nur in einem System von auferlegten Relevanzen zu Hause [...], durch seine Entscheidung, ein Experte zu werden, hat er die auf seinem Gebiet auferlegten Relevanzen als wesentliche akzeptiert, und zwar als die allein wesentlichen Relevanzen für sein Handeln und Denken" (ebd.).
- Für den gut informierten Bürger gibt es keine vorgegebenen Ziele und keine festen Grenzen, „in denen er Schutz suchen kann. Er muss den Bezugsrahmen suchen, in dem er sein Interesse sucht; er muss die dazugehörigen Rele-

---

16 Auf den ersten Blick könnte man hier eine Nähe zu Holzkamps Unterscheidung von expansiven und defensiven Lernbegründungen vermuten. Der wesentliche Unterschied besteht darin, dass in der Art, in der Schütz unterscheidet, die wichtige Frage nach der *Herkunft* ‚wesentlicher' Relevanzen stets mitschwingt.

vanzzonen untersuchen; und er muss soviel Wissen wie möglich über den Ursprung und die Quellen der ihm aktuell oder potentiell auferlegten Relevanzen sammeln" (ebd. 97).

Während der Mann auf der Straße und der Experte gegenüber jeglicher Relevanzstruktur gleichgültig bleiben, sucht der Bürger, der gut informiert sein will, möglichst wenig im Irrelevanten zu belassen. Dazu kann er (wie die beiden anderen auch) auf unterschiedliche Wissensquellen zurückgreifen:

- Den sehr geringen Teil unseres Wissens, das in *eigenen Erfahrungen* gründet.
- Die große Masse unseres Wissens, die aus Erfahrungen besteht, „die nicht wir, sondern unsere Mitmenschen, unsere Zeitgenossen oder Vorgänger gehabt haben und die sie uns übermittelten" (Schütz 1972, 98). An solch *sozial abgeleitetes* Wissen glauben wir, weil wir annehmen, dass wir, wären wir an der Stelle der Mitmenschen (gewesen), die gleichen Erfahrungen machen würden bzw. gemacht hätten wie sie.
- Beide Arten erhalten noch einmal eine besondere Bedeutung, wenn Wissen *sozial gebilligt*, also nicht nur von uns, sondern auch von den Mitgliedern unserer Bezugsgruppe(n) akzeptiert wird. „Die Macht des *sozial gebilligten* Wissens ist so ausgedehnt, dass das, was die ganze in-group billigt – wie man denkt und handelt, Sitten, Volksweisen, Gewohnheiten – einfach als selbstverständlich hingenommen wird; es wird ein Element der relativ natürlichen Weltanschauung, obwohl die Quelle dieses Wissens in ihrer Anonymität völlig verborgen bleibt" (ebd. 100).

Die skizzierten Unterscheidungen verweisen in der Hauptsache zunächst noch einmal auf Begrenzungen und liefern weitere Präzisierungen derselben. Der Mann auf der Straße und der Experte mögen sich in der *Präzision* des Wissens, das ihr Handeln leitet, unterscheiden. Sie sind sich ähnlich darin, dass sie in ihren Orientierungen die Welt in ihrer Reichweite kaum überschreiten, auferlegte Relevanzen ebenso als fraglos gegeben betrachten wie sozial gebilligtes Wissen. Sie agieren ‚interessegeleitet', aber die Interessen sind durch praktische Zwecke oder Fachgebietsgrenzen bedingt. Der gut informierte Bürger unterscheidet sich davon nun nicht (in erster Linie) dadurch, dass er es besser wüsste (auch wenn es der Fall sein mag). Auch seine Reichweiten sind begrenzt, auch er arbeitet sich an auferlegten Relevanzen ab, und anderes als sozial abgeleitetes und sozial gebilligtes Wissen steht auch ihm kaum zur Verfügung. Der wesentliche Unterschied ist, dass er *eingedenk* vielfältiger Begrenzungen die Bedingungen seiner

Existenz und seines Interesses, die Herkunft seines Wissens thematisiert, ‚in Frage stellt', nicht schlicht nach Maßgabe gegebener Relevanzen agiert. Damit wohnt dieser Art der Bezugnahme auf Welt stets ein Moment von theoretischer Einstellung inne.

Damit der Bürger bei seiner Suche nach Informationen fündig werden kann, ist er schließlich auf ‚Kommunikatoren' angewiesen, die auf unterschiedliche Weisen sozial abgeleitetes Wissen vermitteln. Schütz unterscheidet dabei zwei Arten von Informationen: Berichte über Ereignisse, an denen man selbst nicht unmittelbar teilhatte, und die Vermittlung von Meinungen, die unter Bezug auf nicht unmittelbar verfügbare Quellen gebildet wurden. In beiden Fällen ist dann noch einmal zu unterscheiden zwischen Konstellationen, in denen die Relevanzsysteme von Vermittlern und Empfängern der Botschaften eher konform und eher nicht konform sind (vgl. ebd. 98 f.). Schütz beschreibt diese vier (von vielen) Idealtypen mit Blick auf die Bedeutung, die der Information suchende Bürger der Quelle seines sozial abgeleiteten Wissens beimisst (vgl. ebd. 99 f.). Man kann die Unterscheidung aber auch in dem Sinne aufnehmen, dass der ‚gut informierte Bürger', der Grenzen zu überschreiten sucht, auf einen bestimmten Typus des Anderen angewiesen ist, desjenigen nämlich, der Ausschnitte aus der Welt außerhalb der eigenen Reichweite bzw. aus fremden Relevanzzonen repräsentiert. Denn solange der Handelnde in der Welt, in der er sich zuhause fühlt, verbleibt, wird er allenfalls *Fremdes* aufnehmen, „unbekannte und unverfügbare Erfahrungsgehalte und Erfahrungsbereiche, sozusagen weiße Flecken innerhalb der eigenen Welt" (Waldenfels 1987, 122). *Fremdartiges* als ‚Unbekanntes im gesteigerten Sinne', als etwas, das „die bestehenden *Erfahrungsstrukturen* und *Erfahrungsordnungen* sprengt"(ebd. 123), findet er dort nicht, muss ihm zugänglich gemacht werden, es sei denn, es bricht über ihn herein (‚widerfährt' ihm).

2.4 Lernen im Übergang

In den skizzierten Unterscheidungen scheint ein weiterer Gesichtspunkt auf, der für die Identifizierung von Lernanlässen und -antrieben relevant sein könnte. Im Blick auf den im Lebensvollzug jeweils ‚gewählten' bzw. zugemuteten Modus der Bezugnahme auf Welt wie auf die für diese ‚Wahl' maßgeblichen Voraussetzungen gibt es keine Eindeutigkeit oder Entschiedenheit:

- ‚Alltägliches' Leben changiert zwischen der Neigung, in natürlicher Einstellung zu verharren, und der Unmöglichkeit, dieses durchzuhalten.
- Subjektiv wahrgenommene Reichweiten des eigenen Handelns und ‚Zonen' unterschiedlicher Relevanz von Wissen und Verstehen sind nicht fest umgrenzt, sondern „schaffen Zwielichtzonen mit gleitenden Übergängen" (Schütz 1972, 91).
- Relevanzen können ‚wesentlich', d. h. unmittelbar aus je zuhandenen Interessen abgeleitet *sein*, sie können aber auch (etwa aus ursprünglich ‚auferlegten') zu wesentlichen *werden*. In welcher Weise etwas für ein Subjekt relevant ist, ist daher nicht ohne weiteres zu entscheiden.
- Menschen agieren im Sinne des Mannes auf der Straße ebenso wie des Experten und des gut informierten Bürgers; sie ‚sind' genau dies im Blick auf unterschiedliche und im Lebensvollzug wechselnde Domänen (Familie, Freizeit, Beruf, öffentliches Leben usw.).[17]
- Das Wissen, das sie zu dem einen oder anderen macht, gründet auf eigenen Erfahrungen, vor allem aber auf Ableitung und auf sozialer Billigung, die ihrerseits wiederum ‚unentschieden' und instabil ist, weil sie sich wandelt und nach sozialen Kontexten variiert.

Es ist zumindest plausibel anzunehmen (und verdiente, weiter untersucht zu werden[18]), dass der ständige Wechsel, die Übergänge und Umstellungen zwischen Fraglosigkeit und Fragwürdigkeit, Wissen wollen und nicht wissen wollen, Relevanz und Irrelevanz, vagem und gesichertem Wissen, Domänenwissen der einen und der anderen Welt relevante Lernanlässe und -antriebe darstellen und zwar sowohl im Sinne des Widerfahrens (von dem Übergang bzw. Zwielicht eine besondere Form wäre) als auch im Sinne des Suchens. Kaum weniger plausibel ist es, dass im Dissonanz-Erleben selbst auch etwas gelernt wird.

2.5 Pyramidale und laterale Ordnungen

Mit dieser Unentschiedenheit ist eine ebensolche im Blick auf die ‚Wertigkeit' unterschiedlicher Arten der Bezugnahme auf Welt verbunden. Die natürliche Einstellung, der Expertenblick und die theoretische Einstellung stellen unterschiedliche Wissensordnungen dar, die nicht ineinander überführbar, nicht

---

17 Im Blick auf den Perspektivwechsel zwischen ‚Mann auf der Straße' und ‚Experte' ist das unbestreitbar. Die notwendige Präzisierung zur Perspektive des ‚gut informierten Bürgers' erfolgt weiter unten.

18 Als einen ersten eigenen Versuch vgl. Giese/Wittpoth 2014a.

wechselseitig substituierbar sind. Weder das Alltagswissen des Laien, noch das professionelle Handlungswissen des Experten, noch das in Theorieform vorliegende Wissen ist im Normalfall über sich selbst aufgeklärtes Wissen. Sie alle unterliegen der Tendenz zur Verlebensweltlichung und können damit nicht angemessen in einem Verhältnis von Über-/Unterlegenheit gedacht werden. Außerdem ist die Orientierung an lebenswelt(dien)lichem Wissen überlebensnotwendig und ein Leben in der theoretischen Einstellung nicht möglich. Die natürliche Einstellung, die Kompetenz, in typischen Situationen mit typischen Mitteln typische Resultate zu erzielen (also das, was den ‚Mann auf der Straße' auszeichnet), ist unverzichtbar und daher allenfalls in Grenzen ‚aufklärbar'. Ständige Thematisierung, die permanente Inrechnungstellung von Kontingenz machen Handeln unmöglich.

Die skizzierte Art, Lernen in seinen sozialen Bezügen zu verstehen, enthält damit eine Abkehr von pyramidalen Ordnungen, die die Lerndebatten seit geraumer Zeit bestimmen. Klassisch – so wird mehr unterstellt als belegt – dominierte die Belehrungsperspektive, der zufolge (Lehr-) Experten (auf der Basis wissenschaftlichen Wissens) meinten bestimmen zu können, was die Lernenden (Zöglinge) zu lernen haben. Dem wird seit geraumer Zeit vor allem durch eine schlichte Umkehr begegnet.[19] Nun soll der Lernende bestimmen, was zu lernen ist, wobei den Lehrenden die Rolle des ‚Ermöglichers' o. ä. zugewiesen wird. Die Figur kann allerdings nur funktionieren, wenn zwischen selbst- und fremdbestimmtem Lernen einigermaßen sicher zu unterscheiden ist, und wenn davon ausgegangen werden kann, dass der Lernende ‚besser weiß', was er (zu seinem eigenen Wohle) sinnvollerweise lernen sollte, als Lehrende. Das ist jedoch – folgt man den skizzierten wissenssoziologischen Unterscheidungen – nicht der Fall.

Die phänomenologische Wissenssoziologie zeichnet ein spannungsreicheres, unentschiedenes Verhältnis zwischen verschiedenen (Arten von) Lebenswelten, von natürlicher und theoretischer Einstellung, in dem gewissermaßen alles Fraglose fragwürdig wird. Daraus ergibt sich die Möglichkeit, Wissensarten und Rollen (Experten/Laien, Lehrende/Lernende u. ä.) *zwischen* den landläufigen Varianten – den letztlich reformpädagogisch (‚vom Kinde (Lernenden) aus') auf die Befindlichkeiten des Subjekts abhebenden und den auf einem Rationalitätsgefälle insistierenden – zu denken. An die Stelle pyramidaler Modelle von (Wissens-)

---

19 Auch Holzkamps Ausführungen zum Lehr-/Lernkurzschluss folgen diesem Muster, das – in einem allgemeinen Klima der Bevorzugung der Selbst- gegenüber der Fremdsteuerung – seine suggestive Kraft vor allem aus Vereinfachungen in beide Richtungen gewinnt.

Ordnungen tritt damit ein laterales. Dieses geht von einer Heterogenität von Ordnungsbereichen aus, „die sich nicht einer einzigen Herkunft und einer einheitlichen Bezugsskala zuordnen lassen", sich aber gleichwohl mehr oder weniger überschneiden können (Waldenfels 1990, 26). Ordnungen, die „aus den Steuerungen einer Grundordnung entlassen sind", lösen sich nicht in bloße Vielfalt auf. Sie greifen aufeinander über, verflechten Eigenes und Fremdes, indem Menschen, „die sich redend und handelnd in den Grenzen einer bestimmten Ordnung" bewegen, diese Grenzen überschreiten ohne sie zu überwinden (ebd.). Diese Art Überschreitung lässt sich dann wieder als ‚Widerfahrnis' und als ‚Suchbewegung' denken.

3. Lebenswelt und Lernen

Lernen lässt sich in der Perspektive der phänomenologischen Wissenssoziologie nur als von vornherein und unhintergehbar sozial konstituiert, auf vergesellschafteter Erfahrung fußend und mit ihr verwoben betrachten. Es bewegt sich in Rahmen, die vorwiegend als Grenzen fungieren. Diese Rahmen sind dem Subjekt *auch* von außen auferlegt, wesentlich werden sie aber von ihm selbst reproduziert. Die Reproduktion ist insofern unvermeidbar, als ein Leben in einer Welt, die fortwährend zur Disposition steht, nicht möglich ist. Ob und in welcher Weise Menschen lernen, ist damit abhängig von den je besonderen Bedingungen, unter denen sie Erfahrungen machen. *Was* dann *mit welchen Effekten* gelernt werden kann, ist gebunden an signifikante Andere und an die Art und das Maß verfügbaren Wissens, das in jedem Fall überwiegend sozial abgeleitetes und sozial gebilligtes Wissen ist.

Für so etwas wie eine ‚subjektive' Dimension könnte man allenfalls wenige verstreute Hinweise reklamieren. So gehen Schütz und Luckmann davon aus, dass Menschen ‚durch leibvermitteltes Wirken ihnen Auferlegtes zu *verändern*' suchen (vgl. Schütz/Luckmann 2003, 48). Schütz betrachtet Denken und Handeln als durch *zuhandene* Interessen motiviert (vgl. Schütz 1972, 90). Und der ‚Mann auf der Straße' verlässt sich nur so lange auf ‚ungeklärte Ansichten', wie sie ihn nicht in ‚seinem *Streben nach Glück* behindern' (vgl. ebd. 88). ‚Leibvermitteltes' Wirken ist aber an soziale Erfahrungen rückgebunden und reflexiv kaum zugänglich, ‚Auferlegtes' ist nicht Ausgesuchtes, und ‚Veränderung' ist unbestimmt, richtungslos. ‚Zuhandene Interessen' sind per definitionem eingeschränkte Interessen, die sich nach Maßgabe gegebener Reichweiten entwickeln. Die Vorstellungen von Glück schließlich dürften sich kaum unbedingt entwickeln, und das Streben nach demselben kann sich in alle erdenklichen Richtungen – auch der Versagung – entfalten.

Die Konzeptualisierung des (lernenden) Subjekts als ‚Intentionalitätszentrum', das sich *absichts-* und *planvoll* auf die Welt und sich selbst bezieht, nach ‚Erweiterung der Verfügung über die eigenen Lebensbedingungen' strebt, individualisiert und überrationalisiert also die Antriebe und die Gestaltung des Handelns und blendet die vielfältigen Facetten der sozialen Konstitution aus.[20] Die bipolaren Muster, mit denen Holzkamp an entscheidenden Stellen seiner Argumentation arbeitet, geraten damit unterkomplex: Subjekt versus Welt, expansive versus defensive Lernbegründungen, Lernen versus Lehren. Besonders problematisch wird dies vor allem deshalb, weil die Unterscheidungen normativ aufgeladen sind: Lernen ist dem Belehrtwerden überlegen, erfolgt es aus expansiven Gründe, ist es ‚besser' als defensiv begründetes. Obige Darlegungen sollten deutlich gemacht haben, dass in einer wissenssoziologischen Perspektive *beides* nicht in dieser Weise denkbar ist.

Es gibt eine ‚Figur', die sich auf den ersten Blick dieser Betrachtung gegenüber sperrt: der ‚gut informierte Bürger'. Schütz zufolge sucht dieser Wissen, ohne durch ‚vorgegebene Ziele und feste Grenzen geschützt' zu sein (vgl. ebd. 1972, 97). Nimmt man nun – wie Schütz – weiter an, dass *jeder* Mensch sich *auch* (gelegentlich, in bestimmten Konstellationen) in der Haltung des gut informierten Bürgers auf Welt bezieht, könnte man darin eine Nähe zum von Holzkamp unterstellten Streben nach Verfügungserweiterung sehen. Abgesehen davon, dass der Versuch, sich des Ursprungs eigener Relevanzen zu versichern, dem Streben nach Verfügungserweiterung allenfalls zum kleineren Teil entspricht, argumentiert Schütz im Blick auf den gut informierten Bürger widersprüchlich. Er geht einerseits davon aus, dass *alle* Menschen diese Haltung einnehmen. Andererseits weist er dem gut informierten Bürger im Interesse des Erhalts der Demokratie „die Pflicht und das Privileg" zu, „seine private Meinung gegenüber der öffentlichen Meinung des Mannes auf der Straße zur Geltung zu bringen" (ebd. 101) und nimmt an, dass gut informierte Bürger nur dann als solche geachtet werden, wenn sie sozial anerkannt sind. Aus einem Modus der Bezugnahme auf Welt, der allen zugänglich ist, wird so die klassische Beschreibung des Intellektuellen bzw. des Gebildeten. So gesehen *gibt* es Menschen, die diese Haltung kultivieren. Um dies tun zu *können*, bedarf es allerdings besonderer Voraussetzungen, die nur in besonderen Lebenslagen gegeben sind.

Mit Hilfe der skizzierten Unterscheidungen wird aber nicht nur die soziale Konstitution des Lernens in ihr Recht gesetzt, sondern auch eine höhere Auflö-

---

20 Zur Überrationalisierung vgl. auch Straub 2010, 84.

sung erreicht, die der Vielfalt der Anlässe, Formen und Reichweiten des Lernens eher gerecht wird. Das lässt sich im Blick auf gängige und erweiterte Verständnisse von Lernen noch einmal zusammenfassen. Bemerkenswert ist dabei, dass alle Formen sowohl auf eine Stabilisierung wie auf eine Destabilisierung je gegebener Ordnungs- oder Orientierungsrahmen hinauslaufen *können*. Dabei ist die erstgenannte Variante dominant und die zweitgenannte in der Regel an die Interaktion mit signifikanten Anderen gebunden.

Inzidentelles Lernen

- Das beiläufige Lernen ohne Lernabsicht und -bewusstheit vollzieht sich wesentlich innerhalb bestehender Ordnungsrahmen. Es dient nach Schütz und Luckmann der Bestätigung von Gebrauchsanweisungen im Handeln, die so lange währt, bis ein gravierendes Problem auftaucht.
- Denkt man jedoch auch an mimetische Prozesse und dabei an (weniger wahrscheinliche, aber nicht ausgeschlossene) Orientierungen an signifikanten Anderen, deren Relevanzen von den eigenen abweichen, sind über eine sukzessive Veränderung von Handlungsroutinen auch Modifikationen von Ordnungsrahmen durchaus vorstellbar.

Intentionales Lernen

- Die eine Variante des absichtsvollen Lernens wird in Gang gesetzt, sobald aktuelle Erfahrungen nicht in einen im Vorrat abgelegten Typus hineinpassen. Es wird überwiegend lebensweltdienlichen, selbstgenügsamen Charakter haben. Neu auftretende pragmatische Handlungsprobleme müssen gelöst, Situationen und Erfahrungen neu ausgelegt werden. Beides wird in der Regel nur so weit getrieben, wie es zur Bewältigung der Situation nötig ist. Neues wird routinemäßig in Fraglosigkeit überführt, Lernen verbleibt in gegebenen Relevanz- und Ordnungsrahmen. Das gilt für die Bewältigung alltäglicher Probleme des ‚Mannes auf der Straße' genauso wie für die Bearbeitung von Problemstellungen in (beruflichen) ‚Experten'-Systemen.
- Die andere Variante, die Suchbewegung des ‚gut informierten Bürgers', der zu vernünftig begründeten Meinungen zu gelangen versucht, geht über den Bereich zuhandenen Interesses, je gegebener Zwecksetzungen hinaus. Lernen richtet sich darauf, die Rahmen, in denen sich selbstgenügsame Formen ereignen und erschöpfen, als solche zu befragen, das sozial abgeleitete Wissen zu prüfen und den Ursprung handlungsleitender Relevanzsysteme (wesentlich oder auferlegt) zu ergründen.

Lernen als Widerfahrnis

- Dieses Verständnis des Lernens setzt sich explizit von der inzidentellen Form, die in Gewohnheiten gefangen hält, ab und betont die schöpferische Seite des Lernens. Im Blick sind Erfahrungen mit einer größeren Tragweite, solche, die zu einer Umkehr zwingen, zu Revisionen, die unter Umständen so weit gehen, dass die ganze Person betroffen ist. Insofern sich solches ‚Umlernen' nicht planvoll vollzieht, geht es also auch über das gängige Verständnis intentionalen Lernens hinaus.
- *Entschieden* ist es aber nicht, dass eher krisenhafte Erfahrungen zu einem Bruch mit Gewohnheiten führen, Schemata aufbrechen oder vertraute Ordnungen außer Kraft setzen.

Lernen im Übergang

Menschliche Existenz als permanentes Changieren nicht nur prinzipiell zwischen natürlicher Einstellung und Absolutismus der Wirklichkeit, sondern auch sehr konkret zwischen je lebensbereichsspezifischen Fraglosigkeiten, Relevanzen und Wissensbeständen ist durch eine Interferenz unterschiedlicher Ordnungen gekennzeichnet. Aus dieser können sich wechselseitige Infizierungen und damit Dissonanzen ergeben. Auflösbar sind daraus hervorgehende Probleme wiederum in zwei Richtungen:

- Unterschiedliche Lebensbereiche können (und müssen in vielen Fällen) gegeneinander abgeschirmt werden.
- Gelingt dies nicht, geraten Fraglosigkeiten und Ordnungen in Bewegung.[21]

Für erziehungswissenschaftliche Reflexionen ergeben sich aus dieser Art Unterscheidungen zunächst Probleme. Zum einen wird man das inzidentelle (mimetische) Lernen eher der Sozialisation zurechnen, zum anderen läuft die Unterscheidung zwischen Lernen und Bildung meist an der Schwelle zwischen ‚in gegebenen Ordnungsrahmen verbleibend' und solche ‚Ordnungsrahmen überschreitend'. Manches von dem, was hier ‚noch' dem Lernen zugeordnet wurde (etwa Suchbewegung, Umkehr), wäre demnach (mindestens tendenziell) ‚schon'

---

21 Der am Wochenende fraglos fürsorgliche Vater *darf* die Haltung der Fürsorge nicht in seinen betrieblichen Alltag mitnehmen, in dem er ebenso fraglos über die ‚Freisetzung' von Arbeitskräften entscheidet. Ebenso wenig *darf* er die kalte betriebswirtschaftliche Rationalität mit nach Hause nehmen. Aber *kann* er das?

Bildung. Allerdings legen die skizzierten Arten von Lernen und deren (potentielle) Reichweiten es *nicht* nahe, eine scharfe Trennung vorzunehmen, eine ‚Entscheidung' zu treffen. Dies hätte unweigerlich eine Entdifferenzierung und damit Verarmung zur Folge, weil Bewegungen, Ambivalenzen, Unentschiedenheiten fest-gestellt würden.

Setzt man für Bildung etwa die verbreitete Formel von der die *ganze* Person betreffenden ‚Transformation der Selbst- und Weltreferenz' ein (vgl. etwa Marotzki 1990) und versteht dementsprechend Lernen als den Erwerb von Wissen und Können über *Ausschnitte* und *innerhalb* der bestehenden Welt- und Selbstreferenz, ergeben sich neue Probleme:[22]

- Wie und ab wann schlagen Modifikationen (Lernen) in Transformation (Bildung) um; was bringt gewissermaßen ‚das Fass zum Überlaufen'?
- Wie verhalten sich Modifikation/Transformation in denen verschiedenen sozialen Welten (also Ausschnitten), in den Menschen sich unweigerlich bewegen, zur ‚Welt' des Selbst insgesamt?
- Wohin führt Transformation, was folgt auf sie? In der hier erörterten Perspektive wäre es angemessener zu formulieren: Transformation einer Selbst- und Weltreferenz in eine andere. Sobald gegenwärtig ist, dass dem ‚Herauslösen aus', dem ‚Überschreiten von' immer ein ‚Einmünden in' folgt, verliert die Unterscheidung an Prägnanz. Bildung führt dann unweigerlich *zurück* in ‚bloßes' Lernen, es sie denn, Transformation würde als auf Dauer gestellt gedacht. Das ist wiederum schwer vorstellbar, weil die Verteidigung von Fraglosigkeit gegen zugemutete Kontingenz überlebensnotwendig ist.

Zur Unterscheidung von Bildung und Lernen könnte man aus der hier erörterten Perspektive am ehesten darauf abheben, dass sich der größte Teil des Lernens – bewusst oder unbewusst – schlicht *vollzieht*. Davon deutlich zu unterscheiden ist ein Lernen, das *sich selbst reflexiv* wird, in dem seine Bedingtheiten, Motive und Gegenstände *thematisch werden*. Diese Form entspricht am ehesten dem, was Schütz' ‚gut informierten Bürger' auszeichnet. In der Figur ist zugleich das kritische Grundmotiv Husserls – mit geringerem Anspruch, aber prinzipiell – aufgehoben: die ‚lebensweltliche Sinnkonstitution zum Erscheinen zu bringen' (vgl. Srubar 2007, 15).

---

22 Vgl. dazu auch den Beitrag von Arnd-Michael Nohl in diesem Band.

4. Literatur

Bergmann, Werner (1981): Lebenswelt, Lebenswelt des Alltags oder Alltagswelt? In: Kölner Zeitschrift für Soziologie und Sozialpsychologie 33, 50-72.

Blumenberg, Hans (1986): Lebenszeit und Weltzeit, Frankfurt am Main.

Blumenberg, Hans (2010): Theorie der Lebenswelt, Frankfurt am Main.

Bourdieu, Pierre (1987): Sozialer Sinn. Frankfurt am Main.

Durkheim, Emile (1984): Erziehung, Moral und Gesellschaft. Frankfurt am Main.

Giese, Juliane/Wittpoth, Jürgen (2014a): Bildung als Randerscheinung? Zum Umgang mit Wissen in Lebenswelten. In: von Rosenberg, Florian/Geimer, Alexander (Hg.): Bildung unter Bedingungen kultureller Pluralität. Wiesbaden (i. E.).

Giese, Juliane/Wittpoth, Jürgen (2014b): „Man müsste sich eigentlich in die Klapse einweisen." Zum Umgang mit Kontingenz in kleinen sozialen Welten (in Vorbereitung).

Holzkamp, Klaus (1995): Lernen. Subjektwissenschaftliche Grundlegung. Frankfurt am Main.

Husserl, Edmund (1962): Die Krisis der europäischen Wissenschaften und die transzendentale Phänomenologie. Haag.

Luckmann, Thomas (2002): Lebenswelt: Modebegriff oder Forschungsprogramm? In: Ders.: Wissen und Gesellschaft. Ausgewählte Aufsätze. Konstanz, 45-53.

Luckmann, Thomas (2003): Vorwort. In: Schütz, Alfred/Luckmann, Thomas 2003,Konstanz, 13-26.

Marotzki, Winfried (1990): Entwurf einer strukturalen Bildungstheorie. Weinheim.

Merker, Barbara (1999): Bedürfnis nach Bedeutsamkeit. Zwischen Lebenswelt und Absolutismus der Wirklichkeit. In: Die Kunst des Überlebens: Nachdenken über Hans Blumenberg, Frankfurt am Main, S. 68-98.

Meyer-Drawe, Käte (1984): Leiblichkeit und Sozialität, München.

Meyer-Drawe, Käte (2008): Diskurse des Lernens, München.

Meyer-Drawe, Käte (2012): Lernen aus Passion. In: Felden, Heide von/Hof, Christiane/Schmidt-Lauff, Sabine (Hg.): Erwachsenenbildung und Lernen. Baltmansweiler, 9-20.

Schütz, Alfred (1971): Über die mannigfaltigen Wirklichkeiten. In: Ders.: Gesammelte Aufsätze Bd. 1. Den Haag, 235-411.

Schütz, Alfred (1972): Der gut informierte Bürger. In: Ders.: Gesammelte Aufsätze Bd. 2, Den Haag, 85-101.

Schütz, Alfred/Luckmann, Thomas (2003): Strukturen der Lebenswelt. Konstanz.
Srubar, Ilja (2007): Phänomenologie und soziologische Theorie. Wiesbaden.
Straub, Jürgen (2010): Lerntheoretische Grundlagen. In: Weidemann, Arne/Straub, Jürgen/Nothnagel, Steffi (Hg.): Wie lernt man interkulturelle Kompetenz? Bielefeld, 31-98.
Tietgens, Hans (1986): Erwachsenenbildung als Suchbewegung. Bad Heilbrunn.
Waldenfels, Bernhard (1979): Die Abgründigkeit des Sinnes. Kritik an Husserls Idee der Grundlegung. In: Ströker, Elisabeth (Hg.): Lebenswelt und Wissenschaft in der Philosophie Husserls. Frankfurt am Main, 124-142.
Waldenfels, Bernhard (1985): In den Netzen der Lebenswelt. Frankfurt am Main.
Waldenfels, Bernhard (1987): Ordnung im Zwielicht. Frankfurt am Main.
Waldenfels, Bernhard (1989): Lebenswelt zwischen Alltäglichem und Unalltäglichem. In: Jamme, Christoph/Pöggeler, Otto (Hg.): Phänomenologie im Widerstreit. Frankfurt am Main, 107-118.
Waldenfels, Bernhard (1990): Der Stachel des Fremden. Frankfurt am Main.
Wittpoth, Jürgen (1994): Rahmungen und Spielräume des Selbst. Frankfurt am Main.
Wittpoth, Jürgen (2004): Gerahmte Subjektivität. Über einige ungeklärte Voraussetzungen der ‚subjektwissenschaftlichen Grundlegung des Lernens'. In: Faulstich, Peter/Ludwig, Joachim (Hg.): Expansives Lernen. Baltmannsweiler, 256-262.
Wittpoth, Jürgen (2009): Leben Lernen lebenslang. In: Ricken, Norbert/Röhr, Henning/Ruhloff, Jörg/Schaller, Klaus (Hg.): Umlernen. Festschrift für Käte Meyer-Drawe. München, 291-301.
Wittpoth, Jürgen (2010): Völlig schwerelos. Zum Selbst-Verständnis (in) der jüngeren Debatte über lebenslanges Lernen. In: Bolder, Axel/Epping, Rudolf/Klein, Rosemarie/Reutter, Gerhard/Seiverth, Andreas (Hg.): Neue Lebenslaufregimes – neue Konzepte der Bildung Erwachsener? Wiesbaden, 151-162.

Autorinnen und Autoren

Bracker, Rosa, wissenschaftliche Mitarbeiterin der Universität Hamburg, Fakultät für Erziehungswissenschaft, Fachbereich 3, Forschungsschwerpunkte: Biographieforschung, Erwachsenenbildung, Ganztagsbildung, Jugend(verbands)-arbeit, Kinder- und Jugendbildung, kritische Bildungstheorie, Lernen Erwachsener, Milieu- und Habitusanalyse, subjektwissenschaftliche Lernforschung.

Faulstich, Peter, Professor für Erwachsenenbildung/Weiterbildung an der Universität Hamburg, Fakultät für Erziehungswissenschaft, Fachbereich 3, Forschungsschwerpunkte: berufliche und betriebliche Weiterbildung, Bildungspolitik, Erwachsenenbildung, kulturelle Bildung

Göhlich, Michael, Professor am Institut für Pädagogik der Universität Erlangen-Nürnberg, Forschungsschwerpunkte: Allgemeine Pädagogik, Organisationspädagogik, Erwachsenen- und Weiterbildung

Grotlüschen, Anke, Professorin für Lebenslanges Lernen an der Universität Hamburg, Fakultät für Erziehungswissenschaft, Fachbereich 3, Forschungsschwerpunkte: Bildungsinteressen, Adressaten- und Interesseforschung

Künkler, Tobias, arbeitet am Marburger Bildungs- und Studienzentrum als Studienleiter der Studienprogramme ‚Gesellschaftstransformation' und ‚BA Social Work', als Dozent für Pädagogik und Soziologie und als Mitarbeiter am Forschungsinstitut Empirica. Forschungsschwerpunkte: Lerntheorien, Relationalität, Gesellschaftstheorie, Religionssoziologie (Jugend und Spiritualität, Dekonversionsforschung)

Nohl, Arnd-Michael, Professur für Erziehungswissenschaft, insbesondere systematische Pädagogik an der Helmut-Schmidt-Universität Hamburg

Ludwig, Joachim, Professur für Erwachsenenbildung/Weiterbildung und Medienpädagogik an der Universität Potsdam; Forschungsschwerpunkte: pädagogische Lernforschung, pädagogisches Wissen und Professionalität, rekonstruktive Beratung.

Umbach, Susanne, wissenschaftliche Mitarbeiterin der Universität Hamburg, Fakultät für Erziehungswissenschaft, Fachbereich 3, Forschungsschwerpunkte: Bildungsphilosophie und -theorie in der Erwachsenenbildung, Fremdheit und Bildung, Konflikte und Konfliktbearbeitung, Lernen Erwachsener, subjektorientierte Lernforschung.

Wittpoth, Jürgen, Professor für Erwachsenenbildung/Weiterbildung am Institut für Erziehungswissenschaft der Ruhr-Universität Bochum, Forschungsschwerpunkte: Systembeobachtungen (in) der Weiterbildung, Regulative der Weiterbildungsbeteiligung, Lebenswelt, Wissen und Bildung, Methodologie rekonstruktiver Bildungsforschung.

Zeuner, Christine, Professorin für Erziehungswissenschaften u.b.B. der Erwachsenenbildung am Fachbereich Pädagogik der Helmut-Schmidt-Universität Hamburg, Forschungsschwerpunkte: Evaluationsforschung, Biografieforschung, Berufliche Weiterbildung, Geschichte der Erwachsenenbildung, Institutionen der Erwachsenenbildung, International-vergleichende Erwachsenenbildung, Grundtvig-Projekt: Politische Partizipation durch gesellschaftliche Kompetenz, Alphabetisierung/Grundbildung: Literalität als soziale Praxis.

Zirfas, Jörg, Professor für allgemeine Erziehungswissenschaft mit dem Schwerpunkt Pädagogische Anthropologie am Institut für Bildungsphilosophie, Anthropologie und Pädagogik der Lebensspanne an der Universität zu Köln, Humanwissenschaftliche Fakultät.

Theorie Bilden

Stefan Dierbach
Jung – rechts – unpolitisch?
Die Ausblendung des Politischen im Diskurs
über Rechte Gewalt

2010, 298 Seiten, kart., 29,80 €,
ISBN 978-3-8376-1468-8

Peter Faulstich
Menschliches Lernen
Eine kritisch-pragmatistische Lerntheorie

2013, 232 Seiten, kart., 25,80 €,
ISBN 978-3-8376-2425-0

Peter Faulstich
**Aufklärung, Wissenschaft
und lebensentfaltende Bildung**
Geschichte und Gegenwart
einer großen Hoffnung der Moderne

2011, 196 Seiten, kart., zahlr. Abb., 19,80 €,
ISBN 978-3-8376-1816-7

Leseproben, weitere Informationen und Bestellmöglichkeiten
finden Sie unter www.transcript-verlag.de

Theorie Bilden

Hans-Christoph Koller, Markus Rieger-Ladich (Hg.)
Vom Scheitern
Pädagogische Lektüren
zeitgenössischer Romane III

2013, 298 Seiten, kart., 33,80 €,
ISBN 978-3-8376-2576-9

*Ingrid Lohmann, Sinah Mielich,
Florian Muhl, Karl-Josef Pazzini,
Laura Rieger, Eva Wilhelm (Hg.)*
Schöne neue Bildung?
Zur Kritik der Universität der Gegenwart

2011, 242 Seiten, kart., zahlr. Abb., 25,80 €,
ISBN 978-3-8376-1751-1

Joachim Schwohl, Tanja Sturm (Hg.)
**Inklusion als Herausforderung
schulischer Entwicklung**
Widersprüche und Perspektiven eines
erziehungswissenschaftlichen Diskurses

2010, 364 Seiten, kart., zahlr. z.T. farb. Abb., 32,80 €,
ISBN 978-3-8376-1490-9

Leseproben, weitere Informationen und Bestellmöglichkeiten
finden Sie unter www.transcript-verlag.de

Theorie Bilden

Sönke Ahrens
Experiment und Exploration
Bildung als experimentelle Form
der Welterschließung
2010, 330 Seiten, kart., 29,80 €,
ISBN 978-3-8376-1654-5

Wiebke Bobeth-Neumann
Karriere »Grundschulleitung«
Über den Einfluss des Geschlechts
beim beruflichen Aufstieg
ins Schulleitungsamt
2013, 396 Seiten, kart., 34,99 €,
ISBN 978-3-8376-2466-3

Jan Erhorn
**Dem »Bewegungsmangel«
auf der Spur**
Zu den schulischen
und außerschulischen
Bewegungspraxen
von Grundschulkindern.
Eine pädagogische Ethnographie
2012, 300 Seiten, kart., zahlr. Abb., 29,80 €,
ISBN 978-3-8376-1973-7

Kathrin Hahn
Alter, Migration und Soziale Arbeit
Zur Bedeutung von Ethnizität in
Beratungsgesprächen der Altenhilfe
2011, 352 Seiten, kart., 33,80 €,
ISBN 978-3-8376-1680-4

*Hans-Christoph Koller,
Markus Rieger-Ladich (Hg.)*
Figurationen von Adoleszenz
Pädagogische Lektüren
zeitgenössischer Romane II
2009, 216 Seiten, kart., 25,80 €,
ISBN 978-3-8376-1025-3

Stephanie Maxim
Wissen und Geschlecht
Zur Problematik der Reifizierung
der Zweigeschlechtlichkeit
in der feministischen Schulkritik
2009, 306 Seiten, kart., 29,80 €,
ISBN 978-3-8376-1030-7

Torsten Meyer, Andrea Sabisch (Hg.)
Kunst Pädagogik Forschung
Aktuelle Zugänge und Perspektiven
2009, 276 Seiten, kart., zahlr. Abb., 28,80 €,
ISBN 978-3-8376-1058-1

*Karl-Josef Pazzini, Marianne Schuller,
Michael Wimmer (Hg.)*
Lehren bildet?
Vom Rätsel unserer Lehranstalten
2010, 338 Seiten, kart., 29,80 €,
ISBN 978-3-8376-1176-2

Nadine Rose
**Migration als
Bildungsherausforderung**
Subjektivierung und Diskriminierung
im Spiegel von Migrationsbiographien
2012, 476 Seiten, kart., 35,80 €,
ISBN 978-3-8376-2135-8

Florian von Rosenberg
Bildung und Habitustransformation
Empirische Rekonstruktionen und
bildungstheoretische Reflexionen
2011, 352 Seiten, kart., 34,80 €,
ISBN 978-3-8376-1619-4

Hanne Walberg
**Film-Bildung im Zeichen
des Fremden**
Ein bildungstheoretischer Beitrag
zur Filmpädagogik
2011, 286 Seiten, kart., 31,80 €,
ISBN 978-3-8376-1820-4

**Leseproben, weitere Informationen und Bestellmöglichkeiten
finden Sie unter www.transcript-verlag.de**